현대인의 법교양필독서

# 생활과 법률

이봉림 · 김명수 저

三 潮 社

# 머리말

공저자는 박사학위 취득 후 20여 년 동안 대학에서 강의를 담당해 오면서 무엇보다도 마음 한편에 자리한 것이 학생들이 쉽게 이해할 수 있도록 정리한 도서의 필요성의 인식이었기에 그간 강의내용을 바탕으로 본서를 출간하고자 한다.

우리는 통상 법에 대해 나와는 전혀 관계없는 것이거나 혹은 멀리 있는 존재로 인식하고 있으나 실상은 법과 관련되지 않은 부분이 없을 정도로 매우 가까이에 자리매김 하고 있다. 현대생활에 있어서 기초적인 법지식은 우리의 정당한 권리를 행사하고 우리의 이익이 부당하게 침해당하는 경우에 올바르게 대처하기 위해 반드시 필요한 요소이다.

따라서 본서는 법학을 전공하지 않은 학생들도 보다 수월하게 법에 대한 이해를 도모하고, 일상생활에 필요한 기초적인 법지식, 법적 사고(Legal Mind)를 습득하는 것을 목적으로 한다.

이 책의 특징은 최근 제 · 개정된 법률 내용들을 하나도 빠뜨림 없이 반영하였다는 점이다.

제1장 법과 제도는 법을 만들고 적용하고 집행하는 여러 기관, 법의 개념과 원리들 및 법률 정보를 얻을 수 있는 방법 등을 알려 준다.

제2장 헌법은 공권력으로부터 국민의 권익을 보호하고 국민의 기본권을 보장하기 위한 제도적 장치들에 대하여 기술하고 있다.

제3장 행정법은 국가 법질서의 한 부분영역으로서 헌법을 구체화하는 법이다. 행정조직의 일반적인 개념과 원칙, 절차와 실체를 파악하려고 하고 있다.

제4장 민법은 총칙에서 다루어지는 권리의 주체와 객체, 능력(권리,의사,책임,행위), 법률행위와 대리제도까지 설명하였다.

제5장 재산관계와 법은 금전과 부동산 거래를 할 때 주의할 점과 민사분쟁에 대한 해결방법들을 소개하고 있다.

# 머리말

제6장 임대차 및 주택임대차는 서민들과 중소기업들이 많이 이용하는 제도로 우리와 밀접한 관계를 맺고 있기 때문에 이에 대한 논의를 풀이하였다.

제7장 민사소송은 민사소송제도의 절차와 방법을 기술하고 이에 대한 실무적인 법적 서식을 이용하여 상세하게 설명하였다.

제8장 형사법은 형사사건으로부터 자신을 방어할 수 있는 절차적 지식과 범죄로부터 국민을 보호하는 제도들을 소개하였다.

제9장 가정생활은 혼인에서 시작하여 이혼과 상속까지 가정생활에서 발생하는 법률문제를 쉽게 접근했다.

제10장은 직장생활은 취직과 직장생활을 거쳐 퇴직할 때까지 노동자를 보호하고 있는 각종 제도와 권리들을 설명하였다.

제11장은 소비생활은 상품이나 서비스 구입과 관련된 다양한 피해 사례와 구제방법들을 제시하여 그들의 권리를 보장할 수 있게 하였다.

사회가 아무리 바뀌더라도 법학은 그에 대응하여 문제를 해결해야 하는 사명을 갖고 있으므로 부디 이 한권의 책이 밑거름이 되어 많은 학생들의 법률지식 습득에 도움이 되었으면 하는 바람을 가져 보며, 향후 강의를 진행하면서 부족한 부분을 계속 보완하려 한다.

그리고 이 자리를 빌려 지금까지 단행본 출간을 위해 여러 가지 방법으로 도와 주신 분들께 감사드린다. 특히 어려운 여건 속에서도 본서의 출간을 흔쾌히 허락해 주신 삼조사의 하인웅 사장님과 직원분들께 감사의 말씀을 전하고자 한다.

2025년 2월

공저자 씀

# 참고문헌


곽윤직 · 김재형, 민법총칙, 박영사, 2015.
권영성, 헌법학원론, 법문사, 2015.
김명수, 현대생활과 법, 소통과 공감, 2016.
김병묵 · 이영준, 생활과 법률, 법문사, 2015.
김주수, 민법개론, 삼영사, 2015.
김준호, 민법강의, 법문사, 2015.
김일수/서보학, 새로 쓴 형법각론, 박영사, 2015.
김철수, 헌법학신론, 박영사, 2015.
노명선 · 이완규, 형사소송법, 성균관대학교출판부, 2011.
박상기, 형법각론, 박영사, 2015.
박선영, 현대생활과 법, 동현출판사, 2015.
법무부, 한국인의 법과생활, 법무부 법교육팀, 2015.
배종대, 형법각론, 홍문사, 2015.
성낙인, 헌법학, 법문사, 2015.
손동권, 형법각론, 율곡출판사, 2015.
손동권, 형사소송법, 세창출판사, 2015.
양　건, 헌법강의, 법문사, 2015.
이봉림, 법과 생활, 한림대학교 출판부, 2011.
이봉림, 법과 사회생활, 삼조사, 2015.
이재삼, 현대생활과 법률, 형설출판사, 2015.
이재상, 형법각론, 박영사, 2015.
이재상, 형사소송법, 박영사, 2015.
이정원, 형법각론, 법지사, 2015.
이형국, 형법각론, 법문사, 2015.
임　웅, 형법각론, 법문사, 2015.
정영일, 형법각론, 박영사, 2015.
정재황, 신헌법입문, 박영사, 2015.
지원림, 민법강의, 홍문사, 2015.
허　영, 한국헌법론, 박영사, 2015.

# 차 례

# 차 례

# 차 례

# 차 례

## 차 례

차 례

# 차 례

차 례

# 차 례

## 차 례

# 제 1 장

# 법과 제도

법의 필요성/ 법의 본질
법과 다른 사회규범과의 관계
법의 이념/ 법의 존재형식(법원)

# 제1절 법의 의의

## Ⅰ. 법의 필요성

사람은 출생에서 사망에 이르기까지 법의 지배를 받고 있다고 하여도 과언이 아니다. 우리가 사회생활을 영위해 가는데 있어서는 아무리 사소한 일이라고 하더라도 법률관계에 매여 있다고 할 수 있으며, 또한 그에 따른 법적 분쟁이 일어날 수 있다. 따라서 이와 같은 법적 분쟁이 발생한 경우에는 이것을 판단하기 위해서 법이 동원되고 강제로 해결하기 위해서는 국가의 권력이 동원된다. 결국 법은 분쟁을 해결하기 위한 것이라고 할 수 있으며, 더 나아가 사람들은 법에 따라 자신의 행동방향을 결정하게 된다. 또한 동일한 상황 하에서 같은 행동방향으로 나가게 됨으로써 동질성을 갖게 되는 사회통합이 이루어진다.

더욱이 현재와 같이 과학기술의 발달에 따른 국제화 · 정보화의 물결과 함께 급변하는 경쟁사회 속에서 뜻하지 않은 불이익을 당하지 않고, 자신의 권리와 이익을 행사하고 지켜나가기 위해서는 법률관계를 잘 알아야만 하며, 또한 그렇게 하기 위해서는 법학에 대한 지식이 필수적이라고 할 수 있다.

## Ⅱ. 법의 본질

### 1. 법과 사회(법의 기원)

"인간은 사회적 동물"이나 "사람이 사람다움은 사람과 사람의 결합에 있다"(Gierke)는 말이 뜻하고 있는 바와 같이 사람은 사회를 구성하고 생활할 수밖에 없다. 그러나 공동생활에서는 서로의 이해가 충돌되므로 서로 자기의 이익을 지키기 위해서 부단히 싸워야 한다(만인의 만인에 대한 투쟁- Hobbes, 사람은 다른 사람에 대해서 늑대와 같은 존재가 되는 것). 따라서 분쟁이 발생한 경우 이를 해결하기 위해서는 어떤 기준이 필요하게 되는데, 즉 서로 공존할 수 있는 범위를 정해서 그로부터 벗어나면 안 되고 그 안에서는 행동해도 된다는 것을 약속하게 된다. 그러한 약속 이전에는 개인적 복수만이 존재했다("눈에는 눈, 이에는 이"(Talio법칙)- 同害報復).

그러나 힘이 없으면 피해를 회복할 수 없다는 점, 복수에 많은 시간과 노력을 기울여야 한다는 점, 또는 복수는 복수를 낳는다는 점 등의 문제가 발생한다. 그러므로 인지가 발달하고 국가가 형성되면서 이러한 사적 복수는 제한되기에 이르렀다(예컨대, 고대 중국- 복수의무자를 5代(寸)까지로 하였음). 그 후 복수를 지방관의 허가를 받아서 하도록 하였고, 나중에는 배상제도를 채택하여 복수를 대신하게 하였다. 현재는 공권력에 의해서만 구제받을 수 있다.

**법 규**

- 형법 §21 ①의 정당방위, §22 ①의 긴급피난, §23 ①의 自救行爲 등의 예외를 빼면 모든 분쟁은 법에 정한 절차에 따라 해결된다.
- 헌법 §27 ① "모든 국민은 헌법과 법률이 정한 법관에 의하여 법률에 의한 재판을 받을 권리를 가진다."

결론적으로 사람들 사이의 다툼을 해결하기 위하여 사회(국가)가 개입하게 되고, 그 해결을 위한 기준의 필요에 의해서 법이 생기고, 특히 이를 좀더 명백히 하기 위해서 成文法이 생겨나게 되었다. 따라서 법은 그 사회의 구성원 모두에게 보편적으로 적용되어야 한다(법의 보편성).

**법격언**

"사회가 있는 곳에는 반드시 법이 있다"(ubi societas ibi ius)
"지옥에도 법은 있다"(J.W. Goethe, 1749~1832)

## 2. 법의 개념(법: 한국인- 형벌을 생각, 고대 중국- 법은 刑이라고 생각)

법은 사회생활에 있어서 행위의 준칙이며, 국가에 의해서 강행되는 사회규범이라고 말할 수 있다. 본래 법이라는 글자는 중국 한대(漢代) 이전의 고문(古文)에서는 물 수(水)와 해태 치(廌), 그리고 갈 거(去) 등의 3자가 결합된 것이라고 한다. 水는 수면과 같은 평평함을 뜻하는 것으로 법의 공평 또는 형평을 의미하고, 廌는 시비선악을 가리는 전설적 동물을 뜻하는 것으로 법에 있어서의 정의를 상징한다. 그리고 去는 악을 제거하는 응징적 요소를 뜻하는데 법에 있어서의 강제성을 의미한다. 또한 약자인 法에 대해 "법은 물과 같이 흘러가야 한다(法如去水)"는 의미로 새기기도 한다.

서양에서의 법이 의미하는 바는 다음과 같다. 그리스어로는 노모스(*υομοξ*)→"나누어 준다"는 뜻의 네모(*υεμω*)에서 유래하였다고 한다. 나누어 갖는 것은 한정한다는 것이고, 한정함으로써 자연의 상태가 인간사회의 소유물이 되고, 그에 따른 관습이나 규율이 발생하게 된 것이라 할 수 있다. 그리고 라틴어로는 이우스(ius)라고 하는데 법 · 권리 그리고 올바른 것이라는 뜻이 모두 포함되어 있어서 정의를 의미하기도 한다. 독일어 Recht나 프랑스어 droit도 같은 의미이다. 라틴어의 lex와 영어의 law는 명령이나 계율을 의미하며 오늘날 '법률'로 번역하고 있다.

## Ⅲ. 법과 다른 사회규범과의 관계

### 1. 법과 관습과의 구분

관습은 인간이 사회생활에서 지켜야 할 일정한 관행을 의미한다. 법과 관습은 일정한 외부적인 행위를 대상으로 하는 점에서는 공통되지만 위반시의 제재에서 차이가 있다. 법을 위반하면 국가권력에 의한 강제력이 행사되는 데 반하여, 관습을 위반하였을 경우에는 사교적 차원의 불미스러운 일에 불과하지, 그 이행을 법에서처럼 강제할 수 없는 것이다.

이와 같이 법과 관습은 일응 구분되나 일정한 관습은 법규범과 밀접한 관련을 맺고 있다. 예컨대 남녀가 혼인을 약속하는 약혼(約婚)은 관습에 불과하나 이에 관하여는 민법 규정이 있고(제800조~제806조), 또한 관습은 법률행위를 해석하는 중요한 표준이 된다. 더 나아가 일정한 관습이 법적 확신에 의하여 법규범으로 승인되면 관습법이라는 법원(法源)으로 자리잡을 수 있게 된다.

### 2. 법과 도덕의 구분

도덕도 법규범처럼 사회공동생활에서 지켜야 할 당위규범(當爲規範)이다. 문예부흥(Renaissance) 이후 사람의 자각정신의 진전에 따라 법과 도덕 · 종교 · 관습의 상이성을 인식하기 시작하였다. 18세기에 이르러 봉건적인 도덕관념을 씻어 버리고 위정자(爲政者)의 자의적인 도덕적 판단으로부터 개인의 자유와 권리를 해방시키고자 하는 시대적 요청이 나타나 법과 도덕을 분리하기에 이르렀다. 따라서 법과 도덕은 다같이 사회생활상의 규범으로서 각각 다른 측면에서 사람의 행위를 규율하게 되었다. 그리하여 법이 금하는 사항은 도덕도 역시 불허함을 원칙으로 하였다. 법과 도덕은 다음과 같은 점에서 차이가 있다고 보는 것이 일반적인 견해이다.

법은 사회공동생활에서 필요한 최소한의 규준으로서 정의를 그 목적으로 하나, 도덕은 善의 실천을 목적으로 한다. 그러므로 일정한 행위는 법적으로는 허용되나 도덕적으로는 용납되지 않는 것도 있다. 예컨대, 거짓말은 도덕적으로 용납되지 않으나 형사피의자(피고인)는 자기에게 불리한 진술을 강요당하지 않으므로(헌법 제12조 제2항) 진술거부권을 행사함으로써 결과적으로 거짓말을 초래하여도 처벌받지 않는다. 한편, 거짓말을 하지 말라는 도덕적 요구는 최소한의 범위 내에서 법에 반영되기도 한다. 예컨대, 거짓말은 형사상 위증죄(형법 제152조), 사기죄(형법 제347조), 무고죄(형법 제156조) 등이 문제될 수 있고, 민법에서는 사기에 의한 의사표시로서 취소될 수 있다(제110조). 그러므로 '법은 최소한의 도덕'이라고 표현할 수 있는 것이다.

## IV. 법의 이념

법이기 위해서는 다른 표현으로 법으로서 국민이 승인하기 위해서는 일정한 가치나 목적에 구속되게 된다. 법을 법답게 하고 법을 이끌어 가는 것을 말하여 법의 이념이라고 한다. 법이 추구하는 이념 즉, 목적은 내적인 문제로서 사람마다 서로 다른 이야기를 할 수 있고 법에 따라 서로 다를 수 있다. 최근의 법률은 처음에 그 목적을 표시하는 경우가 많은데, 이와 같은 목적규정이 없더라도 개개의 법률은 목적을 가지고 있다. 개별 법률의 목적이 합해져서 전체적으로 사회질서의 형성과 유지라는 법의 목적을 이룩한다. 따라서 법의 이념으로서는 정의, 합목적성, 법적 안정성을 드는 것이 Radbruch

이후의 통설이라고 할 수 있다.

### 1. 정 의

일반적으로 법은 정의를 실현하기 위한 사회규범이라고 말하여지고 있다. 그러나 정의가 무엇인가에 대하여는 이론이 일치하지 않고 있다. 정의란 무엇인가에 관한 논의는 법철학에 있어서 가장 근본적인 문제로서 오랫동안 토론과 연구가 반복되어 왔다. 결국 정의의 내용과 기준을 정하기는 어려운 일이며 설사 어떤 기준을 정한다고 하더라도 그 구체적인 내용은 변할 수밖에 없다. 즉, 정의의 구체적인 내용은 역사적으로 민족 · 국가 · 사회적으로 그 내용이 다를 수밖에 없다.

현대적 의미에서의 정의[1]는 Aristoteles 이래로 평등[2]이라고 주장되고 있다. 법은 정의를 실현하는 것이 목적이므로 법이라고 이름지어 있어도 정의를 결여하고 있으면 단순한 폭력에 불과하다. 현실적으로 법이 정의를 포함하지 않고 권력자에게만 봉사하는 법이 많이 있는데, 이를 악법이라고 한다. 따라서 법의 이념으로서의 정의는 실정법의 가치표준이고 입법자의 목표라고 할 수 있다. 한편 衡平이라는 말은 개별적인 경우와 구체적인 사람에게 적용될 때의 정의를 말한다.

|정 리|

| 현대적 정의론: 평등 | |
|---|---|
| 「평균적 정의」<br>- 기득권의 존중, 권리침해금지 등: 사법적 정의 | → 절대적 평등<br>- 적용의 예: 매매에 있어서의 등가의 원칙, 토지수용에 있어서의 정당한 보상, 손해배상액산정에 있어서의 등가의 원칙, 특히 선거권, 국민투표권, 피선거권의 평등 |
| 「배분적 정의」<br>- 기준에는 특정한 척도가 없음. 각자에게 | → 상대적 평등(비례적 평등)<br>- 공법상에 있어서의 평등 |

1) 정의의 '正'은 '바름'을 뜻하고, '義'는 '옳음'을 뜻한다. 사전적 의미로서의 정의란 사회를 구성하고 유지하기 위해 사회 구성원들이 공정하고 올바른 상태를 추구해야 한다는 가치이다.

2) 평등의 '平'이란 '고름'을 뜻하고, '等'은 '같음(차이가 없음)'을 뜻한다. 사전적 의미로는 권리, 의무, 자격 등이 차별 없이 고르고 한결같음을 말한다. 법학에서는 "국가에 의한 차별적인 대우를 받지 아니함을 의미한다." 따라서 평등은 국가에 대하여 합리적 이유 없이 불평등한 대우를 하지 말 것과 평등한 대우를 요구할 수 있는 권리를 말한다.

| 그의 것을 주기 위하여 무사공평하게 특수의사나 자의를 배제하고 인간관계를 규율하는 것이 배분적 정의 요청. | - 임금지불의 경우 성과급, 훈장을 주는 경우 그의 공적에 의하는 것 |
|---|---|

## 2. 합목적성

법의 둘째 이념은 합목적성이라고 한다. 법에 있어서 합목적성이란 법이 국가의 가치관에 구체적으로 합치되는 것을 말한다. 구체적인 '法의 目的'으로는 개인적 차원에서의 인격의 실현이나 자유의 추구, 단체의 유지와 발전, 또는 문화라는 가치(개인도 단체도 아닌 인간이 만든 문화, 혹은 작품을 최고의 가치로 신봉하는 태도) 등을 이야기 할 수 있다. 이와 같은 것들을 합목적성이라 한다.

오늘날 많은 실정법이 제1조에서 그 목적을 천명하고 있는데, 법의 목적은 국가나 세계관에 따라서 달라진다. 그러나 민주주의적인 법의 목적은 개인의 인권보장과 공공복리의 증진에 있다고 할 수 있다. 이를 위하여 개별적인 법률은 그 목적을 규정하고 있다.

☞ 예컨대,
- 헌법 前文(헌법이 지향하는 목적을 천명): 평등보장, 국민생활의 균등한 향상, 자유민주적 기본질서확립, 세계평화와 인류공영기여 등.
- 국가공무원법: 인사행정의 공정과 행정의 민주적이고 능률적인 운영이며,
- 민법(물권, 채권): 계약 자유와 거래 안전 또는 합리적인 재산관계의 형성 등.

결국, 이들 구체적 목적과 이념들의 조화가 필요하다. 특히, 법이 구체적으로 해석 · 적용될 때 이러한 여러가지 가치가 실현될 것이 요구된다.

| 法 | - 공산주의자: 지배자의 명령<br>- 독재주의국가: 권위주의적인 지배의 수단. 법의 목적은 공익에 있다-사익에 우선.<br>- 사회주의적 세계관: 법의 목적은 사회적 불평등의 제거에 있다. 배분적 정의의 실현을 내걺.<br>- 개인주의적 세계관: 국가로부터 개인의 자유의 보장이 법의 목적, 개인의 가치의 절대성을 강조, 권력분립론을 주장<br>- 민주주의적 세계관: 民意의 존중, 국정에의 참여가 법의 목적→ 다수결의 원리 강조, 권력분립론은 부정됨. |
|---|---|

### 3. 법적 안정성

법적 안정성이란 법을 믿고 안심하고 생활할 수 있는 것을 말한다. 법은 질서를 유지하고 분쟁이 발생한 경우에 평화를 회복하거나 유지하는 기능 갖고 있으므로 법 자체의 안정성과 사회질서의 안정성을 요구한다. 법의 안정성이 보장되면 사회질서도 보장되는 것이 원칙이다.

이미 살펴본 바와 같이 법은 행위규범인 동시에 재판규범이기 때문에 법적 안정성을 위해서는 법이 명확해야 하고, 자주 변경되어서는 안 된다. 법이 불명확하거나 너무 자주 변경되면, 국민은 행동의 지침을 잃게 될 것이고, 사회의 안정도 가져올 수 없게 될 것이기 때문이다. 더욱이 법은 실제로 행해져야 하고(실효성), 또한 국민의 의식에 합치하여야만 가치 있는 법이 될 것이다. 법이 실제로 행해지지 않으면 규범력을 상실하였다고 말할 수 있기 때문이다(즉, 형법 제269조의 낙태죄 등).

이와 같이 법적 안정성의 원칙에 따라 사실이 계속되는 경우 그 상태를 인정하여 기존 사실화하는 경우가 있다. 소멸시효와 취득시효, 그리고 사법상의 점유보호, 선의취득(善意取得) 및 국제법상의 현상유지(status quo)이론 등도 법적 안정성을 위한 것이다.

### 4. 법이념의 상호관계

각 이념은 본질적으로 상호모순이 되어 대립적 긴장관계를 이룬다. 우선 정의가 일반화하는 경향이 있고 아울러 정의는 윤리라는 가치관념을 바탕으로 함에 비하여, 합목적성은 공리(功利)라는 가치관념을 바탕으로 하는 까닭에 상호모순이 생긴다. 그리고 정의와 합목적성은 주로 법내용(실체)에 관한 이념인 데 반하여, 법적 안정성은 주로 법기능(형식)에 관한 이념인바, 법적 안정성은 법내용이 정의와 목적에 부합하든 하지 않든 자기를 고집하는 경향이 있는 까닭에 또한 상호모순이 생긴다.

따라서 법이념 사이의 모순 · 충돌에 대하여 우리 헌법은 다음과 같이 규정하고 있다. "국민의 모든 자유와 권리는 국가안전보장 · 질서유지 또는 공공복리를 위하여 필요한 경우에 한하여 법률로써 제한할 수 있으며 제한하는 경우에도 자유와 권리의 본질적 내용을 침해할 수 없다"(헌법 제37조 제2항). 이 규정은 법의 이념인 자유와 권리, 공공복리, 질서유지, 국가안전보장의 상관관계를 규정한 것으로 중요한 의의가 있다.

우리 헌법은 정의, 합목적성, 법적 안정성이 충돌하는 경우에 이의 조화적인 조정을 원칙으로 하면서 궁극적으로는 인간의 자유와 권리의 본질적 우선을 규정하고 있다고 보아야 할 것이다. 즉, 우리 헌법은 자연법원리에 입각하여 기본권의 천부인권성을 강조하고 그 본질적 내용의 침해금지를 규정하고 있다.

이와 관련하여 문제가 되는 것으로는 사형제도라든가 낙태제도가 있다. 국가안전보장 · 질서유지를 위하여 인간의 생명권의 본질적 내용을 침해할 수 있을 것인가에 대해서는 외국에서는 부정적으로 해석하고 있다. 그러므로 유럽제국이나 미국의 다수 주에서는 사형을 폐지하고 있다.

| 법격언 |

* Kant: "세계가 망하더라도 정의는 행해져야 한다"⇒ 정의와 합목적성간의 대립을 극화시킨 것.
* Jhering: "세계가 번영하기 위해서는 정의가 살아야 한다"고 하고 만약에 이것이 양립되지 않는 경우에는 "정의가 멸망하더라도 세계는 살아야 한다"고 함⇒ 정의보다 합목적성 강조.

## V. 법의 존재형식(법원)

### 1. 법원(法源)의 의의

#### (1) 존재형식설

법원을 법의 존재형식과 현상형태로 본다. 그런데 이 설은 조리의 법원성을 긍정하기에는 난점이 있어, 인식연원설이 제기되었다.

#### (2) 인식연원설

법원의 의미가 법의 생성연원과 법의 인식연원의 두 가지라고 보고, 법원은 법의 인식연원이라는 의미로 사용되었다고 보는 견해이다. 이 견해에 의하면 법원이란 국민이 무엇이 법인가를 인식할 수 있는 출처를 가리킨다.

### 2. 성문법주의와 불문법주의

| 구 분 | 成文法主義 | 不文法主義 |
|---|---|---|
| 장 점 | ① 法律의 명확화를 기할 수 있다.<br>② 법의 통일정비가 용이하다.<br>③ 법질서가 안정적이다. | ① 法秩序가 경화되지 않고 유동적이어서 구체적 타당성을 실현하기에 유리하다.<br>② 법의 진화가 보다 용이하다. |
| 단 점 | ① 法秩序가 유동적이지 않아 구체적 타당성을 저해하는 경우가 많다.<br>② 사회사정의 변천에 탄력적으로 적응하기 어렵다. | ① 법이 명확하지 않다.<br>② 통일정비가 곤란하다.<br>③ 法秩序의 안정을 해한다. |

법의 역사는 불문법에서 성문법으로 발전하여 왔으나, 성문법주의와 불문법주의는 절대적인 구별이 아니다. 성문법주의를 취하는 나라에서도 불문법을 法源으로 가지고 있으며, 불문법주의를 취하는 나라에서도 성문법을 법원으로 인정하고 있다. 성문법과 불문법 중에서 어느 것에 더 비중을 크게 두느냐 하는데 차이가 있을 뿐이다. 세계적으로 빈번한 접촉과 거래가 이루어지고 있는 현대는 이 둘은 상호 근접해 가고 있는 실정이다. 영미법계 국가에서도 급변하는 사회정세에 신속히 대처하기 위하여 성문법의 비중이 커지고 있다.

### 3. 성문법(成文法)

문장의 형식으로 존재하는 법을 말하며, 제정법(制定法)이라고도 한다.

#### (1) 헌　　법

헌법은 국가와 국민 간의 권리 · 의무에 관한 기본법이다. 또한 헌법은 한 나라의 법질서 중에서 가장 강한 효력을 가짐과 동시에 헌법의 우선적 효력에 대해서는 다툼이 없다. 즉 헌법은 한 나라의 권력구조와 국민의 기본권을 규정하는 국가의 기본질서를 뜻하기 때문에 다른 법률처럼 함부로 고칠 수 없는 최고의 규범이다. 따라서 하위의 법체계인 법률, 명령, 규칙 등은 헌법에 위배됨이 없어야만 한다.

### (2) 법　률

법률은 국회에서 의결되어 대통령이 공포한 법을 의미하며, 법률은 헌법을 제외하면 가장 큰 법형식을 갖는다. 우리 나라는 헌법에 "입법권은 국회에 속한다"고 규정하여(제40조), 국회가 유일한 입법자임을 선언하고 있다. 국가와 국민의 중요한 규범은 모두 법률로 만드는 것이 원칙인데, 이것은 국민의 대표들이 직접 법을 만든다는 주권재민의 민주주의적 원칙에 의한 것이다.

### (3) 명　령(대통령령)

국회의 의결을 거치지 않고 다른 국가기관에 의하여 제정된 법규를 명령이라고 하는데, 이러한 명령도 민사에 관한 것은 민법의 법원이 된다. 명령은 명령의 제정권자에 따라서 대통령령, 총리령(국무총리), 부령(행정각부의 장)으로 나누어지며(즉, 명령을 발하는 주체를 기준으로 한 구분), 목적에 따라서 긴급명령, 위임명령, 집행명령으로 구분된다.

### (4) 규　칙

① 대법원 규칙

② 감사원 규칙

③ 선거관리위원회 규칙

### (5) 자치법규(조례 · 규칙)

자치법규는 지방자치단체가 상위법규인 법률과 명령이 위임하는 범위 내에서 제정하는 자치에 관한 법규를 말한다(헌법 제117조). 따라서 지자체의 조례와 규칙도 민사에 관한 것은 법원이 된다. 그러나 자치법규는 법령으로 된 민사법규에 대하여 보충적 효력을 가진다.

#### (가) 조　례

지방의회가 법령의 범위 내에서 제정하는 것이다. 조례는 법령에 의하여 위임된 경우뿐만 하니라 지방자치단체 자체의 발의에 의한 제정도 가능하다는 점에서 아래 지방자치단체의 장에 의해 제정되는 규칙과는 구별된다.

#### (나) 규　칙

지방자치단체의 장이 법령 또는 조례에서 위임받은 범위 내에서 그 권한에 속하는 사무에 관하여 제정한 법규를 말한다.

### 4. 불문법(不文法)

문장으로 표현되지 아니한 법을 말하며, 입법기관의 제정절차를 거치지 아니한 법으로서 비제정법(非制定法)이라고도 한다.

#### (1) 관 습 법

관습은 많은 사람이 사회생활 속에서 오랜 동안 반복하여 행하여 온 결과 사람들이 사회규범으로서 준수하도록 된 행동양식이다. 거래나 가족관계와 관련하여 상당한 기간 동안 사람들이 같은 행동을 반복할 때 관행·관례가 형성되며, 이러한 관행이 일정한 직업·업종·지역의 내부에 상당히 보편화되고 "법적 확신으로 일반화되었을 때"(즉, 法意識에 의하여 법적 가치를 취득한 때)에 관습법이 된다. 그리고 그 정도까지에는 이르지 않은 관습을 '사실인 관습'이라고 한다.

#### (2) 판 례 법

(가) 의 의

구체적인 법률문제에 대한 법원의 재판을 판결이라 하고, 이러한 판결의 집적에 의해 형성된 法理論을 판례라 한다. 판례를 법원으로 인정하는 경우에 이러한 판례의 형태로 존재하는 법을 判例法(case law)이라 한다. 또한 先例가 그 후의 판결을 구속할 때 판례는 법원이 되며, 이것을 판례법이라 한다(先例拘束의 原則).[3]

(나) 기 능

성문법 국가에서도 판례는 성문법의 가장 권위 있는 해석을 제공하고, 성문법에 공백이 있는 경우에 관습법과 조리를 확인함으로써, 법과 현실의 틈을 보충하는 기능을 한다.

#### (3) 조 리

종래의 견해는 조리란 사물의 본성, 사물의 본질적 법칙 또는 사물의 이치로서 사람

---

3) 영국이나 미국(영미법계 국가)과 같은 판례법주의를 취하는 국가는 선례구속의 원칙이 확립되어 있고, 법원이 내린 판결 중에서 기술된 준칙(판례)은 선례가 되고, 장래의 동종 사건을 재판하는 경우에 법관은 선례에 구속된다. 이에 비하여 프랑스, 독일 등의 대륙법계 국가나 우리 나라와 같은 성문법주의를 취하는 국가에서의 법원의 판결은 당해 사건에만 효력을 갖고, 판례에 일반적인 구속력은 인정되지 않는다.

의 이성에 의해 생각되어지는 규범이라고 설명하였다.[4] 최근에는 조리란 성문법규와 관습법이 아닌 일체의 법인식 자료로서 이에는 법률개정안, 협의의 사물의 본성, 일반적으로 이해되는 법의 일반원칙, 법언(法諺) 등을 포괄하는 것으로 이해하는 견해나 어떤 사회에서 구성원들이 일반적으로 정의롭다고 여기는 규범으로 보는 견해(이은영)도 제시되고 있다.

재판의 기준이 되는 법이 존재하지 않을 경우 법관은 무엇을 기준으로 재판을 하여야만 할 것인가. 刑事事件의 경우는 죄형법정주의 원칙으로 인하여 무죄로 하면 상관없지만, 民事事件의 경우에는 적용하여야 할 법의 부존재를 이유로 재판을 거부하는 것은 허용되지 않는다. 민사사건에서 그와 같은 경우에 법관은 조리에 따라 재판하여야만 한다고 하고 있다(민법 제1조).

---

4) 구체적으로는 사회생활에 있어서 인간의 건전한 상식으로 판단할 수 있는 사물의 본질적 법칙, 사물필연의 이치로써 공서양속, 신의성실, 사회상규, 정의, 형평, 사회적 타당성, 법의 일반원칙, 자연법 등으로 표현된다.

소송방식/
대안적 분쟁해결 방식

# 제2절 분쟁을 해결하는 여러 방식

## Ⅰ. 소송방식

### 1. 정식절차

민사소송의 정식재판절차는 원고와 피고 성명 및 소송의 목적 등이 밝혀진 소장이 법원에 제출됨으로써 재판이 개시되고, 공개법정에서 양측 당사자가 출석한 가운데 변론절차를 거쳐 법원이 판결을 내리면 재판은 마무리된다.

형사소송에서는 정식재판절차를 공판절차라고 부르는데, 이 경우에는 검사가 법원에 피고인 성명, 죄명, 범죄일시 · 장소 · 방법, 그에 적용할 법조항 등을 밝힌 공소장을 제출함으로써 재판이 시작된다.

이러한 정식절차는 재판의 기본이 되는 방식이다. 정식절차에서는 재판 당사자가 증거를 제시하고 자신의 의견을 주장할 수 있는 충분한 기회를 제공하기 때문에 진실을 찾고 진정한 권리자를 가리는 데 가장 좋은 형태이다. 그러나 복잡하고 빨리 변화하는 현대 사회에서 정식절차는 당사자에게 오히려 불편하고 손해가 될 수도 있다. 따라서 경미한 사건에서는 정식절차 대신 약식절차가 선호되는 경우가 많다.

### 2. 약식절차

약식절차는 경미한 사건의 경우에 피고인을 불러 심리를 하는 번거로운 절차를 생략하고, 검사가 제출한 서류만으로 판사가 벌금이나 과료 또는 몰수의 형을 내리는 절차이다. 약식절차에 따라 판사가 형을 선고하는 것을 약식명령이라고 부르는데, 만약 피고인이 약식명령에 이의가 있을 경우에는 정식재판을 청구할 수 있다. 따라서 약식절차가 헌법상 보장된 신속, 공정한 재판을 받을 권리를 침해한다고 볼 수는 없다.

### 3. 즉결심판절차

20만 원 이하의 벌금형, 30일 이내의 구류형 등이 예상되는 경미한 범죄에 대하여 정식재판절차를 거치지 않고 판사가 그 자리에서 바로 형을 선고하는 절차이다. 즉결심판 또는 줄여서 '즉심'이라고 한다. 즉결심판절차는 약식절차와 달리 꼭 검사가 청구하지 않아도 되고, 경찰서장의 청구에 의해 이루어질 수도 있다. 이 경우에도 피고인이 즉결심판 결과에 이의가 있다면 정식재판을 청구할 수 있다.

### 4. 소액사건심판절차

소액사건심판절차는 소송목적(소송의 대상이 되는 물건이나 권리)의 값이 2000만 원 이하인 소액사건에 한하여 소송절차를 저렴한 비용으로 쉽고 빠르게 진행할 수 있도록 하는 절차이다. 소액사건 심판에서는 변호사가 아니라도[1] 당사자와 관련된 인물이 법원의 허가 없이도 소송대리인이 될 수 있으며, 빠른 진행을 위해 심리는 한번만 하는 것을 원칙으로 한다.

### 5. 독촉절차

민사분쟁에서 채권자에게 금전, 유가증권을 지급하라는 청구에 대해 변론이나 판결 없이 곧장 지급명령을 내리는 절차를 독촉절차라고 한다. 분쟁당사자를 소환하지 않고, 별다른 소명절차도 없어서 소송비용이 아주 저렴하다. 채권자는 이러한 독촉절차와 통상의 소송절차 중 어느 것이나 자유롭게 선택할 수 있는데, 지급명령을 받은 채무자가 이의를 제기하면[2] 통상의 소송절차로 이어지게 된다.

---

1) 소송대상의 가격이 1억 원을 넘는 경우에는 반드시 변호사가 대리해야 한다.
2) 문서 송달일로부터 14일 이내에 답변서를 제출해야만 한다.

## II. 대안적 분쟁해결 방식

일반적으로 소송은 복잡하고, 비용이 많이 들며, 시일이 오래 걸리는 단점을 가지고 있다. 또한 소송은 국가기관의 일방적이고 강제적인 결정에 의해 분쟁을 해결한다는 점과 엄격한 법적용에 의해 실제 사례에서는 구체적 타당성을 갖지 못할 수 있다는 점도 문제로 지적되고 있다. 따라서 이러한 소송의 문제점을 극복하기 위하여 국제적으로 협상(negotiation), 알선(conciliation), 조정(mediation), 중재(arbitration) 등의 대안적 분쟁해결 방식(alternative dispute resolution: ADR)들이 제도화 되고 있다.

### 1. 협　　상

협상이란 분쟁이 발생했을 때 제3자의 개입 없이 당사자끼리 합의에 의해 해결하는 것을 말한다(노사의 단체협약안에 대한 협상).

### 2. 알　　선

알선은 당사자끼리 합의에 의해 분쟁을 해결하는 점에서 협상과 같지만, 제3자가 당사자들이 합의할 수 있도록 자리를 마련해 주는 등의 방식으로 도와준다는 점이 다르다.

### 3. 중　　재

중재란 당사자끼리 분쟁이 해결되지 않을 때, 중립적인 제3자의 결정에 따르기로 당사자들이 합의하고 제3자가 중재안을 내놓는 것을 말한다.

중재는 사적으로도 행해지지만, 특히 법원이 아닌 중재위원회 등 다른 공공기관의 판정에 의해 해결하는 경우도 많다. 공적기관에 의한 중재의 예로는 국가간의 분쟁에 대해 제3의 판단기관이 나서는 국제법상의 중재, 상거래 분쟁에 대한 중재법상의 중재, 노사분규 등에 대한 노동법상의 중재 등이 있다.

### 4. 조 정

조정은 중립적인 제3자가 개입하여 적극적으로 설득하고 양보하게 하는 방식으로 당사자끼리 합의하도록 도와 주는 것을 말한다. 조정은 제3자가 적극적으로 개입하기는 하지만 중재와는 달리 제3자가 합의안을 결정할 권한은 없다.

특히 우리 나라에서는 1990년도부터 민사소송으로 가기 전에 당사자의 선택에 의하여 민사조정을 거칠 수 있도록 하고 있는데, 이 민사조정제도는 법관이나 법원에 설치된 조정위원회에서 당사자들의 사정을 참작하여 서로 양보하고 타협하도록 주선함으로써 융통성 있는 결론을 맺도록 하는 절차이다. 조정은 판사의 조정에 대하여 분쟁당사자가 합의를 하거나 판사가 직권으로 결정한 조정안에 당사자가 이의가 없을 경우에 이루어진다. 이와 같은 조정은 소송 도중에도 할 수 있다. 또한 가사소송의 경우 일정한 경우에는 반드시 소송으로 가기 전에 조정을 거쳐야 하는 조정전치주의를 채택하고 있어 곧바로 소송을 신청할 경우에도 가사조정을 받게 하고 있다.

이러한 대안적 분쟁해결방식들은 정식소송절차와 비교하여 저렴한 비용으로 빠르게 분쟁을 해결하고, 당사자들의 타협과 양보에 의하여 해결책을 마련할 수 있다는 점 등의 장점을 갖추고 있기 때문에 시민들이 널리 활용하는 것이 바람직하다.

법 관련 기관의 종류/
법원의 심급(審級)

# 제3절 사법제도와 법원의 구성

## Ⅰ. 법 관련 기관의 종류

### 1. 입법기관

국가의 통치권에 의해 국가와 국민, 국민 상호간의 관계에 관한 법률을 제정하는 곳으로 국회를 말한다.

### 2. 사법기관

입법기관에서 만들어진 법의 판단을 하는 곳으로 법원을 지칭한다.

법조삼륜(法曹三輪)은 다음과 같다.

#### (1) 판　사(법관)

재판의 모든 절차를 주재하며, 최종적으로 사건에 관한 법적 판단을 내리는 역할을 한다.

#### (2) 검　사

범죄 혐의자를 수사한 뒤 그를 기소함으로써 형사재판절차가 시작되도록 이끌고, 형사재판 중에는 스스로 원고가 되어 직접 소송을 수행하며, 재판이 끝나면 판결을 집행한다. 검사는 국가가 재판의 당사자가 될 경우에는 국가를 대표하여 소송을 수행하며, 기타 인권을 보호하고 공익을 대표하는 역할을 수행한다.

#### (3) 변 호 사

소송 당사자의 의뢰를 받아 변론 등 소송과정을 대신 진행한다.

### 3. 행정기관

입법기관에서 만든 법을 국민들에게 집행하는 곳을 말하며, 대표적으로 경찰, 세무공무원, 일반 행정공무원 등이 있다.

## II. 법원의 심급(審級)

### 1. 제1심

제1심의 소송절차는 원고가 소장을 관할지방법원에 제출함으로써 개시된다. → 소의 제기.

1) 소장에는 당사자, 법정대리인, 청구의 취지와 원인을 기재하여야 한다.

2) 판결은 선고로 인하여 효력을 발생하고, 판결의 송달이 있는 날로부터 2주일 이내에 상소의 신청이 없으면 확정되어 기판력이 발생하며 당해 법원을 구속하는 동시에 그 사건에 관하여는 당사자간에 재차 다툴 수 없게 된다.

### 2. 상 소 심

상소는 재판을 받은 당사자가 판결이 확정되기 전에 그 판결에 대하여 불복을 주장함으로써 상급법원에 대하여 그 판결의 당부를 심사하여 다시 심판해 줄 것을 요구하는 소송행위를 말한다 ⇒ 당사자의 이익 보장과 법령해석의 통일을 도모하기 위하여 상소제도를 마련하고 있다.

#### (1) 항 소(제1심법원이 선고한 종국판결에 대한 상소)

항소는 제1심법원의 판결에 대하여 불복하는 당사자의 일방이 판결이 확정되기 전 즉, 판결의 송달을 받은 날로부터 2주일 이내에 항소장을 원심법원에 제출함으로써 제1

심의 변론을 경신·속행하여 사건에 대하여 다시 심판하여 줄 것을 요구하는 상소.

**(2) 상 고**(고등법원이 선고한 종국판결과 지방법원본원합의부가 제2심으로서 선고한 종국판결에 대한 상소)

상고는 항소와는 달리 소송절차의 위반, 법률적용의 착오 기타 헌법 또는 법령위반이 있는 경우에만 허용된다. 상고법원인 대법원은 상고를 이유 있다고 인정할 때에는 ① 원심판결을 파기하여 그 사건을 원심법원에 환송 또는 동등한 다른 법원에 이송하여 다시 심판하게 하거나, ② 특별한 경우에는 환송이나 이송을 하지 않고 그 사건에 대하여 직접 自判한다.

**(3) 항 고**(판결 이외의 재판 즉, 결정 또는 명령에 대한 상소)

항고법원의 항고에 관한 결정에 불복하여 하는 재차의 항고를 재항고라 한다.

### 3. 재 심

종국판결이 한번 확정된 후에는 당사자는 판결이 부당하다든지 또는 새로운 사실이나 증거방법을 발견하였다고 해서 그 판결에 대한 불복을 신청할 수 없다. 그러나 법정의 사유가 있는 경우(심리기구의 중대한 하자, 재판의 기초자료 기타의 커다란 결함)에는 확정판결에 대하여 그의 취소와 이에 대신하는 판결을 요구하고 원심법원에 사건의 재심판을 신청할 수 있도록 하는 것이다→ 再審의 訴.

# 제 2 장

# 헌 법

# 제1절 헌법이란 무엇인가?

## Ⅰ. 헌법의 개념

헌법(Constitutional Law, Verfassungsrecht, Droit constitutionnel)은 국가의 基本法 내지 最高法으로서 국가의 구성·조직·작용과 국민의 기본권 보장에 관한 기본적 원칙을 정한 根本法이다. 헌법은 국가의 통치질서를 정하는 법이기 때문에 국민 상호 간의 생활관계를 규정하는 사법과는 달리 "공법"의 영역에 속한다. 특히 헌법은 행정질서에 관한 국내공법인 "행정법"과 매우 밀접한 관계에 있다. 그러나 행정법은 현실적이고 구체적인 행정사례를 처리하기 위한 기술적 성격을 가지는데 반해서 헌법은 유동하는 현재와 미래의 政治現象을 다스리기 위한 추상적이고 이념적인 성격을 띠는 점이 서로 다르다.

헌법은 국가의 조직·구성의 의미로 볼 때에는 사실로서의 국가의 통치형태를 말하나 다른 면에서는 국가의 권력관계나 통치방식을 규정하는 법규범을 말한다. 따라서 헌법은 정치적 사실이라는 측면과 법규범이라는 측면의 이중성을 지니고 있다.

## Ⅱ. 헌법개념의 역사적 발전

### 1. 고유 의미의 헌법(본래적 의미의 헌법)

국가의 법체계·법질서 등과 최고기관의 조직 및 작용에 관하여 가장 기본적인 사항만을 규정하고 있는 국가의 기본법을 말하며, 이러한 의미의 헌법은 어느 시대나 국가 및 법형식을 막론하고 적어도 국가가 존재하는 한 반드시 존재한다.

### 2. 근대적(입헌주의적) 의미의 헌법

근대적 의미의 헌법은 주로 근대시민혁명의 영향으로 제정된 헌법으로서 고유 의미의 헌법의 내용 이외에 국민의 기본권 보장과 권력분립의 원리를 추가한 헌법을 말하며, 1789년 프랑스 인권선언 제16조의 "권리의 보장이 확립되지 아니하고 권력분립이 규정되어 있지 아니한 사회는 헌법을 가진 것이라 할 수 없다."라는 규정은 근대 입헌주의적 의미의 헌법을 가장 단적으로 표현하고 있다.

### 3. 현대적(복지주의적) 의미의 헌법

근대적(입헌주의적) 의미의 헌법이 자유와 형식적 평등을 강조하였다면 현대 복지주의적 의미의 헌법은 실질적 평등, 경제활동에의 국가 관여, 재산권의 상대화 등을 강조하고 있는 헌법을 말하며, 1919년 독일의 바이마르(Weimar)헌법이 그 시초가 된다.

## Ⅲ. 형식에 따른 개념

### 1. 실질적 의미의 헌법

成文이나 不文의 형식과 관계없이 실질적으로 국가의 통치기관의 조직과 작용, 그 기관 상호간의 관계 및 그 구성원인 국민과의 관계에 관한 기본원칙을 정하는 법규범의 전체를 말하며, 이런 점에서 볼 때 성문헌법전은 물론 법률·명령·규칙·관습법·조리까지도 모두 헌법개념에 포함된다고 할 수 있다.

따라서 영국과 같이 성문헌법이 없는 불문헌법국가도 실질적 의미의 헌법은 가지고 있다고 하겠다. 예컨대 영국의 1215년의 대헌장(Magna Carta), 1628년의 권리청원(Petition of Right), 1689년의 권리장전(Bill of Rights) 등을 비롯하여 인신보호법·왕위계승법 등의 헌법적 문서가 바로 실질적 의미의 헌법에 속한다.

### 2. 형식적 의미의 헌법

법의 존재형식이라는 외형적인 특징을 기초로 하여 일국의 법질서에 있어서 최고의 형식적 효력을 갖는 성문의 법 또는 헌법전이라는 형식을 가진 것만을 가리킨다. 오늘날

대부분의 국가는 일반 법률보다 개정이 곤란하고 효력이 우월한 것을 특질로 하는 형식적 의미의 헌법을 가지고 있다. 토크빌(Tocqueville)이 "영국에는 헌법이 없다."고 한 것은 다른 국가들처럼 단일 헌법전, 즉 형식적 의미의 헌법을 가지고 있지 않다는 것을 강조한 것뿐이며, 실질적 의미의 헌법마저 없다는 것은 아니다.

### 3. 양자의 관계

실질적 의미의 헌법과 형식적 의미의 헌법의 내용은 대체적으로 일치하나 반드시 일치하는 것은 아니다. 그 이유는 ① 실질적 의미의 헌법을 전부 성문화하는 것은 立法技術上 불가능하며 ② 실질적 의미의 헌법에 속하는 사항일지라도 그 개정을 쉽게 하기 위하여 형식적 의미의 헌법에 규정하지 않는 경우도 있고 ③ 사회변동에 따른 헌법사항의 가변성(시대 변천에 따라 어떤 사항이 실질적 헌법에 해당하는가는 달라질 수 있다)을 부정할 수 없다는 등의 이유로 불일치가 발생하는 경우도 있다.

## Ⅳ. 저 항 권

### 1. 개 관

"저항권"이라 함은 민주적·법치국가적 기본질서 또는 기본권리보장 체계를 위협하거나 침해하는 공권력에 대하여 더 이상의 합법적인 대응수단이 없는 경우에 주권자로서의 국민이 민주적·법치국가적 기본질서를 유지·회복하고 기본권을 수호하기 위하여 공권력에 저항할 수 있는 최후의 비상수단적 권리를 말한다.

저항권은 시민불복종권 · 혁명권 · 국가긴급권 등과 밀접한 관련을 가지고 있으나, ① 시민불복종권은 헌법적 질서가 부정되거나 위협받는 경우는 물론이고 단순히 정의에 반하는 내용의 개별법령이나 정책에 대해 그것의 변화를 목표로 하고 있으며, 원칙적으로 비폭력적인 방법에 의해 행사될 것을 예정하고 있다는 점에서 저항권과 다르다. ② 혁명권은 기존의 헌법적 질서를 폭력적 수단으로 파괴하고 새로운 헌법적 질서를 수립하려는 것을 목적으로 한다는 점에서, 기존의 헌법적 질서를 전제로 하여 이를 유지하고 회복하려는 목적으로 행사되는 보수적 의미의 저항권과는 구별된다. ③ 국가긴급권은 국가의 존립과 안전이 위협을 받는 국가적 위기상황에서 발동되는 국가의 자구행위임에 반하여, 저항권은 민주적, 법치국가적 위기 또는 기본권보장체계에 대한 위기가 발생한 경우에 국민이 행사하는 국민의 권리라는 점에서 구별된다.

저항권에 관해서는 어떤 경우에, 어떤 방법으로 저항권을 행사할 수 있는가가 문제된다. 실력에 의한 저항을 법적으로 미리 규정하는 것은 곤란하지만, 저항권은 남용되기 쉬우며 저항권을 빙자하여 혁명권을 행사할 가능성도 없지 아니하다. 따라서 저항권의 행사요건은 엄격하게 해석해야 한다.

### 2. 저항권의 행사요건

(1) 공권력의 행사가 불법적인 것임이 객관적으로 명백한 경우(명백성 요건)

(2) 헌법이나 법률에 규정된 일체의 법적구제수단이 이미 유효한 수단이 될 수 없는 경우(보충성 요건)

(3) 민주적, 법치국가적 기본질서를 재건하거나 기본권보장체계를 복구하기 위한 최후의 수단으로서 저항권의 행사만 남아 있다고 판단되는 경우(최종성 요건)

(4) 민주적, 법치국가적 기본질서나 기본권보장 체계에 대한 중대한 침해가 행해짐으로써 그 질서 또는 체계 자체가 부인되는 경우

# 제2절 한국헌법의 기본질서

## Ⅰ. 민주질서

### 1. 민주주의의 개념의 핵심-'국민의, 국민에 의한, 국민을 위한' 국가

민주주의(民主主義)의 개념처럼 다양하게 정의되는 헌법개념도 드물 것이다. 고대 그리스 시대부터 민주주의는 민중에 의한 정치를 의미하였다. 민주주의를 가리키는 영어 'democracy'가 그리스어인, 민중을 의미하는 'demos'와 지배, 권력을 뜻하는 'kratia'의 합성어인 'demokratia'에서 유래하였다고 하는데 이는 결국 국민이 국가권력을 보유, 지배, 행사하여야 한다는 것이 민주주의의 개념요소로서 내포되어 있음을 의미한다. 이처럼 민주주의는 무엇보다도 먼저 국민이 주체가 되고 중심이 되는 국가를 의미한다. 이는 미국의 링컨(Abraham Lincoln) 대통령의 유명한 1863년 11월 19일 게티즈버그(Gettysburg)에서의 연설대목인 "인민의, 인민에 의한, 인민을 위한 정부"로 표현된다. 프랑스 헌법 제2조 제5항도 공화국의 원칙은 "인민의, 인민에 의한 그리고 인민을 위한 정부"라고 규정하고 있다. 이처럼 민주주의의 핵심적 개념요소는 국민의 의사에 따른 국민의 이익을 위한 국가활동이어야 한다는 데에 있다. 국민이 대표자를 선출하여 행하든 직접 행하든 그러하다. 민주주의는 국가활동과 정치활동의 이념이자 형태로서의 의미를 가지며 국가의 존립근거이자 정당화근거이다.

### 2. 변천-자유주의적 민주주의와 사회복지적 민주주의

민주주의는 군주의 절대권력을 무너뜨리고 국민주권을 확립한 근대 시민혁명의 인권선언에서 잘 나타났듯이 자유를 기초로 한다. 이는 당시 무엇보다 먼저 요구되었던 것이 절대권력의 억압으로부터 자유를 회복하는 것이기 때문이었음은 물론이다. 특히 신체의 자유, 언론의 자유, 재산권의 자유 등이 강조되었다. 언론의 자유는 국민이 자유롭게 의사를 표명하여 정치적 의사를 형성하고 이로써 정치에 참여할 수 있게 하는 것이기에 더욱 중시되었다. 이처럼 근대의 민주주의는 국민의 자유에 중점을 두어 자유주의적 성격을 가졌다(자유주의적 민주주의).

그러나 근대말기에 나타난 사회적·경제적 문제 상황은 자유주의가 가지는 한계를 노정하였다. 경제적 자유주의가 부익부 빈익빈을 가져오고 자본주의의 기반인 시장경제원리가 제대로 작동하지 못하는 경우가 생기는 등 모순을 보여주었다. 이를 극복하기 위하여 사회구성원들의 기본적 삶을 영위하도록 하여야 한다는 사회복지주의가 주장되었고 실질적 평등사회를 추구하게 되었다(사회복지적 민주주의). 경제영역에서는 시장기능을 회복하기 위하여 경제의 자유에 대한 제한과 규제가 요구되었다. 그리하여 복지와 경제적 정의관념 등도 민주주의의 요소를 형성하게 되었다.

### 3. 헌법재판소의 견해

우리 헌법재판소는 민주적 기본질서 전체에 대해 설시한 바는 없고 자유민주적 기본질서에 대해서는 그 개념 정의를 설시한 바 있다(헌재 1990. 4. 2, 89헌가113). 우리 헌재가 이러한 설시를 한 것은 당해 결정의 사안이 표현의 자유와 관련한 것이기도 하여 자유주의적 요소를 설명하게 된 때문이다. 따라서 우리 헌재가 사회민주적 기본질서에 대한 정의는 아직 내리지 않았다고 볼 것이며 이를 두고 헌재가 민주적 기본질서를 자유민주적 기본질서만으로 보는 것으로 이해하는 것은 타당하지 않다.

### 4. 현대적 민주적 기본질서의 요소

오늘날에는 위의 자유민주적 기본질서는 물론이고 다음과 같은 사회복지적 민주적 기본질서의 요소도 민주적 기본질서의 요소를 이룬다고 본다. ① 실질적 평등 – 오늘날에는 형식적 평등, 외관적 평등이 아니라 실질적 평등이 요구된다. 즉 구체적인 상황에 대응하여 각각에 부응하는 평등한 조치를 강구해야 할 것을 요구한다. 우리 헌법 제11조의 평등원칙도 실질적이고 상대적인 평등이라고 보는 것이 통설이고 헌재의 판례이다. ② 사회복지 – 우리 헌법도 사회복지주의를 제34조 등에서 명시하거나 간접적으로 구현하는 규정들을 두고 있다. ③ 생존권적 기본권 – 우리 헌법은 사회복지를 구현하기 위한 생존권적 기본권(사회적 기본권)들을 규정하고 있다. 인간다운 생활을 할 권리(제34

조), 교육을 받을 권리(제31조), 고용증진과 적정임금보장 및 최저임금제(제32조), 근로3권(제33조) 등을 규정하고 있다. ④ 사회적 시장경제질서 ⑤ 국제평화주의, 평화적 생존권 등.

## II. 법치주의

### 1. 법치주의의 개념과 기능

#### (1) 개념과 기초

법치주의란 국민의 권리나 자유를 제한하거나 의무를 부과하기 위하여는 법률에 규정을 두어야 하는 원칙을 말한다. 이는 국민의 대표자인 국회가 제정한 법률은 곧 국민의 의사로 볼 수 있고 그 법률에 의한 권리제한 등이 국민에 의한 제한으로서 정당성을 가질 수 있기 때문이다.

#### (2) 법치주의의 기능

법치주의는 ① 법적 안정성과 ② 법적 예측가능성을 보장하기 위해서 필요하다. 예를 들면 법률이 금지되는 행위, 그리고 그 위반시의 효과를 미리 규정하여 둠으로써 국민이 그 금지되는 행위 외의 행위로 인하여 불이익이나 제재를 받지 않아 안정적인 생활을 영위할 수 있고 또 미리 어떠한 행위를 할 경우 어떠한 법적 효과가 발생하는지를 예측할 수 있게 한다. 또한 ③ 자의(恣意)를 배제하기 위하여 법치주의가 요구된다. 그리하여 종국적으로 국민의 기본권보장을 위하여 기능한다.

### 2. 법치주의의 요소와 내용

입헌주의, 기본권제한의 법률유보(기본권보장주의), 권력분립원칙, 법치행정의 원칙, 사법적(司法的) 통제-법원의 재판, 헌법재판, 사법권의 독립, 비례원칙(과잉금지원칙), 적법절차원칙, 신뢰보호원칙, 소급효금지원칙, 자의금지원칙, 명확성원칙, 자기책임의 원리, 포괄위임금지 등.

### 3. 법치행정의 원칙

#### (1) 법치행정원칙이 강조되는 이유

행정에서의 법치주의는 이른바 법치행정의 원리로 불리워지기도 하고 사실 법치주의가 보다 현실적으로 그리고 1차적으로 자리잡게 되는 국가작용영역은 행정의 영역이라고 할 것이다. 이는 행정이 법의 집행작용이기 때문임은 물론이다.

#### (2) 법치행정의 내용

법률우위, 법률유보, 법률의 법규창조력.

### 4. 법치주의의 예외

법률에 의하지 않는 국가권력의 행사 - 국가긴급권의 행사, 조약, 행정입법에의 위임 등.

## Ⅲ. 한국헌법의 기본권규정의 역사

| 공화국 | 기본권 |
|---|---|
| 1공화국 | 평등권, 신체의 자유, 거주와 이전의 자유, 통신의 비밀, 신앙과 양심의 자유, 언론, 출판, 집회, 결사의 자유, 학문과 예술의 자유, 재산권의 보장, 균등한 교육을 받을 권리, 근로의 권리, 근로자의 단결, 단체교섭과 단체행동의 자유, 이익분배균점권(사기업에 있어서 근로자가 이익의 분배에 균점할 권리), 생활무능력자에 대한 국가의 보호, 혼인의 남녀동권, 혼인의 순결과 가족의 건강에 대한 국가의 특별한 보호, 청원권, 재판을 받을 권리, 형벌불소급 ·일사부재리, 형사피고인의 공개재판을 받을 권리, 형사보상청구권, 공무원을 선거할 권리, 공무담임권, 공무원파면청원권, 국가배상청구권 |
| 2공화국 | 정당제도, 직업공무원제도 규정함, 개별적 법률유보를 많이 없애고 일반적 법률유보를 둠, 언론, 출판에 대한 허가나 검열, 집회 ·결사에 대한 허가의 금지를 명시함, |
| 3공화국 | 인간의 존엄과 가치, 즉 기본권총칙적 규정을 처음으로 두기 시작, 신체의 자유 영역에서는 고문의 금지, 자백의 증거능력 제한 등의 |

| | |
|---|---|
| | 규정이 새로이 신설, 직업선택의 자유, 소급입법에 의한 참정권 제한 또는 재산권 박탈의 금지, 언론·출판·집회·결사의 자유에 대하여 구체적으로 규정, 재판청구권 구체화, 인간다운 생활을 할 권리, 국가의 사회보장의 증진 노력의무 등 생존권(사회적 기본권)에 관한 규정, 근로자의 이익배분균점권, 공무원파면청원권 삭제. |
| 4공화국 | 구속적부심제도를 폐지, 언론·출판·집회·결사에 대한 허가제·검열제 금지 규정을 삭제, 긴급조치로 군법회의의 재판 인정, 개별적 법률유보를 다시 많이 두었고 본질적 내용 조항을 삭제, 국가배상법의 군인 등의 국가배상금지규정과 같은 조항을 헌법에 삽입 |
| 5공화국 | 개별적 법률유보를 많이 삭제, 행복추구권, 연좌제의 금지, 형사피고인의 무죄추정권, 사생활의 비밀과 자유, 평생교육에 관한 권리, 깨끗한 환경에서 생활할 권리, 노동의 권리 영역에서는 적정임금 보장을 위한 국가의무, 근로조건 기준을 인간의 존엄성을 보장하도록 법률로 정할 것, 국가유공자·상이군경 및 전몰군경의 유가족은 법률이 정하는 바에 의하여 우선적으로 노동의 기회를 부여할 것을 규정함, "혼인과 가족생활은 개인의 존엄과 양성의 평등을 기초로 성립되고 유지되어야 한다"라는 규정을 새로이, 구속적부심제도가 다시 부활, 사후영장 대상을 축소, 자백의 증거능력제한규정 부활, "언론·출판은 타 인의 명예나 권리 또는 공중도덕이나 사회윤리를 침해하여서는 아니된다"라는 규정을 부활. |
| 6공화국 | 처벌·보안처분·강제노역·체포·구속·압수·수색에 적법 절차원칙을 명시적으로 규정하였고, 체포 또는 구속의 이유와 변호인의 조력을 받을 권리가 있음을 고지받을 권리가 새로이 규정. 언론·출판에 대한 허가나 검열의 금지, 집회·결사에 대한 허가의 금지를 명시. 재산권의 수용·사용 또는 제한에 대한 정당한 보상 규정. 군사법원의 재판을 받을 경우에 군사시설에 관한 죄의 경우와 대통령이 법원의 권한에 관하여 비상조치를 한 경우를 삭제. 형사피해자의 재판절차진술권을 신설, 형사피의자가 불기소처분을 받은 경우에도 형사보상을 인정하여 형사보상청구권의 범위를 확대, 범죄피해자의 국가구조청구권을 새로 규정. 노동자의 최저임금제를 의무적으로 실시. 여자에 대한 고용·임금 및 근로조건에 있어서 부당한 차별을 금지하는 규정을 새로이 추가. 여자의 복지와 권익의 향상, 노인과 청소년의 복지향상을 위한 정책을 실시할 국가의 의무를 규정, 재해를 예방하고 그 위험으로부터 국민을 보호하여야 할 국가의 의무를 규정. 환경권의 내용과 행사에 관하여 법률로 정하도록 법정주의를 설정, 주택개발정책 등을 통하여 모든 국민이 쾌적한 주거생활을 할 수 있도록 노력할 국가의 의무, 국가의 모성보호의 의무를 새로이 규정. |

## Ⅳ. 국민주권론과 인민주권론의 구별

| 구 분 | 국민(nation)주권 | 인민(peuple)주권 |
|---|---|---|
| 주권의 주체 | 주권보유자는 이념적, 관념적, 추상적인 존재 | 사회계약의 참가자 총체(유권자 총체)인 구체적인 개인의 집단 |
| 주권의 분유(分有) | 분유 불가분(불가분적 주권) | 분유 가능(가분적 주권) |
| 의사 주체성 | 스스로 의사를 표명할 수 없는 추상적, 비실재적 존재 | 의사주체가 될 수 있는 개인의 집합체, 고유의 의사능력 가짐 |
| 실현방법 | 대의제 | 직접민주제 |
| 위임의 성격 | 자유위임, 무기속위임->면책특권, 임기보장 | 명령위임, 기속위임->국민소환 |
| 주권의 주체와 행사자 | 분리 | 분리되지 않음. 피치자=치자 |
| 권력분립/권력집중 | 권력분립, 제한정치 | 권력집중(회의제 정부형태로 발전->제한정치 반대 |
| 선거권의 성격 | 선거를 공의무로 파악, 선거권은 공의무를 부담할 수 있는 사람에게만 부여 | 선거권은 권리임. |
| 선거제도 | 제한, 차등선거제와 강제투표제도 가능 | 보통,평등선거제, 자유선거와 임의투표자 |
| 헌법제정권력의 행사 | 대의기관인 제헌의회 | 국민 |
| 대표적 주장자 | Sieyes, Montesquieu, Locke | Rousseau |
| 대표적 헌법 | 1791년 프랑스 헌법 | 1793년 프랑스 헌법 |

## V. 자기결정권

### 1. 개 념

헌법상의 권리는 아니고 해석상 인정되는 권리 중 하나로, 개인이 사적인 문제에 대해 외부의 간섭 없이 스스로 결정할 수 있는 권리를 말한다. "자기결정권"은 인간은 자신의 삶을 스스로 결정하고, 그 결정에 대한 책임을 질 수 있다는 인간관을 전제로 하고 있다. 물론 자기결정권을 남용했을 때에는 처벌을 받겠지만, 자기결정권 자체는 인권으로서 인정하며 포괄적인 기본권 조항인 헌법 제10조와 사생활의 비밀과 자유에 관한 헌법 제17조에 근거를 둔다.

**법 규**

헌법 제10조: 모든 국민은 인간으로서의 존엄과 가치를 가지며, 행복을 추구할 권리를 가진다. 국가는 개인이 가지는 불가침의 기본적 인권을 확인하고 이를 보장할 의무를 진다.
헌법 제17조: 모든 국민은 사생활의 비밀과 자유를 침해받지 아니한다.

자기결정권은 삶의 다양한 영역(결혼, 이혼, 출산, 피임, 낙태 등), 생명(연명치료, 자살, 장기이식 등), 생활방식(머리모양, 복장, 취미생활, 흡연, 음주), 성적 행동(성생활, 성적 지향 등)과 관련하여 광범위하게 적용된다. 이 강의에서 특히 눈여겨 볼 것은 성적 행동과 관련된 부분으로, 이와 관련된 자기결정권을 '성적 자기결정권'이라고 한다.

### 2. 성적 자기결정권

"각인 스스로 선택한 인생관 등을 바탕으로 사회공동체 안에서 각자가 독자적으로 성적 관을 확립하고, 이에 따라 사생활의 영역에서 자기 스스로 내린 성적 결정에 따라 자기책임 하에 상대방을 선택하고 성관계를 가질 권리를 의미하는 것"

성적 자기결정권은 성적 가치관을 형성할 권리, 상대방을 선택할 권리, 의사에 반한 성적 행위를 강요당하지 않을 자유, 성적 수치심을 감내하지 않을 자유, 성생활의 가능성을 국가와 사회에 요구할 수 있는 권리 등을 내용으로 한다.

성적 자기결정권의 행사가 무한정으로 허용되는 것은 아니고, 그것의 행사가 타인의 권리를 침해하거나 사회질서에 반할 때는 제한이 가능하다. 그러나 '타인의 권리를 침해'한다는 것은 명확한 해석이 가능한 반면, '사회질서에 반하는 행위'에 있어 '사회질서'의 개념은 광범위하게 해석될 수 있어 해석할 때 상당한 위험부담이 있다("동성애는 사회질서에 반한다" 등). 광범위하게 해석되는 '사회질서'로 인해 성적 자기결정권 제한되는 문제가 구체적으로 드러나는 사례로는 간통, 혼인빙자간음, 성폭력(강간, 강제추행 등), 성희롱 등이 있다.

성적 자기결정권의 문제는 인권의 문제와 동일하다. 인간의 권리는 자기가 인생관을 선택하고 독자적으로 삶에 대한 관점을 형성하며 내 삶을 스스로 형성하는 것인데, 자신의 권리를 행사할 때 다른 사람의 권리를 침해하면서까지 행사하는건 보장되지 않는다. 결국 인권의 핵심은 '나의 인권도 소중하고 너의 인권도 소중한데 그것이 한 사회질서 내에서 어떻게 하면 동시에 최대한으로 실현될 수 있을까?'하는 것이고, 이러한 맥락에서 성적 자기결정권의 문제도 인권 문제의 한 부분이다.

## 3. 성적 자기결정권 충돌 사례

### (1) 간 통

**법 규**

(구)형법 제241조(간통) ① 배우자 있는 자가 간통한 때에는 2년 이하의 징역에 처한다. 그와 상간한 자도 같다.
② 전항의 죄는 배우자의 고소가 있어야 논한다.

앞서 소개한 헌법재판소 판례에서 성적 자기결정권의 문제가 나온 것은 다소 의아하게도 간통의 문제였다. 우리가 혼인할 수 있는 권리도 있지만, 혼인한 상태에서 자기 배우자 이외의 사람과 성관계를 맺을 자유도 성적 자기결정권인가 하는 것에서 문제를 제기하게 된다. 혼인이라는 것은 '성관계를 나의 배우자에게만 행사하겠다'는 성적 자기결정권을 제한하는 약속인데 그 약속을 깰 수 있는가? 논리적으로 본다면 그것 역시 권리는 맞지만, 문제는 그 권리를 어떻게 제한할 것인가이다.

간통죄의 보호법익은 건전한 성적 풍속으로서 성도덕, 일부일처제로서 혼인, 부부간의 성적 성실의무, 제도로서의 가정이다. 간통죄와 관련하여 현재 다수를 차지하는 합헌 의견은 이와 같은 간통죄의 보호법익을 내세우며, 개인의 성적자기결정권보다 간통죄를 사전예방함으로 인해 발생하는 공익이 더욱 크다고 판단한다. 한편, 소수 의견인 위헌 의견은 과잉금지의 원칙[1]을 내세워 간통죄는 개인의 성적 자기결정권 및 사생활의 자유를 과도하게 제한한다고 주장한다. 결국 배우자가 아닌 자와 간통했을 경우에 그 책임을 지는 것은 당연하지만 그 책임을 어느 정도로 져야 하는지, 또한 국가의 형벌권을 동원할 정도인지 여부에 대한 논란이 간통죄 문제의 쟁점이라고 볼 수 있겠다.

### (2) 혼인빙자간음

**법 규**

(구) 형법 제304조(혼인빙자간음): 혼인을 빙자하거나 기타 위계로써 음행의 상습없는 부녀를 기망하여 간음한 자는 2년 이하의 징역 또는 500만원 이하의 벌금에 처한다.

혼인빙자간음죄는 2009년 헌법재판소의 위헌 결정에 따라 삭제되었다. 위헌 판결을 받기 전, 구 형법 제 304조의 존치 이유에 대한 법무부의 주장은 '사회적 약자인 여성의 성적 자기결정권을 보호하려는 정당한 목적이 있다'는 것이었다. 그러나 ① 위력/폭력이 아닌 한 상대방의 선택 문제는 국가개입의 대상이 아니고, ② 혼전 성관계 자체는 불법이 아니며, ③ 여성이 속은 후에 남성의 처벌을 요구하는 것은 스스로 성적 자기결정권을 부인하는 것일 뿐 아니라 여성을 유아시하는 것이고, ④ '음행의 상습없는 부녀'로 보호가 한정되어 있는 것은 남성우월적 정조관념에 기초한 가부장적, 도덕주의적 성이데올로기의 강요라고 볼 수 있음을 이유로 한 헌법재판소의 위헌 결정을 받아 현재 구 형법 제 304조 혼인빙자간음죄는 효력을 상실하게 되었다.

여기에서 흥미로운 것은 여성계의 입장 변화이다. 기존에 여성단체나 여성가족부에서는 간통죄나 혼인빙자간음죄를 여성을 보호하는 굉장히 중요한 법으로 여겼으나, 실상은 여성을 국가가 나서서 보호해야 한다는 것 자체가 오히려 여성을 무시하는 황당한 일이라는 생각을 하게 되면서 90년대부터는 여성부에서 나서서 해당 법을 폐지하자는 입장으로 선회하게 되었다. 보통 여성의 자기결정권, 성적 자기결정권이라고 하면 어떻게 하면 더 많이 보호할 것이냐에 초점이 맞춰져 있는데, 그 한도가 지나쳐서 과도하게 보호했을 때에는 역으로 보호객체를 아주 무능력한 존재로 만드는 결과를 초래한다는 점을 유념해야 한다.

### (3) 성 폭 력

성폭력에 관한 조항으로 구 형법 제32장 '정조에 관한 죄'라는 것이 있었다. 이는 강간죄라고 함은 '정조'를 보호하는 것이었는데, 1995년에 형법 개정에서 여성계는 '정조에 관한 죄' 대신 '성적 자기결정권 침해의 죄'라는 제목을 붙일 것을 요구했지만, 32장은 '강간과 추행의 죄'로 개정되었다. 그러나 어찌되었든 당시의 논의를 통해 처음으로 '성적 자기결정권'이라는 말이 우리사회에서 회자되기 시작했고, 대법원도 "이는 강간죄의 보호법익이 현재 또는 장래의 배우자인 남성을 전제로 한 관념으로 인식될 수 있는 '여성의 정조' 또는 '성적 순결'이 아니라 자유롭고 독립된 개인으로서 여성이 가지는 성적 자기결정권이라는 사회 일반의 보편적 인식과 법 감정이 반영된 것으로 보아야 한다."라는 해석을 내놓기도 했다.

현행법상 성폭력범죄로는 강간죄, 강제추행죄, 준강간죄, 미성년자의제강간죄 등이 있으며, 이러한 성폭력범죄의 보호법익으로는 개인의 성적 자기결정의 자유, 폭행/협박이 수반되는 죄의 경우에는 신체의 건재 또는 의사결정의 자유를 들 수 있다. 미성년자와 관련한 성폭력범죄의 경우 몇 세를 기준으로 성적 자기결정권을 허용할 것이냐에 대한 의견이 분분한데, 우리 형법은 13~19세의 미성년자에 한해 양 당사자가 폭행 · 협박 또는 위계 · 위력 없이 완전한 합의에 이르렀을 경우에는 처벌하지 않음으로써 청소년의 성적 자기결정권을 부분적으로 인정하고 있다.

형법 개정 이전에는 성폭력범죄의 보호법익을 '성적 자기결정권'이 아닌 '정조' 개념으로 이해했기 때문에 무죄율이 상당히 높았으나, 현재는 사건 전/후와 당시의 정황을 고려하고 강간죄 성립요건 또한 '적극적 저항'이 아닌 '적극적 동의'를 고려하는 것으로 판례의 경향이 바뀌어가는 중이다.

## 4. 데이트 강간과 성적 자기결정권

폭행 · 협박이 가장 문제가 되는 것은 흔히 이야기하는 '데이트 강간'의 경우이다. 데이트 강간은 사실 대부분의 성폭력에 있어서 가장 일반적인 상황이다. 가장 최선의 상황은 자유롭게 자신의 욕구를 표현하고 상대편은 그것을 왜곡 없이 받아들이며 소통이 되는 상황에서 성관계가 이루어지는 경우인데, 아는 사람이 사귀는 과정에서 또는 교류하는 과정에서 왜곡이 굉장히 많이 일어난다. 데이트 강간이 발생하는 주요 원인 중 하나로 '남성중심적 연애문화'를 들 수 있다. 남성은 적극적으로 여성을 리드해야 하고, 그러한 일방적이고 강압적인 방식이 남성다운 것이라고 인식되는 경향이 여전히 존재하는 것이다. 긍정적 호감 역시 성관계에 대한 합의와는 분명하게 구분되어야 하며, 심지어는 부부나 연인 사이에도 성관계에 대한 거부는 명백히 존중되어야 한다.

### 5. 성폭력과 위계화된 사회

성폭력의 본질적인 문제는 사실 위계화된 사회와 밀접하게 연관되어 있는데, 이 문제가 다른 문제와 결합될 때 그 시너지 효과가 엄청나다. 보통 남성이 보통 여성에게 성폭행을 가할 가능성은 항상 내포되어 있으나, 거기에 더해 그 남자가 선배이거나 혹은 직장 상사, 연장자, 소위 말하는 '갑'일 경우에는 문제가 더욱 격화된다. 포스트 모더니즘 이후에는 다른 경향도 나타나기는 하나(여자 상사가 남자 부하직원을 성희롱하는 경우 등), 여전히 이러한 경향이 대체적이다. 위계가 강한 조직 안에서의 성폭력, 가부장적 부부관계에서의 아내강간 문제가 대표적인 사례다.

### 6. 아동청소년의 성적 자기결정권

21세기 이전에 있던 청소년 교육의 주된 이념은 '순결'이었으나, 점차 금지나 금기의 강조보다는 성적 자유를 책임있게 행사하라는 쪽으로 교육의 방향이 변화 · 발전되고 있다. 예를 들어 고등학생이 '나는 지금 임신을 해야겠다'는 생각으로 성관계를 맺고 임신을 하는 것은 자유일 수 있지만, 중요한 것은 그 학생이 임신이 자신의 삶에 어떤 영향을 줄 것인지에 대해 제대로 알아야 한다는 것이다. 책임있는 결정을 내릴 수 있도록 교육하는 것은 대단히 중요한 성적 자기결정권의 내용이다. 자유롭고 평등하게 서로를 존중하는 성적 관계, 타인의 성적 욕구와 권리를 이해하는 관계를 형성해가는 방법에 대한 교육이 이루어져야 한다.

### 7. 장애인의 성적 자기결정권

장애 여성이 주인공으로 등장하는 영화 〈오아시스〉는 장애 여성의 삶과 사랑에 대한 편견에 경종을 울린 영화라는 호평을 받은 바 있다. 그러나 남자주인공(종두) 중심적인 연애관계는 장애 여성에 대한 왜곡된 시선에서 벗어나지 못한 영화라는 비판도 존재한다. 이전에는 장애 여성의 성적 자기결정권이 타인에 의해 해석되는 경향이 있었으나, 최근에는 장애여성의 성적 자기결정권을 인정하는 판례들이 많이 등장하고 있다.

## 8. 성적 자기결정권의 쟁점과 해법

교육은 여전히 가장 중요한 해법이다. 딱딱한 형식의 교육보다는 일상에서 꾸준하고 다양한 방법으로 성교육이 이루어지는 것이 바람직할 것이다. 일회성 또는 선생님이 일방적으로 진행하는 교육이 아니라, 실제 사례를 제공하고 스스로 해결하며 서로를 존중하는 문화를 체득할 수 있도록 하는 것이 중요하다. 반성폭력 교육이나 반성희롱 교육이나 인권 교육 모두가 결국에는 같은 맥락에 있다. 나의 인권도 소중하고 타인의 인권도 소중한데, 서로간의 조화를 어떻게 이룰 것이냐 하는 것이 바로 성교육의 핵심이자 인권 교육의 핵심이다.

또한 '내가 어떻게 스스로 지킬 것인가?'도 중요하지만, '우리가 어떻게 함께 지킬 것인가?'에 대한 고민도 필요하다. 성희롱이나 성폭력 상황에서 일상적으로 잘못 재생산되는 왜곡된 이데올로기가 있을 때, 교육에 의해서 교정될 수도 있겠지만 주변에서 지적해주는 것이 굉장히 중요하다. 이것이 바로 함께 지키는 방법이다. 현재 성희롱 예방교육은 주로 처벌에 대한 내용 위주로 이루어지지만, 그런 상황이 발생했을 때 우리가 공동체 내에서 어떻게 함께 대처할 수 있을까에 대한 지속적인 고민과 훈련들이 더욱 효과적일 수 있을 것이다.

또 하나 강조할 것은, 그럼에도 불구하고 다양하고 개별적인 현실들을 강력하지만 단순하게 규율하는 측면에서 법과 제도는 여전히 필요하다는 것이다. 또한 위계화된 사회를 넘어서야 한다. 성폭력은 위계화된 사회에서 더욱 강력한 연쇄 반응이 일어나기 때문에 성적 자기결정권의 자유로운 행사를 위해서는 위계화된 분위기의 타파가 필수적이다.

마지막으로, 우호적 차별의 문제를 생각해보아야 한다. 가해자에 대한 강력한 처벌만이 해결법이 아니고, 오히려 자칫 잘못하면 여성의 자유를 제한하고 성적 자기결정권을 가로막을 수 있다. 성폭력에 대한 문제를 이야기하는 것은 여성을 온실 속의 화초처럼 보호하며 여성에게 정조를 강요하고 성적 자유를 제한하려는 것이 아니라, 성적 자기결정권을 보장하기 위함이다. 무조건적으로 강력한 처벌, 강력한 도구로 이 문제를 해결하려는 것은 대단히 잘못된 접근법이다.

# 제3절 헌법재판

헌법재판(憲法裁判)이란 경성헌법이 갖는 최고규범성을 전제로 하여, 헌법의 규범내용이나 헌법침해에 관한 다툼이 있는 경우에 분쟁의 당사자 중 일방당사자나 국가기관의 청구에 따라, 독립적 지위를 가진 기관이 헌법 규범을 기준으로 사법적 절차에 따라 권한을 가지고 해결하는 국가작용을 말한다.

헌법이 가지고 있는 최고규범의 효력은 헌법재판을 통하여 실현되므로, 헌법재판은 헌법을 실현하는 국가작용이라고 할 수 있다.

## Ⅰ. 헌법재판

사람은 살아가면서 다른 사람과 일정한 관계를 맺게 된다. 이 가운데 한 사람이 권리가 있고 다른 사람은 그에 상응하는 의무가 있는 관계도 나타나는바, 이러한 관계는 그 권리와 의무가 모두 법적인 근거에 의하여 정하여지므로 이를 일반적으로 법률관계라고 한다. 이러한 법률관계에 대하여 다툼이 발생한 경우에는 대체로 법원의 재판을 통하여 누구에게 어떠한 내용의 권리가 있는지를 확정하여 그 다툼을 해결하게 된다. 그런데 그러한 법률관계의 근거가 되는 법률이 헌법에 위반되는 잘못이 있다고 주장하거나, 국민에게 의무를 지우거나 국민의 자유를 제한하는 국가 공권력의 작용이 헌법에 위반된다고 다툴 때가 있다 이때에는 법원의 재판을 통하여 해결하는 것이 아니라, 헌법에 정한 권한 있는 재판기관이 그 분쟁에서 과연 무엇이 헌법에 합치되는 것이고 합치되지 않는 것인지 판단하여 헌법에 반하는 법률조항이나 공권력 행사를 바로잡음으로써 해결하게 되는데, 바로 이러한 것이 헌법재판이다.

헌법은 국가의 기본적이고 으뜸가는 법으로서 모든 하위 법령, 즉 법률, 명령, 규칙 등의 내용은 헌법에 위반되어서는 아니 되며 대통령, 입법부, 행정부, 사법부 등 모든 국가기관은 모든 통치권의 행사에서 헌법을 준수하여야 한다. 그런데 구체적인 문제에서는 어떻게 하는 것이 헌법에 부합하는 것인지에 관하여 국가기관 사이, 또는 국가기관과 국민 사이에서 의견의 차이와 분쟁이 발생할 수 있다. 이러한 다툼을 해결하여 국가공권력 작용이 헌법을 준수하게 하고 국민의 기본권을 보호하게 하는 재판이 바로 헌법재판인 것이다.

헌법재판을 담당하는 국가기관은 나라마다 역사적 배경이나 그때의 정치적 상황에 따라서 다르지만, 대체로 ① 일반 법원과는 다른 별도의 기관, 예컨대 헌법재판소나 헌법위원회가 맡는 경우와 ② 사법부(대법원)가 담당하는 경우가 있다. ①과 같은 제도를 두고 있는 대표적인 나라는 독일, 오스트리아, 이탈리아, 프랑스 등이며, ②와 같은 제도를 가지고 있는 대표적인 나라로는 미국과 일본이 있다. 우리나라는 현재 헌법재판소에서 헌법재판을 하고 있으므로 ①에 속한다.

## II. 헌법재판과 일반재판과의 차이점

먼저, 민사상 분쟁에서 일반 민사재판과 헌법재판의 차이를 통하여 헌법재판과 일반 재판과의 차이를 살펴본다. 민사상 분쟁, 즉 개인 사이에 금전대여관계나 임대차관계, 혼인이나 상속에 관한 관계에서 분쟁이 발생한 경우 예컨대, 어떤 사람이 다른 사람에게 돈을 빌려 주었는데 돈을 빌린 사람이 제때 돈을 갚지 않거나 갚은 금액에 다툼이 있는 대여금 관계인 경우에 민사소송에서는 당사자 간에 돈을 빌려 준 사실이 정말 있는지, 돈을 빌려 준 사실이 있다면 아직 갚지 않은 금액과 제때 갚지 않음으로써 발생한 손해에 대하여 지연이자를 정하고 있는 법률규정을 적용하여 배상할 금액을 확정하게 된다. 그러나 이때에 지연이자에 대한 법률규정에 문제가 있다고 하더라도 민사소송 과정에서는 그 법률규정의 잘못을 주장하여 적용을 회피할 수 없다, 이때 그 민사소송에서 적용되는 법률규정의 문제점을 다투어서 그 적용을 벗어나기 위하여는 그 법률규정이 헌법에 위반된다는 판단이 필요하며 바로 이와 같이 일반 소송에서 적용되는 근거 법률규정의 문제점을 다툴 수 있는 것이 헌법재판의 하나인 위헌법률심판절차이다.

이러한 과정은 형사재판이나 행정재판도 기본적으로 동일하다. 즉 헌법재판이란 일반 소송과정에서는 당연히 적용하게 되는 법률조항 자체에 대하여 그 위헌 여부까지를 판단하게 되므로 일반 소송으로는 해결할 수 없는 문제점을 근본적으로 해결하게 되는 것이다. 또한 일반 민사나 형사, 행정소송에서는 재판의 결과가 원칙적으로 그 소송의 당사자에게만 미치지만, 위와 같이 위헌법률심판절차에서 그 법률이 위헌이라고 선고되는 경우에는 그 법률조항의 효력이 상실되어 그 법률조항의 적용을 받고 있던 사람들은 그 소송의 당사자가 아니어도 재판 결과의 적용을 받게 된다.

그러나 헌법재판은 일반 소송과 달리 국가기관이 그 재판의 결과에 따르지 아니하여도 이를 강제적으로 따르게 할 수 없는 한계가 있다. 예를 들면, 대여금 지급소송에서 돈을 빌려 준 사람이 이기는 경우 돈을 빌린 사람이 계속해서 돈을 갚지 않을 때에는 돈을 빌려 준 사람은 법원의 도움을 얻어 돈을 빌린 사람이 가지고 있는 재산을 강제로 팔아 빌린 돈을 받을 수 있다. 하지만, 헌법재판의 경우에는 예컨대 어떠한 법률조항에 대하여 헌법에 합치하지 아니하다며 입법자에게 개선입법을 촉구하여도 입법부가 이를 따르지 않을 경우 헌법재판소가 입법부로 하여금 강제로 지키게 할 수 있는 수단이 따로 없다.

## Ⅲ. 헌법재판의 기능

헌법재판은 국가기관이 헌법을 지키지 아니하는 행위를 했을 때나 헌법이 뜻하는 바에 대하여 의문이 생겼을 때에 행하여진다. 그렇게 함으로써 국가기관으로 하여금 헌법을 잘 지키도록 하고 국민의 자유와 권리를 보장함으로써 질서를 유지하고 민주주의를 보호하는 것이 헌법재판의 중요한 기능이다.

## Ⅳ. 헌법재판의 종류

헌법재판에는 입법부가 만든 법률이 헌법에 위반되는지를 심사하고, 헌법에 위반된다고 판단하는 경우에 그 법률의 효력을 잃게 하거나 적용하지 못하게 하는 '위헌법률심판', 형벌 또는 보통의 징계절차로는 처벌하기 곤란한 고위 공무원이나 특수한 직위에 있는 공무원이 맡은 직무와 관련하여 헌법이나 법률에 어긋나는 행위를 하였을 경우 그에 대한 소추를 통하여 그 공무원을 재판으로 파면하거나 공직에서 물러나게 하는 '탄핵심판', 어떤 정당의 목적이나 활동이 헌법이 정하는 민주적 기본질서에 반하는 경우, 그 정당을 해산할 것인지를 결정하는 '정당해산심판', 국가기관 상호간이나 지방자치단체 상호간 또는 국가기관과 지방자치단체 사이에 권한이 누구에게 있는지 또는 권한이 어디까지 미치는지에 관하여 다툼이 생기는 경우 이를 해결하는 '권한쟁의심판', 그리고 국가권력이 헌법상 보장된 국민의 기본권을 침해하는 경우에 기본권이 침해된 국민이 헌법재판기관에 대하여 자신의 기본권을 침해하는 국가권력의 행위가 헌법에 위반되는지를 가려내어 그 행위의 효력을 없애 줄 것을 요청하는 '헌법소원심판' 등이 있는데, 원칙적으로 모두 헌법재판소의 권한으로 되어 있다.

그 밖에 대통령선거, 국회의원선거, 시장이나 군수 등 지방자치단체장선거, 지방의회의원선거 등 공직선거가 헌법 또는 법률에 위반하여 효력이 없다고 다투거나 선거에서 어떤 사람이 당선된 것이 헌법이나 법률에 위반된다고 다투는 경우 이를 심사하는 선거소송심판도 보통 헌법재판으로 불리나 현재 우리나라에서는 이를 헌법재판소가 아닌 일반 법원(대법원 등)에서 맡고 있다.

# 제4절 헌법재판의 모습

## Ⅰ. 위헌법률심판

### 1. 정　의

위헌법률심판이란 국회가 만든 법률이 헌법에 위반되는지를 심사하고 헌법에 위반된다고 판단되는 경우에 그 법률을 효력을 잃게 하거나 적용하지 못하게 하는 것이다. 우리나라의 위헌법률심판절차는 법률이 공포된 후에, 그 법률을 법원의 구체적인 사건에 적용하여 재판을 하면서 그 법률이 위헌인지 여부가 문제될 경우에 이루어진다. 참고로 외국의 경우에는 법률이 아직 공포되지 않았거나, 법원의 재판과 관계없이도 그 법률의 위헌여부가 문제될 때에는 일정한 국가기관의 신청으로 심판이 이루어지도록 하는 경우도 있다.

### 2. 법원에 의한 위헌제청절차

#### (1) 당사자의 위헌제청신청

일반 법원의 재판 계속 중 당해 사건에 적용될 특정의 법률 또는 법률조항이 헌법에 위반된다고 주장하는 당사자는 당해 사건을 담당하는 법원에 위헌제청을 신청할 수 있다.

#### (2) 법원의 위헌제청결정

위헌제청신청을 받은 당해 법원은 위헌 주장된 법률의 위헌여부가 당해 소송의 재판의 전제가 되고, 또 합리적인 위헌의 의심이 있는 때에는 결정의 형식으로 위헌심판제청을 결정한다. 이밖에 당해 법원은 직권으로도 위헌심판제청을 결정할 수 있다. 법원의 위헌여부심판의 제청에 관한 결정에 대하여 당사자는 항고나 재항고를 할 수 없으며, 다만, 위헌제청신청기각결정에 대하여는 헌법재판소에 헌법소원심판을 청구할 수 있다.

법원이 위헌법률심판을 제청한 때에는 당해 소송사건의 재판은 헌법재판소의 위헌 여부의 결정이 있을 때까지 정지된다. 다만, 법원이 긴급하다고 인정하는 경우에는 종국재판 외의 소송절차를 진행할 수 있다.

### 3. 위헌법률심판의 요건

#### (1) 재판의 전제성

법률에 대한 위헌제청이 적법하기 위하여는 법원에 계속중인 구체적인 사건에 적용할 법률이 헌법에 위반되는 여부가 재판의 전제로 되어야 한다. 즉, ① 구체적인 사건이 법원에 계속 중이어야 하고, ② 위헌 여부가 문제되는 법률이 당해 소송사건의 재판에 적용되는 것이어야 하며, ③ 그 법률이 헌법에 위반되는지의 여부에 따라 당해 사건을 담당하는 법원이 다른 내용의 재판을 하는 경우이어야 한다. 재판이라 함은 본안에 관한 재판이거나 소송절차에 관한 재판이거나를 묻지 아니하고, 종국재판 · 중간재판이 모두 포함되며, 판결 · 결정 · 명령 등 재판의 형식을 따지지 아니한다. 또한, 체포 · 구속 · 압수 · 수색영장, 구속적부심사청구와 보석허가신청에 관한 재판도 모두 포함된다.

#### (2) 일사부재리 원칙

헌법재판소법은 "헌법재판소는 이미 심판을 거친 동일한 사건에 대하여는 다시 심판할 수 없다."고 규정(법 제39조)하고 있으므로, 동일한 법원이 동일한 법률 또는 법률조항에 대하여 사정변경이 없음에도 불구하고 다시 헌법재판소에 위헌제청을 하는 것은 허용되지 아니하며, 이를 일사부재리의 원칙이라고 한다.

또한, 헌법재판소가 특정 법률을 이미 위헌으로 선언한 경우에는 모든 법원이 헌법재판소의 위헌결정에 기속되기 때문에, 그 법률에 대한 위헌제청은 부적법하다. 다만, 헌법재판소의 합헌결정에는 이와 같은 기속력이 인정되지 않기 때문에 헌법재판소가 특정 법률의 합헌성을 확인한 경우에도 동일한 법률 또는 법률조항에 대하여 위헌제청을 할 수 있다.

### (3) 위헌제청을 할 수 있는 법규범

헌법재판소에 위헌제청을 할 수 있는 법규범은 국회의 의결을 거쳐 제정된 이른바 형식적 의미의 법률을 의미하며, 특별한 사정이 없는 한 현재 시행중이거나 과거에 시행되었던 것이어야 한다. 또한, 폐지된 법률은 당해 소송사건에 적용될 수 있는 재판의 전제성 요건을 충족하는 경우에만 예외적으로 위헌심사의 대상이 된다. 또한 형식적 의미의 법률과 동일한 효력을 갖는 대통령 긴급명령이나 조약 및 일반적으로 승인된 국제법규 등도 위헌제청의 대상이 된다. 다만, 명령, 규칙, 조례, 관습법 등 형식적인 의미의 법률이 아닌 법규범에 대한 위헌여부는 대법원이 최종적으로 심사하므로, 위헌제청의 대상이 되지 않는다.

## 4. 헌법재판소의 심판

### (1) 심판의 기준

헌법의 모든 규정이 법률의 합헌성 심사의 기준이 되며, 헌법의 개별규정들의 근저에 가로놓여 있는 헌법의 원칙이나 기본원리(예컨대, '법치주의 원리'나 '민주주의 원리') 및 근본적 결단들도 심사기준이 되며, 그밖에 헌법관습법도 심사기준이 될 수 있다.

### (2) 헌법재판소의 결정

헌법재판소법은 위헌법률심판에 따른 결정의 유형을 합헌결정과 위헌결정의 두 가지로만 규정하고 있지만, 헌법재판소는 위헌불선언결정, 한정합헌결정, 한정위헌결정, 일부위헌결정, 조건부위헌결정, 헌법불합치결정, 부분위헌결정 등의 변형결정의 형태로도 결정을 하고 있다.

### (3) 법률에 대한 위헌결정의 효력

헌법재판소가 법률에 대한 위헌결정을 한 경우에는 위헌으로 결정된 법률 또는 법률조항은 그 결정이 있은 날로부터 효력을 상실한다. 즉, 위헌결정의 소급효는 인정되지 않고, 원칙적으로 장래효만이 인정되는데, 이는 법적 안정성을 도모하기 위한 것이다. 다만, 이와 같이 위헌결정에 장래효만을 인정해서는 구체적 타당성이나 평등의 원칙에 심하게 반하는 결과가 빚어지기 때문에 헌법재판소와 대법원의 해석에 의하여 예외적으로 위헌결정에 소급효가 인정되는 경우가 있다. 즉, 위헌제청 등을 통하여 법률의 위헌

결정을 위한 계기를 부여한 당해사건, 위헌결정이 있기 전에 이와 동종의 위헌여부에 관하여 헌법재판소에 위헌제청을 하였거나 법원에 위헌제청신청을 한 경우의 당해사건, 따로 위헌제청신청을 하지 아니하였지만 당해 법률 또는 법률조항이 재판의 전제가 되어 법원에 계속중인 사건, 위헌결정 이후에 위와 같은 이유로 제소된 일반사건에 대하여도 헌법재판소의 위헌결정의 효력이 미친다. 그리고, 형벌에 관한 법률 또는 법률조항에 대하여 위헌결정을 한 경우에는 그 법률 또는 법률조항은 소급하여 그 효력을 상실한다. 따라서, 위헌으로 결정된 법률에 근거한 유죄의 확정판결에 대하여는 재심을 청구할 수 있다. 그리고 법률의 위헌결정은 법원 기타 국가기관 및 지방자치단체를 기속한다. 따라서 모든 국가기관은 어떤 처분을 행함에 있어 헌법재판소의 결정을 존중하여야 한다.

## II. 헌법소원제도

### 1. 헌법소원이란 무엇인가?

헌법소원제도는 공권력의 남용으로부터 헌법상 보장된 국민의 기본권을 보호하는 헌법재판제도로서, 통치권의 기본권 기속성을 실현시킬 수 있는 가장 실효성 있는 권력통제장치에 속한다.

현행 헌법재판소법상의 헌법소원제도에는 ① 공권력의 행사 또는 불행사로 인하여 헌법상 보장된 기본권을 침해받은 자가 제기하는 권리구제형 헌법소원(법 제68조 제1항에 의한 헌법소원)과 ② 법률이 헌법에 위반되는 여부가 재판의 전제가 되어 법원에 위헌법률심판제청신청을 하였으나 기각된 자가 헌법재판소에 제기하는 규범통제형(위헌심사형) 헌법소원(법 제68조 제2항에 의한 헌법소원)의 두 가지가 있다.

### 2. 헌법소원의 청구권자

헌법소원의 청구권자는 모든 기본권의 주체이다. 자연인뿐 아니라 사법인도 헌법소원을 제소할 수 있다. 또한, 예컨대 노동조합과 같이 법인 아닌 사단·재단이라 하더라도, 대표자의 정함이 있고 독립된 사회적 조직체로서 활동하는 때에는 그 이름으로 헌법소원심판을 청구할 수 있다.

### 3. 헌법소원의 청구절차

헌법소원을 제기하려면 일정한 요건을 갖춘 헌법소원심판청구서를 헌법재판소에 제출해야 하며, 청구서에는 필요한 증거서류 또는 참고자료를 첨부할 수 있다. 그리고 헌법재판절차에서는 변호사 강제주의(법 제25조 제3항) 원칙에 따라 헌법소원을 제기하는 사람은 본인 스스로가 변호사의 자격이 있는 경우를 제외하고는 대리인선임서류 첨부하여야 하며, 변호사를 대리인으로 선임할 자력이 없는 사람은 소정의 무자력 소명자료를 첨부하여 헌법재판소에 국선대리인을 선임하여 줄 것을 신청하여야 한다.

### 4. 헌법소원의 요건

#### (1) 자기관련성

헌법소원의 청구인은 원칙적으로 자신의 기본권이 현재, 그리고 직접 침해당한 경우라야만 헌법소원을 제기할 수 있다. 청구인은 공권력작용에 대하여 자신이 스스로 법적으로 관련되어야 한다. 원칙적으로는 기본권을 침해당하고 있는 자만이 헌법소원을 제기할 수 있고, 제3자는 특별한 사정이 없는 한 기본권침해에 직접 관련되었다고 볼 수 없다. 예컨대, 검사의 불기소처분에 대하여 기소처분을 구하는 취지에서 헌법소원을 제기할 수 있는 자는 원칙적으로 헌법상 재판절차진술권의 주체인 형사피해자에 한하고, 범죄피해자가 아닌 고발인 등제3자는 헌법소원을 제기할 수 없다. 청구인은 공권력작용과 현재 관련이 있어야 하며, 장래 어느 때인가 관련될 수 있을 것이라는 것만으로는 헌법소원을 제기하기에 족하지 않다. 다만, 기본권침해가 장래에 발생하더라도 그 침해가 틀림없을 것으로 현재 확실히 예측된다면, 기본권 구제의 실효성을 위하여 침해의 현재성이 인정된다. 마지막으로 청구인은 공권력 작용으로 인하여 직접적으로 기본권이 침해되어야 한다. 이 직접성의 요건은 법령에 대한 헌법소원에서 특히 중요한 의미를 가진다. 즉, 법령이 헌법소원의 대상이 될 수 있으려면 구체적인 집행행위를 기다리지 않고 법령 그 자체에 의하여 직접 자유의 제한, 의무의 부과, 권리 또는 법적 지위의 박탈이 생기는 등 기본권이 침해당하는 경우이어야 한다. 다만, 구체적인 집행행위가 존재하는 경우라도, 당해 집행행위를 대상으로 하는 구제절차가 없거나, 구제절차가 있다고 하더라도 권리구제의 기대가능성이 없고, 다만 청구인에게 불필요한 우회절차를 강요하는 것밖에 되지 않는 경우에는 법령 등의 공권력 작용에 대하여 직접 헌법소원을 제기할 수 있다.

#### (2) 보 충 성

헌법소원은 그 본질상 기본권침해에 대한 최후의 구제수단이므로, 다른 법률에 구제절차가 있는 경우에는 그 절차를 모두 거친 후에 심판청구를 하여야 한다(법 제68조 제1항 단서). 따라서 행정작용에 의한 기본권침해에 대하여는 원칙적으로 행정심판이나, 행정소송 등을 제기하여야 하며, 이와 같은 통상적인 권리구제절차를 밟지 않고 바로 헌법재판소에 헌법소원을 제기하는 것은 허용되지 않는다. 또한 혐의없음, 공소권없음, 기소유예 등 검사의 불기소처분에 대하여 헌법소원을 제기하고자 하는 사람은 먼저 검찰청법이 정한 항고 및 재항고절차를 거쳐, 재항고기각결정을 통지받은 날로부터 30일 이내에 청구하여야 한다. 다만, 심판청구인이 그의 불이익으로 돌릴 수 없는 정당한 이유 있는 착오로 전심절차를 밟지 않은 경우, 전심절차로 권리가 구제될 가능성이 거의 없거나 권리구제절차가 허용되는지의 여부가 객관적으로 불확실하여 전심절차이행의 기대가능성이 없을 때에는 보충성의 예외로 바로 헌법소원을 제기할 수 있다.

#### (3) 청구기간

헌법소원의 심판은 일정한 기간 내에 청구하여야 하는데, 소원사유가 있음을 안 날로부터 90일 이내, 소원사유가 발생한 날로부터 1년 이내에 청구하여야 한다. 그리고 다른 법률에 의한 구제절차를 거친 헌법소원의 심판은 그 최종결정을 통지받은 날로부터 30일 이내에 청구하여야 한다. 그리고 재판의 전제가 된 법률의 위헌심판제청신청을 기각하는 법원의 결정을 대상으로 하는 헌법소원은 기각결정일로부터 30일 이내에 청구하여야 한다.

#### (4) 권리보호이익

헌법소원은 국민의 기본권침해를 구제해주는 제도이므로, 그 제도의 목적상 권리보호이익이 있는 경우에만 비로소 이를 제기할 수 있다. 따라서 기본권의 침해를 받은 자가 그 구제를 받기 위한 헌법소원심판을 청구한 뒤 기본권 침해의 원인이 된 공권력의 행사가 취소되거나 새로운 공권력의 행사 등 사정변경으로 말미암아 기본권 침해행위가 배제되어 청구인이 기본권을 침해받고 있지 아니하게 된 때에는 된 경우에는 더 이상 권리보호의 이익이 없으므로 헌법소원을 제기할 수 없다. 또한 피고소인이 이미 사망해 버린 경우이거나 불기소처분의 대상이 된 피의사실에 대한 공소시효가 이미 완성된 경우에도 권리보호의 이익이 없으므로 검사의 불기소처분에 대한 헌법소원을 제기할 수 없다. 그러나 헌법소원제도는 청구인의 주관적 권리구제뿐만 아니라 객관적인 헌법질서의 보장의 기능도 겸하고 있으므로, 가사 청구인의 권리구제에는 도움이 되지 아니한다 할지라도 같은 유형의 침해행위가 앞으로 반복될 위험이 있고, 헌법질서의 수호·유지를 위하여 그에 대한 헌법적 해명이 긴요한 사항에 대하여는 권리보호의 이익을 인정하기도 한다.

### 5. 헌법소원의 대상

모든 위헌적인 공권력작용은 원칙적으로 헌법소원의 대상이 되는데, 공권력작용은 크게 입법작용, 행정작용 및 사법작용으로 나눌 수 있다.

#### (1) 입법작용

##### (가) 위헌법률

법률이 별도의 집행행위를 기다리지 않고 직접적으로, 그리고 현재적으로 헌법상 보장된 기본권을 침해하는 경우에는 법률에 대한 헌법소원도 가능하다.

##### (나) 입법부작위

헌법에서 기본권보장을 위해 법령에 명시적인 입법위임을 하였음에도 입법자가 이를 방치하고 있거나 헌법해석상 특정인에게 구체적인 기본권이 생겨 이를 보장하기 위한 국가의 행위의무 내지 보호의무가 발생하였음이 명백함에도 입법자가 전혀 아무런 입법조치를 취하고 있지 않은 경우(이를 진정입법부작위라고 함)에는 헌법소원의 대상이 된다.

한편, 입법자가 어떤 사항에 대하여 입법은 하였으나 그 입법의 내용·범위·절차 등이 당해 사항을 불완전·불충분 또는 불공정하게 규율함으로써 입법행위에 결함이 있는 경우(이를 부진정입법부작위라고 함)에는 결함이 있는 당해 법령규정 그 자체를 대상으로 하여 그것이 평등의 원칙에 위배된다는 등 헌법위반을 내세워 적극적인 헌법소원을 제기하여야 한다.

#### (2) 행정작용

행정작용에 대한 헌법소원은 보충성 요건 및 재판소원 금지규정 때문에 검사의 불기소처분, 행정입법에 의한 직접적 기본권침해, 행정입법부작위, 권력적 사실행위 등 행정소송에 의하여 권리구제를 받을 수 없거나 행정소송을 거친다 하더라도 구제받을 수 있는 기대가능성이 없어 보충성 원칙의 예외가 인정되는 경우로 제한된다. 혐의없음, 공소권없음, 기소중지, 죄가안됨 등 검사의 불기소처분에 의해서 기본권침해를 받은 사람은 검찰청법이 정한 항고 및 재항고절차를 거쳐 헌법소원을 제기할 수 있다. 또한, 검사로부터 기소유예처분을 받은 피의자는 그 기소유예처분이 합리적인 재량권을 남용한 자의적인 조치인 경우에는 평등권의 침해를 이유로 헌법소원을 제기할 수 있다. 행정부에서 제정한 시행령이나 시행규칙 등도 그것이 별도의 집행행위를 기다리지 않고 직접 기본권을 침해하는 것일 때에는 헌법소원의 대상이 된다.

교도소장의 미결수용자의 서신에 대한 검열·지연발송·지연교부행위 등 교도소·구치소 내의 과잉제한조치, 경찰서장이 피의자들을 유치장에 수용하는 과정에서 실시한 정밀신체수색, 그밖에 강제철거, 강제접종 등 권력적 사실행위도 헌법소원의 대상이 된다.

#### (3) 사법작용

헌법재판소법은 법원의 재판을 헌법소원의 대상에서 제외하고 있으므로(법 제68조 제1항), 법원의 재판인 판결·결정·명령 자체를 대상으로 하여서는 헌법소원을 제기할 수 없다. 다만, 헌법재판소의 법률에 대한 위헌결정에 반하는 법원의 재판에 대하여는 헌법소원을 제기할 수 있다고 하겠으나, 위헌으로 결정된 법률조항은 그 결정이 있는 날로부터 효력을 상실하므로, 원칙적으로 위헌결정일 이후의 재판만이 헌법소원의 대상이 된다. 또한, 재판의 전제가 된 법률의 위헌심판제청신청을 기각하는 법원의 결정에 대해서는 그 신청을 한 당사자가 헌법소원을 제기할 수 있다(법 제68조 제2항).

### 6. 헌법소원에 대한 심판

#### (1) 사전심사

헌법재판소에 접수된 헌법소원사건은 먼저 지정재판부의 사전심사를 거치게 된다. 사전심사에서는 적법여부를 심사하는데, 보충성 요건을 갖추지 아니한 경우, 법원의 재판에 대하여 헌법소원을 제기한 경우, 청구기간이 도과된 경우, 변호사대리를 하지 않은 경우, 기타 헌법재판청구가 부적법하고 그 흠결을 보정할 수 없는 경우 등에는 심판청구를 각하한다.

#### (2) 전원재판부 심사

위헌심판청구가 위의 사유에 해당하지 않는 경우에는 지정재판부는 심판에 회부하는 결정을 한다. 만일 심판청구일로부터 30일이 경과할 때까지 각하결정이 없는 때에는 심판에 회부하는 결정이 있는 것으로 본다.

전원재판부에서는 위와 같이 회부된 청구에 대하여 종국결정을 하는데, 종국결정에는 심판청구가 부적법한 경우의 각하결정, 위헌심판 청구가 이유 없는 경우의 기각결정, 공권력작용의 위헌성을 인정하는 인용결정 등이 있다.

### 7. 헌법소원의 인용결정과 그 효력

헌법소원에 대하여 본안심리를 한 결과 헌법소원이 이유 있다고 판단된 때에는 헌법소원에 대한 인용결정을 한다.

헌법재판소가 헌법소원을 인용할 때에는 인용결정서의 주문에서 침해된 기본권과 침해의 원인이 된 공권력의 행사 또는 불행사를 특정하고, 기본권침해의 원인이 된 공권력의 행사를 취소하거나, 그 불행사가 위헌임을 확인할 수 있다. 또 헌법재판소는 공권력의 행사 또는 불행사가 위헌인 법률 또는 법률조항에 기인한 것이라고 인정할 때에는 인용결정에서 당해 법률 또는 법률조항이 위헌임을 선고할 수도 있다.

법률의 위헌심판제청신청을 기각하는 법원의 결정이 헌법소원의 대상이 되고 그것이 헌법재판소에 의해서 인용된 경우에 당해 헌법소원과 관련된 소송사건이 이미 확정된 때에는 당사자는 재심을 청구하여 구제를 받을 수 있다. 헌법재판소가 공권력의 불행사에 대한 헌법소원을 인용하는 결정을 한 때에는 피청구기관이나 피청구인은 결정취지에 따라 새로운 처분을 하여야 한다.

## Ⅲ. 탄핵심판

탄핵제도는 형벌 또는 보통의 징계절차로는 처벌하기 곤란한 고위 공무원이나 특수한 직위에 있는 공무원, 예컨대 대통령, 국무총리, 국무위원, 행정각부의 장, 헌법재판소 재판관, 법관, 중앙선거관리위원회 위원, 감사원장, 감사위원 등이 맡은 직무와 관련하여 헌법이나 법률에 어긋나는 행위를 하였을 경우 국회가 그 공무원을 탄핵하기로 의결하면(이를 탄핵소추라고 한다.) 헌법재판소가 재판을 통하여 그 공무원을 해당 공직에서 파면하는 제도로서, 이때 헌법재판소가 국회의 탄핵소추에 따라 그 공무원을 탄핵할 것인지 여부를 재판하는 것이 바로 탄핵심판이다.

따라서 탄핵심판은 국회의 탄핵소추로부터 시작한다. 대통령을 탄핵하고자 할 때에는 국회 재적의원 과반수의 발의와 재적의원 2/3 이상의 찬성으로, 그 외의 자를 탄핵하고자 할 경우에는 국회 재적의원 1/3 이상의 발의와 재적의원 과반수의 찬성으로 의결한다. 국회에서 탄핵소추의 의결이 있으면 국회법제사법위원회의 위원장이 그 의결서의 정본을 헌법재판소에 제출하게 되고 이로써 헌법재판소의 탄핵심판절차가 시작된다. 탄핵소추의결서는 본인에게도 보내지는데 본인은 의결서를 받은 때부터 헌법재판소의 탄핵심판결정이 있을 때까지 권한을 행사할 수 없다.

국회법제사법위원회의 위원장은 탄핵심판의 소추위원이 되며 심판의 변론에 참가하여 피청구인(탄핵소추를 받은 사람)을 신문할 수 있다. 탄핵심판에는 민사소송에 관한 절차 규정 외에 형사소송에 관한 절차규정이 우선 적용된다. 심리에 있어서는 피청구인을 변론기일에 소환하여야 하며 피청구인이 출석하지 아니한 때에는 다시 기일을 정하여 소환하고 그때에도 출석하지 아니하면 피청구인의 출석 없이도 심리할 수 있다. 탄핵심판청구와 같은 사유로 피청구인에 대한 형사소송이 진행 중인 경우에는 헌법재판소는 심판절차를 정지할 수 있다. 헌법재판소는 전원재판부에서 사건을 심리하며, 심리 결과 탄핵심판청구가 이유 있으면 피청구인을 해당 공직에서 파면하는 결정을 선고하고 이에 따라 파면된 자는 결정선고일로부터 5년이 지나야 다시 공무원이 될 수 있다.

## Ⅳ. 정당해산심판

정당해산심판은 어떤 정당의 목적이나 활동이 헌법이 정하는 민주적 기본질서, 예컨대 기본권의 존중, 권력분립, 의회제도, 복수정당제, 선거제도, 사유재산제도 등을 인정하지 아니하는 경우 정부의 청구에 의하여 그 정당을 해산할 것인지 여부를 심판하는 것이다. 오늘날의 정치는 정당정치이므로 올바른 정당을 보호·육성하는 것은 참된 의회민주주의를 뿌리내리게 하는 지름길이지만, 자유민주주의체제를 파괴하려는 정당까지 국가가 보호할 수는 없으므로 즉, 정당을 보호하면서 동시에 이러한 위헌정당으로부터 자유민주주의를 지키기 위하여 정당을 오직 헌법재판에 의해서만 해산시킬 수 있도록 한 것이 정당해산심판제도이다.

## V. 권한쟁의심판

국가기관 상호간이나 지방자치단체 상호간 또는 국가기관과 지방자치단체 사이에 권한이 누구에게 있는지 또는 권한이 어디까지 미치는지에 관하여 다툼이 생길 수 있다. 이러한 다툼에는 어떤 권한이 서로 자신에게 있다고 주장하는 경우와 어떤 권한이 서로 자신에게 속하지 않는다고 주장하는 경우가 있다. 이러한 다툼을 그대로 놓아두면 서로 권한을 행사하려 하거나 아무도 권한을 행사하려 하지 아니하여 국가의 기능이 마비될 뿐만 아니라 국가의 기본질서가 어지러워지고 결과적으로 국민의 기본권이 침해당할 우려가 높기 때문에 이를 조정할 필요가 있다. 권한쟁의심판은 바로 이러한 다툼을 해결하기 위하여 어떤 권한이 누구에게 있고 어디까지 미치는지를 명백히 밝힘으로써 국가의 기능이 원활하게 수행되도록 하는 재판이다.

이러한 권한쟁의심판은 어느 국가기관 또는 지방자치단체(청구인)가 다른 국가기관 또는 지방자치단체(피청구인)에 의하여 행하여진 처분 또는 부작위(어떤 행위를 하여야 하는데도 불구하고 아무런 처분을 하지 아니하는 경우를 말한다)에 의하여 헌법 또는 법률에 따라 주어진 자기의 권한이 침해되었거나 침해의 위험이 대단히 크다는 사실을 주장하면서 헌법재판소에 그 권한이 누구에게 어느 정도 있는지 가려 줄 것을 청구함으로써 시작된다. 개인은 위와 같은 청구를 할 수 없다. 권한쟁의심판청구는 그 사유가 있음을 안 날부터 60일 이내에, 그 사유가 있은 날부터 180일 이내에 하여야 하며 이 기간을 지난 청구는 각하결정을 받게 된다.

헌법재판소는 전원재판부에서 피청구인에게 문제가 된 처분 또는 부작위를 할 권한이 있는지 여부를 판단하고 만약 피청구인이 권한없이 또는 권한의 범위를 벗어나 처분 또는 부작위를 함으로써 청구인의 권한을 침해하였다고 인정하는 경우에는 이를 취소하거나 그 무효를 확인할 수 있고 헌법재판소가 부작위에 대한 심판청구를 인용하는 결정을 할 때에는 피청구인은 결정취지에 따른 처분을 하여야 한다. 그렇지만 헌법재판소가 위와 같이 처분을 취소하더라도 그 처분의 상대방에게 이미 발생한 효력에는 아무 영향이 없다.

## VI. 종국결정의 유형

○ **각하** : 헌법소원의 청구가 부적법한 경우에 하는 결정

○ **기각** : 헌법소원의 청구가 적법하고 본안의 이유가 없을 때에 하는 결정

○ **인용** : 헌법소원의 청구가 부적법하지도 않으며 본안의 이유가 있을 때에 하는 결정임. 여기에는 취소, 위헌확인 결정이 있고, 특히 법령에 대한 헌법소원을 인용하는 결정에는 단순위헌, 헌법불합치, 한정위헌, 한정합헌 결정이 있음.

○ **심판절차종료선언** : 청구인의 사망으로 소송이 종료된 때, 그리고 심판청구의 취하에 관하여 다툼이 있는 때에 하는 결정.

# 제 3 장

# 행정법

# 제1절 행정이란 무엇인가?

## Ⅰ. 행정법의 의의

일반적으로 행정법(行政法)이란 행정권의 조직과 작용에 관한 성문·불문법규의 총괄개념으로 이해되고 있다. 따라서 행정법은 행정조직법과 행정작용법으로 구성되어 있다고 하겠다. 학자에 따라서는 행정법을 행정조직법과 행정작용법외에 행정쟁송법을 포함하는 개념으로 사용하기도 한다. 하여간 우리의 학자들은 전통적으로 행정법을「행정에 특유한 국내공법」으로 설명하고 있다. 행정법은 행정권에 관한 법이므로 입법권이나 사법권의 조직과 작용에 관한 법들과 구별되어야 한다.

## Ⅱ. 행정법에 대한 헌법상 기본원칙

헌법은 국가의 형태, 국가의 목표, 국가의 조직, 국가와 국민간의 관계 등에 관한 기본원칙을 규율하는 최고의 근본 법질서이다. 그러나 행정법은 국가 법질서의 한 부분영역으로서 헌법을 구체화하는 법이므로 당연히 헌법이 정하는 원칙을 따라야 한다. 우리 헌법상 행정에 대한 헌법상 원칙으로 민주주의원리.법치주의원리.사회복지주의원리.국가안전보장원리를 들 수 있다.

### 1. 민주주의원리

현행 헌법은 대한민국이 민주국가임을 규정하고 있다(헌법 제1조제1항). 민주주의란 이념적으로는 자유와 평등을, 형태적으로는 치자(治者)와 피치자(被治者)가 동일함을 내용으로 하는 정치원리이다. 헌법은 행정의 영역에서 민주주의원리를 실현하기 위하여 여러 규정을 두고 있다.

1) 무엇보다도 중요한 것은 법률로써도 침해가 불가능한 고유한 인권의 영역이 국민 개개인에게 있음을 헌법이 규정하고 있다는 점이다(헌법 제37조 제2항). 따라서 행정으로도 이러한 고유한 인권의 영역을 침해할 수 없음은 당연하다.

2) 민주주의원리는 국가기관의 구성과 관련하여 대표제.임기제의 채택과 아울러 선거를 통해 정부에게 책임을 묻는 제도를 요구한다.

3) 민주주의원리는 행정결정 과정에 국민의 참여를 요구한다.

4) 민주주의원리는 행정의 공개성을 요구한다. 행정의 공개는 국민이 행정에 참여하고 행정에 책임을 묻는 것을 전제로 이루어지기 때문이다. 행정의 공개에 관한 일반법으로 「공공기관의 정보공개에 관한 법률」이 있고, 「행정절차법」도 행정상 입법예고제(동법 제41조~제45조) 및 행정예고제(동법 제46조~제47조)를 규정하고 있다.

## 2. 법치주의원리

1) 실질적 의미로 법치주의란 정의(正義)의 이념에 근거하여 정의를 추구하는 국가를 말하고, 형식적 의미로 법치주의란 모든 국가권력 행사가 법률로써 예측하는 것이 가능한 국가를 말한다. 말하자면, 형식적 의미로 법치국가란 국가가 국민의 자유와 권리를 제한하거나, 국민에게 새로운 의무를 부과하는 때에는 국회가 제정한 법률에 의하거나 법률에 근거가 있어야 하며, 또 법률은 국민만이 아니고 국가권력의 담당자도 규율하는 국가를 말한다. 우리 헌법이 지향하는 법치주의는 실질적 의미와 형식적 의미를 모두 추구하는 법치주의이다.

2) 우리 헌법상 법치주의원리는 기본권 보장규정(헌법 제2장), 권력분립원리에 관한 규정(헌법 제40조, 제66조제4항, 제101조제1항), 포괄적 위임 입법금지에 관한 규정(헌법 제75조, 제95조), 사법심사제도(헌법 제107조) 등을 통해 나타나고 있다.

3) 한편, 행정의 영역에서 법치주의는 법치행정의 문제로 다루어진다. 법치행정은 ① 행정주체의 활동은 법이 정하는 권한의 범위 내에서만 가능하고, ② 행정은 원칙적으로 국민의 대표기관의 의사에 근거하여야 하며, ③ 행정은 국민의 대표기관의 의사에 반할 수 없음을 내용으로 한다. 이러한 문제는 행정의 법률적합성의 원칙으로 다루어지고 있다.

### 3. 사회복지주의원리

우리 헌법은 사회복지국가를 지향하고 있다. 여기서 사회복지국가란 사회국가와 복지국가의 복합개념이다. 우리 헌법은 모든 국민들에게 최소한의 인간다운 삶의 보장을 위할 뿐만 아니라 동시에 모든 국민의 생활조건을 좀 더 향상된 단계로 이끌어가는 것을 국가의 임무로 하고 있다.

이와 관련하여 헌법은 먼저 ① 모든 국민의 인간다운 삶의 보장을 선언하고(헌법 제34조제1항), 이의 실현을 위해 ② 사회의 안전, 경제적 약자의 보호와 관련하여 사회보장, 사회복지의 증진을 국가의 의무로 규정하며(제34조제2항), ③ 개인의 경제상의 자유와 창의를 존중하고, 아울러 그것의 본질적인 부분을 훼손하지 않는 범위 내에서 사경제에 대한 국가의 합리적인 개입을 규정해 놓고 있다.

사회복지국가의 요청은 필연적으로 다양한 행정수단을 요구하고, 이것은 행정의 확대를 가져오게 된다. 현대국가의 이러한 경향을 행정국가화라고 하는데, 이러한 행정국가화 현상에 대한 합리적인 통제책의 마련이 현대행정법의 과제가 되고 있다.

## Ⅲ. 행정법의 일반원칙

행정법의 모든 영역에 타당한 일반원칙을 행정법의 일반원칙이라 한다. 행정법의 일반원칙은 관습법, 판례법, 그리고 성문법으로 나타나기도 한다. 행정법의 일반원칙에는 행정의 자기구속의 원칙, 비례원칙, 신뢰보호원칙, 부당결부금지의 원칙, 신의성실의 원칙, 권리남용금지의 원칙 등을 들 수 있다.

### 1. 행정의 자기구속(自己拘束)의 원칙

같은 사안에 대하여 제3자에게 한 것과 같은 결정을 상대방에게도 하도록 행정청이 구속을 받는다는 원칙을 말한다. 행정의 자기구속의 법리는 평등의 원칙에서 나온다. 왜냐하면 동일한 사안에서 합리적인 사유 없이 상이한 결정을 한다면, 그것은 불합리한 차별, 즉 평등위반을 뜻하는 것이기 때문이다.(예를 들어 동일한 법위반 행위를 하였음에도 갑 . 을에게는 과징금 100만원을 과하고, 병에게는 500만원 과징금부과처분을 한 경우 병에게 발령된 처분은 행정의 자기구속원칙에 위반된다).

### 2. 비례원칙(比例原則)

행정의 목적과 그 목적을 실현하기 위한 수단과의 관계에서 그 수단은 목적을 실현하는 데에 적합하고(적합성의 원칙) 또한 최소 침해를 가져오는 것이어야 할 뿐만 아니라(필요성의 원칙, 최소 침해의 원칙), 아울러 그 수단의 도입으로 인해 생겨나는 침해가 의도하는 이익.효과를 능가하여서는 안 된다(협의의 비례원칙, 상당성의 원칙)는 원칙을 말한다. 비례원칙은 헌법 제37조 제2항, 행정소송법 제27조, 경찰관직무집행법 제1조 제2항 등에서 규정되고 있다(예를 들어 1만원의 뇌물을 수수한 국가공무원에게 청렴의무 위반을 이유로 국가공무원법상 가장 중한 징계인 파면처분을 한다면 이는 비례원칙에 위반된다).

### 3. 신뢰보호원칙(信賴保護原則)

행정청의 어떠한 행위의 존속이나 정당성을 사인이 신뢰한 경우, 보호할 가치 있는 사인의 신뢰는 보호되어야 한다는 원칙을 말한다. 신뢰보호원칙은 법치국가원리의 내용 중의 하나인 법적 안정성을 근거로 인정되고 있다. 신뢰보호의 원칙이 행정의 법률적합성과 충돌하는 경우에는 공익과 사익의 정당한 비교형량에 의하여 판단하여야 한다(예를 들어 건축허가를 받을 수 있다는 구청장의 약속을 믿고 토지를 구입하였으나 건축허가가 거부된 경우 사인은 신뢰보호원칙을 주장할 수 있다).

### 4. 부당결부금지(不當結付禁止)의 원칙

행정작용과 사인이 부담하는 급부는 부당한 내적 관련을 가져서는 아니 되고 또한 상호 결부되어서는 아니 된다는 원칙을 말한다. 부당결부금지의 원칙은 법치국가원리와 자의금지의 원칙에서 나온다(예를 들어 음주운전으로 운전면허를 취소하면서 그와 아무런 관련 없는 중장비면허도 취소하는 경우 부당결부금지원칙에 위반된다).

# 제2절 행정쟁송

## Ⅰ. 행정쟁송이란?

질서의 유지와 복지의 실현을 목적으로 하는 행정은 법치주의 내지 법치행정의 원리상 법에 적합한 것이어야 함은 재론을 요하지 아니한다. 법치행정의 원리는 행정권의 발동과정뿐만 아니라 행정권의 발동의 결과에도 적용되는 원리인 것은 물론이다.

정당하고 적법한 행정권의 행사의 보장뿐만 아니라 부당하거나 위법한 행정권의 행사와 그러한 행사로 인해 야기되는 결과의 시정은 또한 법치행정의 내용이 된다. 이러한 시정이 바로 국민 개개인의 권리와 이익의 보호로 직결되는 것임은 두말할 필요가 없다. 그릇된 행정권의 행사를 시정하는 방법에는 여러 가지가 있겠으나(예, 청원·진정·민원사무처리제도·감독청의 감독권행사·행정심판·행정소송 등), 이 중에서도 행정심판과 행정소송이 중심이 된다.

## Ⅱ. 행정심판이란?

### 1. 행정심판의 개념

행정심판은 행정법상의 분쟁에 관하여 행정기관이 스스로 해결하는 절차를 말한다. 행정심판절차를 규정하고 있는 법으로 행정심판법이 있다. 종전에는 행정소송을 제기하기에 앞서 반드시 행정심판절차를 거치도록 하였으나, 1998. 3. 1.부터는 행정소송법이 개정되어 행정심판을 거치지 않더라도 행정소송을 제기할 수 있게 되었다.

행정심판을 청구하려면, 심판청구서를 처분을 한 행정청 또는 직 상급행정기관에 제출하여야 한다. 행정심판을 청구할 수 있는 기간은 원칙적으로 처분이 있음을 안 날로부터 90일 이내, 처분이 있은 날로부터 180일 이내이다. 별도로 행정심판의 제기기간을 정하고 있는 경우가 있으므로 주의하여야 한다.

사전에 행정심판을 거치지 아니하면 행정소송을 제기할 수 없도록 규정하고 있는 경우가 있는데, 그러한 경우로서 조세에 관한 소송과 토지수용에 관한 소송 등이 있다.

소득세나 법인세 등 국세의 부과처분에 대하여 행정소송을 제기하려면, 먼저 국세기본법에 따라 국세청장에 대한 심사청구나 국세심판원장에 대한 심판청구를 거쳐야 한다.

취득세나 주민세 등 지방세의 부과처분에 대하여 행정소송을 제기하려면, 반드시 지방세법에 따라 도지사나 시장에 대한 이의신청 및 심사청구를 거쳐야만 한다. 다만, 지방세법에 의한 처분에 대하여 심판전치주의를 규정한 지방세법 제78조 제2항 및 제81조에 대하여 위헌결정이 선고되었는데(헌재 2001. 6. 28. 선고, 2000헌바 30결정), 위 지방세법의 규정이 개정되기 전까지는 지방세의 부과처분에 대하여 불복이 있는 경우에 곧바로 행정소송을 제기할 수 있고, 임의로 행정심판을 거칠 수도 있다.

토지소유자와 협의가 이루어지지 않아서 토지를 수용할 수 없는 경우에는 관할 토지수용위원회가 재결을 하도록 하고 있는데, 토지소유자가 토지수용위원회의 재결에 대하여 불복하는 경우에는 먼저 중앙토지수용위원회에 이의를 신청하여 그 재결을 거쳐야만 행정소송을 제기할 수 있다.

### 2. 행정심판의 종류

행정심판법상 행정심판에는 취소심판·무효등확인심판·의무이행심판이 있다.

1) 취소심판이란 행정청의 위법 또는 부당한 처분을 취소하거나 변경하는 행정심판을 말한다(행정심판법 제5조 제1호).

2) 무효등확인심판이란 행정청의 처분의 효력 유무 또는 존재 여부를 확인하는 행정심판을 말한다(행정심판법 제5조 제2호).

3) 의무이행심판이란 당사자의 신청에 대한 행정청의 위법 또는 부당한 거부처분이나 부작위에 대하여 일정한 처분을 하도록 하는 행정심판을 말한다(행정심판법 제5조 제3호).

### 3. 행정심판의 청구방식

심판청구는 서면으로 하여야 한다(행정심판법 제28조 제1항). 서면청구주의를 택한 것은 청구의 내용을 명백히 하여 법적 안정을 도모하고자 함에 있다. 처분에 대한 심판청구의 경우에는 심판청구서에 다음 각 호의 사항[1.청구인의 이름과 주소 또는 사무소(주소 또는 사무소 외의 장소에서 송달받기를 원하면 송달장소를 추가로 적어야 한다), 2.피청구인과 위원회, 3.심판청구의 대상이 되는 처분의 내용, 4.처분이 있음을 알게 된 날, 5.심판청구의 취지와 이유, 6.피청구인의 행정심판 고지 유무와 그 내용]이 포함되어야 한다(행정심판법 제28조 제2항). 그리고 부작위에 대한 심판청구의 경우에는 제2항 제1호·제2호·제5호의 사항과 그 부작위의 전제가 되는 신청의 내용과 날짜를 적어야 한다(행정심판법 제28조 제3항). 심판청구서에는 청구인·대표자·관리인·선정대표자 또는 대리인이 서명하거나 날인하여야 한다(행정심판법 제28조 제5항).

### 4. 행정심판의 재결

#### (1) 재결기간

재결은 제23조에 따라 피청구인 또는 위원회가 심판청구서를 받은 날부터 60일 이내에 하여야 한다. 다만, 부득이한 사정이 있는 경우에는 위원장이 직권으로 30일을 연장할 수 있다(행정심판법 제45조 제1항 단서).

#### (2) 서면재결

재결은 서면으로 하여야 한다(행정심판법 제46조 제1항). 재결을 서면으로 하도록 한 것은 법적 안정성을 위한 것이다. 구두에 의한 재결은 무효이다.

#### (3) 재결의 범위

위원회는 심판청구의 대상이 되는 처분 또는 부작위 외의 사항에 대하여는 재결하지 못한다(불고불리의 원칙, 행정심판법 제47조 제1항). 그리고 위원회는 심판청구의 대상이 되는 처분보다 청구인에게 불리한 재결을 하지 못한다(불이익변경금지의 원칙, 행정심판법 제47조 제2항).

### (4) 재결의 종류

재결에는 심판청구가 적법하지 아니한 경우에 이루어지는 각하재결(행정심판법 제43조 제1항), 심판청구가 이유 없을 때에 이루어지는 기각재결(행정심판법 제43 조제2항), 심판청구가 이유 있을 때에 이루어지는 인용재결(행정심판법 제43조 제3항, 제4항, 제5항)이 있다. 한편, 특기할 것은 청구인의 청구가 이유 있다고 하여도 공공복리를 이유로 청구가 기각되는 사정재결이 있다는 점이다(행정심판법 제44조 제1항). 사정재결의 경우에는 청구인에 대하여 상당한 구제방법을 취하거나 재처분의무법을 취할 것을 피청구인에게 명할 수 있다(행정심판법 제44조 제3항).

### (5) 재결의 효력

재결은 청구인에게 제1항 전단에 따라 송달되었을 때에 그 효력이 생긴다(행정심판법 제48조 제2항). 한편, 재결이 갖는 효력의 내용은 다음과 같다.

1) 재결도 행정행위의 일종인바, 재결은 행정행위의 효력인 내용상 구속력·공정력·구성요건적 효력·존속력(형식적 존속력·실질적 존속력) 등을 갖는다.

2) 재결은 피청구인인 행정청과 그 밖의 관계행정청을 기속하는 효력(기속력)을 갖는다. 기속력에는 행정청에 대한 소극적 의무로서 반복금지효와 행정청에 대한 적극적 의무로서 재처분의무가 있다.

## Ⅲ. 행정소송

행정소송이란 행정법규의 적용과 관련하여 위법하게 권리나 이익이 침해된 자가 소송을 제기하고 법원이 이에 대하여 심리·판단을 행하는 정식의 행정쟁송을 말한다.

행정소송은 행정사건에 대하여 법원에 의해 이루어지는 정식절차를 말한다. 행정소송은 관련 사인의 권리를 보호·구제하고 행정법질서를 확보하고 행정의 효율성을 확보하는 것을 목적으로 한다. 행정소송은 공법상의 분쟁을 대상으로 하는 소송이므로 사법상의 권리관계에 관한 소송인 민사소송과 구별된다. 현행 법제상 행정소송에 관한 일반법으로 행정소송법이 있다.

## Ⅳ. 민사소송과 다른 점

행정소송도 일반 민사소송과 유사하게 진행되지만, 다음과 같은 점에서 특수성이 있다.

· 행정소송은 원칙적으로 행정법원에서 한다.
· 행정소송을 하기 이전에 행정심판절차를 거치도록 하는 경우가 있다.
· 행정소송은 원칙적으로 소를 제기할 수 있는 기간이 정해져 있다.
· 행정소송은 행정처분 등 행정상의 권리관계를 대상으로 한다.
· 행정소송의 피고는 처분을 한 행정청이다.

## Ⅴ. 행정소송의 종류

행정소송법은 행정소송을 항고소송, 당사자소송, 민중소송, 기관소송으로 구분하고, 항고소송은 다시 취소소송, 무효등확인소송, 부작위위법확인소송으로 나누고 있다. 실제로 가장 많은 행정소송은 행정청의 처분을 대상으로 하는 항고소송이고, 그 중에서도 취소소송이다.

취소소송은 행정청의 처분이 위법하다고 주장하면서 그 취소를 구하는 소송이다.

무효등확인소송은 행정청의 처분이 효력 없음의 확인을 구하는 소송이다.

부작위위법확인소송은 행정청이 상대방의 신청을 방치하고 있는 경우에 그 방치행위가 위법한 것임을 확인하는 소송이다.

## Ⅵ. 행정소송의 제기방법

행정소송도 민사소송과 마찬가지로 법원에 소장을 제출하면 된다.

### 1. 원고와 피고

행정소송을 제기하는 사람이 원고이고, 행정소송을 당하는 행정청이 피고이다.

원고가 될 수 있는 사람은 행정처분을 받을 상대방 또는 행정처분으로 인하여 권리가 침해되는 사람이다. 행정소송의 피고는 그 처분을 행한 행정청이 된다.

### 2. 어느 법원에 소송을 제기하여야 하나?

원칙적으로 피고 행정청이 소재하는 행정법원이 관할법원이 되고, 행정자치부나 법무부 등 중앙행정기관이 피고인 경우에는 행정청이 서울에 있지 않더라도 서울행정법원이 관할법원이 된다. 다만, 행정법원이 설치된 곳은 서울뿐이므로 그 외 지역에서는 피고의 소재지를 관할하는 지방법원 본원이 제1심의 관할법원이 된다.

### 3. 행정소송의 소제기기간

행정소송은 처분이 있음을 안 날로부터 90일 이내, 처분이 있은 날로부터 1년 이내에 제기하여야 한다. 위 기간을 경과하면 행정소송을 제기하지 못하므로 주의하여야 한다.

## Ⅶ. 행정소송의 대상

행정소송으로 취소소송을 제기하려면 행정청의 처분을 대상으로 하여야 하는데, 여기서 처분이란 행정청이 행하는 영업허가취소처분, 조세부과처분과 같이 행정청의 공권력행사로서 국민의 권리의무에 직접적으로 효과를 발생하게 하는 행위를 말한다. 행정청 내부행위라든가 단순한 사실상의 통지행위 같은 것은 행정소송의 대상이 되는 처분이 아니므로 잘 판단하여야 한다.

## Ⅷ. 재판의 진행

행정소송사건은 일반 민사소송사건과는 달리 공공복리에 미치는 영향이 적지 아니하므로 법원은 당사자가 주장하지 아니하여도 직권으로 사실을 조사하고 판단한다.

행정소송은 법원에서 사건을 집중하여 심리하는 경우가 있으므로 원고와 피고는 재판시작과 동시에 자신의 주장과 증거자료를 모두 제출하는 것이 바람직하다.

## IX. 판　결

법원은 행정소송에서도 일반 소송절차와 마찬가지로 판결을 선고한다. 원고의 청구가 이유 있다고 인정하는 경우에는 행정처분을 취소하는 판결을 하고, 원고의 청구를 받아들이지 아니하는 경우에는 원고의 청구를 기각하는 판결을 하게 된다.

법원의 판결에 대하여 불복하는 경우에는 판결문을 송달받은 날로부터 2주일 내에 상소를 제기하여야 한다.

## X. 주의할 점

행정소송에서는 소를 제기할 수 있는 기간이 정해져 있으므로 반드시 그 기간을 확인하도록 한다.

행정소송은 법률에 의하여 그 절차 및 대상이 정해져 있고, 대부분의 행정소송은 변호사가 대리하여 행하고 있으므로 행정소송절차에 관하여 잘 모르는 경우에는 미리 변호사와 상담하는 것이 좋다.

# 제3절 행정절차제도

## Ⅰ. 행정절차의 의의

넓은 의미의 행정절차는 '행정청이 특정한 행정목적을 달성하기 위하여 대내·외적으로 수행하는 행정의사의 결정과 집행에 관련된 일체의 준비·계획·집행절차 등'을 의미하나, 행절절차법에서 말하는 행정절차는 행정업무 수행을 위하여 행정청이 밟아야 하는 절차로서, 처분·신고·행정상 입법예고·행정지도를 할 때 행정청이 사전에 행정의 상대방·기타 이해관계인과 가져야 할 대외적 절차를 의미한다.

## Ⅱ. 행정절차법의 필요성

행정절차법은 행정과정에 국민을 참여토록 함으로써 행정의 민주화에 기여하고, 행정의 공정성·투명성과 신뢰성을 확보하여 원활한 행정목적의 달성과 행정의 능률성에 도움을 주며, 특히 사전적 권리구제제도로서 국민의 권익 보호를 위해 그 필요성이 있다.

## Ⅲ. 행정절차법의 주요내용

### 1. 행정절차법 적용대상자

행정절차법 적용 대상자는 행정청과 당사자 등이다.

행정청이라 함은 행정처분을 하는 국가기관, 지방자치단체, 행정권한을 위임·위탁받은 단체 또는 사인을 말하며, 당사자 등이라 함은 행정청의 처분에 대하여 직접 그 상대가 되는 당사자와 행정청이 직권 또는 신청에 의하여 행정절차에 참여하게 한 '이해관계인'을 말한다.

### 2. 적용대상

행정절차법은 행정처분·신고·행정상 입법예고·행정예고 및 행정지도를 할 때 적용해야 하며, 다른 법률에 특별한 규정이 있는 경우에는 타법을 우선 적용한다.

### 3. 처분절차에 있어서 기본요소

처분절차의 기본요소는 처리기간·처분기준의 설정 공표, 사전통지, 의견청취, 이유제시로 이루어진다.

#### (1) 처리기간·처분기준 설정공표

행정청은 처분의 처리기간을 종류별로 미리 정하여 공표하여야 하며, 처분기준도 당해 처분의 성질에 비추어 될 수 있는 한 구체적으로 정하여 미리 공표하여야 한다.

#### (2) 사전통지

당사자에게 의무를 과하거나 권익을 침해하는 처분(불이익처분)을 하는 경우에 그 원인이 되는 사실과 내용, 법적근거 등을 미리 알려주고, 의견이나 증거자료를 준비할 수 있도록 기회를 주어야 한다(예를 들면 식품접객영업의 정지·취소처분 전 사전에 통지하는 경우).

#### (3) 의견청취

행정청은 처분을 하는 경우 사전통지 후 당사자 등의 의견을 청취하여야 하며, 의견청취 방법에는 의견제출, 청문, 공청회가 있다.

1) 의견제출 : 청문이나 공청회를 실시하지 않는 불이익처분의 경우 실시하며, 서면·구술로, 또는 정보통신망을 이용할 수 있다.

2) 청 문 : 개별법령에서 청문을 하도록 한 경우, 행정청이 필요하다고 인정하는 경우에 실시하며 주로 인허가·면허의 취소·철회 등의 경우에 실시한다.

청문을 거친 경우 행정청은 청문조서 기타 관계서류 등을 충분히 검토하고 상당한 이유가 있다고 인정하는 경우에는 처분을 함에 있어서 청문결과를 반영하여야 한다.

아울러 청문의 공정성·신뢰성 확보차원에서 청문주재자는 소속직원 중 제3의 부서에 있는 공무원 또는 외부전문가를 선정하여야 한다.

3) 공청회 : 공개적인 토론을 통해 전문가나 일반인의 의견을 널리 수렴할 필요가 있는 경우로서 행정청이 처분을 함에 있어서 법령에서 공청회를 개최하도록 규정하고 있는 경우 또는 처분의 영향이 광범위하여 널리 의견을 수렴할 필요가 있다고 행정청이 인정하는 경우에 실시한다.

#### (4) 이유제시

행정처분을 할 때 처분의 원인이 되는 사실과 근거가 되는 법령 등의 내용을 구체적으로 명시하여야 한다.

### 4. 행정상 입법예고절차

국민의 권리·의무 또는 일상생활과 관련이 있는 법령과 자치법규를 대상으로, 관보·공보·신문·방송·인터넷 등의 방법으로 하며, 예고기간은 특별한 사정이 없는 한 20일 이상을 하여야 한다.

입법안에 대하여 의견이 제출된 경우는 특별한 사유가 없는 한 이를 존중하여 처리하고 의견을 제출한 자에게 처리결과를 통지하여야 한다.

### 5. 행정예고 절차

국민생활에 매우 큰 영향을 주는 사항, 많은 국민의 이해가 상충되는 사항, 많은 국민에게 불편과 부담을 주는 사항, 기타 널리 국민의 의견 수렴이 필요한 사항 등에 해당하는 정책·제도 및 계획을 수립·시행하거나 변경하는 경우 등에 하며, 예고방법과 예고기간 및 의견제출 및 그 처리 등은 입법예고의 경우와 같다.

### 6. 행정지도절차

행정청이 소관사무 범위 내에서 상대방의 자발적 협력을 구하는 지도·권고·조언·요청·권장 등을 하는 것이며 행정절차법은 행정지도의 방식 및 상대방의 서면교부 요구권을 명문화하고 상대방에게 의견진술의 기회를 부여하고 있다.

### 7. 신고절차

행정청에 대하여 일정한 사항을 통지함으로써 의무가 끝나는 자기완결적 신고의 경우 신고서가 행정청에 도달되었을 때 신고의무 이행이 완료되며, 기재사항에 하자가 있을 경우와 기타 법령에 규정된 형식상 요건에 적합하지 않을 경우 지체없이 상당한 기간을 정하여 보완요구를 하여야 하고, 보완기간 내에 보완하지 아니할 경우 행정청은 그 이유를 명시하여 되돌려 보내야 한다.

### 8. 행정절차법 적용제외 사항

행정절차법은 행정절차에 관한 일반법이기 때문에 다른 법률에 특별한 규정이 있는 경우에는 그에 의하고 입법·사법기관 등 헌법상 독립성이 보장된 기관이 행하는 사항, 형사·행형 등과 관련된 특별한 처분절차가 필요한 사항, 국가안전보장 등 행정절차를 거칠 경우 국가의 중대한 이익을 현저히 해할 우려가 있는 사항 등에는 적용하지 아니한다.

## IV. 행정절차법 위반 시 효과

행정절차에 하자가 있는 경우 비록 실체적 적법성을 갖춘 처분이라 할지라도 절차적 적법성이 결여되어 위법한 처분이 되어 행정처분 자체가 무효 또는 취소될 수 있다. 실체적 적법성과 절차적 적법성은 법치주의를 이루는 두 기둥이므로 행정처분을 함에 있어서는 법이 규정한 절차를 지켜야만 비로소 법의 지배를 통하여 정의가 실현될 수 있기 때문이다.

# 제 4 장

# 민 법(민법총칙)

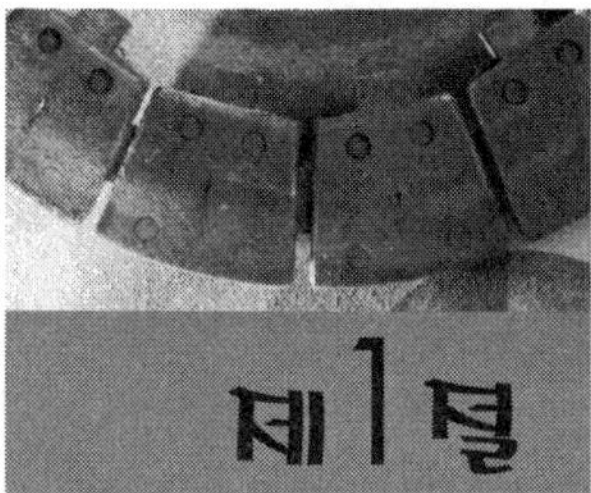

# 제1절 민법이란 무엇인가?

## Ⅰ. 민법의 의의

민법은 형식적 의미에서는 민법전(1958. 2. 22. 법률 제471호)을 말하나, 실질적 의미에서는 「사법(私法) 중의 일반법」을 총칭한다. 그러므로 민법의 개관은 사법의 개념과 일반법의 개념을 통하여 이루어 질 수 있다.

### 1. 사법으로서의 민법

전통적으로 법은 공법과 사법으로 분류된다. 왜냐하면 사람의 생활은 크게 「국민으로서의 생활」과 「인간으로서의 생활」로 나누어지기 때문이다. 즉 사람은 한편으로는 국가와의 관계 속에서 국민으로서의 생활관계를 형성하게 되고, 다른 한편으로는 인간으로서 다른 사람과 함께 이 세상을 살아나가는 생활을 한다. 이처럼 한 사람의 생활관계 중에서 국가와 국민으로서의 관계를 규율하는 법이 '공법'이고, 이에 대해 인간으로서 다른 사람과 함께 생활하는 관계를 규율하는 것이 '사법'이다. 이러한 사람의 생활관계 중 민법은 인간으로서 사인의 생활관계를 규율하는 것을 목적으로 하므로, 사법의 본질을 갖는다.

### 2. 사법의 일반법

법은 그 적용에 있어 일반법과 특별법으로 구분된다. 어떤 법적 분쟁에 대해서 두 개 이상의 법률이 적용될 수 있을 때, 이에 적용 가능한 법률들은 서로 경합(競合)하는 관계에 있다. 이처럼 다수의 법률들이 그 적용에 있어 경합하는 경우에 상대적으로 어느 법이 이 분쟁을 보다 전문적이고 효율적으로 규율할 수 있는지를 판단하여, 당해 사건에 적용될 법을 선택해야만 하는 결정이 요구된다. 이를 결정하는 원리가 「특별법 적용 우선의 원칙」인 것이다. 이처럼 특별법이 일반법에 앞서 우선 적용되어야 하는 이유는 특별법이 당해 사건에 보다 구체적이고 전문적인 규율내용을 포함하고 있으므로 당사자들의 분쟁을 보다 전문적이고 효율적으로 해결할 수 있다는 데에 있다. 예를 들어, 당사자가 상인으로서 상거래를 하였다면, 이는 사인이면 누구에게나 해당되는 일반적인 생활이 아니라 상인으로서 거래행위를 한 것이다. 이러한 상인의 상사관계(商事關係)에 대해서는 상거래라는 특징을 고려하지 않은 일반법(민법)보다 이에 전문화된 특별법(상법)이 적용됨으로써 그 해결에 있어 보다 더 타당하고 합리적인 결과를 발생시킬 수 있다. 이러한 의미에서 특별법(상법)이 일반법(민법)에 앞서 적용되어야만 하는 것이다.

그런데 일반법과 특별법은 다수의 법률이 경합되어 있는 경우에 당해 사건에 우선하여 적용될 법률을 결정하는 상대적 개념임에도 불구하고, 민법을 사법의 일반법으로 그 지위를 부여할 수 있는 이유는 사법의 영역에서 민법보다 더 근본적인 법률은 존재하지 않기 때문이다. 민법은 사법의 영역에서 최근간을 이루는 기본법으로서, 사법 중에서 민법보다 더 일반적인 사법은 없다. 결국 민법은 사인들의 생활관계를 규율하는 사법으로서 관련주체들의 주관적 특징(예: 상인, 공무원 등)을 고려하지 않고, 사인이기만 하면 누구에게나 차별 없이 적용되는 기본 법률인 것이다. 이처럼 민법의 사법의 일반법이라는 특징에 비추어 볼 때, 민법은 사인이면 누구라도 이 세상에서 생활하였을 최소한의 공통적 생활관계를 규율대상으로 삼는다. 그런데 이 세상 어느 누구라도 향유하게 되는 생활관계의 내용은 「사람은 타인과 결혼하여 자식을 낳아 가정을 형성하고 그리고 자기의 가족을 부양하기 위하여 제3자와 경제적 활동을 하는 것」이다. 그러므로 민법은 사인의 가장 일반적인 생활관계인 '가족생활'과 '경제활동'을 그 규율대상으로 삼는다.

## II. 우리나라 민법의 기본원리

### 1. 사유재산권 존중의 원칙

근대 민법은 개인의 자유를 보장하는 것을 최고의 이념으로 삼는다. 그런데 재산은 인격이 존립하는데 필요한 물질적 기초이기 때문에 개인 인격의 자유로운 전개를 위한 재산적 기초는 보호되어야만 한다. 이러한 의미에서 사유재산권은 존중되어야만 한다. 만일 개인에게 재산권이 보장되어 있지 않다면, 근대민법이 추구하는 개인주의에 따른 자유란 거의 실질적 의미가 없게 될 것이다. 따라서 우리 민법도 사유재산권 존중의 원칙을 기초이념으로 삼고 있다.

### 2. 사적 자치의 원칙

헌법상 보장된 인간으로서의 존엄과 가치(헌법 第10조)의 실현은 민법에 사적 자치의 원칙으로 나타난다. 사인들 사이의 생활관계에 국가가 개입하는 거래의 공적인 이익을 실현하는 것이 아닌 한, 사인들에게는 자신의 이윤극대화를 위해 자신들의 법률관계를 자유롭게 형성할 수 있는 자치권이 부여되어야 한다. 이를 실천하는 원리가 사적 자치의 원칙인 것이다. 따라서 사적 자치의 원칙에 따라, 민법의 주체로서 사인은 국가의 간섭으로부터 해방되어 자유롭게 자신이 원하는 의도에 따라 스스로 결정하여 법률관계를 형성할 수 있는 자유를 보장받고 있다. 이는 근대 민법의 이념인 개인주의와 자유주의에 따른 것이다.

### 3. 과실책임의 원칙

개인의 자유는 책임의 한계를 명시하여 줄 때 비로소 보장될 수 있다. 자신의 행위로 타인에게 손해가 발생하면 무조건 책임을 지게 된다면, 개인의 자유란 그 최소한도 보장받을 수 없게 될 것이다. 따라서 인간의 능력을 고려하여 당사자에게 비난할 만한 사유가 존재하는 경우에 이에 대하여 책임을 지게 하여야만 할 것이다. 이처럼 책임을 부여하여 비난할 수 있는 사유를 귀책사유라 하고, 이를 구성하는 요소로는 '고의'와 '과실'이 있다. 고의는 타인에게 손해발생을 의도하여 그 의도된 나쁜 결과를 발생시킨 것이므로, 이를 비난하여 책임을 묻는 것에는 문제가 없다. 다만 과실에 대하여는 행위자에게 기울여야 할 주의를 다 하지 않았다는 점에 비난의 요소가 있다. 즉 사람이 정당한 일을 하는 경우에도 주어진 상황 하에서 적절히 주의를 기울여 행위를 하였더라면 손해가 발생하지 않았을 텐데 부주의하여 타인에게 손해를 발생시켰다면, 그 손해를 야기하는 데에 주의를 태만히 한 과실이 있는 것으로서 이에 대해서 행위자로서는 비난받을 만하고 따라서 책임을 지게 된다. 결국 과실이 없다면 책임도 없다. 이처럼 과실책임의 원칙은 근대민법의 한 이념인 자유주의를 실현하기 위한 내용인 것이다.

### 4. 사회적 형평의 원리 - 신의성실의 원칙

위 세 가지의 근대민법의 기본원칙이 개인의 자유를 보장하는 것에 치우쳐있다면,

신의성실의 원칙은 자기의 권리와 타인의 권리를 함께 보장하는 사회적 형평의 원리를 선언하고 있다. 민법은 제2조 제1항에서 "권리의 행사와 의무의 이행은 신의에 좇아 성실히 하여야 한다"고 규정함으로써 민법의 최고 원리로서 신의성실의 원칙을 천명하고 있다. 여기서 「성실」은 '자기 위주가 아닌 타인의 정당한 법익을 배려할 것'을 명하는 것이고, 「신의」는 '상대방이 성실하게 행위할 것에 대한 신뢰'를 의미한다. 따라서 신의성실의 원칙은 권리행사와 의무이행이 타인의 정당한 법익을 배려하는 상태 하에서 이루어져야 한다는 성실성을 권리주체에게 명하는 것과 동시에, 이러한 성실성에 대한 정당한 믿음으로써의 신뢰는 법으로 보호한다는 것을 의미한다. 이처럼 신의성실의 원칙은 타인의 정당한 법익을 고려할 것을 명함으로서, 개인의 권리행사와 타인의 권리행사와의 조화를 유지하기 위한 사회적 형평을 실현하고자 하는 원리이다.

## Ⅲ. 민사관계의 일반적 규정으로서의 민법총칙

민법총칙은 민법의 기본원칙으로서 물론 가족편과 재산편의 공통적 입법요소를 규율함으로써 양 편제를 총괄하고 있다. 우리의 생활이 가족생활과 경제활동으로 구분되고, 이에 대한 공통적 명제는 「누가 「무엇을 「어떻게」 라는 요소로 집약될 수 있다. 여기서 '누가'의 부분을 주체라 하고, '무엇을' 이라는 부분을 객체라고 하며, '어떻게'는 법률관계를 변동시키는 행위로서, 이는 곧 관련 당사자의 권리 · 의무에 대한 변동을 의미한다. 즉 민사 전체의 공통적 규율요소인 「권리의 주체 「권리의 객체 「권리의 변동」 이 민법총칙의 규율대상인 것이다. 특히 권리의 변동과 관련하여, 민법은 사적 자치의 원칙을 기본원칙으로 삼고 있으며, 이 사적 자치에 따라 개별적으로 이루어지는 권리변동의 내용을 총괄하는 법률요건으로서 '법률행위'라는 개념을 사용하고 있다. 즉 권리변동의 수단으로써 법률행위는 개인과 개인 사이의 사법상의 법률관계의 내용인 권리 · 의무의 변동을 가져오는 자치적 행위를 말한다. 따라서 민법총칙은 크게 「권리의 주체(사람)」 「권리의 객체(물건)」 그리고 법률행위를 중심으로 한 「권리변동」 에 대하여 규율하고 있다.

# 제2절 권리의 주체

## Ⅰ. 총 설

권리의 주체는 「사람」 만이 될 수 있다. 그런데 사람에는 「자연인」 과 「법인」 이 있다. 민법은 자연인에 관하여는 「능력」 과 「주소」 를 중심으로 규정하고 있고, 법인에 관하여는 법인의 설립에서 활동 그리고 해산에 이르기까지 법인의 일대기를 중심으로 규정하고 있다.

## Ⅱ. 자 연 인

### 1. 자연인과 능력

법에서 자연인은 권리의 주체로서 의미를 갖는다. 그런데 이러한 권리의 주체로서 법률상 의미 있는 지위나 자격은 「능력」 이라는 개념으로 표현된다. 권리의 주체로서의 자연인은 .일단 권리를 보유할 수 있어야 하고, 보유한 권리를 행사하기에 앞서 이에 관하여 판단할 수 있어야 하고, 자신의 판단에 기초하여 독자적으로 권리를 행사할 수 있어야. 한다. 이러한 자격을 능력의 관점에서 「권리능력 「의사능력 「행위능력」 이라 한다. 그런데 자연인이 이 세 가지의 능력을 완벽하게 갖춘 상태에서 행위하는 경우에는 그가 행위한대로 효력이 발생하여도 그 법률효과의 실현과 관련하여 아무런 법적인 모순이 발생하지 않는다. 따라서 완벽한 능력에 기초한 법률행위에 대하여 민법은 개입할 필요가 없다. 그러나 완벽한 능력을 갖추지 못한 상태에서 자연인이 행위를 하였을 경우에는 행위한 그대로 효력이 발생할 수 없고 또 그대로 효력이 발생하여서도 안 될 것이다. 이에 따라 민법은 어떤 자연인이 완전한 능력을 갖추지 못한 경우에 민법은 정당한 법률효과를 발생시키기 위하여 그의 능력의 부족을 보충하여 주거나 그 행위에 따른 효력발생을 제한하고 있다. 이를 「제한능력자의 보호제도」 라고 한다.

## 2. 주　　소

사람(자연인)은 권리의 주체로서 자신과 관련된 법률관계가 실현되어야 될 장소를 필요로 한다. 이를 「주소」라 한다. 민법은 주소를 사람이 생활의 근거지로 삼아 살고 있는 장소로 결정하고 있다(제18조). 여기에서 사람이 자신이생활의 근거지로 삼은 주소에서 정착하여 자신의 생활관계를 잘 운영하고 있는 경우에는 민법은 이에 관하여 개입하지 않는다. 그러나 예외적으로 어떤 사람이 주소를 떠나 장기간 돌아오지 않는 경우에 그 주소에 남아있는 가족이나 이해관계인은 그 사람의 재산상태가 악화됨에 따라 손해를 입게 된다. 이러한 문제를 해결하기 위하여 그 사람의 재산관계·신분관계를 법적으로 해결할 수 있는 제도적 장치가 필요하게 된다. 이에 대하여 민법은 「부재와 실종」에 관한 제도를 입법함으로써 이 문제를 해결하고 있다.

# 제3절 권리능력

## Ⅰ. 권리능력의 의의

권리능력은 단순히「권리의 주체로서 권리를 보유할 수 있는 자격」을 말한다. 민법은 사람에게 생존하고 있는 동안에 권리와 의무의 주체가 됨을 인정하고 있으므로(제3조), 이에 따라 사람은「출생한 때로부터 사망할 때까지」권리능력을 보유하게 된다.

**생각해보기**

**〈사 례〉** 아무 일가친척도 없는 김밥장사 할머니는 오로지 "뽀삐"라는 강아지에만 의존하여 살아 왔다. 이 "뽀삐"는 할머니의 말을 잘 알아듣고 시키는 대로 하였으며, 항상 할머니 곁을 지켜 준 고마운 개였다. 그런데 이 할머니가 몹쓸 병에 걸려 돌아가시게 되었다.

이 할머니는 유언을 통하여 돌아가신 후에 그 동안 김밥을 팔아 모은 재산을 인생의 동반자처럼 같이 살아 온 "뽀삐"에게 주려고 한다. 이 "뽀삐"는 할머니로부터 수십억 원의 재산을 상속받을 수 있을까?

☞ **해 결**

사람만이 권리(와 의무)를 보유할 수 있는 자격을 가지는데, 이를 「권리능력」이라 한다. 설령 애완견이 생명력을 가지고 사람의 말도 잘 알아듣고 가족의 일원처럼 함께 살았다 하더라도 궁극적으로 사람은 아니므로 물건에 지나지 않는다. 따라서 "뽀삐"는 권리의 주체가 될 수 없으므로 재산을 가질 수도 없고 상속권을 가질 수 없다. 다만 할머니는 "뽀삐"를 위해서 재산을 신탁함으로써 사후에도 "뽀삐"의 안위를 돌볼 수 있다.

## II. 권리능력의 시기(始期)

**법 규**

제3조(권리능력의 존속기간) 사람은 생존한 동안 권리와 의무의 주체가 된다.

### 1. 의 의

사람(자연인)은 살아 있는 동안만 권리와 의무의 주체가 된다(제3조). 그러므로 권리의 주체가 될 수 있는 자격인 권리능력도 사람의 '생존기간' 동안만 존속하게 된다. 사람의 생존은 출생으로부터 사망에 이르는 기간이며, 이에 따라 사람의 권리능력은 '출생한 때'로부터 발생하여 '사망한 때'에 종료한다. 여기에서 사람의 권리능력 취득은 출생에서 시작하는데, 사람의 출생은 분만의 과정(진통 → 일부노출 → 전부노출 → 독립호흡)에서 태아가 산모로부터 완전히 분리되는 전부노출(통설)을 기준으로 삼고 있다.

**※ 태아의 법률상의 지위**

태아에게 권리능력을 인정하여 보호하려는 취지는 태아가 살아서 출생하여 이 세상을 살아나가야 할 자연인이라는 점에 있다. 태아가 사산(死産)되어 앞으로 이 세상을 살지 않는다면, 죽은 태아에게 손해배상청구권이나 상속권 등이 주어지는 것은 아무런 의미가 없다. 그러므로 태아의 권리능력은 태아가 살아서 태어나는 것을 조건으로 할 수밖에 없다. 다만 태아가 이미 "출생한 것으로 본다."(제762조·제1000조 제3항 참조)의 의미가 무엇인지에 관해서는 견해의 대립이 있다.

### 2. 학설의 소개

#### (1) 정지조건설

정지조건설은 태아인 동안에는 권리능력이 없고, 살아서 태어났을 때 비로소 권리능력 취득의 효과가 문제로 된 시점(예 : 상속의 개시시, 불법행위시)까지 소급해서 생긴다는 견해이다(인격소급설). 이 견해에 의하면, 태아로 있는 동안에는 권리능력이 인정되지 않기 때문에 태아의 법정대리인도 있을 수 없고, 이미 개시된 상속에 대해서는 출생 후에 비로소 상속회복을 청구할 수밖에 없다고 한다.

정지조건설의 장점은 거래의 안전을 보호할 수 있다는 데에 있다. 즉 이에 의하면, 태아로 있는 동안에는 권리능력을 취득하지 못하고 이에 따라 권리의 취득도 없으므로, 태아의 권리가 제3자에게 양도되는 일은 없다. 결국 태아가 사산되더라도 제3자에게 불측의 손해를 주는 일이 없다. 그렇지만 정지조건설은 불법행위시나 상속 시에 태아에게 권리능력을 인정해 주지 않음으로써 그 당시에 태아가 손해배상청구권이나 상속권을 취득할 수 없게 되어 태아 보호에 철저하지 못하다는 단점을 가지고 있다.

#### (2) 해제조건설

해제조건설은 권리능력 취득의 효과가 문제로 된 시점(예 : 상속의 개시, 불법 행위시)에 태아는 권리능력을 취득하지만, 사산인 경우에는 소급하여 권리능력을 잃는다고 보는 견해이다. 이 설에 의하면, 태아인 동안에도 출생한 것으로 보는 범위 내에서는(제한적인) 권리능력이 있으며, 태아가 살아서 태어나지 않고 사산되었을 때에는 취득한 권리능력이 문제의 사건 발생 시까지 소급하여 소멸하는 것으로 본다. 요컨대 태아의 사산을 해제조건으로 하여 문제의 사건 발생 시에 권리능력을 인정하려는 견해이다(제한적 인격설). 그런데 해제조건설에 의하게 되면, 태아는 문제 발생시점에 권리능력이 인정되어 권리를 취득하므로, 이로부터 그 권리를 양수받은 제3자는 태아의 사산으로 인하여 불측의 손해를 보게 된다. 이러한 점에서 해제조건설에 의하면 거래의 안전이 보호받지 못하게 된다.

### 2. 결 론

태아에게 권리능력을 인정하여 보호하려는 취지는 태아가 살아서 출생하여 이 세상을 살아나가야 할 자연인이라는 점에 있다. 태아가 사산(死産)되어 앞으로 이 세상을 살지 않는다면, 죽은 태아에게 손해배상청구권이나 상속권 등이 주어지는 것은 아무런 의미가 없다. 그러므로 태아의 권리능력은 태아가 살아서 태어나는 것을 조건으로 할 수밖에 없다(대법원 1976.9.14., 76다1365).

## Ⅲ. 권리능력의 종기

### 1. 유일한 권리능력의 소멸사유

자연인은 사망으로 자신의 권리능력을 상실한다(제3조). 사람의 사망의 시간과 관련하여, 학설은 심장의 기능이 회복 불능한 상태로 정지된 때(심장설)와 뇌의 기능이 회복 불능한 상태로 정지된 때(뇌사설)를 사망의 시기로 보는 견해의 차이를 보이고 있다.

민법에서는 사람의 사망은 상속(제997조 이하)·유언의 효력발생(제1073조 이하)·잔존 배우자의 재혼(제810조, 제811조)·보험금이나 연금청구 등이 관련되어 있다. 이러한 관점에서 볼 때, 사망의 시점은 사망으로 판단 가능한 시점 중에서 가장 확정적인 시기로 결정하는 것이 타당하다. 왜냐하면 사망의 효과가 발생한 후에 다시 소생하게 되면 원상으로 회복하는 법률관계로 되어 복잡한 문제가 발생하기 때문이다. 이러한 점에서 사망으로 판단할 수 있는 최후의 시점인 심장의 박동이 정지된 때(심장설 또는 맥박종지설)로 보는 것이 정당하다.

### 2. 사망의 증명

사망의 인정은 통상 가족관계등록부(구 호적법상의 호적부)의 기재에 의한다. 가족관계등록부의 기재사항은 사실상의 '추정의 효력'을 가질 뿐이므로, 만일 사망의 실제사정과 가족관계등록부의 기재가 서로 다른 경우 이에 대한 반증을 통하여 가족관계등록부의 기재사항을 정정할 수 있다.

### 3. 사망이 불분명한 경우

통상적으로 사람이 사망한 경우에 사망신고의 의무자는 사망의 사실을 안 날로부터 1개월 이내에 의사의 사망진단서 또는 시체검안서를 첨부하여 사망신고를 하여야 한다(「가족관계의 등록 등에 관한 법률」(이하 「가족관계등록법」 제84조). 이처럼 사망의 효과가 행정 절차적으로 발생하기 위해서는 사망 사실 자체가 구체적으로 입증되어야 하지만, 정황에 따라서는 사망의 사실과 그 시기를 증명하기 쉽지 않은 경우도 있다. 이처럼 사망의 개연성은 높으나 사망사실 및 그 시점을 증명하기 어려운 사정을 구제하기 위한 제도로서 인정사망·동시사망의 추정·실종선고의 제도가 있다.

# 제4절 의사능력

이 세상 사람들 모두는 권리능력에서 평등하다. 그리고 민법은 사인에게 자신들의 사적인 규율관계를 자유로이 형성할 수 있는 자치권을 부여하고 있다. 이를 「사적 자치의 원칙」이라고 한다. 따라서 사인은 자신들이 형성할 법률관계에 관하여 자유롭게 의사를 결정할 수 있고 이를 표시함으로써 그들의 의사대로 법률관계를 형성할 수 있다. 이처럼 사적 자치의 원칙은 당사자인 사인이 자신의 의사를 결정할 수 있는 최소한의 판단능력을 갖추고 있어야만 하는 것을 전제로 한다. 만일 어떤 사람이 어떤 사정으로 인하여 스스로 의사를 결정할 수 없는 상태에서 의사표시를 하였다면, 이는 외관상 자신의 의사를 외부로 표출한 것으로 보일 뿐이고 그 사람의 판단에 기초한 의사가 표시된 것이 아니다. 따라서 이러한 자신의 판단에 기초하지도 않은 외관상 표시행위에 따른 효과를 표의자에게 귀속시킬 수 없다. 이러한 경우 그 의사표시는 의사능력의 결여를 이유로 무효로 된다. 이처럼 의사능력은 사람의 판단능력에 기초한 것으로서 사람의 판단을 위한 정신능력의 정도는 획일적인 기준에 의하여 결정될 수는 없고, 구체적인 법률행위의 종류에 따라 결정된다. 판례5)는 의사능력이란 「자신의 행위의 의미나 결과를 정상적인 인식력과 예기력을 바탕으로 합리적으로 판단할 수 있는 정신적 능력 내지는 지능」이라고 그 기준을 제시하고 있다. 그러므로 어떤 법률행위가 그 일상적인 의미만을 이해하여서는 알기 어려운 특별한 법률적인 의미나 효과가 부여되어 있는 경우 의사능력이 인정되기 위해서는 그 행위의 일상적인 의미뿐만 아니라 법률적인 의미나 효과에 대하여도 이해할 수 있어야 의사능력이 인정된다. 예컨대, 지능지수가 58로서 경도의 지적장애 수준에 해당하는 38세의 지적장애 3급 장애인이 2,000만 원이 넘는 채무에 대하여 연대보증계약을 체결하였다면, 그는 연대보증계약 당시 그 계약의 법률적 의미와 효과를 이해할 수 있는 의사능력이 없었다고 보아야 한다. 따라서 그 연대보증계약은 무효이다.

### 생각해보기

〈사 례〉 김갑돌은 술이 만취하여 제정신이 아닌 상태에서 친구에게 아파트 1채를 사 줄 것을 약속하였다. 이에 친구는 그 약속을 문서로 작성해 줄 것을 요구하였다. 이에 김갑돌은 기꺼이 자신의 약속을 문서로 작성하여 주었다. 그 다음날 친구는 김갑돌에게 아파트 1채를 사 줄 것을 요구하였다.

☞ **해 결**

'누구에게 무엇을 대가를 받지 않고 준다는 것'에 대한 합의는 증여계약이 체결되었음을 말한다. 김갑돌의 증여의 의사표시는 서면에 의하여 하였으므로 더 이상 마음대로 증여계약을 해제할 수 없다(제555조). 그렇지만 증여계약 체결 시에 김갑돌은 만취하여 자신의 변별력이 결여된 상태이었으므로 의사능력이 없었다는 것을 이유로 자신의 증여의 의사표시의 무효를 주장하여 친구에게 아파트를 사주어야 하는 곤경으로부터 벗어날 수 있을 것이다.

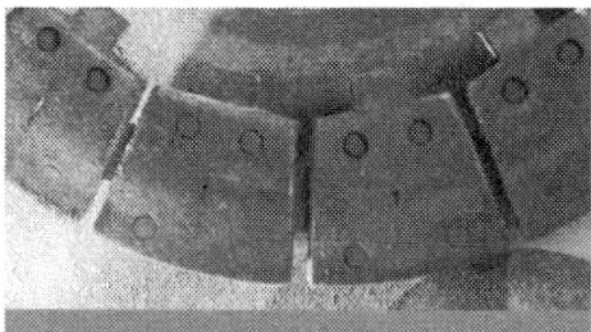

# 제5절 책임능력

의사능력이 법률 행위에 관한 개념인데 대하여, 책임능력은 불법행위에 관한 개념이다. '책임능력'이란 불법행위의 책임을 변식(辨識)할 수 있는 정신능력을 말한다. 민법상 불법행위로 인해 책임을 지기 위해서는 귀책사유인 고의·과실이 있어야 하는데(제750조), 이러한 비난사유로서 고의와 과실은 자기의 행위의 결과를 변식할 수 있는 능력(결과발생을 회피할 수 있는 능력)을 전제로 하여서만 인정할 수 있다. 그러므로 자신의 불법행위에 대하여 어떠한 불법성도 인식하지 못하는 유아나 정신병자에 대해서는 불법의식이 결여되어 있으므로 그의 불법행위를 비난할 수 없다. 따라서 이들에게는 책임도 물을 수 없다. 이처럼 책임을 인식할 수 있는 기준으로서의 책임능력제도는 의사능력제도와 동일하게 책임능력의 유무의 기준을 획일적으로 정하지 않고, 미성년자의 경우엔 '책임변식지능이 없는 경우'(제753조)를, 미성년이 아닌 자의 경우엔 '심신상실의 상태'(제754조)를 책임 무능력의 상태로 규정하고 있다. 이러한 책임무능력자가 타인에게 불법행위를 하였다면, 이 불법행위에 대하여 책임 무능력자에게 손해배상책임을 묻기 보다는, 이러한 책임 무능력자를 감독할 지위에 있는 자가 책임을 지는 것이 타당하다(제755조).

# 제6절 행위능력

## Ⅰ. 행위능력의 개념

행위능력은 「독자적으로 유효한 법률행위를 할 수 있는 능력」을 말한다. 의사능력의 유무는 구체적인 경우에 따라 상대적으로 정하여지는 반면에, 행위능력은 객관적 기준에 의하여 판단된다. 행위능력은 「연령·법원의 심판」에 의하여 객관적으로 제한된다.

## Ⅱ. 「제한능력자제도」에 관한 민법 일부개정의 특징

### 1. 피후견인의 의사 존중과 잔존능력의 고려

후견을 받는 사람의 법률행위 중 일용품의 구입 등 일상생활에 필요한 범위에 대하여는 독자적으로 유효하게 법률행위를 할 수 있고, 또한 후견개시의 심판에서 본인의 정신적 능력에 따라 취소할 수 없는 법률행위의 범위를 개별적으로 정하여 줌으로써 이 범위 내에서는 독자적으로 유효한 법률행위를 할 수 있게 하였다.

### 2. 제한능력자의 복리확충과 의사존중

제한능력자를 심판함에서나 후견활동을 함에 있어서 피후견인 본인의 복리를 배려하여야 하고, 그의 의사를 최대한 존중하여야 한다(제9조 제2항, 제12조 제2항, 제14조의2 제2항 등).

### 3. 피후견인의 신상보호

개정 민법은 후견을 받는 사람의 복리, 치료행위, 주거의 자유 등에 관한 신상보호를 위한 내용까지 후견제도에 포함시켰다. 다만, 피후견인의 신상에 관한 결정권은 본인에게 있다는 원칙과 후견인의 임무 수행에 있어서 피후견인의 의사 존중 의무를 명시하고, 후견인이 치료 목적으로 피후견인을 격리하거나 중대한 의료행위에 대한 동의권을 행사할 경우 가정법원의 허가를 받도록 함으로써 피후견인의 복리를 실질적으로 보장할 수 있도록 하였다.

### 4. 후견인의 수와 자격

개정 민법은 이러한 문제점을 개선하고 후견의 내실화·전문화를 기하기 위하여 후견인의 수를 복수(複數)로 할 수 있게 하였고, 후견인이 될 수 있는 자격에 법인도 포함시켰다.

### 5. 가정법원 역할의 확대

개정 민법은 제한능력자제도를 실행함에 있어서 가정법원의 역할을 확대 및 강화하였다. 가정법원은 후견인과 후견감독인의 선임의 권한은 갖고, 필요하다고 인정될 때에는 직권으로 이를 행사하며, 각종 후견인과 후견감독인의 변경 여부의 결정, 그리고 후견감독인으로부터 보고 등을 통한 피후견인의 보호를 감시·감독하는 역할도 한다.

### 6. 후견계약제도의 도입

개정 민법은 '후견계약'제도를 도입하였다. 이 후견계약은 사람이 질병 등의 사유로 인한 '정신적 제약으로 사무를 처리할 능력이 부족한 상황에 있거나 부족하게 될 상황에 대비하여' 본인이 정신적 능력이 온전할 때에 자신의 재산관리 및 신상보호를 위하여 자신이 신뢰할 수 있는 타인(후견인)에게 그 사무의 처리를 위탁하여 보호를 받을 수 있게 하여 주는 것이다. 원래 후견계약은 본인과 임의후견인 사이에 체결되는 위임계약으로서 사적 자치에 기초하고 있다. 그런데 후견계약은 본인의 신상과 관련된 것을 내용으로 하므로 이에 따른 가정법원의 개입과 감독을 가능하게 하였다. 이로써 가정법원이 임의후견감독인의 선임권 등을 행사하여 임의후견계약의 효력발생 여부를 결정할 수 있고 또 임의후견인의 후견사무를 감독할 수 있게 하였다.

### 7. 친족회의 폐지와 후견감독인제도의 도입

개정 민법은 후견인에 대하여 실질적인 감독 기능을 수행하지 못하고 있던 친족회를 폐지하고, 가정법원이 후견인을 감시·감독하는 후견감독인을 개별적으로 선임할 수 있도록 하는 '후견감독인제도'를 마련하였다. 이로써 후견인감독인을 통하여 후견인의 임무 해태, 권한 남용에 대한 실질적인 견제가 가능하도록 하였다.

### 8. 한정치산 및 금치산제도의 폐지와 경과규정

개정 민법은 2013년 7월 1일부터 시행한다(민법 부칙〈제10429호, 2011.3.7.〉 1조). 이에 따라 개정 민법 시행 이후에는 한정치산 및 금치산제도는 폐지된다. 그런데 개정 민법 부칙 제2조 제1항은 "이 법 시행 당시 이미 금치산 또는 한정치산의 선고를 받은 사람에 대하여는 종전의 규정을 적용한다."고 규정하고 있다. 이는 2013년 7월 1일부터 한정치산선고와 금치산의 선고가 새롭게 내려지지 않는다는 것일 뿐, 기존의 한정치산자와 금치산자에게는 여전히 종전 민법에 따라 행위능력의 제한이 유지된다. 다만 부칙 제2조 제2항에서 "금치산자 또는 한정치산자에 대하여 이 법에 따라 성년후견, 한정후견, 특정후견이 개시되거나 임의후견감독인이 선임된 경우 또는 이 법 시행일로부터 5년이 경과한 때에는 그 금치산 또는 한정치산의 선고는 장래를 향하여 그 효력을 잃는다."고 규정함으로써, 개정 민법 시행일로부터 5년 내에 금치산자 및 한정치산자에게 그 보호의 필요성이 있다면 성년후견, 한정후견, 특정후견, 임의후견의 제도를 신청하여 활용할 수 있다.

## Ⅲ. 미성년자

### 1. 원 칙

#### (1) 미성년자 행위능력의 내용

미성년자는 법률행위를 할 때에 사전에 법정대리인의 동의를 얻어야 한다. 법정대리인의 동의를 얻지 아니한 행위에 대여는 미성년자 본인 또는 법정대리인이 이를 취소할 수 있다(제5조 제2항, 제140조). 여기에서 "취소할 수 있다"는 규정(제5조 제2항)의 의미는 취소권자(미성년자 또는 그 법정대리인)의 취소권의 행사에 의하여 미성년자가 한 법률행위를 소급하여 처음부터 무효로 할 수 있다는 것을 의미한다(제141조). 그러므로 미성년자가 법정대리인의 동의 없이 한 행위는 일단 유효하며, 취소권자가 이에 대하여 취소권을 행사하면 처음부터 그 법률행위는 무효로 된다. 또한 취소권은 권리이고 의무는 아니므로 취소권자는 반드시 취소권을 행사하여야 하는 것은 아니며 경우에 따라서는 취소권을 포기할 수도 있다. 그리고 취소는 취소권의 행사기간(제척기간) 내에 취소권을 행사하지 않으면 더 이상 취소할 수 없게 된다. 따라서 취소권자가 권리로서의 취소권을 포기하거나(추인) 또는 취소권의 행사기간의 경과로 그 법률행위를 더 이상 취소할 수 없게 된 경우에는 그 법률행위는 유효로 확정될 수 있다. 이러한 점에서 취소는 무효와 다르다. 즉 무효인 법률행위는 처음부터 아무런 효력이 발생하지 않고, 누구든지 무효임을 주장할 수 있고, 또한 장기간 무효주장을 하지 않는 것을 이유로 무효인 법률행위가 유효로 전환되지 않는다.

**법 규**

제4조(성년) 사람은 19세로 성년에 이르게 된다.

제158조(연령의 기산점) 연령계산에는 출생일을 산입한다.

제807조(혼인적령) 만 18세가 된 사람은 혼인할 수 있다.

제826조의2(성년의제) 미성년자가 혼인을 한 때에는 성년자로 본다.

### (2) 혼인에 의한 성년의제의 효과

① 혼인을 한 경우 성년자로 봄(제826조의 1)

② 성년의제는 법률혼에 한하고 사실혼은 해당 안 됨

③ 성년의제 되면 친권은 소멸, 후견은 종료

④ 19세에 달하기 전에 혼인이 해소되어도 성년의제는 소멸되지 않음

⑤ 성년의제는 민법 이외의 법률에는 적용 안 됨. 그러므로 미성년자보호법. 근로기준법 등 공법 분야에는 여전히 미성년자임.

### (3) 동의의 취소

미성년자가 '법률행위를 하기 전'까지 법정대리인은 자신이 한 동의(제5조)를 취소할

수 있다(제7조). 이는 법정대리인이 미성년자에게 법률행위에 대한 동의를 주었으나 미성년자가 정당하게 법률행위를 하지 못할 우려가 있는 경우에 미성년자를 보호하기 위하여 다시 주었던 동의를 회수하는 것이다. 그런데 이처럼 미성년자에게 주었던 동의를 “취소”하는 것은 그 동의의 효력을 장래에 향하여 소멸시키는 것으로서 본래의 취소의 의미와는 달리 소급효가 없으므로, 그 법적 성질은 「철회(撤回)」로 보아야 한다. 이 철회는 「미성년자 또는 그 상대방」에 대하여 하여야 한다.

### 2. 예 외

미성년자의 보호가 문제로 되지 않는 다음의 법률행위에 대해서는 미성년자는 법정대리인의 동의 없이 단독으로 유효하게 법률행위를 할 수 있다.

#### (1) 단순히 권리만을 얻거나 또는 의무만을 면하는 행위

미성년자가 누구로부터 오로지 권리만을 얻거나 오로지 의무만을 면한다면, 이는 미성년자에게 법적으로 아무런 불이익도 없고 일방적으로 유리한 행위이다. 따라서 권리만을 얻거나 의무만을 면하는 행위에 대하여는 미성년자의 보호가 필요하지 않으므로 미성년자라도 단독으로 유효하게 할 수 있다(제5조 제1항 단서). 예컨대, 미성년자가 타인으로부터 아무런 부담 없이 증여를 받는다든지, 또는 어떤 사람에게 빚을 지고 있었는데 이 채권자로부터 단순히 채무의 면제를 받는 것은 미성년자가 단독으로 할 수 있다. 그러나 이에 반해서, 부담부 증여계약의 체결, 상속을 승인하는 행위, 임대된 상태의 건물을 증여받는 행위 등은 단순히 법률적으로 권리만을 얻는 것이 아니라, 부담, 상속채무의 승계, 임차인에 대한 보증금반환채무라는 의무도 함께 부담하게 되므로 미성년자가 단독으로 하지 못하고 법정대리인의 동의를 얻어야 한다.

#### (2) 처분이 허락된 재산의 처분

(가) “범위를 정하여” 의 의미

법정대리인이 범위를 정하여 처분을 허락한 재산은 미성년자가 임의로 처분할 수 있다(제6조). 이에 대표적인 예가 미성년자에게 주는 용돈이다. 법정대리인이 미성년자에게 처분의 허락을 함으로서 미성년자에게 일정한 범위의 재산을 처분하는 행위에 대하여 동의를 해 준 것이므로, 미성년자는 그 범위의 재산에 대하여는 마음대로 처분할 수 있다. 이때 “범위”는 오로지 처분할 수 있는 「재산의 범위」를 말하고, 법정대리인이 재산처분의 사용목적을 정하는 방법으로 범위를 한정하는 것(예 : 법정대리인이 일정액의 금전을 미성년자에게 주면서 반드시 "학습교재를 사는데 사용하라"라고 범위를 정하는 경우)은 이에 해당하지 않는다. 왜냐하면 재산의 사용목적이란 법정대리인과 미성년자 사이에만 존재하는 지극히 주관적인 것이어서 이들 이외의 제3자로서는 이를 알 수도 없는데, 나중에 미성년자 측에서 사용목적의 위반을 들어 미성년자가 한 법률행위를 취소하게 되면 미성년자와 거래한 상대방으로서는 불측의 손해를 입게 되어 거래의 안전을 크게 해치게 되기 때문이다.

(나) 허락의 취소

미성년자에게 재산의 처분을 허락하였으나, 적절치 못한 사용이 예상되는 경우에는 법정대리인이 주었던 허락(제6조)을 다시 취소할 수 있다(제7조). 이 취소 역시 본질은 철회이다.

### (3) 영업이 허락된 미성년자의 그 영업에 관한 행위

(가) 「영업」의 의미

「영업」은 널리 '영리를 목적으로 하는 독립적·계속적 사업'을 말한다. 영업은 「독립적」이어야 하므로, 미성년자가 이익추구의 주체가 아니고 사업주에 고용되어 종속적으로 노동을 제공하는 근로자로서 임금 등의 수익을 얻는 것은 이에 포함되지 않는다.

(나) 영업 허락의 방법

법정대리인은 '영업의 종류를 특정하여' 허락하여 야 한다. 이때의 특정은 영업의 종류에 해당하는 단위를 정하는 것을 말한다. 예컨대, 문구점이나 옷가게 등으로 영업단위를 결정할 수 있어야 한다. 그러므로 하나의 단위가 되는 영업의 일부만을 한정하는 허락은 허용되지 않는다.

(다) 성년자와 동일한 능력

민법은 영업의 허락을 받은 미성년자는 "그 영업에 관하여는 성년자와 동일한 행위능력이 있다"고 규정하고 있다(제8조 제1항). 「성년자와 동일한 행위능력이 있다」는 것은 그 영업에 관련된 모든 행위에 대해서는 성년자로서의 행위능력을 가진다는 것을 의미하므로, 일단 법정대리인으로부터 허락을 얻은 영업의 범위 내에서는 법정대리인의 동의권은 물론 대리권도 소멸한다. 일반적으로 법정대리인은 미성년자에게 동의를 해준 경우에도 그 행위에 대해서 미성년자를 위하여 대리행위를 할 수 있지만, 영업을 허락한 경우에는 미성년자에게 성년자와 동일한 행위능력이 부여되므로 더 이상 대리행위도 할 수 없게 된다. 또한 영업에 관련된 소송행위에 대하여도 미성년자가 독자적인 소송능력을 가진다(「민사소송법」 제51조).

(라) 영업 허락의 취소와 제한

법정대리인이 미성년자에게 영업을 허락하였는데, 미성년자가 그 영업을 감당하기 어려운 사정이 있을 때에는 법정대리인이 다시 그 허락을 취소하거나 허락된 영업을 제한할 수 있다(제8조 제2항). 여기서 취소는 장래에 향하여 허락이 없었던 것으로 하는 철회의 의미이다. 그리고 영업허락의 취소나 제한은 선의의 제3자에게 대항하지 못한다(제8조 제2항 단서).

### (4) 대리행위

대리인은 행위능력자임을 요하지 않으므로(제117조), 미성년자가 타인의 대리인으로서 법률행위를 하는 데는 법정대리인의 동의를 받지 않아도 된다. 즉 미성년자라도 대리행위는 유효하게 할 수 있다. 왜냐하면 대리행위는 이로부터 발생되는 법률효과가 대리인에게 발생하는 것이 아니라 대리권을 준 본인에게 발생하므로 대리행위를 한 미성년자에게는 대리행위를 통하여 발생된 권리를 얻거나 의무를 부담하지 않는다. 이러한 대리행위의 특징을 고려할 때, 대리행위에 관하여는 미성년자에 대한 보호의 필요성이 요구되지 않는다. 그러므로 미성년자는 대리인으로서 타인을 위해서 하는 대리행위를 언제나 단독으로 유효하게 할 수 있다.

### (5) 유언행위

유언능력은 만 17세를 기준으로 한다(제1061조). 따라서 미성년자라도 만 17세에 달한 자는 독자적으로 유언행위를 할 수 있다.

### (6) 근로계약의 체결.임금의 청구

(가) 근로계약의 체결

비록 미성년자라 하더라도 근로를 할 것인지의 여부는 근로를 제공할 미성년자 스스로가 결정하여야 한다. 따라서 근로계약을 체결할 당사자는 미성년자이고, 법정대리인은 미성년자의 근로계약을 대리하여 체결해 줄 수 없다. 그렇지만 미성년자가 근로에 관하여 단독으로 결정할 수는 없고, 이에 관하여 법정대리인으로부터 사전에 동의를 얻고 다만 근로계약 체결의 여부는 미성년자 스스로가 결정하고, 이에 따라 근로계약은 미성년자가 당사자로서 체결하여야 하는 것이다.

(나) 임금의 청구

임금의 청구는 언제나 미성년자가 단독으로 할 수 있다(「근로기준법」 제68조). 「근로기준법」은 임금청구에 관하여 근로계약의 체결에서와는 달리(동법 제67조 제1항), 미성년자는 "독자적으로" 임금의 청구를 할 수 있음을 명시하고 있다(동법 제68조). 따라서 법정대리인은 미성년자의 임금청구에 대하여는 대리하지 못한다. 이에 따라 사용자는 임금을 통화로 근로자인 미성년자에게 직접 전액 지급하여야 한다(동법 제43조 제1항 본문).

# 제7절 법 인

## Ⅰ. 의 의

권리의 주체로서 사람에는 자연인과 법인이 있다. 법인은 「자연인 이외의 법인격이 인정된 것」으로서, 법이 법인에게 권리능력을 인정하여 권리주체로 인정하는 것은 인간의 필요에 기인한 것이다. 우리 자연인은 본래 한정된 능력만을 갖고 있으므로 한 개인의 능력만으로는 실현하기에는 어려운 일들이 우리 사회에는 무수하게 많다. 그러나 여러 사람이 모여서 힘을 합치게 되면 혼자서는 달성할 수 없는 어려운 목적도 달성할 수 있다. 또한 한 개인의 자력은 한계가 있어 실현하기에 어려운 사업들이 있으나, 여러 사람의 재산이 모이게 되면 그 모여진 재산의 집합체는 개인의 재산으로는 달성하기 어려운 사업도 그 목적을 달성할 수 있다. 이처럼 사람은 개인으로서의 한계를 극복하고 추구하는 목적을 달성하기 위하여 단체를 형성하거나 재산의 집합체를 구성하게 된다.

그런데 이러한 사람의 단체나 재산의 집합체가 그 구성원이나 재산의 소유자와는 별도의 독립된 법인격을 인정받지 못한다면, 우리 사회에는 대단히 불편하고 또한 복잡한 법률문제가 발생하게 된다. 만일 사람이 모인 단체가 권리의 주체가 될 수 없다면 단체를 구성하고 있는 구성원 모두가 법률관계의 주체로 되어야 하는데, 단체를 구성하는 자연인은 단체의 구성원으로서의 지위가 고정되어 있는 것이 아니라 항상 가입이나 탈퇴를 통하여 변하게 되는데, 이럴 경우에 법률관계의 주체가 수시로 변경되어야만 하는 문제가 생기게 된다. 또한 일정한 목적 하에 집적된 재산에 대하여 법인격을 인정하지 않는다면, 그 재산의 집합체가 추구하려는 목적을 그 재산의 소유자의 의사로부터 독립하여 영구히 추진해 나가기 어렵다. 이러한 법률상의 난점을 해결하기 위하여 사람의 단체나 재산의 집합체에 대하여 이를 구성하는 자연인이나 재산의 소유자와는 독립된 법인격(권리능력)을 인정하여 목적 수행에 관하여 생기는 법률관계를 간편하게 처리할 수 있도록 고안된 법기술이 법인제도인 것이다. 이에 따라 자연인으로 구성된 단체에 대하여 법인격을 부여한 것이 「사단법인」이고, 일정한 목적에 바쳐진 재산의 집합체에 대하여 법인격을 부여한 것이 「재단법인」이다.

## II. 법인의 종류

### 1. 공법인과 사법인

공법인(公法人)은 특정의 공공목적을 수행하기 위하여 공법에 의하여 인정된 법인이고, 이에 대해서 사법인(私法人)은 사적 목적을 위하여 사법에 의하여 설립된 법인이다. 공법인과 사법인의 구별에 따른 실익은 다음과 같다.

1) 쟁송에 관하여 공법인에 관한 쟁송은 행정소송, 사법인에 관한 쟁송은 민사소송으로 한다.

2) 구성원으로부터의 각종의 부담을 징수하는 절차에 있어서 공법인은 「국세징수법」 상의 강제징수절차에 의하고, 사법인은 「민사집행법」 상의 강제집행절차에 의한다.

3) 법인의 불법행위책임에 관하여 공법인은 「국가배상법」 상의 배상책임을 지고, 사법인은 민법상의 불법행위책임을 진다.

4) 구성원의 범죄에 관하여 공법인의 경우에는 직무에 관한 죄가 성립하고, 사법인의 경우에는 일반범죄가 성립한다.

5) 문서위조에 관하여 공법인의 경우에는 공문서 위조죄, 사법인의 경우에는 사문서 위조죄가 된다.

### 2. 영리법인과 비영리법인

사법의 적용을 받는 사법인(私法人)은 그 목적이 영리의 추구에 있느냐 그렇지 않느냐에 따라서 영리법인과 비영리법인으로 나눌 수 있다. 영리법인은 '구성원의 영리추구를 목적으로 하는 법인'이다. 단체가 영리를 추구하기 위해서는 이를 추구할 구성원이 있어야 한다. 그런데 '재단법인'은 실체가 재산의 집합체로서 구성원(사원)이 없으므로 영리를 추구하는 법인으로서 존립할 수 없다. 그러므로 영리를 추구할 수 있는 법인은 오로지 구성원이 있는 사단법인인 것이며, 이 사단법인이 영리를 추구하게 되면 상법상의 「회사」로 되어 상법의 적용을 받게 된다. 이로써 민법의 적용을 받는 사단법인은 비영리를 목적으로 하여야 하며, 이를 규정하고 있는 민법 제32조도 "학술, 종교, 자선, 기예, 사교 기타 영리 아닌 사업을 목적으로 하는 사단"이라고 명시하고 있다. 한편, 교통·통신·보도·출판 등의 공공사업을 목적으로 하는 법인일 지라도, 사원의 이익을 목적으로 한다면 이 법인은 영리법인이다. 그리고 비영리법인 중 '공익법인'(장학금 또는 연구비의 보조나 지급, 또는 학술·자선에 관한 사업을 목적으로 하는 법인)에 관해서는 특별법인 「공익법인의 설립·운영에 관한 법률」이 제정되어 있으므로 민법에 우선하여 적용된다.

### 3. 사단법인과 재단법인의 성격

사단법인은 일정한 목적 하에 집합한 사람의 단체로서 법률상 권리·의무의 귀속주체일 수 있는 단체를 말하고, 재단법인은 일정한 목적을 위하여 제공된 재산이라고 하는 실체에 대하여 법인격을 부여한 것이다. 그런데 사단법인은 사람의 집합체이기 때문에 그 구성원(사원)이 그 중추적 존재이지만, 재단법인에는 사원이 존재하지 않는다(제40조, 제43조). 그러므로 사단법인은 사원총회에 의하여 사회적·경제적 형편에 대응하여 자주적으로 그의 의사를 결정하여 활동할 수 있으므로, 그 성격은 자율적 법인이다.

이에 반해서 재단법인은 그 기초가 되는 재산을 출연한 설립자의 의사에 따라 운영되어야만 하므로, 그 성격은 타율적 법인이다. 물론 재단법인에도 그 관리·활동을 위해서는 기관을 구성하는 자연인이 있지만, 이 자연인들은 오로지 법인설립자의 의사에 의하여 정하여진 것에 따라 법인의 기관인 것으로서 재단법인의 운영 주체는 아닌 것이다.

## 제8절 법률관계와 권리 · 의무

### Ⅰ. 의　　의

법률관계는 「법에 의하여 규율되는 생활관계」를 말한다. 우리 인간의 생활관계 모두는 법과 사회규범(예 : 도덕·종교·관습 등)에 의하여 규율된다. 이 중에서 법규범에 의하여 규율되는 생활관계가 법률관계이다.

### Ⅱ. 생활관계의 분류

#### 1. 인간관계

인간관계는 순수한 종교·애정·우의·예의에서 비롯된 생활관계이다. 이러한 인간관계는 남녀의 애정이나 순수한 우정에 기초한 생활관계로서, 이에 관여 한 당사자들은 엄격한 법적 의미에서의 권리주체가 아니라, 순수한 인간의 본성을 갖는 사람인 것이다. 이러한 인간 본연의 지위에서 형성된 생활관계는 지극히 사적인 것이어서, 이들의 관계에 법이 적용된다면 오히려 그 문제 해결에 적절치 못한 결과를 가져오게 된다. 따라서 인간관계는 법에 의한 강제적 해결을 기대할 수 없으므로, 법의 적용을 받지 않고 도덕률에 의하여 지배를 받는 인간의 생활관계이다. 인간관계와 법률관계의 구분은 「법의 적용을 통하여 보호를 해 줄 가치 있는 이익」이 성립하고 있는가를 기준으로 하여 판단된다. 이에 따라 법에 의한 보호가치있는 이익이 문제로 되는 경우에만 법률관계가 성립하고, 그 외에는 인간관계로 해결하게 된다.

## 2. 호혜관계

### (1) 의 의

호혜관계는 당사자 일방의 호의에 의하여 어떤 이익을 주고받는 생활관계를 말한다. 호혜자는 아무 대가를 받지 않고 무상으로 남을 배려해 주려는 이타적인 호의적 의도에서 급부를 이행하는 것인 만큼, 호혜약속으로부터는 법적 구속력 있는 1차적인 급부청구권이나 이에 대응된 급부의무로서의 채무가 발생하지 않는다. 그렇지만 호혜자가 약속한 호혜의 급부를 이행하던 중에 호혜를 받는 자(수혜자)에게 손해를 입힌 경우에는 이타적인 호혜의 시행 과정에서 발생한 것이라는 이유만으로 책임이 면제되지 않는다. 그러므로 2차적인 법률관계로서 손해배상의 관계는 법적 구속력 있는 관계로 이들 사이에 성립하게 된다. 결국 호혜관계에서도 호의에 기초한 급부 이행은 법적 구속력이 없는 것으로서 순수하게 호혜자의 임의에 전적으로 맡겨 두지만, 만일 손해가 발생한다면 이에 대한 배상책임에 관하여는 강제적인 법의 적용을 받게 된다.

### (2) 책임의 면책·감경

호혜를 베푸는 과정에서 발생한 손해에 대하여 호혜자가 책임을 져야만 하더라도, 이에 대하여 일반적인 엄중한 책임이 성립하여서는 안 된다. 호혜자로서는 아무런 대가를 받지 않고 타인(수혜자)을 도와 주거나 배려하려는 의도에서 호혜를 베푼 것이므로, 이러한 이타성과 무상성을 그 내용으로 하는 호혜관계에 일반적인 책임원리가 그대로 적용될 수 없다. 민법의 손해배상책임규정은 피해자에게 완전배상을 목적으로 한 엄격한 책임을 인정하는 것이어서 그 「호의성」에 비추어 볼 때 지나치게 가혹한 결과를 초래할 것이다. 이러한 의미에서 호혜관계에서는 일반적으로 책임의 경감이 인정된다. 예컨대 이웃하여 사는 사람들끼리 외출할 때에 옆집 부인이 아이를 돌보아 주기로 약속하여 아이를 돌보아 주던 중 부주의로 아이가 다친 경우에, 아이를 돌보아 주던 이웃에게는 손해배상의 책임에서 그 감경이 이루어져야만 한다. 이는 무임동승을 허용한 호의동승의 경우에도 마찬가지이다. 학설과 판례는 대체로 호혜자의 책임경감을 위하여 그의 불법행위책임 구성에서 과실상계(제763조,제396조)의 법리를 적용하고 있다(대법원 1997.11.14, 97다35344 등).

### 3. 법률관계

법률관계는 법의 지배를 받는 법적 구속력 있는 관계이다. 우리의 생활관계에서 인간관계와 호혜관계를 제외하고는 모든 생활관계의 대부분은 법적으로 구속력 있는 법률관계이다. 이에 따라 우리의 대부분의 생활은 법의 지배를 받는 법률관계이고, 이러한 법률관계의 내용은 권리·의무로 구성된다.

## Ⅲ. 권리의 종류

### 1. 지 배 권

지배할 수 있다는 것은 타인의 행위를 개입시키지 않고서 일정한 객체에 대하여 직접 영향력을 발휘할 수 있는 것을 말하며, 이러한 내용의 권리를 「지배권」이라 한다. 이 지배권은 재산권과 비재산권으로 나뉜다.

#### (1) 재산권(비전속권)

재산적 성격을 갖는 지배권에는 물권(물건을 직접 지배하여 수익할 수 있는 배타적인 권리)·준물권(예; 광업권, 어업권 등)·무체재산권(지적창조물에 대한 권리) 등이 속한다. 이 중에서 물권은 지배권의 대표적인 것으로서 권리자가 특정 물건에 대하여 타인의 행위를 개입시키지 않고 직접 자신이 원하는 대로 영향력을 행사할 수 있으므로 지배적 성격을 갖는다. 그러나 채권은 채무자에 대하여 급부를 요구할 수 있는 권리이고, 사람인 채무자를 채권자가 지배할 수 있는 권리가 아니므로 지배권이 아니다.

#### (2) 비재산권(일신전속권)

재산적 성격을 갖지 않는 지배권으로는 인격권(예 : 생명·신체·정조·성명·초상 등에 관한 권리)·사원권·가족권(예 : 친족권과 상속권) 등을 들 수 있다.

### 2. 청 구 권

청구권은 「특정인이 다른 특정인에 대하여 일정한 행위를 요구할 수 있는 권리」이다. 청구권은 그 자체로 독립하여 생성된 권리가 아니고, 물권·채권·무체재산권·친족권·상속권 등과 같은 기초적 권리로부터 발생된다. 예를 들면, 급부청구권은 채권에 포함되어 있는 주된 내용의 권리로서 채권으로부터 발생되며, 또한 물권적 청구권은 절대권으로서의 물권이 침해되었을 때 물권으로부터 발생되고, 유아인도청구권은 절대권인 친권으로부터 발생된다.

### 3. 형 성 권

형성권은 권리자의 일방적인 의사표시가 있으면 이에 대한 법률의 힘에 의하여 법률관계의 발생·변경·소멸을 일어나게 하는 권리이다. 이 형성권에는 권리자의 「의사표시만으로써 효과를 발생하는 것」과 「법원의 판결에 의하여 비로소 효과를 발생하는 것」이 있다.

### 4. 항 변 권

상대방의 정당한 권리 행사에 대하여 그 작용을 저지할 수 있는 효력을 가지는 권리를 「항변권」이라고 한다.

### 5. 기 대 권

일반적으로 권리는 완성된 권리로서, 권리의 성립요건이 모두 실현되어서 완전한 권리로서 성립하고 있는 권리를 말한다. 이렇듯 권리란 일반적으로 「기성의 권리」인 것이다. 그러나 법은 권리발생요건 중에서 일부분만이 발생하고 있을 뿐이어서 남은 요건이 실현되면 장차 권리를 취득할 수 있다는 현재의 기대상태를 보호할 필요가 있으며, 이러한 장래 취득이 예상되는 기대 상태를 권리로서 인정해 주고 있는 권리를 「기대권」이라고 한다. 예를 들면, 조건부 법률행위에서 생기는 조건부 권리(제148조, 제149조)·기한부 권리(제154조)·상속개시전의 추정상속인의 지위·(동산의 할부매매에서) 물권적 기대권 등이 기대권에 속한다.

# 제9절 권리의 변동

## Ⅰ. 법률관계의 변동

법률에 의하여 규율되는 생활관계를 법률관계라고 한다. 이러한 법률관계는 권리와 이에 대응되는 의무로 구성되어 있다. 즉 법률관계에서는 어떤 사람(甲)이 다른 사람(乙)에 대하여 권리를 가지고 있고, 이는 곧 다른 사람(乙)이 권리자(甲)에 대하여 그에 대응되는 의무를 부담하는 것을 의미한다. 따라서 법률관계는 권리와 의무로서 서로 대립하고 있는 상태를 나타내게 된다. 여기에서 법률관계는 권리와 의무로 구성되어 있지만, 그 법률관계를 권리의 관점에서 해석하여 그 법적인 규명이 이루어지면 이에 대응하여 부담해야 할 의무의 내용은 자동적으로 결정된다. 결국 우리의 생활관계의 법적인 규명인 법률관계는 권리를 중심으로 파악되고, 이로써 의무는 이에 대응하는 내용으로 결정된다. 결국 법률관계의 내용은 권리의 변동인 것이며, 이는 권리의 발생·변경·소멸로 나타나게 되고, 이에 따라 의무도 자동적으로 발생·변경·소멸된다. 이처럼 법률관계는 권리를 중심으로 파악되며, 그 결과로서의 권리변동이 「법률효과」이고, 이러한 법률효과를 발생하게 하는 원인을 「법률요건」, 이 법률요건을 구성하는 사실을 「법률사실」이라 한다.

## Ⅱ. 권리의 발생

권리의 발생은 권리의 취득이다.

### 1. 원시취득(절대적 발생)

원시취득이란 「어떤 권리가 타인의 권리에 기함이 없이 새롭게 특정인에게 발생하는 것」을 말한다. 예컨대, 가옥을 신축한 자는 기존의 권리를 승계하는 것이 아니라 그 가옥의 소유권을 최초로 발생시켜 취득하는 것이므로, 그는 건물의 소유권을 원시적으로 취득한다. 무주물선점(제252조).습득(제253조).선의취득(제249조 이하)이 이에 속하며, 인격권·신분권 등의 취득도 원시적 취득에 속한다.

### 2. 승계취득(상대적 발생)

승계취득이란 「어떤 권리가 타인의 권리에 기하여 특정인에게 승계적으로 발생하는 것」을 말한다. 이에는 이전적 승계와 설정적 승계가 있다.

#### (1) 이전적 승계

이전적 승계는 「구권리자의 권리가 그 동일성을 유지하면서 신권리자에게 이전되는 경우」이다. 따라서 권리의 주체만이 바뀐다. 이전적 승계에는 다시 특정승계와 포괄승계가 있다.

(가) 포괄승계

포괄승계는 「하나의 취득원인에 의하여 다수의 권리가 일괄적으로 취득되는 경우」이다. 예컨대, 피상속인이 사망하면 상속에 의하여 피상속인의 모든 법적 지위가 상속인에게 이전된다. 상속이외에도 포괄유증·회사의 합병은 포괄승계의 원인이 된다.

(나) 특정승계

특정승계는 「개개의 권리가 개개의 취득원인에 의하여 이전·취득되는 경우」이다. 대표적인 예로, 매매를 통하여 매매목적물의 소유권이 매도인으로부터 매수인에게 이전되는 것을 들 수 있다.

#### (2) 설정적 승계

설정적 승계는 「구권리자는 자신의 권리를 그대로 보유하면서 그 권리의 내용의 일부에 어떤 권리를 설정하여 신권리자에게 취득시키는 경우」이다. 권리자가 자신의 권리를 잃지 않으면서, 그 권리내용의 일부를 근거로 새롭게 권리를 발생시키는 것을 말한다. 예컨대, 소유권자가 토지나 건물에 지상권·저당권 등의 제한물권이나 임차권을 설정하는 것이다.

## Ⅲ. 권리의 소멸

### 1. 절대적(객관적) 소멸

권리의 절대적 소멸은 이 세상에서 권리자체가 소멸하는 것이다. 이를테면, 목적물이 멸실하게 되면 이에 근거한 권리도 소멸한다. 소멸시효의 완성·권리의 포기·변제에 의한 권리소멸 등이 이에 속한다.

### 2. 상대적(주관적) 소멸

권리의 상대적 소멸은 권리 자체는 소멸하지 않고 권리의 주체만이 변경되는 경우이다. 예컨대, 매매로 인하여 매도인이 매매목적물의 권리를 상실하는 경우를 들 수 있다.

## Ⅳ. 권리의 변경

### 1. 주체의 변경

주체의 변경은 다른 면에서 보면 권리의 이전적 승계이다.

### 2. 내용의 변경

내용의 변경에는 질적 변경·양적 변경이 있다.

#### (1) 권리의 질적 변경

권리의 내용이 다른 내용으로 대체되어 변경되는 것을 말한다. 예를 들면, 이행불능이 발생하면, 이에 따라 기존의 채무에 대한 청구권이 손해배상채권으로 변하게 된다. 또한 물상대위(제342조, 제370조).대물변제(제466조)가 이에 속한다.

### (2) 권리의 양적 변경

권리가 그 양적 의미에서 변경되는 것을 말한다.

첨부(제256조 이하)에 의하여 권리의 대상이 양적으로 증가하는 것을 예로 들 수 있다. 또한 소유권의 객체에 제한물권(지상권·전세권·저당권 등)이 설정되어 소유권의 내용이 감소하거나, 또는 이미 설정되어 있는 제한물권이 소멸하여 소유권의 내용이 증가하는 것도 권리의 양적 변경에 속한다.

### 3. 작용의 변경

작용의 변경은 권리의 효력 상의 변화가 발생하는 것을 말한다. 예컨대, 부동산임차권을 등기하게 되면 대항력을 취득하게 되는 것을 말한다(제621조 제2항).

## V. 권리변동의 원인

민사사건을 구성하는 구성사실이 법률사실인 것이며, 이러한 법률사실들이 법률요건의 구성에 충족되는 경우에는 이로부터 법률효과가 발생하게 된다.

### 1. 법률요건

법률효과를 발생하게 하는 원인이 법률요건이다. 이 법률요건은 법률행위·불법행위·부당이득·사무관리 등으로 나타난다. 이러한 법률요건 중 「불법행위·부당이득·사무관리」는 법률행위와는 달리 그 법률효과가 오로지 청구권의 발생을 내용으로 하고, 그 법률효과 발생의 근거가 법규범에 의존하고 있으므로, 이러한 법률요건들은 민법 제3편 채권법에서 다루게 된다. 그러나 법률행위는 법의 규정에 의해서가 아니라, 사적 자치에 그 근거를 두고 있다. 이러한 점에서 법률행위는 법률에 기초한 법률요건(불법행위·부당이득·사무관리)과는 차이가 난다. 그리고 우리 일상에서 벌어지고 있는 생활관계의 대부분은 서로의 약속을 통한 사인들의 자치적인 규율관계를 설정하는 것에 의하여 이루어지고 있다. 이처럼 사인의 생활관계 형성의 대부분을 이루고 있는 것은 법률행위이며, 이처럼 법률행위는 사인의 생활을 총괄하는 법률요건인 것이다. 이처럼 법률행위는 사인의 법률관계의 일반을 구성하는 법률요건이므로, 이에 관하여는 민법총칙에서 규율되어야 한다. 요컨대, 민법총칙은 권리변동을 일으키는 법률요건 중에서 법률행위를 그 대상으로 삼아 규정하고 있다.

## 2. 법률사실

○ 의의 : 법률요건을 구성하는 사실이 법률사실이다.

○ 분류 : 법률사실은 '사람의 정신작용에 기한 사실'과 '사람의 정신작용에 기하지 않은 사실'로 나누어진다.

### (1) 사람의 정신작용에 기한 법률사실(용태)

사람의 정신작용에 기한 법률사실로서 용태는 그 정신작용이 외부로 표출되는가의 여부에 따라 '외부적 용태'와 '내부적 용태'로 나누어진다.

#### (가) 외부적 용태

외부적 용태는 의사가 외부에 표현되는 용태이다. 따라서 외부적 용태는 「행위」이다. 이 행위는 사람의 의식이 뒷받침 된 작위·부작위를 포함하며, 법률효과의 발생을 목적으로 하지 않은 행위는 법적 의미 있는 외부적 용태가 아니다(예: 산책 등). 외부적 용태는 의식에 기초한 외부에로 나타난 작위·부작위로서, 법적 평가에 따라 「적법행위」와 「위법행위」가 있다.

① **적법행위** : 적법행위는 법률이 가치 있는 것으로 평가하여 허용하는 -행위이다. 적법행위에는 다시 법률행위와 준법률행위가 있다.

i ) 법률행위 : 법률행위는 사적 자치를 실현하는 법률요건이므로, 당사자의 자유로운 의사의 표시를 주된 요소로 하는 법률요건이다.

ii ) 준법률행위 : 준법률행위는 법률행위를 제외한 인간의 행위 또는 행위의 결과로서 법률의 규정에 의하여 일정한 법률효과를 발생하게 하는 것이다. 법률행위는 당사자가 원하는 대로 법률효과가 발생되는 반면에, 준법률행위는 의사표시를 전제로 하지만 행위자가 어떤 법률효과의 발생을 원하였느냐의 여부를 묻지 않고서 법률이 직접 개입하여 일정한 법률효과를 발생시킨다. 준법률행위는 다시 의식의 표현인 표현행위와 그렇지 않은 비표현행위로 나누어지고, 표현행위에는 '의사의 통지·관념의 통지·감정의 표시'가 있고, 비표현행위는 사실행위로서 이에는 '순수사실행위·혼합사실행위'가 있다.

② **위법행위** : 위법행위는 법률이 반가치적인 것으로 평가하여 허용하지 않는 행위이다. 위법행위가 있으면 법은 행위자에게 불이익한 효과를 발생하게 한다. 민법상의

위법행위에는 '채무불이행'(제390조)과 '불법행위'(제750조)가 있다.

(나) 내부적 용태

내부적 용태는 원래 사람의 내부적 심리를 기초로 하는 의식으로서, 이는 '내부적 의사'와 '내부적 관념'으로 나누어진다. 내부적 의사의 예로는 소유의 의사(제197조), 제3자의 변제에서 채무자의 허용 또는 불허용의 의사(제469조), 사무관리에서 본인의 의사(제734조) 등이 있다. 내부적 관념의 예로는 선의·악의(제107조 제2항, 제108조 제2항, 제109조 제2항, 제110 제3항), 정당한 대리인이라고 하는 신뢰(제126조) 등이 있다.

### (2) 사람의 정신작용에 기하지 않은 법률사실(사건)

사건은 사람의 내부적 관념 및 내부적 의사를 기초로 하지 않는 법률사실을 말한다. 따라서 사건에는 사람의 출생·사망·실종, 시간의 경과, 물건의 자연적 발생·소멸과 같이 사람의 정신작용과 전혀 관계없는 사실뿐 아니라 물건의 파괴, 과실의 분리, 부합, 혼화와 같이 사람의 정신작용과 관계있는 것도 사건에 해당한다.

## 제10절 법률행위

여러 가지 법률요건 중에서 법률행위는 사적 자치를 실현하는 법률요건이다. 즉 법률행위는 사인이 자신의 법률관계를 형성하는 수단으로서 기능하기 때문에, 법률행위가 성립하면 당사자들의 의욕한 바에 따라 법률효과가 발생하게 된다. 그러므로 사적 자치를 실현하는 수단으로서의 법률행위는 당사자의 의사표시를 구성요소로 하고, 그 법률효과는 의사표시의 내용대로 발생한다. 결국 법률행위는 「의사표시를 주된 요소로 하는 법률요건」 이다.

### 1. 법률행위의 요건

사적 자치를 실현하는 수단으로서 법률행위가 그 법률효과를 발생하려면, 먼저 법률행위로서 「성립」 하여 존재하여야 하고, 이어서 존재하는 법률행위가 「유효」 한 것이어야 한다. 그런데 법률행위가 규율로서의 가치를 갖는 성립을 위해서는 최소한의 구성요소로서 「당사자」, 「목적」, 「의사표시」 가 존재하여야 한다. 그리고 이러한 법률행위가 유효하여서 그 효력을 관철시킬 수 있기 위해서는 법률행위의 구성요소로서의 「당사자」, 「목적」, 「의사표시」 가 효력발생에 어떠한 흠을 가지고 있지 않아야 한다. 전자가 법률행위의 성립요건이고, 후자가 법률행위의 유효요건이다.

#### (1) 일반적 성립요건

모든 법률행위에 일반적으로 규율로서 최소한 갖추어야 할 요건이다.

(가) 당 사 자

법률행위의 당사자가 존재하여야 하고, 이로써 객관적으로 식별될 수 있어야 한다.

(나) 목 적

법률행위의 목적은 법률행위의 내용을 이룬다. 법률행위가 규율로서 가치를 갖기 위해서는 그 내용이 식별될 수 있어야 한다.

(다) 의사표시

사적 자치를 실현하기 위한 법률행위이므로, 의사표시가 법률행위의 주된 요소로 된다. 따라서 법률행위는 당사자의 자기결정인 의사를 표시하는 행위로써 구성된다.

#### (2) 특별성립요건

개개의 법률행위에 관하여 법이 그 성립에 필요한 요건으로 특별히 규정하고 있는 것이 있다. 예컨대, 유언처럼 일정한 형식을 준수하여 법률행위를 하여야 하는 경우도 있고(제33조, 제1060조; 어음법 제1조) 또 목적으로 된 물건이 이전되어야 하는 요물성이 요구되는 경우도 있다. 이러한 형식이나 점유의 이전이 없으면 처음부(제330조, 제460조)터 유언이나 질권의 설정 자체가 존재하지 않는 것이므로, 이는 특별히 법률에 의하여 요구되는 성립요건인 것이다.

### 2. 법률행위의 효력요건(유효요건)

「규율로서의 법률행위」가 법률상 효력을 발생하는데 필요한 요건을 말한다. 즉 성립한 법률행위가 그 효력을 관철하는 데에는 아무런 장애가 존재하지 않아야 유효인 것이며, 효력발생을 제한하는 장애요소로서는 무효·취소의 사유가 있다. 이 효력요건은 다시 일반적 효력요건과 특별효력요건으로 나누어진다.

#### (1) 일반적 효력요건

일반적 효력요건은 모든 법률행위에 일반적으로 요구되는 효력요건으로서, 법률행위의 구성요소인 당사자, 법률행위의 목적, 의사표시가 흠을 가지고 있지 않아야 한다.

(가) 당사자에 관하여

당사자는 권리의 주체로서 권리능력·의사능력·행위능력을 갖추고 있어야 한다(제3조, 제5조, 제10조, 제13조). 권리능력을 갖추고 있지 않은 경우와 의사능력을 갖추고 있지 않으면 무효이며, 행위능력을 갖추고 있지 않은 경우에는 취소할 수 있다.

(나) 법률행위의 목적에 관하여

법률행위의 목적이 확정성·가능성·적법성·사회적 타당성을 갖추어야 유효하게 효력을 발생할 수 있다(제103조, 제104조). 법률행위의 목적이 확정될 수 없다면 그 법률행위는 규율로서 의미가 없으므로 무효이고, 법률행위의 목적이 처음부터 가능하지 않은 경우에도 무효이고, 나아가 선량한 풍속 기타 사회질서에 위반되는 것이라면 이 또한 가치적으로 실현될 수 없으므로 무효이다.

(다) 의사표시에 관하여

의사표시가 사적 자치를 실현하는 기능을 다하기 위해서는 자유로이 의사표시가 행하여져야 하고, 또 의사와 표시가 일치하여야 한다. 그런데 민법은 표의자의 의사결정의 자유가 침해되었거나, 의사와 표시가 일치하지 않는 경우에 그 의사표시의 효력을 무효로 선언하거나 표의자로 하여금 의사표시를 취소할 수 있도록 하여 주고 있다(제107조 내지 제110조).

### (2) 특별효력요건

특별효력요건은 법률행위가 효력을 발생하기 위하여 특별히 요구되는 요건을 말한다. 특별효력요건에는 법률의 규정에 의한 것과 특약에 의한 것이 있다. 예컨대, 대리행위에서의 대리권의 존재(제114조 내지 제136조), 조건부· 기한부 법률행위에서의 조건의 성취·기한의 도래(제147조 내지 제154조), 재단법인의 기본재산의 처분을 위한 주무관청의 허가, 사립학교의 기본재산의 처분을 위한 감독청의 허가(사립학교법 제16조, 제28조) 등이 그것이다.

# 제11절 법률행위의 목적의 적법성

## Ⅰ. 의 의

법률행위가 그 내용을 실현하기 위해서는 그 목적이 「적법」 하여야 한다.

이 때 적법하여야 한다는 것은 강행법규에 위반하지 않아야 하고, 또 우리의 가치질서로서 「선량한 풍속 기타 사회질서」 에 위반하지 않아야 한다(제103조). 만일 법률행위가 이를 위반한 경우에는 이는 우리의 가치질서에 반한 것으로서 그 효력이 무효로 되고, 이에 대해 그 실현을 위해서 국가가 조력해 주지도 않음으로써 당사자들이 달성하고자 했던 위법한 목적은 우리 사회에서 실현될 수 없다. 이로써 법률행위의 당사자들은 법의 가치질서인 선량한 풍속 기타 사회질서의 범위 내에서만 법의 조력을 받아 자신들이 의욕했던 법률행위의 목적을 실현시킬 수 있으므로, 이러한 점에서 「선량한 풍속 기타 사회질서」 는 사적 자치의 한계를 결정하는 기준이 된다.

## Ⅱ. 강행법규

### 1. 강행법규의 의의

법령은 강행법규와 임의법규로 구별된다. 이 중 강행법규는 「법령 중의 선량한 풍속 기타 사회질서에 관계있는 규정」으로서(제105조 참조), 당사자의 의사에 의해서 그 적용이 배제될 수 없는 규정이다. 이에는 사법(私法)에서 사회의 윤리관이나 법률질서의 기본구조에 관한 규정(주로 민법총칙편), 거래안전을 보호하기 위한 규정, 물권에 관한 규정(물권편) 그리고 경제적 약자를 보호하기 위한 규정과 혼인 및 가족제도에 관한 규정(친족·상속편) 등이 속한다. 이에 반해서 임의법규는 「법령 중의 선량한 풍속 기타 사회질서에 관계없는 규정」으로서(제105조 참조), 당사자들의 의사에 기한 사적 자치를 보충하는 역할을 하므로 당사자가 그 규정의 효력을 개폐할 수 있다. 이처럼 임의법규는 강행법규가 정하여 준 사적 자치의 범위 내에서 당사자들이 자유로이 설정한 법률행위에 대하여 만일 그 보충이 필요로 하는 경우에 그 법률행위의 내용을 보충함으로써 사적 자치의 실현을 돕는 기능을 한다.

### 2. 강행법규와 단속법규와의 관계

단속법규는 국가가 일정한 금지나 제한을 하고 그 실효성을 높이기 위하여 이를 위반하는 행위에 대해서는 단속하고 제재를 가하는 규정이다. 그런데 이러한 단속법규에는 「효력규정」과 「단순한 단속법규」가 있어, 전자의 단속법규를 위반하는 경우에는 제재와 행위의 사법상의 효력까지 무효로 되는데, 후자의 단속법규를 위반하는 경우에는 이에 대해서 벌칙의 적용이 있을 뿐이고 사법상의 효력에 대해서는 영향을 미치지 않는다. 다수의 학설은 강행법규에 단속법규가 포함되는 것으로 본다. 소수설은 우리 법체계가 공사법을 준별하고 있기 때문에, 공법인 행정법의 영역에 속하는 단속법규가 사법인 민법에 포섭되는 것은 법체계에 반한다고 본다. 소수설은 민법의 강행법규와 공법의 단속법규를 차원을 달리하여 구분하고, 단속법규에는 효력규정과 단순한 단속법규가 있는 것으로 체계화한다.

다수설은 공법인 단속법규도 민사에 적용된다면 실질적인 사법이라고 본다.

### 3. 강행법규 위반의 효과

강행법규를 위반한 법률행위는 무효이다. 따라서 그 법률행위에 따른 권리와 의무가 발생하지 않는다. 그 무효는 절대적·확정적인 것이므로, 추인에 의해서 유효로 될 수 없다. 다만 단순한 단속법규의 위반에 대해서는 제재만 가해질 뿐 사법상의 효력에 대하여는 영향이 없다.

## Ⅲ. 목적의 사회적 타당성

### 1. 의 의

선량한 풍속 기타 사회질서에 반하는 사항을 목적으로 하는 법률행위는 무효이다(제103조). 국회에서의 입법활동이 일정한 절차와 시간이 요구됨에 따라, 선량한 풍속 기타 사회질서에 반하는 행위 모두를 제재할 강행법규가 완비되어 있지 않은 것이 사회현실이다. 그렇지만 반가치적 행위를 제재할 강행법규가 부존재하는 경우라도 선량한 풍속 기타 사회질서에 반하는 내용의 법률행위가 행하여진다면 이 또한 그 행위의 효력은 무효로 되어야만 하고, 결코 이를 규율할 강행법규가 없다는 이유로 그 실현이 가능해서는 안 될 것이다. 이를 위하여 법률행위의 목적과 관련하여 사회적 상당성(타당성)이 그 평가기준이 되어 선량한 풍속 기타 사회질서에 위반되는 법률행위는 무효로 된다. 이에는 첩계약이나 씨받이계약과 같은 인륜에 반하는 행위와 범죄행위, 공직이나 사법(司法)을 방해하는 행위, 도박에 관한 계약, 과도한 영업을 제한하는 계약, 생존의 기초가 되는 재산의 처분행위 등이 있고, 이러한 행위는 그 목적이 사회적으로 타당하지 않으므로 그 효력은 무효이다.

### 2. 효 과

선량한 풍속 기타 사회질서에 위반된 법률행위가 무효임에도 불구하고, 이것이 확정되기 전까지 법률행위의 당사자는 그 내용을 이행하는 경우가 있다.

#### (1) 이행 전

선량한 풍속 기타 사회질서에 위반된 법률행위는 무효이므로, 이로부터 1차적인 권리와 의무는 발생하지 않는다. 당사자들이 서로에게 법률행위의 내용에 따른 이행을 요구할 수도 또 이행할 의무도 없다. 다만 이러한 행위를 통해서 타인에게 손해를 가한 경우에는 불법행위가 성립되어 2차적인 손해배상의 권리·의무가 발생할 수 있다.

#### (2) 이행 후

선량한 풍속 기타 사회질서에 위반된 법률행위는 무효이므로, 이에 근거하여 당사자들이 이행한 급부는 부당이득으로 되어 반환되어져야만 한다(제741조). 그런데 이를 허용하게 되면, 법으로 금지한 행위를 한 자들이 보호받게 되어 그 금지의 실효를 기할 수 없게 된다(예 : 도박으로 재산을 탕진한 사람이 그 도박계약이 무효로 되어 언제나 도박에서 잃은 재산을 되찾아 올 수 있다면, 도박의 금지효과는 실효를 기할 수 없게 될 것이다). 그리하여 민법은 불법원인으로 급여한 경우에는 그 불법의 원인이 수익자에게만 있거나 또는 그 반환이 제3자의 정당한 권리취득의 전제로서 인정되지 않는 이상(아래 사례 참조), 불법원인 급여자에게 이행한 것을 부당이득으로서 반환 청구하는 것을 허용하지 않는다(제746조).

### 토론해보기

**〈사 례〉** 甲은 자신의 부동산을 乙에게 매도하기로 약속하였다. 그러나 그 부동산이 아직 乙에게 이전등기가 되어 있지 않은 것을 기화로 그 부동산에 대하여 개발정보를 알고 있는 丙이 甲을 적극 교사하여 그 부동산을 매수하고 자신 丙 명의로 이전등기를 완료하였다. 乙은 당해 부동산의 소유권을 취득할 수 있을까?

☞ **해 결**

우리는 이윤극대화의 자유의 일환으로 자신의 물건을 보다 비싸게 팔 수 있는 자유를 가지고 있고, 원칙적으로 2중 매매는 유효한 것이다. 그런데 이러한 정당한 행위라도 정의 관념에 반하는 범죄행위를 유도하고 이에 대하여 적극 가담하였다면 그 행위는 사회질서에 반하는 행위로서 무효가 된다(제103조).

甲은 목적 부동산의 매도인으로서 그 부동산의 소유권을 乙에게 이전해 주어야 할 의무를 부담하고 있다. 그런데 甲은 자신이 부동산소유권이전의 의무를 부담하고 있는 매수인 乙 이외의 타인에게 소유권을 이전하는 것은 배임행위를 한 것이다. 丙은 甲으로 하여금 이러한 배임행위를 하도록 적극적으로 유도하고 이에 가담하였으므로 甲이 丙과 맺은 이중매매는 사회상규에 반하는 행위로서 무효가 된다.

甲과 丙의 제2의 매매가 사회질서위반으로 무효가 되면, 부당이득반환의 법리에 따라 甲은 丙으로부터 부동산의 소유권반환을 청구하여야 한다. 이렇게 되면, 乙은 甲의 채권자로서 甲이 丙에 대하여 행사할 수 있는 부당이득반환청구권을 대위 행사하여(제404조) 그 부동산의 소유권을 甲 명의로 회복시킬 수 있고, 이로써 甲으로부터 목적부동산의 소유권이전청구를 할 수 있다.

그런데 민법은 불법원인에 의한 급여행위에 대하여는 그 재산을 되찾아 오는 것을 금지하고 있다(제746조 본문). 이에 따라 불법의 원인으로 부동산을 급여한 甲이 丙으로부터 목적부동산의 소유권을 되찾아 올 수 없게 된다. 이러한 결과는 결국 불법원인급여의 수익자 丙을 보호하게 되는 모순을 낳는다. 이러한 난점을 해결하기 위하여 판례는 불법비교의 관점에서 불법원인급여자 甲보다는 丙이 불법이 더 크므로, 이러한 경우 '불법의 원인이 수익자에게만 있는 경우에는 반환청구를 할 수 있다'는 제746조 단서가 유추 적용되어야 한다고 본다.
이러한 판례에 따라, 제1매수인 乙은 매도인 甲을 대위하여(제404조) 제2매수인 丙 명의의 등기의 말소를 청구할 수 있음과 동시에 매도인 甲에 대하여 제1매매에 기한 소유권이전등기청구권을 행사할 수 있다(대법원 1980.5.27., 80다565).

# 제12절 대리제도

## Ⅰ. 대리의 의의

대리는 「대리인이 본인의 이름으로 법률행위를 하고 그 법률효과가 직접 본인에게 생기는 제도」를 말한다.

## Ⅱ. 대리가 허용되는 범위

### 1. 법률행위

대리는 「법률행위」의 대리이다. 그러므로 대리인은 본인을 위하여 의사표시를 상대방에게 하거나 상대방의 의사표시를 수령하여 본인에게 계약·단독행위가 성립되도록 대신해 주는 제도를 말한다. 일반적으로 모든 법률행위에는 대리가 허용된다. 그러나 법률행위가 대리에 적합하지 않은 경우에는 대리할 수 없다. 즉 대리를 금하는 법률의 규정이 있거나 법률행위의 성질이 대리에 적합하지 아니한 때에는 대리는 허용되지 않는다. 이처럼 대리가 허용되지 않는 법률행위를 「대리와 친하지 않은 법률행위」라 한다. 대리와 친하지 않은 법률행위는 주로 친족법이나 상속법에서 이른바 '일신전속적 행위'에 많다. 예컨대, 혼인·인지·유언 등이 그러하다. 대리와 친하지 않은 법률행위를 본인이 직접 하지 않고 대리인을 통하여 하면 그 법률효과는 무효이며 추인·추완에 의하여도 유효로 되지 않는다.

### 2. 법률행위 이외의 행위

원칙적으로 대리는 법률행위의 대리이다. 따라서 법률행위 외에는 대리가 허용되지 않으므로 준법률행위에 대해서도 대리가 인정되지 않아야 한다. 그러나 준법률행위라도 '의사의 통지'와 '관념의 통지'는 의사표시에 준하여 다루어지므로, 의사표시에 관한 규정이 이에 유추적용된다. 따라서 의사의 통지와 관념의 통지에 관하여는 대리가 허용된다. 대리는 법률행위를 대리하는 것이므로 의사표시를 기초로 하지 않는 사실행위에 관하여는 대리가 허용되지 않는다. 예컨대, 가공 등에 관하여 제3자의 협력이 있더라도 그것은 '사실상의 보조행위'에 불과하다. 또한 불법행위는 법률행위가 아니므로 이에 관하여는 대리가 허용되지 않는다.

## Ⅲ. 대리에 있어서의 3면 관계

대리관계는 ① 본인과 대리인 사이에 법률의 규정이나 법원의 선임에 의하여 대리권이 성립되거나(법정대리), 본인이 자치적으로 대리인에게 대리권을 수여하고(임의대리), ② 대리인이 이러한 대리권에 기하여 상대방과 법률행위를 하면, ③ 그 법률행위의 효과는 본인과 상대방 사이에 발생한다. 위의 ① 본인과 대리인간의 관계는 '대리권의 관계'이다. ② 대리인과 상대방간의 관계는 '대리행위의 관계'로서 그 본질은 통상의 법률행위다. 그리고 ③ 상대방과 본인 간의 관계는 '대리에 의한 법률효과의 발생관계'이다. 이처럼 「본인과 대리인·대리인과 상대방·상대방과 본인」의 3면의 법률관계를 대리의 3면관계라고 한다.

## Ⅳ. 무권대리

### 1. 의 의

무권대리는 「대리인이라고 칭하는 자(자칭대리인)가 대리권없이 행한 대리행위」를 말한다. 대리행위가 유효하게 성립하기 위해서는 본인의 수권행위에 기한 대리권이 있어야 한다. 즉 대리인이 행한 대리행위의 법률효과가 본인에게 귀속되는 것은 본인의 수권행위에 의한 대리권에 기초하고 있으므로, 자칭대리인이 대리권 없이 대리행위를 하더라도 그 대리행위의 효과는 본인에게 귀속되지 않는다. 그러나 이러한 대리인의 무권대리 행위에 대하여, 우리 민법은 본인이 대리권의 외관발생과 일정한 관련성을 갖는 경우에 한하여 본인에게 책임을 지우고 있다. 이를 「표현대리」라 한다. 민법은 ① 대리권수여표시에 의한 표현대리(제125조), ② 권한을 넘은 표현대리(제126조), ③ 대리권소멸 후의 표현대리(제129조)의 세 가지를 표현대리의 모습으로 규정하고 있다.

### 2. 무권대리와 표현대리의 관계

대리권 없이 행한 대리행위가 무권대리이다. 표현대리도 대리권의 범위와 대리행위가 완전히 일치하지는 않는다. 그러므로 무권대리와 표현대리와의 관계가 민법의 대리체계와 관련하여 문제로 된다.

다수설은 표현대리의 본질을 무권대리라고 본다. 즉 무권대리 중 유권대리와 같은 외관이 있는 무권대리를 표현대리라 하고 이러한 외관이 없는 무권대리를 「협의의 무권대리」(제130조 이하)라 한다. 이로써 다수설은 「광의의 무권대리」의 개념을 설정하고 그 속에 '표현대리'와 '협의의 무권대리'를 포함시키고 있다. 이처럼 표현대리는 무권대리의 성질을 가지므로, 「협의의 무권대리」의 규정(제130조 이하)이 표현대리에 관하여 적용된다. 다만 표현대리가 성립하면 본인이 그 대리행위에 대한 책임을 지므로 「무권대리인의 상대방에 대한 책임」을 규정한 제135조만은 그 적용이 없다고 한다.

이에 대해서 소수설은 표현대리는 무권대리의 특수한 형태라고 본다. 즉 다수설이 분류하는 협의의 무권대리가 무권대리 일반이고, 표현대리는 이러한 협의의 무권대리의 특수한 경우라고 한다. 소수설은 표현대리가 협의의 무권대리로서의 성질을 가지므로 협의의 무권대리에 적용되는 제130조 내지 제135조 모두가 표현대리에도 적용되어야 한다고 본다. 소수설은 표현대리를 무권대리라고 보면서 굳이 「무권대리인의 상대방에 대한 책임」을 규정한 제135조만이 적용에서 배제되는 것은 논리적이지 않다고 본다. 따라서 표현대리에는 표현대리의 규정과 「협의의 무권대리」의 규정이 경합적으로 적용되므로, 상대방으로서는 자신의 선택에 따라 본인에 대하여 이행책임을 묻든지(제125조.제126조.제129조) 또는 표현대리인에게 제135조에 의한 이행 또는 손해배상책임을 물을 수 있다고 본다. 소수설은 이러한 법적 구성을 통하여 상대방 보호에 철저를 기할 수 있다는 것이다.

생각건대, 무권대리인의 책임을 규정한 제135조 제1항은 '무권대리인이 대리권을 증명하지 못하거나 본인의 추인을 받지 못한 때'에 한하여 상대방으로 하여금 무권대리인에게 책임을 물을 수 있도록 규정하고 있다. 따라서 본 조의 의미는 본인이 확정적으로 책임을 져야 할 때에는 제135조에 의한 무권대리인의 책임은 발생하지 않는 것으로 해석된다. 따라서 표현대리가 성립하면 본인이 책임을 지게 되므로 제135조는 적용되지 않는 것으로 해석하여야 한다. 다수설의 견해에 따라, 표현대리에는 표현대리에 관한 규정(제125조, 제126조, 제129조)외에 제130조부터 제134조까지 적용되는 것으로 보아야 한다.

## V. 표현대리

### 1. 의 의

표현대리는「대리인에게 대리권이 없음에도 불구하고, 대리권이 있는 것과 같은 외관의 발생에 관하여, 본인이 어느 정도의 원인을 제공하였다는 점에 근거하여 그 무권대리 행위의 법률효과를 본인에 대하여 발생시키는 제도」이다.

### 2. 대리권수여의 표시에 의한 표현대리

대리권수여의 표시에 의한 표현대리는 본인이 제3자에 대하여 타인에게 대리권을 수여함을 표시하였는데, 아직 대리인에게 대리권을 주지 않은 상태에서 대리인이 제3자와 법률행위를 한 경우를 말한다. 즉 본인이 제3자에 대하여 그 대리인(자칭대리인)에게 대리권을 수여하였음을 통지하고, 아직 대리인에게 대리권을 주지 않은 상태에서 자칭대리인이 통지를 받은 상대방과 대리행위를 하는 것을 말한다. 이때 대리권 수여를 상대방에게 표시한 본인은 그 자칭대리인의 행위에 대하여 책임을 진다(제125조 본문). 그러나 대리권 수여의 표시를 받은 제3자가 자칭대리인에게 대리권이 수여되지 않았음을 알았거나 알 수 있었을 경우에는 본인이 책임지지 않는다(제125조 단서). 본인에게 표현대리책임을 묻기 위해서는 상대방이 선의·무과실이어야 한다. 여기에서 선의는 대리권 없음을 알지 못하는 것을 의미하며, 무과실은 선의인데 알지 못한 것에 대하여 과실이 없어야 하는 것으로서 적절한 주의를 기울였음에도 불구하고 대리권 없음을 알지 못하는 것을 말한다.

### 3. 권한을 넘은 표현대리

#### (1) 의 의

권한을 넘은 표현대리는 '대리인이 그 권한 외의 법률행위를 한 경우'를 말하는 것으로서 표현대리인이 기본대리권을 가지고 있는데 그 기본대리권의 범위를 넘어서 법률행위를 한 경우이다. 이러한 월권대리의 경우에 상대방으로서는 그 표현대리인의 월권적 대리행위를 정당한 대리권의 범위 내인 것으로 신뢰하였고 또 이에 대하여 정당한 이유가 있었다면, 본인이 월권대리에 대한 책임을 진다.

#### (2) 요 건

(가) 기본대리권의 존재

민법상 권한을 넘은 표현대리는 기본대리권의 존재를 요건으로 한다. 기본대리권의 존부를 판단하는 것은 수권행위의 해석의 문제이다.

(나) 권한을 넘은 대리행위

권한을 넘은 표현대리가 성립되기 위해서는 대리인의 대리행위가 기본대리권의 범위를 유월하여야 한다. 문제는「기본대리권 유월행위와 기본대리권의 관계」이다. 권한을 넘은 표현대리가 성립하기 위해서는 기본대리권 유월의 행위가 기본대리권과 동종이어야 하느냐에 관하여 판례는 관련 또는 유사함을 요하지 않는다고 판시한다(대법원 1963.8.31, 63다326; 대법원 1969.7.22., 69다548).

그러나 월권대리행위가 기본대리권과 전혀 다른 행위로서 아무런 관련을 갖지 않는 경우에는 (후술하는) 상대방에게 대리권 있음을 믿을 만한 정당한 이유가 없다고 보아야 할 것이다.

(다) 정당한 이유

거래의 상대방은 표현대리인에게 대리권이 있다고 믿을 만한 정당한 이유가 있어야 한다. '정당한 이유가 있는 때'라 함은 보통인이라면 대리권이 있는 것으로 믿는 것이 당연하다고 생각되는 것을 뜻한다. 이에 따라「정당한 이유」의 유무는 거래 당시의 사정으로부터 객관적으로 거래의 통념에 따라 판단되어야 하며, 설령 상대방이 대리권의 권한을 믿었더라도 일반적으로 보통인이라면 의심할 수 있었다면 정당한 이유는 없다고 본다. 제126조의 표현대리가 인정되는 정당한 이유에서 가장 흔한 경우는 대리인이 본인의 인장이나 관련 서류를 소지한 경우이다. 일반적으로 토지를 매각하여 달라는 부탁을 받은 대리인이 본인의 인감도장을 소지하고, 이를 이용하여 위임장·인감증명 등 관계 서류를 작성하여 제3자와 저당권설정계약을 한 경우에는 상대방이 대리권이 있다고 믿을 만한 정당한 이유가 있다고 인정된다(대법원 1975.4.8, 74다2224; 대법원 1978.1.17., 77다2157. 대법원 1975.4.8, 74다2224; 대법원 1978.1.17., 77다2157). 그러나 정하여진 규정에 위반하여 이루어진 금융기관의 담보권설정행위에는 정당한 이유를 부인한다(대법원 1982.7.13., 82다카19).

### (3) 본조의 적용범위

第126조는 법정대리에도 적용된다. 특히 부부의 일상가사대리권과 관련하여 본조의 적용이 문제로 된다. 일상가사대리(제827조)는 현명을 요하는 것이아니고 부부라는 신분으로부터 당연히 발생하는 가사(家事)에 관한 지위로서 일종의 법정대리이다. 일반적으로 일상가사대리권을 기본대리권으로 해서 가사대리권을 넘은 표현대리를 인정할 경우 부부별산제의 원칙을 해할 우려도 있다. 그렇지만 가사대리권을 유월한 대리행위에 대하여 본조의 표현대리를 인정하더라도 '정당한 이유'를 엄격하게 해석하면 본인 보호에 충실을 기할 수 있으므로, 본조의 적용을 인정하여야 할 것이다. 그리하여 판례는 처(妻)가 식물인간 상태에 있는 남편 소유의 부동산을 적정가격으로 매도하고 이로써 남편의 입원비 그리고 가족의 생활비 등에 지출하였다고 하면, 이러한 사유는 객관적으로 보아서 대리권이 있다고 믿을 만한「정당한 이유」가 있다고 보았다(대법원 1970.10.30., 70다1812).

그러나 이에 반하여 처가 부(夫)의 임지관계로 남편과 별거 중 보관하고 있던 부의 인장과 권리문서를 사용하여 부소유의 부동산을 담보로 제공한 경우에 사회통념상 부가 처에게 그러한 담보제공에 관한 대리권을 수여하는 것은 이례에 속하는 것이므로 정당한 이유가 없다고 본다(대법원 1970.3.10., 69다2218).

그러므로 일상가사에 대하여 제126조의 표현대리가 인정되기 위해서는, 부가 처에게 그에 관한 대리권을 주었다고 믿었음을 정당화할 만한 객관적인 사정이 있어야 한다.

## 4. 대리권 소멸 후의 표현대리

대리권 소멸 후의 표현대리(제129조)는 처음에는 대리권이 있었으나 대리행위를 할 당시에는 대리권이 소멸하여 대리권이 없게 된 자가 대리권 소멸 이후에도 대리행위를 한 때에 선의·무과실로 거래한 상대방을 보호하기 위하여 마치 대리권이 존속하고 있는 것과 같은 효과를 인정하는 표현대리이다(소위 멸권대리). 일반적으로 대리권의 소멸은 본인과 대리인 사이의 내부적 관계에 해당하므로, 기존에 대리권을 가지고 있는 대리인이 그 지위를 상실함으로써 대리권도 함께 소멸되었는지를 외관상 용이하게 알 수가 없다. 그러므로 지금까지 대리인을 통해서 거래한 상대방으로서는 그에게 대리권이 소멸된 후에도 기존의 대리권이 존속하는 것으로 오신하여 거래를 계속하게 된다. 이 경우에 상대방이 대리권 있음을 오신한 것에 과실이 없는 경우에는 선의·무과실의 상대방으로서는 보호를 받아야만 하고, 이에 대하여는 본인이 책임을 져야만 한다. 대리권소멸 후의 표현대리는 대리인이 과거에는 대리권을 가지고 있었지만, 대리행위 당시에는 대리권이 소멸하여 대리권을 갖고 있지 않아야 하므로, 처음부터 전혀 대리권이 없었던 경우에는 본조를 적용할 여지가 없다.

### 5. 표현대리의 효과

표현대리의 요건이 충족되면, 본인은 책임을 지게 되고 표현대리인이 한 법률행위의 효과가 자신에게 발생됨을 부정하지 못한다.사례를 들어 설명하면 다음과 같다.

**사례연습**

〈사 례〉 1. 甲은 乙에게 자신의 부동산을 담보로 제공하고 은행으로부터 금전을 대출해 줄 것을 부탁하면서 등기에 필요한 서류를 넘겨주었다. 이에 乙은 자신이 넘겨받은 부동산등기서류를 가지고 그 부동산을 丙에게 처분하였다.

2. 甲의 처 乙은 남편 몰래 남편의 부동산을 丙에게 처분하였다. 이 행위의 효력은 어떠한가?

3. 甲의 처 乙은 남편이 식물인간으로 병원에 입원해 있는 사이, 甲의 인감을 사용하여 甲의 부동산을 매각 · 처분하여 그 돈으로 병원비와 가족의 생계를 유지하는데 사용하였다.

☞ **해 결**

1.의 사례는 저당권설정에 대한 대리권은 있으나. 이를 넘어 대리인이 부동산을 매각한 경우에 그 효력이 문제이다. 권한을 넘은 대리에서는 상대방에게 월권대리에 대하여 대리인에게 대리권이 있다고 믿을 만한 정당한 이유가 있느냐가 관건이 된다.

대리인이 본인의 인장을 지참한 경우에는 대체로 상대방이 대리인의 행위에 대하여 대리권이 있다고 믿을 만한 정당한 이유가 있다고 인정한다. 따라서 부동산매각에 대하여는 권한을 넘은 표현대리를 인정하여 본인이 책임을 져야 한다(제126조).

2.의 사례에서 일상가사대리권이 문제로 된다. 그러나 처가 남편의 부동산을 처분하는 것은 일상 가사에 해당되는 것이 아니므로, 처는 남편의 부동산의 매각에 대한 대리권이

없다. 그러므로 '권한을 넘은 표현대리'가 인정되기 위해서는 상대방에게 처가 남편의 부동산을 매각할 수 있는 권한이 있다고 믿을 만한 정당한 이유가 있어야 한다(제126조). 만일 처와 거래한 상대방에게 이를 유권대리라고 믿을 만한 정당한 이유가 인정할 수 없다면, 권한을 넘은 표현대리가 성립되지 않는다. 따라서 무권대리가 된다. 아무리 부부 사이라고 할지라도 일상가사의 범위를 벗어나는 행위를 할 때에는 당연히 남편으로부터 대리권을 받아서 대리행위를 하여야 하며 그렇지 않으면 무권대리가 된다.

3.의 사례는 일상가사대리권을 기본대리권으로 월권대리를 한 경우이다. 2.의 경우와는 달리 그 부동산을 매각한 동기, 그 후의 매매대금의 사용처 그리고 그 목적 등을 고려하여 볼 때, 그 부동산의 처분행위는 정당한 대리행위인 것으로 인정될 수 있다. 처는 남편의 병원비와 가족의 생계를 해결하기 위하여 식물인간상태의 남편을 위하여 남편의 부동산을 처분하였으므로, 남편의 부동산을 처분하는데 정당한 권한이 있다고 믿을 만한 정당한 이유가 상대방에게 있다고 인정되어 권한을 넘은 표현대리를 인정하고 있다(소위 비상가사대리권).

# 제 5 장

# 재산관계와 법

계약 체결시/ 공증으로 계약 확인받기/ 내용증명 우편제도/ 보증에 관한 법률상식/ 변제제도

# 제1절 금전거래

우리는 살아가면서 여러 종류의 계약을 한다. 계약이란 두 사람 이상 사이에 체결되는 법률적인 약속이다. 예컨대, 버스를 타는 것도 버스운송회사와의 계약이며, 커피숍에서 커피를 한 잔 주문할 때도 역시 계약이 이루어지게 된다. 이와 같이 우리는 특별히 의식하지 않은 채 여러 가지 계약을 맺으며 살고 있다.

그러나 가끔은 제대로 계약을 맺고도 계약서가 없어서 어려움을 겪어나, 계약서를 잘못 작성하여 생각지 않았던 손해를 보기도 한다. 또한 계약을 제대로 맺었다 하더라도 어떤 경우에는 계약내용을 제대로 지키지 않아 여러 가지 문제가 생기기도 한다. 따라서 특히 금전거래에서는 이런 경우에 대비하기 위해 담보나 보증 등 여러 가지 보호 장치를 사용하기도 한다. 그러므로 본 절에서는 거래 특히 금전거래에서 유의해야 할 점 및 담보와 보증에 관하여 살펴보도록 한다.

## Ⅰ. 계약 체결시

설문: 홍익인은 친구로부터 5000만 원을 빌리려고 한다. 그런데 친구는 돈을 빌려주면서 홍익인이 돈을 빌렸다는 것을 증명할 수 있는 증서를 써 달라고 한다. 무엇을 어떻게 써 주면 좋을까?

홍익인은 얼마 후 돈을 갚을 날이 되어 친구에게 돈을 갚았고, 친구는 홍익인이 보는 앞에서 차용증을 찢어버리면서, “이제 돈을 갚았으니 이것만 없애면 되겠다”라고 하였다. 정말 그러한 것일까?

## 1. 계약서쓰기

### (1) 계약서는 왜 써야 하는가?

계약서를 꼭 써야 하는 이유 중의 하나는 계약서가 없으면 계약이 있었다는 사실이 인정되지 않는 계약이 있기 때문이다. 또한 계약의 내용이 중요하고 복잡할 경우에 계약내용을 정확하게 기록한 계약서가 없다면 시간이 지난 후에 정확한 계약내용이 생각나지 않아 계약 당사자들끼리 분쟁이 생길 수도 있다. 따라서 이런 경우를 대비하여 계약서를 미리 작성해 놓으면 장차 분쟁이 생길 수 있는 여지가 사라지게 된다. 특히 계약서를 작성한 후 공증을 받아 두면 계약서의 증거력은 더욱 확실해진다.

### (2) 계약을 체결할 때 주의할 점

#### (가) 사전조사를 철저히 하자

계약 체결 전 단계에서는 계약의 대상 또는 내용에 대한 충분한 사전조사가 필요하다. 예컨대, 근로계약을 할 때는 급료, 근무시간, 퇴직금 등을 미리 알아보는 것이 좋고, 은행에 예금할 때에는 이자가 얼마인지, 자유롭게 찾아 쓸 수 있는지 등을 알아보는 것이 좋다.

#### (나) 전문가 등의 자문을 받자

큰 회사와 계약을 할 때에는 그쪽에서 제시하는 이미 인쇄된 계약서(즉, 보통거래약관)를 가지고 거래하는 경우가 많다. 그러나 그 계약서의 내용이 어렵고 복잡하여 의심스러울 때는 전문가에게 상담하는 것이 바람직하고, 상대방에게 설명을 요구할 권리가 있으므로 상대방으로부터 충분히 설명을 들어야 한다.

#### (다) 정당한 상대방인지를 확인하자

계약을 체결할 때에는 먼저 상대방이 정말 계약 당사자인지 확인하고(주민등록증, 신분증으로 확인), 대리인인 경우에는 그에게 대리권이 정말 있는지 계약당사자에게 알아보아야 한다. 그리고 계약의 상대방이 미성년자가 아닌지, 거래를 할 수 없는 사람은 아닌지도 살펴야 한다.

#### (라) 계약내용이 사회질서에 반하지 않아야 한다

마약을 거래하거나 가정에 첩을 들이는 계약, 토지거래 허가지역인데도 거래허가를 받지 않고 하는 매매계약 등은 법의 보호를 받을 수 없다. 이 경우 상대방이 의무를 이행하지 않아 손해가 발생했더라도 법의 보호를 받을 수 없으므로 이러한 계약은 체결하지 말아야 한다.

### (3) 계약서에 들어가야 하는 내용

일반적으로 계약서에는 계약의 당사자, 예컨대 매매계약의 경우 매도인과 매수인을 표시하고, 계약의 내용으로 목적물, 일정한 금액의 지급을 내용으로 하는 계약이라면 그 금액의 지급방법과 시기 등을 기재하여야 한다. 당사자 사이에 특별히 약속한 사항이나 조건이 있다면 구두로만 하지 말고 그러한 특별한 약속 내용도 계약서에 반드시 기재하여야 후일 분쟁을 방지할 수 있다. 마지막으로 계약을 체결한 장소와 시기 및 당사자의 서명날인을 정확히 표시하는 것이 좋다.

## 2. 차용증(借用證)쓰기

### (1) 차용증의 필요성

우리는 살아가면서 때로는 급하게 돈을 쓸 일이 생기게 된다. 예컨대, 자녀의 등록금, 갑작스런 입원비 등 적지않은 금액이 필요할 때 우리는 가까운 이웃으로부터 돈을 빌리게 된다. 이와 같이 이웃 간의 인정과 믿음에 따른 금전피해는 돈을 빌린 사람이 고맙다는 인사와 함께 돈을 빌려 준 사람에게 돈과 이자를 갚음으로써 원만히 해결된다.

그런데 이웃 간의 금전거래가 분쟁으로 나아가는 경우도 있다. 예컨대, 돈을 빌려준 사람과 빌린 사람 사이에 빌려준 돈의 금액, 이자, 돈 갚은 시기, 갚는 금액 등에 대하여 서로 의견을 달리 하면 인정으로 시작된 금전거래가 법적 분쟁으로 발전하게 되는 것이다.

다툼의 원인은 주로 차용증이 없기 때문인 경우가 많다. 즉, 이웃 간에 서로 믿은 나머지 차용증을 써달라고 하기가 어색하여 구두로 약속하고 돈을 빌려주는 경우가 많은데, 이러한 경우 시간이 지나면 기억이 흐려지고 여러 가지 복잡한 사정이 생겨 금전거래관계가 불명확해지게 되는 것이다. 그러므로 금전거래를 할 때 특히 가까운 이웃이나 친지 사이의 금전거래시에는 반드시 차용증을 작성할 것이 요청된다.

**차 용 증 서**

귀하로부터 일금 ○○○ 원 정을 월 ○부의 이자로 차용하고 20 ○○년 ○월 ○일 까지 상환하기로 하겠습니다. 또한 이자는 매월 ○○에 지급하기로 하겠습니다.

년 월 일

○○시 ○○구 ○○동 ○○번지

차용인 ○ ○ ○ (인)

보증인 ○ ○ ○ (인)

○ ○ ○ 귀하

### (2) 차용증에 들어가야 하는 내용

차용증은 명칭 여하를 불문하고 돈을 빌린 사실을 증명하는 문서를 말한다. 돈을 빌린 사실을 확인할 수 있는 내용의 문서는 비록 그 이름을 차용증서라고 붙이지 않더라도 모두 차용증과 같은 효력을 가진다. 따라서 지불각서, 확인서, 현금보관증 등도 돈을 빌려준 사실을 확인할 수만 있다면 차용증과 같은 효력이 있는 것이다.

차용증서에는 특별한 형식이 있는 것이 아니다. 일반적으로 차용증은 채무자가 작성해서 채권자에게 주는 것으로서 차용증의 기본적인 사항은 ① 채무자가 채권자에게 빌리는 금액 총액(대여금액), ② 대여금액에 대한 이자의 비율(이자)이다. 그 외에 ③ 만기일에 어디서 변제할 것인가(변제장소), ④ 언제 변제할 것인가(변제기), ⑤ 만기일에 변제하지 않을 경우 위약금을 얼마로 할 것인가(위약금), ⑥ 예정 기일에 이자 지급을 하지 않을 때의 불이익, 즉 원금의 지급에 관한 기한의 이익을 상실했을 때의 보상에 대한 내용 등의 특약조항 같은 경우에도 명확히 기재한다면 분쟁을 예방하는 데 도움이 된다.

한편, 돈을 빌려 주는 사람과 돈을 빌리는 사람이 누구인지를 명확히 하기 위해 성명, 주소(주민등록증 확인)를 적고 서명이나 날인을 하여야 한다. 날인의 경우 인감증명서를 같이 붙여 놓으면 편리하다. 법인의 경우 등기사항전부증명서를 첨부하고, 거기에 기재된 법인명과 주소를 쓰고 대표자와 계약서를 작성하면 된다.

#### (3) 유의할 점

1) 법인(주식회사 등)의 경우 후에 법인이 소멸되는 경우가 있으니, 대표자 개인의 연대보증 등을 받아 두는 것이 확실하다.

2) 개인이 채무자가 될 경우에도 후에 돈 갚을 능력이 없을 경우를 대비하여 보증인을 세우거나, 어떤 목적물(부동산 등)에 대하여 우선변제를 받을 수 있는 저당권을 설정하면 안전하게 된다.

3) 차용증서의 경우, 상대방이 돈을 갚지 않으면 재판을 하여 지급명령 내지는 판결문을 받아야 강제집행을 할 수 있다. 그런데 공증인 자격이 있는 변호사 앞에서 차용증서를 작성하고 변호사가 이를 확인해 주는 공정증서 작성이라는 공증방식을 이용하면 따로 재판을 하지 않아도 강제집행을 할 수 있는 편리함이 있다.

4) 전세보증금을 담보로 하는 경우에는 반드시 전세보증금 반환채권의 양도계약을 체결하고 집주인을 만나 승낙을 얻거나 채무자로 하여금 집주인에게 내용증명우편으로 통지를 하도록 조치해야만 효력이 생기고, 단지 채무자의 전세계약서를 받아 놓는 것만으로는 아무런 효력이 없음을 유의하여야 한다.

5) 가정주부에게 돈을 빌려 줄 때는 그 돈이 자녀들의 학비나 식비 등 일상가사비용으로 사용된다면 그 남편에게도 변제책임이 있으나, 일상가사와 관계없이 주부가 계를 한다든지 사치나 유흥비로 쓴다든지 하는 경우는 남편이 별도로 보증을 서지 않는 한 단지 그러한 사실을 알고 있었다는 것만으로는 남편에게 변제책임이 없음을 유의하여야 한다.

#### (4) 어떻게 활용할 수 있는가?

차용증이 있으면 채무자가 돈을 갚지 않는 경우에 채무자를 상대로 민사소송 제기하거나, 지급명령을 신청하거나, 파산절차에 참가하는 등 여러 가지 청구를 할 수 있다. 또한 법원의 결정으로 채무자가 재산을 처분하지 못하도록 하는 가압류 신청의 소명자료로 사용할 수 있어 빌려 준 돈을 받아 내는 데 유리한 입장에 설 수 있다. 뿐만 아니라 차용증은 돈을 빌렸다는 내용을 채권자와 채무자가 확인한 문서이므로 만약 재판을 하더라도 유력한 증거[1]가 될 수 있다.

### 3. 영수증쓰기

돈을 빌리는 사람이 채권자에게 써 주는 것이 차용증이라면, 돈을 갚는 사람이 채권자에게 돈 갚은 내역을 써 달라고 요구할 수 있는 것이 영수증이다.

**영 수 증**

일금 (₩ )원정

위 금원을 본인이 귀하에게 년 월 일 대여한 대금의 원금 및 이자로서 틀림없이 영수하였습니다.

년 월 일

○○시 ○○구 ○○동 ○○번지

위 영수인 ○ ○ ○ 인

○ ○ ○ 귀하

#### (1) 영수증에 들어가는 내용

영수증은 돈을 갚았다는 증거가 되는 것이므로 될 수 있는 한 목적물(무엇을 받았는지)의 표시, 영수문언(물건 또는 돈을 받았다고 기재하는 문장), 영수인의 서명, 상대방의 표시, 일자의 기재 등을 명확히 하는 것이 좋다.

1) 분실시 대처방법으로 해당 은행의 계좌이체 확인이나 증인의 확보 등을 생각해 볼 수 있다.

### (2) 영수증을 받을 권리

민법상 채무자(돈을 빌린 사람)는 채권자(빌려준 사람)에게 영수증을 달라고 청구할 권리가 있다(민법 제474조). 영수증은 채권자가 작성, 교부하는 것이므로 그 비용은 채권자가 부담해야 한다.

### (3) 이중지급 위험방지

물품을 구입하고 대금을 지급한 영수증을 받은 경우라 하더라도 그 영수증을 일정한 기간 보관하여야 이중지급을 방지할 수 있다. 최근 일부 홈쇼핑업체에서 물품을 구입한 소비자들에게 2~3년이 지난 뒤 물품 값을 다시 청구하는 사례가 발생하고 있다. 이러한 경우 소비자들이 물품대금을 지급한 영수증을 보관하지 않아 대금지급 사실을 입증하지 못하면 이중으로 대금을 지급하게 될 수 있으므로 유의할 필요가 있다.

### (4) 현금영수증 제도

영수증은 거래관계에서 발생한 대금지급 사실을 명확히 하는 것 외에도 국가의 재정을 튼튼하게 한다. 정부는 발급된 영수증을 통해 시장에서의 거래를 투명하게 확인할 수 있고, 이를 바탕으로 물건값에 포함된 부가가치세를 징수할 수 있는 세원을 용이하게 파악할 수 있다. 그래서 정부는 정부의 재정에 도움이 되고 소비자에게는 연말에 세금공제혜택을 주기 위해 2005년 1월 1일에 '현금영수증제도'를 도입하게 되었다. 현금영수증제도란 현금영수증 가맹점에서 물건을 구입할 때 현금을 지불하면서 구입자의 주민등록번호나 휴대전화번호를 제시하면 현금영수증을 발급하여 연말에 소득공제나 세액공제의 혜택을 주는 제도이다. 이러한 현금영수증은 가족 전체의 것을 모두 합산하므로 미성년자도 받을 수 있다.

**참 고**

* 문서를 작성하는 가장 중요한 이유는 법률관계를 명확하게 해 두는 데 있다. 따라서 차용증서는 해석상의 오해가 생길 여지가 상대적으로 적은 법률문장의 형식으로 작성하는 편이 좋을 것이다.

차용증서는 1부를 작성하여 채무자가 채권자에게 교부하는 것이 보통이다. 그러나 금전의 차용에 관하여는 채권자뿐만 아니라 채무자로서도 증거를 명확하게 해둘 필요는 있다. 즉, 금전차용을 둘러싸고 후일에 법적 분쟁이 발생할 경우, 채권자가 금전차용을 할 때의 내용과 다르게 주장을 하면 채무자로서는 이에 대하여 분명한 증거로써 적절하게 방어를 할 필요가 있다. 그러나 금전차용을 증명할 차용증서를 채권자만 가지고 있을 경우 채무자로서는 증거를 세우기가 용이하지 않을 염려가 있다. 따라서 금전차용의 경우 차용증서를 작성 · 교부하는 것보다는 금전소비대차계약서를 2부 작성하여 각각 1부씩 보관하는 것이 나중의 법적 분쟁에 대비하는 현명한 태도라고 할 수 있다.

* 이 차용증에서 문제가 되는 것은 내용이 애매한 경우이다. 즉, 원금의 변제일에 대한 당사자의 약정이 애매하다는 점이 문제로 된다. 이러한 경우는 결국 변제일을 정하지 않은 계약으로 해석할 수밖에 없고, 변제일이 없는 금전소비대차계약에 있어서는 채권자는 채무자에게 언제든지 원금과 이자를 청구할 수 있게 된다.

## II. 공증으로 계약 확인받기

### 1. 공증이란?

공증은 일상생활에서 발생하는 거래에 관하여 증거를 보전하고 권리자의 권리실행을 용이하게 하기 위하여 특정한 사실이나 법률관계의 존부를 증명하여 주는 제도로서, 이를 이용하면 생활주변에서 생기는 여러 가지 거래나 분쟁을 예방하거나 분쟁 발생시 유력한 증거로 활용할 수 있고, 나아가 재판절차를 거치지 않고 간편하게 권리를 실행할 수도 있다.

### 2. 공증은 어디서, 어떻게 받을까?

공증은 공증인가를 받은 합동법률사무소와 법무법인, 또는 임명된 공증인의 사무실에서 할 수 있고, 위와 같은 곳이 전혀 없는 지역에서는 검찰청에서 공증을 할 수 있다.

### 3. 공증에는 어떠한 종류가 있는가?

#### (1) 공정증서의 작성

공증인이 당사자의 의사 등을 확인하여 그에 관한 서류를 직접 작성하는 것을 말한다. 일정한 금전 등의 지급을 목적으로 하는 법률행위에 관하여 공정증서를 작성할 경우, 강제집행을 인낙하는 문구를 기재하면 약정대로 지급되지 않을 경우 바로 강제집행을 할 수 있게 된다.

#### (2) 사서증서의 인증

당사자가 작성한 서류상의 서명날인이 본인의 의사에 의한 것이 틀림없다는 것을 공증인이 확인하고 그 사실을 기재하는 것을 말한다. 인증의 경우는 강력한 증거력이 있는 효과만 생기고, 공정증서를 작성한 경우처럼 간편하게 강제집행을 할 수 있는 효력은 없다.

#### (3) 정관 및 의사록 인증

상법의 규정에 의하여 주식회사 등 일정한 법인은 정관을 인증 받아야 하고, 법인등기절차에 소요되는 의사록도 인증 받도록 되어 있다. 이것은 사서증서인증의 특별한 형태로서 정관이나 의사록이 적법한 절차에 의하여 작성되고 그 내용도 사실과 같다는 것을 공증인이 확인하여 주는 것이다.

#### (4) 확정일자의 압날

당사자가 작성한 서류에 공증인이 일자인을 찍어 그 날에 그 문서가 존재하였다는 사실을 증명해 주는 것이다. 주택임대차의 경우 입주한 임차인이 주민등록을 마치고 임대계약서에 확정일자를 받으면 그 때부터 등기한 것과 동일하게 대항력을 갖게 되어 임차보증금에 대하여 사후에 우선변제를 받을 수 있게 된다. 이러한 확정일자는 일반 공증사무소 외에 법원이나 주민센터에서도 받을 수 있다.

### 4. 공증을 할 때 준비할 것

공증을 할 때에는 공증을 하러 가는 사람의 주민등록증이나 운전면허증 등 신원을 확인할 수 있는 관공서 발행 신분증명서와 도장을 지참하여야 한다. 대리인에 의해 공증을 하는 경우는 대리인의 도장 이외에 본인의 인감증명서(발행일로부터 6개월 이내의 것)와 위임장 1부를 지참하여야 한다. 유언공증의 경우에는 2명의 증인이 필요하므로 유언할 사람과 증인이 같이 공증사무소에 가야 한다.

### 5. 공증에 드는 비용

| 구 분 | 목적물의 가격 | 수수료 | 비 고 |
|---|---|---|---|
| 공 증 | 200만 원까지 | 11,000원 | 최고액: 200만 원 |
| | 500만 원까지 | 22,000원 | |
| | 1,000만 원까지 | 33,000원 | |
| | 1,500만 원까지 | 44,000원 | |
| | 1,500만 원 초과 | 가액×0.0015+21,500원 | |
| 인 증 | 법률행위 사서증서 | 공증의 1/2 | |
| | 사실행위 사서증서 | 12,500원 | |

### 6. 공증을 해주지 않으려고 할 경우에는?

채무자가 공증사무실에 동행하지 않으려고 할 경우, 차용증 2장(채무자의 인감도장 날인), 채무자의 위임장 1장(채무자의 인감도장 날인)을 지참하여 채권자가 공증사무실에 가서 공증을 받으면 된다.

## III. 내용증명 우편제도

### 1. 내용증명의 의의

내용증명이란 발송인이 수취인에게 어떤 내용의 문서를 언제 발송하였다는 사실을 우체국에서 공적으로 증명하는 등기취급 우편제도이다. 내용증명은 개인 상호간의 채권 · 채무관계나 권리의무를 더욱 명확하게 할 필요가 있을 때 주로 이용되고 있다.

## 2. 작성요령

먼저 A4용지(210×297mm)에 한쪽 면만을 사용하여 상대방에게 알리고자 하는 내용을 육하원칙에 따라 작성한다. 이 때 작성하는 내용을 내용문서라고 하는데 내용문서는 한글 또는 한자로 자획을 명료하게 기재한 문서인 경우에 한하여 취급이 가능하며 공공의 질서 또는 선량한 풍속에 반하는 내용문서는 취급하지 아니한다.

내용문서 작성시 문자나 기호를 정정·삽입 또는 삭제할 때에는 정정·삽입 또는 삭제의 문자와 정정·삽입 또는 삭제한 글자 수를 기입란 외의 빈자리나 끝 부분 빈곳에 기재하고 그 곳에 발송인의 인장이나 지장을 찍어야 한다. 이 때 정정 또는 삭제된 문자나 기호를 명확하게 알아볼 수 있도록 그 자체를 남겨두어야 한다. 그리고 내용문서의 서두나 끝 부분에는 발송인 및 수취인의 주소·성명을 반드시 기재하여 누가 누구에게 발송한 내용문서임을 확실히 나타내야 한다(〈예시 1〉 참조).

〈예 시 1〉

**내용증명서**

| 수신인 (받는 분) | |
|---|---|
| 주 소 | |
| 성 명 | |
| 발송인(보내는 분) | |
| 주 소 | |
| 성 명 | |
| 내 용 | |
| | |
| 20 년 월 일<br><br>위 발송인 : | |

### 3. 발송절차

내용문서의 작성이 완료되면 원본과 원본을 복사한 등본 2부를 함께 우체국 접수창구에 제출한다. 만약 발송인이 내용문서의 성질상 원본을 보내기 어려울 경우에는 복사한 등본 3부만을 제출하여도 된다.

내용문서 원본과 복사된 등본 2부에 대하여 소정의 증명절차가 끝나면 원본을 수취인에게 발송하여야 한다. 수취인에게 보낼 원본은 내용문서에 기록된 발송인 및 수취인의 주소 · 성명을 동일하게 기재한 봉투에 넣고 우체국 취급직원이 보는 곳에서 이를 봉함하여 등기접수하면 된다.

### 4. 이용범위 및 재증명 청구

내용증명취급은 국내우편의 특수취급이기 때문에 외국으로 발송하는 우편물에는 이용할 수 없다. 다만, 국내에 거주하는 외국인에게 국내우편물로서는 발송이 가능하다.

내용증명 우편물 발송 후 발송인이나 수취인이 내용문서의 등본이나 원본을 분실하였거나 새로운 등본이 필요할 때에는 당해 내용증명 우편물을 발송한 다음날로부터 3년까지는 발송우체국에서 내용증명의 열람이나 재증명을 청구할 수 있다.

### 5. 이용시 유의사항

내용증명은 단지 내용과 발송사실만을 우편관서에서 증명해줄 뿐이고 법적 효력은 사법기관의 판단사항이므로 내용증명발송만으로 법적 효력이 인정되는 것은 아니다.

내용증명은 본안소송 제기에 앞서 의무의 이행을 촉구하거나 증거력을 확보하기 위한 수단 등으로 개인 상호간에 주로 이용되고 있는 것이다.

## Ⅳ. 보증에 관한 법률상식

### 1. 보증의 의의

보증은 금전소비대차 등에서 채무자가 계약을 지키지 않고 채무의 내용을 이행하지 않을 경우를 대비하여 채권자가 채권의 확보방안으로써 채무자 이외의 제3자의 전재산으로 채권을 인적으로 담보하는 제도를 말한다. 이 경우 채무자 이외의 제3자를 '보증인'이라 하고, 보증인이 부담하는 채무를 '보증채무'라고 하며, 보증채무를 발생케 하는 계약을 '보증계약'이라고 한다.

보증은 보증인의 일반재산으로 채권을 담보하나 다른 채권자에 우선할 수 있는 우선변제권이 없는 점에서 채권자가 다른 채권자에 우선하여 부동산이나 동산 · 주식 등의 특정재산으로부터 우선변제를 받을 수 있는 저당권, 질권 등의 물적 담보제도와 구별된다.

**사 례**

**설 문**

A는 甲에게 2,500만 원을 대여하였으나 변제받지 못하고 있던 중 甲이 乙로부터 주택을 임차하면서 지급한 전세보증금반환청구채권 2,500만 원을 양도받고, 그 사실을 甲이 乙에게 내용증명우편으로 통지까지 하도록 하였다. 그런데 甲과 乙은 계약기간 2년이 만료된 이후에 위 전세보증금액으로 다시 계약을 갱신하였다. 이와 같은 경우 A는 갱신된 계약기간이 만료되어야만 위의 양수금을 지급받을 수 있는가? (전세보증금 채권양도 후 계약갱신의 효과)

**해 설**

먼저 전세보증금반환채권이 甲으로부터 A에게 양도될 수 있느냐가 문제된다. 판례는 전세보증금반환채권만을 전세계약당사자로부터 분리하여 양도할 수 있음을 인정하고 있으므로(대판 1969. 12. 23, 69다1745) 위의 전세보증금반환채권은 유효하게 A에게 양도되었다고 볼 수 있다. 또한 甲이 乙에게 내용증명우편으로 양도통지를 하였으므로 A는 乙에 대하여도 위 채권양도를 주장할 수 있다.

그런데 甲과 乙이 계약기간만료 후 계약을 갱신하였으므로 그 효력이 A에게도 미치는지 문제되는데, 판례를 보면 "임대인이 임차보증금반환청구채권의 양도통지를 받은 후에 임대인과 임차인 사이에 임대차계약의 갱신이나 계약기간연장에 관하여 명시적 또는 묵시적 합의가 있더라도 그 합의의 효과는 보증금반환채권의 양수인에 대하여는 미칠 수 없다"고 하였다(대판 1989. 4. 25, 88 다카 4253).

따라서 A는 甲과 乙이 임대차계약을 갱신하였다고 하여도 종전계약기간이 만료되었음을 이유로 양수금청구가 가능할 것이다. 그러나 임대인 乙은 주택의 명도와 전세보증금반환의 동시이행을 주장할 수 있으므로 甲이 위 주택을 명도하지 않고 있다면, A가 乙의 채권자로서 乙의 주택명도청구권을 대위 행사하여 甲에게 위 주택의 명도청구소송을 할 수 있는지가 문제된다. 위 판례는 채권자가 자기채권을 보전하기 위하여 채무자의 권리를 행사하려면 채무자의 무자력을 요건으로 하는 것이 보통이지만, 임차보증금반환채권을 양수한 채권자가 그 이행을 청구하기 위하여 임차인의 가옥명도가 선이행되어야 할 필요가 있어서 그 명도를 구하는 경우에는 그 채권의 보전과 채무자인 임대인의 자력유무는 관계없는 일이므로 무자력을 요건으로 한다고 할 수 없다고 판시하고 있다.

따라서 A는 甲을 상대로 위 주택의 대위명도소송을 제기하여 승소판결 받아 강제집행을 한 후 乙에게 양수금 청구를 하면 된다.

## 2. 보증의 성립

### (1) 보증계약의 당사자

1) 보증은 주채무자로부터 보증인이 되어 달라는 부탁을 받고 보증인이 되는 경우와 부탁 없이 자청하여 보증인이 되는 경우가 있으나, 어느 경우나 보증인과 채권자가 보증계약의 당사자이고 주채무자는 보증계약과는 직접 관계가 없다. 그러나 현실적으로는 주채무자가 보증인의 사전 허락을 받아 대리인으로서 채권자와 보증계약을 체결하는 경우가 많이 있다.

2) 보증인이 채권자와 보증계약을 함에 있어서 주채무자에 의하여 기만당하거나 채무자의 자력 · 담보 등에 관하여 착오가 있더라도 이를 보증계약의 내용으로 하지 않는 한 보증계약을 취소할 수 없다.

3) 보증계약은 특별한 방식을 요구하지 않으므로 보증에 관한 당사자(보증인과 채권자)의 합의만 있으면 성립하나, 다툼을 피하기 위해서는 서면으로 명확히 할 필요가 있다.

### (2) 보증인의 자격

보증계약도 일반계약능력 및 행위능력은 필요하다. 한편 법률상 또는 계약상 보증인을 세워야 할 의무가 있는 경우에는 그 보증인은 행위능력과 변제능력이 있어야 하고,

보증인이 변제자력이 없게 된 경우에는 채권자는 자신이 특정인을 보증인으로 지명한 때 이외에는 그 요건을 갖춘 자로 보증인의 변경을 요구할 수 있다.

### (3) 보증채무와 주채무의 관계

1) 보증채무는 주채무의 존재를 필요로 하므로 주채무가 불성립하거나 소멸하였을 때에는 무효이며, 주채무가 취소된 때에는 보증계약도 소급하여 무효가 되고, 주채무가 조건부로 효력이 생길 때에는 보증채무도 조건부로 효력이 생긴다.

2) 장래의 채무를 위한 보증이나 장래 증감하는 채무를 결산기에 있어서 일정한 한 도액까지 보증하는 근보증(根保證) 또는 계속적 보증도 가능하다.

## 3. 보증의 내용

### (1) 일반보증

내용은 보증계약에 의하여 정하여 진다. 그리고 보증채무의 범위는 주채무의 범위보다 넓어서는 안 되며, 만약 넓을 때에는 주채무의 한도로 감축된다. 그러나 보증채무가 주채무보다 적은 것은 무방하다.

특약이 없는 한 보증채무는 주채무의 이자, 위약금, 손해배상 기타 주채무에 종속한 채무를 포함하나, 보증계약 성립 후에 주채무자와 채권자가 계약으로 주채무의 내용을 확장하는 경우 등과 같이 동일성이 없는 경우에는 보증채무가 확장되지 않는다.

### (2) 근보증 또는 계속적 보증[2)]

계속적 보증계약 기간의 약정이 없는 때에는 보증인은 보증계약 체결 후 상당한 기간이 경과되면 보증계약을 해지할 수 있으며, 계속적 보증은 원칙적으로 상속되지 않는다. 또한 보증계약체결당시 예상할 수 없었던 특별한 사정 즉 채무자의 자산상태가 급격히 악화된 경우에는 상당한 기간이 경과되지 않더라도 보증계약을 해지할 수 있다.

---

2) 일정한 계속적인 거래관계 내지 법률관계로부터 장차 발생하게 될 불특정 다수의 채무를 보증하는 것을 말한다.

## 보증계약서

채권자 ○○○을 甲으로 하고 보증인 ○○○을 乙로 하여, 양당사자 간에 보증채무에 관하여 다음의 계약을 체결한다.

제1조(계약의 목적) 보증인 乙은 20○○년 ○월 ○일 채권자 甲과 채무자 ▽▽▽(주소: ○○시 ○○구 ○○동 ○○번지)간의 ○○계약서에 기재된 채무에 대하여 채무자가 이행을 하지 않을 때는 그 이행을 할 책임을 진다.

제2조(검색의 항변권의 포기) 보증인은 검색의 이익을 포기한다.

※ 연대보증의 경우 최고 검색의 항변권이 인정되지 않으므로 위 조항을 기재
다만, 연대보증이 아닌 경우에는 위 조항을 기재하지 않을 수도 있음.

제3조(채무의 변제의무) 보증인은 채권자로부터 채무자가 그 채무를 이행하지 않은 취지를 통보 받은 후 ○○일간 내에 제1조의 보증채무를 이행하지 않을 때는 채권자에 대하여 위약금 ○○○원을 지급한다.

계약을 증명하기 위해 이 증서 2부를 작성하여 각자 서명 · 날인하고 각 1부를 보관한다.

20○○년 ○월 ○일

채권자
주소
성명 (인) 주민등록번호 전화번호

보증인
주소
성명 (인) 주민등록번호 전화번호

### 4. 보증의 효력

#### (1) 보증채무의 청구

채권자는 주채무자가 채무의 이행을 하지 않는 때에는 보증인에게 보증채무의 이행을 청구할 수 있다.

#### (2) 보증인의 최고 · 검색의 항변권 등(보충성에 기한 권리)

보증인은 채권자가 주채무자에게 청구를 하여 보지도 않고 보증인에게 청구하여 온

때에는 주채무자가 변제능력이 있다는 사실 및 그 집행이 용이하다는 것을 증명하여 먼저 주채무자에게 청구할 것을 요구할 수 있다. 그러나 연대보증인은 최고·검색의 항변권이 없다.

이와 같이 보증인이 최고·검색의 항변권을 행사하였음에도 불구하고 채권자가 주채무자에게 청구하는 것을 태만히 하여, 그 후 주채무자로부터 주채무의 전부나 일부를 변제받지 못하게 된 때에는 곧 청구하였으면 변제받을 수 있었을 한도에서 보증인은 그 채무를 면하게 된다. 또한 보증인은 주채무자가 채권자에 대하여 가지는 항변사유로 채권자에게 대항할 수 있다.

#### (3) 주채무자와 보증인에 발생한 사유의 효력

주채무자에 관하여 생긴 사유는 원칙적으로 모두 보증인에게 효력이 생긴다. 따라서 주채무가 소멸하는 때에는 보증채무도 소멸한다. 그러나 주채무자가 파산법상 파산선고나 개인채무자회생법상 면책결정을 받거나, 주채무자에 대하여 회사정리법상 정리절차가 개시된다고 하더라도 보증인의 채무에는 아무런 영향이 없다. 한편, 보증인에게 생긴 사유는 주채무를 소멸시키는 행위(변제, 대물변제, 공탁, 상계 등) 이외에는 주채무자에게 영향을 미치지 않는다.

### 5. 보증인의 구상권(求償權)

1) 보증인은 채권자에 대한 관계에 있어서는 자기의 채무를 변제하는 것이지만, 주채무자에 대한 관계에 있어서는 타인의 채무를 변제하는 것이 된다. 따라서 보증인의 변제 등으로 주채무자가 채무를 면하게 된 경우에는 보증인은 주채무자에 대하여 구상할 수 있는 권리를 가진다.

2) 주채무자의 부탁으로 보증인이 된 자가 과실 없이 변제 기타의 출재(出財)로 주채무의 전부 또는 일부를 소멸하게 한 때에는 출재한 금액의 한도 내에서 주채무자에게 구상할 수 있는 권리를 가진다.

3) 주채무자의 부탁 없이 보증인이 된 자가 변제 기타 자기의 출재로 주채무의 전부 또는 일부를 소멸하게 한 때에는 채무를 면하게 한 행위 당시 또는 구상권을 행사할 당시에 주채무자가 이익을 받고 있는 한도 내에서 구상할 수 있는 권리를 가진다.

4) 보증인이 통지의무를 게을리하면 구상할 수 있는 권리가 제한된다. 즉 보증인이 주채무자에게 미리 통지하지 않고 변제 기타 출재로 주채무를 소멸하게 한 경우에 주채

무자가 채권자에게 대항할 수 있는 사유가 있었을 때에는 그 사유로 보증인에게 대항할 수 있어 그 범위에서 보증인의 구상권이 제한된다.

한편, 주채무자가 통지를 게을리하여 부탁받은 보증인이 선의로 이중변제한 경우에는 보증인은 주채무자에게 구상할 수 있다.

### 6. 연대보증(連帶保證)

1) 연대보증이라 함은 보증인이 주채무자와 연대하여 채무를 부담함으로써 주채무의 이행을 담보하는 보증채무를 말한다. 그리고 연대보증은 보증인이 주채무자와 연대하여 보증할 것을 약정하는 경우에 성립한다. 따라서 연대보증은 채권의 담보를 목적으로 하는 점에서 보통의 보증과 같으나 보증인에게 최고 · 검색의 항변권이 없으므로 채권자의 권리담보가 보다 확실하다.

2) 채권자는 연대보증인이 수인인 경우 분별의 이익이 없어 어느 연대보증인에 대하여서도 주채무의 전액을 청구할 수 있다. 그리고 연대보증인에게는 앞서 설명한 최고 · 검색의 항변권이 없으나, 주채무자가 채권자에 대하여 가지는 항변권과 구상권 등은 가지고 있다.

### 7. 신원보증(身元保證)

#### (1) 신원보증의 의의와 종류

신원보증은 고용계약에 부수하여 체결되는 보증계약이다.[3] 신원보증에는 ① 노무자가 장래 고용계약상의 채무불이행으로 인하여 사용자에 대하여 손해배상채무를 부담하는 경우에 그 이행을 담보하는 일종의 장래채무의 보증 또는 근보증(根保證), ② 이보다 넓게 노무자가 사용자에 대하여 채무를 부담하는지 부담하지 않는지를 묻지 않고 노무자 고용에 의하여 발생한 모든 손해를 담보하는 일종의 손해담보계약(損害擔保契約), ③ 기타 모든 재산상의 손해뿐만 아니라 노무자의 신상에 관하여 노무자 본인이 고용상의 의무를 위반하지 않을 것과 질병 기타에 의하여 노무에 종사할 수 없는 경우에 사용자에게 일체의 폐를 끼치지 않을 것을 담보하는 신원인수(身元引受)가 있다. 통상의 경우 신원보증은 손해담보계약으로 볼 수 있으나 구체적으로는 당사자의 의사에 따라 결정된다.

---

3) 신원보증계약이라 함은 피용자가 업무를 수행하는 과정에서 그의 책임 있는 사유로 사용자에게 손해를 입힌 경우에 그 손해를 배상할 채무를 부담할 것을 약정하는 계약을 말한다.

### (2) 신원보증의 내용과 효력

신원보증도 보증인과 사용자와의 신원보증계약에 의하여 성립하는데, 신원보증의 계약내용이 광범위하고 장기간에 걸쳐 있는 것이 일반적이므로 신원보증시 노무자의 성실성, 노무의 내용, 보증기간 등에 유의하여 신원보증계약을 체결하여야 한다. 신원보증과 관련하여 신원보증법이 있는데, 이에 위반하여 신원보증인에게 불리한 계약을 체결하는 것은 무효이다.

동법에 의하면 기간을 정하지 않은 신원보증계약의 보증기간은 그 보증계약일로부터 2년간이다(동법 제3조 제1항). 그리고 신원보증계약기간은 2년을 초과하지 못하고 이를 초과한 기간은 2년으로 단축된다(동조 제2항). 또한 기간갱신을 할 수 있으나 2년을 초과할 수 없도록 하고 있다(동조 제3항).

피용자를 고용한 사용자는 다음의 경우에 신원보증인에게 지체 없이 통지하여 신원보증인에게 계약해지의 기회를 주어야 한다. 사용자가 고의 또는 중과실로 이러한 통지의무를 게을리하여 신원보증인이 해지권을 행사하지 못한 경우, 신원보증인은 그로 인하여 발생한 손해의 한도에서 의무를 면한다(동법 제4조).

**〈신원보증인에게 통지하여야 할 때〉**

1) 피용자가 업무상 부적격자이거나 불성실하여 이로 말미암아 신원보증인의 책임을 야기할 염려가 있음을 안 때.
2) 피용자의 업무 또는 업무수행의 장소를 변경함으로써 신원보증인의 책임을 가중하거나 또는 그 감독이 곤란하게 될 때.

신원보증인의 보증책임이 발생한 경우 법원은 신원보증인의 손해배상책임과 그 금액을 정함에 있어 피용자의 감독에 관한 사용자의 과실의 유무, 신원보증인이 신원보증을 하게 된 사유 및 그에 대한 주의 정도, 피용자의 임무·신원의 변화 기타 일체의 사정을 참작하도록 하고 있다(동법 제6조).

신원보증계약은 신원보증인의 사망으로 종료하고(동법 제7조) 상속되지 않는다. 단, 이미 발생한 채무는 상속된다.

## 8. 보증보험제도

1) 보증보험제도는 특수한 보증제도로서 보증보험회사와 이용자가 보증보험계약을 체결하고 그 보험증권으로 보증을 대신할 수 있는 제도이다. 인적담보제도는 보증인의

자력(資力)에 의존하는 것이므로 그 자력이 부족하면 채권을 담보할 수 없게 된다. 따라서 보증보험제도는 보증인의 자력확보문제를 보완할 수 있는 제도라고 할 수 있다.

2) 보증보험은 가압류, 가처분 등의 보증공탁시 공탁금을 보증보험증권으로 대체함으로써 비교적 많은 금액을 현금으로 납입해야 하는 불편을 덜어주며, 각종 할부구매, 신원보증의 경우는 물론 형사사건의 보석보증금을 납부할 필요가 있을 경우에도 이용된다.

3) 보증보험계약 체결시 보증보험회사에 납부하여야 할 보험료는 보험상품에 따라 차등이 있으나, 공탁보증보험의 경우 보험가입금액의 0.563%, 보석보증보험의 경우 보험가입금액의 0.8%의 저렴한 보험료로 각종 보증을 대신할 수 있는 편리한 제도이다. 그러나 보증보험청약서와 약정서 등을 작성할 때에는 그 내용을 정확히 숙지하여야 뜻하지 않은 불이익을 피할 수 있다.

## V. 변제제도

### 1. 의 의

채무를 이행하는 것을 변제라고 한다. 즉 매매 계약에 따라 약정 일시에 대금을 지급하거나 물건을 인도하는 것 등을 말한다. 변제를 해야 할 사람은 빚을 진 사람, 즉 채무자이지만, 누가 갚아도 상관없는 빚일 경우에는 제3자 변제도 가능하다.

### 2. 종 류

#### (1) 대물변제

예를 들어 돈 1000만 원을 갚는 대신 골동품이나 부동산 등으로 갚는 경우를 말한다. 대물변제를 하는 경우에 반드시 그 물건이 채권의 액수와 동일한 가치를 가질 필요는 없으며, 상대방과 합의만 있으면 더 작은 가치의 물건으로도 변제를 할 수 있다.

#### (2) 상 계

채무자가 채권자에 대해 빚이 있는데 마침 채권자도 채무자에 대해 빚이 있는 경우 이를 서로 같은 액수만큼 없애는 것이다. 예를 들어 甲은 乙에게 500만 원의 빚이 있고,

乙은 甲에게 200만 원의 빚이 있으면, 이 빚을 상계하기로 합의하면 甲은 乙에게 300만 원만 갚으면 된다. 그러나 상계를 하려면 각자의 빚이 모두 갚을 시기가 되어야 한다.

### (3) 공 탁

돈이나 금전적 가치가 있는 증서 및 기타의 물건을 법원의 공탁소에 맡기는 것을 말한다.

#### (가) 채권자와의 분쟁을 방지하기 위한 공탁

수령 기피행위, 예를 들면 사채업자가 일부러 빌려준 돈을 받지 않으려고 하는 행위 등에 대응하는 방법으로 사용한다. 또한 변제자의 과실 없이 계약상의 권리자를 알 수 없는 경우 등에 이용된다.

#### (나) 손해를 담보하기 위한 공탁

채권자가 강제집행, 즉 가압류, 가처분 등의 명령을 신청하면, 법원은 상대방 즉 채무자가 예상치 못한 손해를 볼 경우를 대비하여 신청인에게 일정액을 공탁하게 한다. 보통은 청구액의 1/3에서 1/10까지를 공탁한다.

#### (다) 강제집행을 위한 공탁

가압류, 가처분 등을 위한 경우에는 해당 법원의 공탁과에 신청하고, 차임(월세 등) 등의 공탁은 채무이행지 관할공탁소에 하면 된다.

주택 구입시 유의점/ 부동산등기제도
집에 대한 권리/ 부동산 중개수수료와 세금
부동산실명제도와 명의신탁

# 제2편 부동산거래

## Ⅰ. 주택 구입시 유의점

우리가 집을 살 경우 사전에 알아 두어야 할 점과 계약을 체결할 때의 유의사항에는 어떠한 것이 있을까?

### 1. 부동산 매매계약을 체결하기 전에 살필 점

#### (1) 등기사항전부증명서 보기

부동산을 계약할 때 가장 중요한 것은 등기사항전부증명서를 확인하는 것이다. 등기사항전부증명서를 보면서 건물이나 땅의 주인이 정말 본인이 맞는지, 주소가 정확한지 확인하여야 한다. 그 다음으로는 사려고 하는 부동산이 다른 사람에게 저당 잡힌 물건은 아닌지, 가압류되어 있는 것은 아닌지 살펴보아야 한다. 그리고 구청에서 건축물관리대장과 토지대장, 토지이용계획 확인원을 발급받아 보면, 그 부동산으로 아파트 시행이나 주택건축 등 하려고 하는 일을 정말로 할 수 있는지 알 수 있다.

#### (2) 현장조사

서류를 모두 확인한 다음에 할 일은 사려고 하는 건물이나 땅이 있는 현장에 가서 부동산의 상황을 잘 조사하는 것이다. 물건을 직접 보아 두지 않으면 서류로써는 알 수 없었던 일로 손해를 보는 경우가 많으므로 반드시 눈으로 확인하도록 한다.

## 2. 부동산 매매계약을 체결할 때 유의할 점

### (1) 주택이나 토지의 진정한 소유자가 누구인가?

계약은 등기부[1]상의 소유자와 직접 체결하여야 한다. 만약 대리인과 매매계약을 할 경우에는 대리인의 위임장을 확인하여야 하고, 본인과 연락할 수 있을 때에는 직접 연락하여 확인하는 것이 안전하다. 또 소유자와 직접 계약할 때에도 소유자가 미성년자가 아닌지를 확인하여야 한다.

**위 임 장**

대 리 인 (수 임 인)

성 명 : (인)
주민등록번호 :
주 소 :
연 락 처 :

위 사람을 대리인으로 정하고 다음 사항의 권한을 위임함.

- 다 음 -

1.
2.
3.

년 월 일

위 임 인 성명 (印)

1) 지난 2011년 10월 13일 부동산등기법 및 관련 규칙에 의거 다음과 같이 명칭이 변경되었다. 등기부초본 → 등기사항일부증명서, 등기부등본→ 등기사항전부증명서

① 본인이 나온 경우: 주민등록증으로 대조 확인
② 대리인이 나온 경우: 주민등록증, 인감증명서 확인
③ 미성년자는 법정대리인의 동의서 확인

#### (2) 반드시 확인해야 할 내용

① 대금의 액수와 지불 시기
② 파는 사람과 사는 사람의 이름, 주소, 주민등록번호
③ 부동산을 넘겨줄 시기
④ 물건을 제대로 넘겨주지 못할 경우에 파는 사람의 책임
⑤ 그 외에 여러 가지 해 두고 싶은 약속, 즉 특약
⑥ 계약을 할 때 증인으로 있었던 사람(입회인)의 이름과 주소, 주민등록번호

### 3. 잔금을 지급할 때 유의할 점

잔금 지급시 등기이전에 필요한 서류를 함께 받아 소유권 이전등기를 하는데 불편이 없도록 한다. 잔금을 지급할 때는 법무사의 도움을 받는 것이 좋다.

#### (1) 잔금기일이 장기인 경우

중도금과 잔금 지급 전에 등기사항전부증명서를 재확인하여 계약 후 중요한 권리변동이 있는지 확인한다.

#### (2) 등기사항전부증명서를 이용한 사기를 주의하자.

등기사항전부증명서를 이용한 사기피해를 방지하기 위해서는 돈을 지불할 때마다 등기사항전부증명서를 확인해야 하며, 문제가 생기면 손해배상을 하여야 한다는 내용을 계약서에 써 두는 것이 좋다.

#### (3) 부동산 이전등기에 필요한 서류

① 매도인(판 사람): 검인계약서, 등기권리증, 매도용 인감증명서[2], 주민등록등본

---

2) 인감증명이란 행정관청이 인감신고자가 현재 사용하는 인감이 신고된 인감임을 증명해 주는 제도로서 대부분 재산권의 포기나 처분 또는 채무부담행위시 본인의 의사를 확인하기 위한 수단으로 사용되고 있다. 이와 맥락을 같이하여 2012. 12. 01. 정부에서는 '본인서명사실확인제도'를 도입해 실시하고 있다. 이것은 현재의 '인감증명서'를 '본인서명사실확인서'와 동일시하는 것으로서 본인이 서명을 했다는 사실

② 매수인(산 사람): 검인계약서, 주민등록등본, 등록세 영수필 확인서, 국민주택매입필증, 토지대장, 건축물관리대장

## 부동산매매계약서

**부동산의 표시**

소 재 지: ______________________________

동 · 호수: ________ 동 ________ 호 면적 : ____________ ㎡

**당사자의 표시**

매 도 인 (파는 사람)
성명: __________
주소: ______________________________
주민등록번호: ____________________
전화번호: ____________

매 수 인 (사는 사람)
성명: __________
주소: ______________________________
주민등록번호: ____________________
전화번호: ____________

매도인(파는 사람)과 매수인(사는 사람)은 위 부동산을 아래와 같이 사고 판다.

**제1조(매매대금)**

매수인은 매도인에게 매매대금을 아래와 같이 주기로 한다.

매매대금 ____________원 (₩ ______________)

계 약 금 __________원은 계약하는 날에 주고,

[받은 사람의 확인: ____________(서명 또는 인)]

1차중도금 ____________원은 20____년 ___월 ___일에 주며,

2차중도금 ____________원은 20____년 ___월 ___일에 주고,

잔 금 ____________원은 20____년 ___월 ___일에 주기로 한다.

**제2조(소유권이전과 인도)**

① 매도인은 잔금을 받으면서 매수인에게 소유권이전등기에 필요한 서류 전부를 주고

을 행정기관이 확인해 주는 제도이다.

위 부동산도 넘겨 주어야 한다. 다만, 매도인과 매수인 사이에 ②항과 같이 따로 정하는 경우 그에 따른다.

② 소유권이전에 필요한 서류를 주는 날: ______________________________

부동산을 넘겨주는 날: ______________________________

제3조(부동산에 대한 부담의 소멸 등)

① 매도인은 위 부동산에 설정된 저당권, 전세권, 지상권 등 제한물권이나 가압류, 가처분 등 소유권의 행사를 제한하는 사유가 있는 경우 이들을 말소하여 제한이 없는 소유권을 이전하여야 한다.

② 전기, 가스, 수도 요금 등의 공과금 중, 위 부동산을 넘겨주는 날까지 발생한 부분은 매도인이 부담하고, 그 다음 날부터 발생하는 부분은 매수인이 부담한다. 다만, 아래와 같이 따로 정하는 경우 그에 따른다.

제4조(하자의 부담)

① 위 부동산에 하자가 있는 경우 매도인은 매수인에게 하자담보의 책임을 진다. 다만, 아래와 같이 매도인이 책임지는 기간을 따로 정하는 경우 그에 따른다.

[따로 정하는 기간] 위 부동산을 넘겨준 날로부터 ________년간

② 위 부동산을 넘겨주는 날 이전에 위 부동산에 남아 있던 건축법 기타 법령위반의 사유로 인하여 매수인이 이행강제금 또는 벌금을 내게 되거나, 그 이외에 재산의 손해(원상회복비용 등)를 입은 경우, 매도인은 매수인에게 이를 배상하여야 한다.

제5조(계약의 해제)

① 매수인이 매도인에게 중도금을 주기 전까지(중도금을 정하지 않은 경우에는 잔금을 주기 전까지)는, 매도인은 매수인에게 계약금의 2배를 주고 이 계약을 해제할 수 있고, 매수인은 계약금을 포기하고 이 계약을 해제할 수 있다.

② 매도인 또는 매수인이 이 계약에 따른 채무를 이행하지 않은 경우 그 상대방은 채무를 이행하지 않은 당사자에게 이행을 촉구한 후 이 계약을 해제할 수 있다. 이 경우 채무를 이행하지 않은 당사자는 이로 인하여 상대방에게 발생한 손해를 배상하여야 한다. 다만, 아래와 같이 손해배상액을 따로 정하는 경우 그에 따른다.

제6조(확인사항)

□ 이 사건 부동산에 관하여 발급된 등기사항전부증명서(20 년 월 일자) 및 건축물대장, 토지대장

□ 법인등기사항전부증명서 및 법인 인감증명서(계약 당사자 한쪽 또는 양쪽이 법인인 경우)

□ 위임장 및 위임인의 인감증명서(대리인이 계약을 체결한 경우)

제7조(특별히 정하는 사항)

20___년 ___월 ___일

매도인 ________________(서명 또는 인)

매수인 ________________(서명 또는 인)

입회인 ________________(서명 또는 인)

## II. 부동산등기제도

### 1. 부동산과 부동산등기

#### (1) 부 동 산

토지와 건물을 부동산이라고 한다. 부동산은 위치가 고정되어 있고 일반적으로 재산적 가치가 매우 크다.

#### (2) 부동산등기

부동산의 권리관계를 모든 사람에게 알려주기 위한 방법으로 국가에서 등기부라고 하는 공적인 장부를 만들어 놓고 등기공무원으로 하여금 부동산의 표시와 권리관계를 기재하도록 하는 것이 부동산등기제도이다. 등기부는 누구나 소정수수료를 납부하고 그 등기사항전부증명서를 교부받거나 열람할 수 있고, 또한 이해관계 있는 부분에 한하여 등기신청서류를 열람할 수 있다.

### 2. 한 개의 부동산마다 한 개의 등기부가 있다.

1) 우리 나라는 부동산 1개마다 등기부 1개씩을 만들어 등기소에 보관하고 있다.

2) 부동산이 한 개냐 두 개냐 하는 구별은 쉽지 않다. 토지는 원래 연속되는 것이므로 인위적으로 금을 그어서 나누고 지번을 매기는데 토지 1필지가 1개의 부동산이 된다. 따라서 큰 토지도 있고 작은 토지도 있으며 1개의 토지가 분필이 되면 여러 개의 부동산이 되고 반대로 여러 개의 토지가 합필이 되면 1개의 부동산이 된다.

3) 건물은 토지에 붙어 있는 것이지만 별개의 부동산으로 취급되어 따로 등기부가 있다. 건물이 한 개인가 두 개인가 하는 것은 일반관념에 따라 결정되는데 요즈음 아파트 등 집합건물이 많이 생겨서 외관상 1개의 건물이지만 각 세대마다 구분하여 독립된 소유권을 인정하고 있다.

### 3. 부동산에 관한 권리는 등기하지 않으면 효력이 생기지 않는다.

부동산에 관한 대표적 권리에는 소유권, 지상권, 전세권, 저당권 등이 있는데 매매 · 저당권설정계약 등 법률행위로 인한 권리의 득실변경의 경우에 등기를 하지 않으면 권리변동의 효력이 생기지 않는다(민법 제186조). 즉, 아파트매매계약을 체결하고 대금을 모두 치렀더라도 그 등기를 넘겨받지 못하면 그 아파트의 소유권을 취득할 수 없다. 또한 이전등기에 필요한 서류를 모두 다 받아두었더라도 실제로 등기를 하지 않으면 그 소유권은 인정받지 못한다.

예컨대, 누군가가 집을 사서 대금을 모두 치렀지만 등기를 하지 않고 있는 사이에 전 주인에 대한 채권자가 그 집을 압류하게 되면 이에 대항할 수 없다. 왜냐하면 내용적으로는 대금을 지불한 매수인이 그 집의 새 주인이라고 하더라도 형식적으로 그 집의 등기명의가 전 주인 앞으로 남아 있으면 법률상 그 집의 소유자는 전 주인이기 때문이다.

한편, 예외적으로 상속이나 토지수용 또는 경매를 통하여 부동산을 취득한 경우에는 등기를 하지 않더라도 소유권을 취득할 수 있다. 그러나 이 경우에도 자기 앞으로 이전등기를 하지 않으면 그 부동산을 다른 사람에게 처분할 수는 없다.

### 4. 등기부의 구조와 등기사항증명서를 보는 방법

1) 등기부에는 그 작성당시 효력이 없는 과거의 권리관계는 기재하지 않고 있으므로 오래된 권리관계까지 알아보려면 폐쇄된 등기부를 열람 또는 폐쇄 등기사항전부증명서를 교부받아야 한다.

2) 토지 등기부와 건물 등기부는 따로 있으므로 집을 사려면 양쪽을 모두 보아야 한다.

3) 등기부는 등기번호란, 표제부(아파트 등 집합건물의 경우에는 동 건물의 표제부와 전유 부분의 표제부의 2개로 구성되어 있음). 갑구, 을구의 4부분으로 되어 있다. 등기번호란에는 토지나 건물대지의 지번이 기재되어 있다.

4) 표제부에는 토지와 건물의 내용 즉, 소재지(예: 서울특별시 중구 서소문 1), 면적(예: 100㎡), 용도(예: 대지, 임야, 주택, 창고), 구조(예: 2층, 목조건물) 등이 변경된 순서대로 적혀 있다. 다만 집합건물의 경우에는 대지권이 있는지 살펴보아야 하고 별도 등기표시가 있는 경우에는 토지 등기사항증명서도 확인하여야 한다.

5) 갑구는 소유권에 관한 사항이 접수된 일자순으로 적혀 있다. 맨 처음 기재된 것이 소유권보존등기(최초의 소유자)이고 소유권이전등기가 계속되어 간다. 각 등기사항 중 변경되는 것이 있으면(예컨대, 소유자의 주소변경) 변경등기(부기등기)를 한다. 만약에 소유

권이전등기가 무효라고 하여 제3자가 소송을 걸어오면 법원에서 등기부에 예고등기(豫告登記)[3]를 해 두는 것이 보통이다. 소송결과 무효가 확정되어 소유권이전등기의 말소등기를 하면 이전등기 하기 전의 상태로 돌아간다. 그 외에 가압류등기, 가처분등기, 강제경매 등이 있으면 이러한 등기 후에 소유권 이전등기를 하면 경매되거나 가처분권자의 권리행사에 따라 소유권을 잃을 수 있다. 가등기(假登記)[4]는 순위보전의 효력이 있으므로 나중에 본등기를 하게 되면 가등기보다 늦게 된 등기는 원칙적으로 무효가 되므로 주의하여야 한다.

6) 을구는 소유권 이외의 권리, 즉 저당권, 지상권 같은 제한물권에 관한 사항을 기재한다. 특히 주의할 점은 근저당권 설정등기인데 채권최고액이란 것이 있어서 등기부에 기재된 최고액을 한도로 부동산의 가격에서 담보책임을 지게 되므로 실제 채무액이 얼마인가를 따로 파악하여야 한다.

7) 등기사항증명서를 볼 때에 가장 중요한 점은 갑구와 을구에 기재된 가등기, 소유권이전등기, 저당권설정등기 등의 등기의 전후와 접수일자(접수번호)를 잘 살펴보아야 한다는 것이다. 등기된 권리의 우선순위는 같은 갑구나 을구에서는 등기의 전후(순위번호)에 의하여, 갑구와 을구 서로간에서는 접수번호에 의하여 결정되기 때문이다.

---

3) 등기원인의 무효 또는 취소로 인한 등기의 말소 또는 회복의 소가 제기된 경우 및 이러한 소에서 패소한 원고가 재심의 소를 제기한 경우에 이를 제3자에게 알림으로써 계쟁중인 부동산에 관하여 법률행위를 하고자 하는 제3자에게 경고하기 위하여 수소법원의 촉탁으로 행해지는 등기를 말한다.

4) 부동산물권변동이 성립할 때까지 부동산물권변동을 목적으로 하는 청구권을 일시적·잠정적으로 보호하기 위하여 행하여지는 등기를 말한다.

**〈등기사항전부증명서 예〉**

# 등기사항전부증명서(말소사항 포함)
## - 집합건물 -

고유번호 1357-2016-

[집합건물] 경기도 하남시 학암동 673 위례그린파크푸르지오 제6505동 3호

【 표 제 부 】 ( 1동의 건물의 표시 )

| 표시번호 | 접 수 | 소재지번,건물명칭 및 번호 | 건 물 내 역 | 등기원인 및 기타사항 |
|---|---|---|---|---|
| 1 | 2016년3월17일 | 경기도 하남시 학암동 673<br>위례그린파크푸르지오<br>제6505동<br>[도로명주소]<br>경기도 하남시 위례순환로<br>270 | 철골철근콘크리트구조<br>(철근)콘크리트지붕<br>14층 공동주택(아파트)<br>1층 488.5035㎡<br>2층 644.4167㎡<br>3층 644.4167㎡<br>4층 644.4167㎡<br>5층 644.4167㎡<br>6층 644.4167㎡<br>7층 644.4167㎡<br>8층 644.4167㎡<br>9층 644.4167㎡<br>10층 644.4167㎡<br>11층 529.5644㎡<br>12층 529.5644㎡<br>13층 529.5644㎡<br>14층 529.5644㎡ | |



( 대지권의 목적인 토지의 표시 )

| 표시번호 | 소 재 지 번 | 지 목 | 면 적 | 등기원인 및 기타사항 |
|---|---|---|---|---|
| 1 | 1. 경기도 하남시 학암동 673 | 대 | 71388㎡ | 2018년6월25일 등기 |

【 표 제 부 】 ( 전유부분의 건물의 표시 )

| 표시번호 | 접 수 | 건 물 번 호 | 건 물 내 역 | 등기원인 및 기타사항 |
|---|---|---|---|---|
| 1 | 2016년3월17일 | 제 호 | 철골철근콘크리트구조 101.9848㎡ | |

## 갑 구

소유권에 관한 사항(변동 및 변경사항, 압류, 가압류, 경매신청, 가등기, 가처분, 환매등기, 예고등의 사항)

[집합건물] 경기도 하남시 학암동 673 위례그린파크푸르지오 제6505동 ▒▒▒

| ( 대지권의 표시 ) | | | |
|---|---|---|---|
| 표시번호 | 대지권종류 | 대지권비율 | 등기원인 및 기타사항 |
| 1 | 1 소유권대지권 | 71388분의<br>73.3905 | 2018년7월26일 대지권<br>2018년7월26일 등기 |

【 갑 구 】 ( 소유권에 관한 사항 )

| 순위번호 | 등 기 목 적 | 접 수 | 등 기 원 인 | 권리자 및 기타사항 |
|---|---|---|---|---|
| 1 | 소유권보존 | 2016년3월17일<br>제8610호 | | 소유자 주식회사원산업 194211-0097429<br>서울특별시 서초구 강남대로<br>309,902호(서초동,코리아비지니스센타) |
| ~~1-1~~ | ~~금지사항등기~~ | | | ~~이 주택은 부동산등기법에 따라~~<br>~~소유권보존등기를 마친 주택으로서 입주예정자의~~<br>~~동의를 얻지 아니하고는 당해 주택에 대하여~~<br>~~양도 또는 제한물권을 설정하거나 압류,~~<br>~~가압류, 가처분 등 소유권에 제한을 가하는~~<br>~~일체의 행위를 할 수 없음~~<br>~~2016년3월17일 부기~~ |
| 2 | 소유권이전 | 2016년4월12일<br>제11977호 | 2013년10월23일<br>매매 | 공유자<br>지분 2분의 1<br>▒▒▒ 410506-*******<br>경기도 하남시 위례순환로 270,▒▒▒동<br>▒▒▒<br>지분 2분의 1<br>▒▒▒ 460921-*******<br>경기도 하남시 위례순환로 270,▒▒▒동<br>▒▒▒(학암동,위례그린파크푸르지오) |
| 3 | 1-1번금지사항등기<br>말소 | 2016년4월12일<br>제11977호 | | 2번 소유권이전등기로 인하여 |



[인터넷 발급] 문서 하단의 바코드를 스캐닝 확인하거나, 대법원 인터넷등기소 홈페이지(http://www.iros.go.kr)의 발급확인 메뉴에서 발급확인번호를 통하여 위·변조 여부를 확인해 주십시오. 발급확인번호를 통한 확인은 발급일로부터 3개월까지 5회에 한하여 가능합니다.

발행번호 13420○○○○○○ 1/3 발급확인번호 AAJM-LKTJ-8405 발행일 2005/12/14

## 을 구

소유권 이외의 권리(지상권, 전세권, 저당권, 임차권)에 관한 변동 및 변경 사항

| 〔을 구〕 | (소유권 이외의 권리에 관한 사항) | | | |
|---|---|---|---|---|
| 순위번호 | 등기목적 | 접 수 | 등기원인 | 권리자 및 기타사항 |
| 1 (전 1) ① | 근저당권설정 ② | 1996년 3월 2일 제10355호 ③ | 1996년 2월 27일 설정계약 ④ | 채권최고액 금42,000,000원 ⑤<br>채무자 ○○○ ⑥<br>화성군 ○○○ ○○○<br>근저당권자 농업협동조합중앙회<br>110136 0000018 ⑦<br>공동담보 동소 854-46 토지, 건물 |
| 1-1 (전 1-1) | 1번근저당권변경 | 1996년 10월 1일 제58628호 | 1996년 9월 30일 면책적 채무인수 | 채무자 ○○○<br>성남시 수정구 신흥1동 ○○○ |
| 2 (전 8) | 근저당권설정 | 제1997년 7월 8일 제46162호 | 1999년 7월 7일 설정계약 | 채권최고액 금사천오백만원정<br>채무자 ○○○<br>화성군 ○○○ ○○○<br>근저당권자 ○○○<br>441028-1○○○○○○ |

발행번호 13420○○○○○○ 2/3 발급확인번호 AAJM-LKTJ-8405 발행일 2005/12/14

① 각 권리가 설정된 순위를 나타냄. 을구의 설정된 권리는 이 순위에 따라 권리주장을 할 수 있음.
② 등기의 제목임. 갑구에 기재되는 제목에는 소유권 보존, 소유권 이전, 가압류, 가등기, 가처분 등이 있음.
③ 등기신청의 접수일자로서 법률적 효력의 발생일자이며, '제○○○호'는 접수한 등기소의 연간 일련번호임.
④ 1996년 2월 27일 근저당설정계약을 원인으로 이 근저당권을 등기하였다는 뜻임.
⑤ 이 근저당권 등기로 권리를 주장할 수 있는 최고 액수임. 실제 채무액은 은행에서 확인할 수 있음.
⑥ 돈을 빌린 채무자에 관한 사항을 표시. 등기의 건물 소유와 돈을 빌린 사람이 다를 수도 있음.
⑦ 돈을 빌려 준 채권자에 대한 사항임.

## 5. 등기를 하는 절차

### (1) 공동신청주의

등기는 원칙적으로 등기권리자(부동산을 산 사람)와 등기의무자(부동산을 판 사람)가 같이 신청하여야 한다. 그러나 법무사가 양쪽의 위임장을 받아서 처리해 주기도 한다. 판결에 의한 등기는 승소한 등기권리자 또는 등기의무자 단독으로 신청할 수 있고, 또한 상속등기는 등기권리자 단독으로 신청할 수 있다.

### (2) 등기공무원의 권한

등기공무원은 등기신청이 있으면 순서대로 이를 접수하여 순서대로 등기부에 기재하여야 하고, 일단 접수된 신청서류 등에 형식적인 결함이 있으면 신청을 각하할 수 있으나 실질적 심사권(예컨대, 매매계약이 무효인지 여부 등)은 없다.

### (3) 소유권보존등기 신청시 필요한 서류

① 소유권보존등기를 신청할 때는 주민등록등본 1부, 신청서 부본 3부, 등록세 납부영수필 통지서 1부, 등록세 납부 영수필 확인서 1부와 ② 미등기토지의 토지대장등본 또는 미등기건물의 건축물관리대장 등본과 동일한 대지상에 여러 채의 건물이 있거나 구분건물인 경우에는 건물도면 1부씩이 필요하다.

### (4) 소유권이전등기 신청시 필요한 서류

소유권이전등기 신청시에는 ① 등기필증(구권리증), ② 등기의무자(매도인 등)의 인감증명서(발급일로부터 6개월 이내의 것에 한함), ③ 등기원인을 증명하는 서면(예: 매매계약서, 증여계약서 등), ④ 등록세 납부 영수필 확인서 1부, 신청서 부본 2부, 등기의무자(매도인), 등기권리자(매수인) 각각의 주민등록등본, 토지대장등본(건물인 경우에는 건축물관리대장)이 필요하다. ⑤ 계약(예: 매매, 증여, 교환 등)을 원인으로 하여 소유권이전등기를 신청할 때에는 계약서에 부동산의 소재지를 관할하는 시장이나 구청장, 군수의 검인을 받아 제출하여야 하며, ⑥ 상속등기의 경우에는 호적등본(제적등본)을 제출하여야 한다. ⑦ 또한 부동산의 과세시가 표준액이 500만 원 이상일 때에는 소정의 주택채권을 매입하여야 한다. ⑧ 등기원인에 대하여 제3자의 허가 · 동의 또는 승낙을 받을 것이 요구되는 때에는 이를 증명하는 서면(예: 토지 등 거래계약허가증 · 농지매매증명 · 택지취득허가증)을 첨부하여야 한다.

#### (5) 지상권, 저당권 등의 설정등기 신청시 필요한 서류

소유권 이전등기시에 필요한 서류와 같고, 다만 원인관계를 증명하는 서류로 지상권 설정계약서, 저당권 설정계약서 등이 필요하다. 신청서 부본과 등기의무자와 같은 설정자의 주민등록등본은 필요하지 않다.

#### (6) 등기필증을 분실했을 때

등기의무자가 직접 등기소에 출석하거나, 변호사 또는 법무사로부터 본인임을 확인받거나, 등기신청서나 위임장을 공증인으로부터 검증받으면 된다.

#### (7) 등기부상 소유자의 주소나 성명이 잘못되었을 때

등기부상 소유자의 주소가 틀리거나 변경된 때에 이를 변경등기하려면 이를 증명하는 시 · 군 · 읍 · 면장의 서면(예: 주민등록등 · 초본)과 신청서 부본 2부가 필요하다. 등기부상 소유자의 성명이 잘못 기재되어 이를 정정하려면 등기부의 기재가 잘못되었음을 증명하는 시 · 군 · 읍 · 면장의 서면(예: 호적등본, 주민등록등본 등)이나 이를 증명할 수 있는 서면(예: 동일인 보증서)과 신청서 부본 2부가 필요하다.

## Ⅲ. 집에 대한 권리

### 1. 계약금 지급 후의 권리

계약금만을 지급한 단계에서는 판 사람이나 산 사람에게 큰 권리(변동)는 없다. 즉, 계약금만 주고받은 단계에서는 매매 당사자 중 어느 쪽이든지 돈만 손해 보면 마음대로 해약을 할 수 있다. 그러나 일반적으로 부동산을 사고 팔 때에는 계약하는 당일 부동산 가격의 10% 정도의 돈을 계약금으로 주고받는 것이 관행이다.

계약의 취소시에는 보통 매수인이 해약을 할 때에는 이미 준 계약금은 매도인이 가지게 되고, 매도인이 해약을 하는 경우에는 매수인에게 계약금의 두 배를 돌려주어야 한다는 취지의 약정을 한다.

### 2. 중도금 지급 후의 권리

중도금이 지급되면 계약이행을 시작한 것으로 보아 매수인과 매도인 모두 임의로 해약을 할 수 없게 된다. 따라서 매도인이 잔금 지급기일에 이르러 잔금받기를 거절하더라도 계약이 해제되는 것은 아니다. 그러나 서로 합의하여 계약을 해제할 수는 있다.

### 3. 잔금 지급 후의 권리

잔금과 등기서류는 동시에 주고받아야 하며, 잔금 지급이 끝나고 등기가 완료되면 소유권은 완전히 매수인에게 넘어간다. 만약 매도인이 잔금까지 받고도 다른 사람에게 부동산을 팔아 버리거나 그 부동산에 저당권을 설정하면 형법상 배임죄에 해당되어 형사 고발할 수 있다.

**법 규**

**배임죄(형법 제355조)** 다른 사람의 일을 처리해 주어야 하는 의무가 있는 사람이 그 의무에 위배하여 자신의 이익을 꾀하거나 제3자에게 이득이 가게 하여 다른 사람에게 손해를 끼친 경우에 성립하는 범죄. 5년 이하의 징역이나 1500만 원 이하의 벌금형에 처한다.

## IV. 부동산 중개수수료와 세금

### 1. 부동산 중개수수료

일단 고가 주택이 아닌 부동산 중개수수료 기준은 다음과 같다. 다음 표에서 주택이 있는 토지는 주택에 준하여 알아보면 되고, 전세의 경우에는 전세금액을, 임대차인 경우에는 임대차 금액을 기준으로 하며, 임대차 중 월세의 경우에는 월세보증금 + (1개월 월세액 × 계약기간 해당 월수)로 산출된 금액을 기준으로 한다.

중개수수료는 거래가액에 수수료 요율을 곱한 금액으로 하되, 요금액이 한도액을 초과하는 경우에는 한도액의 범위 내에서만 받을 수 있으므로 과도하게 지불하지 않도록 주의한다. 중개수수료를 지불하는 시기는 특별히 정해진 것이 아니라 당사자간의 약정으로 정하도록 되어 있다.

| 종 별 | 거래가액 | 수수료 요율 | 한도액 | 비 고 |
|---|---|---|---|---|
| 매매 · 교환 | 5천만 원 미만 | 1만분의 60(0.6%) 이내 | 250,000원 이내 | 중개수수료= 거래가액 × 중개수수료율 |
| | 5천만 원 이상 2억 원 미만 | 1만분의 50(0.5%) 이내 | 800,000원 이내 | |
| | 2억 원 이상 6억 원 미만 | 1만분의 40(0.4%) 이내 | 한도액 없음 | |
| 임대차 등 | 5천만 원 미만 | 1만분의 50(0.5%) 이내 | 200,000원 이내 | 중개수수료= 거래가액 × 중개수수료율 |
| | 5천만 원 이상 1억 원 미만 | 1만분의 40(0.4%) 이내 | 300,000원 이내 | |
| | 1억 원 이상 3억 원 미만 | 1만분의 30(0.3%) 이내 | 한도액 없음 | |

☞ 위 금액은 거래가 성립되었을 경우 거래자 쌍방이 각각 지불해야 할 금액이며, 중개물의 권리관계 등의 확인에 소요되는 실비(제증명 수수료 및 여비 등)는 매도, 임대 기타 권리를 취득 · 이전코자 하는 중개의뢰인이 부담한다.

## 2. 부동산 매매시 부과되는 세금

### (1) 부동산 취득 단계별 세금

| 항 목 | 세금내역 | 비 고 |
|---|---|---|
| 부동산 취득시 | 취득세, 등록세, 교육세, 농어촌 특별세 | 유상취득이든 무상취득이든 세금부과 |
| 부동산 보유시 | 재산세, 종합소득세 | 해당 세금의 과세 기준일 현재 등기부상 소유자가 부담 |

| 부동산 양도시 | 양도소득세 | 시세차익이 없거나 증여 · 상속 등 기타 무상으로 부동산을 제3자에게 넘기는 경우 비과세 |
|---|---|---|
| 증여시 | 증여세 | 증여로 재산을 취득한 사람이 부담 |
| 상속시 | 상속세 | 상속받은 사람이 부담 |

### (2) 양도소득세

#### (가) 양도소득세의 과세 대상

토지와 건물 등의 부동산 및 부동산과 관련된 권리, 즉 지상권, 전세권, 등기권, 임차권, 아파트 당첨금, 토지상환채권, 주택상환채권 등.

#### (나) 양도소득세 계산방법

양도소득세는 과세표준인 양도소득금액에 세율을 곱한 금액이다.

① 양도소득세 = 양도소득금액 × 세율
② 양도소득금액 = 양도가액 - [취득가액 + 필요경비 + 장기보유 특별공제 + 양도소득기본공제(연간 250만 원]

#### (다) 양도소득세가 감면되는 경우

(a) **1세대 1주택으로 3년 이상 보유한 경우**

(b) **3년 이상 보유하지 않아도 양도소득세를 안 내는 경우** 질병으로 1년 이상 요양해야 하거나 취학, 근무지 변경 등의 사정으로 세대원 모두가 다른 지역으로 이사를 가야 할 경우 1년 이상만 살았어도 양도소득세를 물지 않는다. 세대원 모두가 해외로 이민 갈 때도 비과세가 된다.

(c) **도시재개발 사업에 참여한 조합원이 재개발 아파트로 이사하기 위해 재개발 사업기간에 일시적으로 취득, 거주했던 집을 파는 등의 경우** 양도세를 내지 않는다.

(d) **1가구 2주택이라도 양도소득세를 내지 않는 경우** (aa) 양도소득세가 비과세되는 집 한 채를 가지고 있는 세대가 이사를 가기 위해 새 집을 사고 살던 집을 1년 안에 팔면 세금을 내지 않는다.

(bb) 집 한 채를 가진 사람이 상속으로 1가구 2주택이 되었으면 상속받는 주택 외의 기존 주택은 비과세 대상이다.

(cc) 한 울타리 안에 집이 두 채가 있어도 1세대가 주거용으로 모두를 사용하고 있었으면 세금을 내지 않아도 된다.

(dd) 양도소득세가 나오지 않는 1주택을 팔았는데 집을 산 사람이 등기이전을 하지 않는 바람에 1가구 2주택이 된 경우도 세금을 안 낼 수 있다.

(ee) 주택 한 채를 가진 사람이 역시 주택 한 채를 소유한 60세(여자는 55세) 이상의 아버지, 어머니, 장인, 장모 등과 함께 살기 위해 세대를 합쳐도 비과세된다. 이 때 합친 날로부터 2년 이내에 한 채를 양도하고 양도일을 기준으로 두 주택 모두 3년 이상 보유했으면 양도소득세를 물지 않는다.

(ff) 각각 주택 한 채씩을 가진 남녀가 혼인하여 1가구 2주택이 되었을 때도 2년 이내에 한 채를 양도하면 비과세 대상이다.

(라) 1세대 1주택의 양도소득세 과세

(a) 등기이전을 하지 않은 채 파는 이른바 '미등기전매'를 하여 차익을 얻으면 양도소득세를 물어야 한다. 미등기전매는 불법인 만큼 세율도 높다. 과세표준의 70%가 부과된다. 다만, 건축법에 의한 허가를 받지 않아 등기를 할 수 없는 무허가 건물은 미등기전매로 간주하지 않는다.

(b) 주택이 고가주택이면 양도소득세가 부과된다. 고가주택은 주택 및 부수토지의 양도 당시 실지 거래 가액이 6억 원을 초과하는 주택을 말한다.

(c) 콘도미니엄은 주택이 아니므로 어떤 경우에도 양도소득세를 내야 한다.

(마) 과세기준일

양도 및 취득의 시기는 원칙적으로 대금을 모두 지급한 대금 청산일이 된다. 다만, 청산일이 분명하지 않을 경우에는 매매계약서상의 잔금지급일이 된다. 잔금지급일을 확인할 수 없을 때는 등기접수일로 한다.

(바) 양도신고

부동산을 매매하고 양도차익이 생기면 양도소득세를 신고, 납부하여야 한다. 다만 1가구 1주택 등 비과세 대상인 자산을 매각했거나 양도 이후 2개월 이내에 신고한 사람은 신고대상에서 제외된다. 그러나 확정신고대상자이면서 신고, 납부하지 않으면 신고불성실 가산세 10%, 납부불성실 가산세 1일 1만분의 3을 추가 부담한다.

## V. 부동산실명제도와 명의신탁(名義信託)

### 1. 부동산실명제도

부동산 실명제도란 부동산에 관한 물권(소유권, 전세권, 지상권 등)은 반드시 실제 권리자의 이름으로만 등기하도록 하는 제도이다. 부동산실권리자명의등기에 관한 법률(약칭, 부동산실명법)에서 규제하고 있는 대상은 '명의신탁(名義信託)'[5]과 '장기미등기(長期未登記)'[6]이다.

### 2. 부동산실명제도의 도입배경

명의신탁은 부동산을 남의 이름을 빌려 등기함으로써 부동산투기, 세금탈루 또는 재산의 도피수단으로 이용되어 각종 부정과 부조리의 원인이 되어 왔다. 이에 따라 부동산실명제는 부동산에 관한 권리는 반드시 자신의 이름으로 등기하도록 함으로써 명의신탁을 이용한 부동산투기를 없애 부동산 거래질서를 바로잡는 한편 각종 부정·부조리를 제거하고 부동산가격의 안정에도 기여하도록 하기 위해 도입된 제도이다.

### 3. 명의신탁의 의의

명의신탁은 부동산실명법에서 규제하고 있는 대상이다. 명의신탁이란 부동산에 관한 소유권 기타 물권을 보유한 자 또는 사실상 취득하거나 취득하려고 하는 자(실권리자)가 타인과의 사이에서 대내적으로는 실권리자가 부동산에 관한 물권을 보유하기로 하고, 그에 관한 등기(가등기 포함)는 그 타인명의로 하기로 하는 약정(위탁·위탁매매의 형식에 의하거나 추인에 의한 경우를 포함)과 등기를 말한다(부동산실명법 제2조 제1호 본문).

따라서 명의신탁을 할 수 있는 것은 공부(公簿)에 의하여 소유관계가 등기·등록 등의 형식으로 공시되는 재화에 한한다. 따라서 토지·건물·立木에 관한 법률에 의하여 등기된 立木·선박·항공기·자동차·중기 등이 명의신탁의 대상이 될 수 있다. 또한

---

5) 실질적으로는 자신이 보유하고 있는 부동산을 다른 사람의 이름을 빌어 등기하는 것을 말한다.
6) 매매나 증여에 의하여 부동산을 취득하고도 등기를 이전하지 않은 채로 원소유자 앞으로 장기간(3년 이상) 방치하여 두는 것을 말한다.

명의신탁은 소유권에 관해서만 인정되고 채권과 같은 것에는 인정되지 않는다.

### 4. 실권리자명의 등기의무

#### (1) 주요내용

부동산실명법의 시행일인 1995년 7월 1일 이후에는 모든 부동산에 관한 물권은 명의신탁을 이용하여 다른 사람의 이름으로 등기할 수 없고, 반드시 실권리자의 명의로만 등기하도록 의무화되었다. 다만, ① 채무의 변제를 담보하기 위하여 채무자의 부동산에 가등기를 설정하거나 부동산에 관한 물권을 채권자가 이전받는 양도담보의 경우, ② 부동산의 위치와 면적을 특정하여 2인 이상이 구분소유하기로 하는 약정을 하고 그 구분소유자의 공유로 등기하는 경우, ③ 신탁법과 신탁업법에 의해 신탁재산인 사실을 등기하는 경우, ④ 종중부동산의 명의신탁 또는 부부간의 명의신탁에 의해 등기를 한 경우(조세를 포탈하거나 강제집행 또는 법령상 제한을 회피하기 위한 목적이 아닌 경우)에는 예외가 인정된다.

#### (2) 실명등기의무 위반시의 벌칙

1) 다른 사람의 이름을 빌어 등기한 실권리자인 명의신탁자에 대하여는 과징금(부동산가액의 30% 범위 내에서 부동산의 가액, 의무위반 기간, 위반동기 등을 고려하여 구체적인 부과액수를 결정)이 부과된다. 그리고 과징금 부과 후에도 실명으로 등기하지 않은 경우는 과징금 부과후 1년 경과시 10%, 2년 경과시 다시 20%의 이행강제금이 부과된다.

2) 명의신탁자에게는 5년 이하의 징역 또는 2억 원 이하의 벌금이 부과되고, 이름을 빌려준 명의수탁자에게는 3년 이하의 징역 또는 1억 원 이하의 벌금이 부과된다. 그리고 명의신탁행위를 교사하거나 방조한 자에 대하여도 형사처벌이 부과된다.

3) 형사처벌은 1995년 7월 1일 이후 명의신탁을 한 경우만 적용되고, 95년 6월 30일 이전 명의신탁한 부동산인 경우에는 유예기간동안 실명전환하지 않더라도 형사처벌은 하지 않으나 소정의 과징금은 부과된다.

### 5. 명의신탁약정의 효력

#### (1) 주요내용

부동산실명법 제4조에 규정한 명의신탁약정의 효력은 다음과 같다.

1) 명의신탁을 하는 경우 명의신탁자와 명의수탁자간에 명의신탁을 하기로 한 약정은 무효가 되고, 명의신탁약정에 의해 이루어진 등기도 무효가 된다. 다만, 부동산을 매도한 사람이 명의수탁자를 진정한 매수인으로 알고 계약을 체결한 경우(계약명의신탁)는 등기가 유효한 것으로 인정된다.

2) 또한 명의수탁자가 부동산을 제3자에게 양도하였다면, 제3자가 명의신탁이 있었던 사실을 알았든 몰랐든 관계없이 명의신탁자는 자신의 권리를 주장할 수 없게 된다. 즉, 종전에 판례로 인정되어 오던 명의신탁은 부동산실명법 시행 후에는 무효화되기 때문에 명의신탁자의 재산권은 보호받기 어렵게 된다.

### (2) 명의신탁의 종류별 효력

(가) **등기명의신탁**(3자간)

부동산을 매도하는 사람이 명의신탁자가 원소유자임을 알고 있지만 등기는 명의수탁자 앞으로 이전해 준 경우이다.

이때는 명의신탁약정과 등기가 모두 무효가 되므로, 명의신탁자는 명의수탁자에게 자신의 권리를 주장할 수 없다.

☞ 부동산은 원소유자(매도자)에게 귀속되며, 명의신탁자는 형사처벌과 과징금을 부과받고 매도자에게 소유권이전등기를 청구할 수 있다. 명의신탁자가 부동산을 되찾을 수 있을지 여부는 최종적으로 법원의 판결에 의하여 결정된다.

(나) **등기명의신탁**(2자간)

명의신탁자가 소유하던 부동산을 매매 또는 증여를 가장하여 명의수탁자 이름으로 등기한 경우이다.

이 때도 명의신탁약정과 등기가 모두 무효가 되므로 명의신탁자는 형사처벌과 과징금을 부과받고 명의수탁자에 대하여 소유권이전등기말소를 청구할 수 있다. 명의신탁자가 부동산을 되찾을 수 있을지 여부는 최종적으로 법원의 판결에 의하여 결정된다.

(다) **계약명의신탁**(3자간)

부동산을 매도한 사람이 명의수탁자를 진정한 매수인으로 알고 계약을 체결하여 등기를 이전해 주었으나 실권리자는 다른 사람인 경우이다.

이 때는 명의신탁약정은 무효가 되어 명의신탁자가 명의수탁자에게 자신의 권리를 주장할 수 없게 된다. 등기는 유효한 것으로 인정되기 때문에 부동산은 명의수탁자에게 귀속된다.

☞ 명의신탁약정은 무효가 되나 그로 인한 등기는 유효하므로 명의신탁자는 당해

부동산의 반환을 청구할 수 없으며, 부당이득반환청구권 등을 주장할 수 있을 뿐이다.

## 6. 기존 명의신탁의 실명화

### (1) 주요내용

1995년 6월 30일 이전에 부동산을 다른 사람의 이름을 빌려 등기해 놓은 명의신탁의 경우는 유예기간(1995. 7. 1~1996. 6. 30) 내에 실권리자 명의로 실명 전환하여야 한다. 또한 명의신탁자가 부동산 명의를 명의수탁자 앞으로 둔 상태로 유예기간 내에 다른 사람에게 매각하여 직접 등기하여도 된다.

### (2) 유예기간 이후 적발된 실명 미전환 부동산 처리

부동산 가액의 30% 범위 내에서 과징금 및 이행강제금이 부과된다. 부동산 가액, 의무위반 기간, 위반동기 등을 고려하여 구체적인 부과액수를 결정한다. 과징금 부과 후에도 실명등기를 하지 않는 경우 1년 경과시 10%, 2년 경과시 20%에 해당하는 이행강제금을 부과한다.

종교단체와 향교 등의 경우, 종단과 개별 종교단체 간의 명의신탁 부동산과 종교단체, 향교 등이 제3자의 이름으로 명의신탁한 고유 목적을 위해 사용하는 경우는 실명전환하지 않아도 된다. 부동산에 관한 소송이 제기된 경우에는 확정판결이 있는 날로부터 1년으로 유예기간이 연장된다.

## 7. 장기 미등기자에 대한 벌칙

부동산등기특별조치법에서는 현재 부동산을 취득하고 매도인으로부터 등기를 이전하지 않는 경우 60일이 지나면 등록세액의 5배까지 과태료를 부과하도록 규정하고 있다. 부동산실명법은 이에 추가하여 취득일로부터 3년 내에 등기를 이전해 오지 않을 경우(장기미등기)는 명의신탁의 경우와 같이 과징금, 이행강제금, 형사처벌을 부과하도록 하고 있다. 다만, 취득일이 1995년 6월 30일 이전인 경우에는 1995년 7월 1일부터 3년의 기간이 시작된다.

### 8. 종전에 누락된 세금의 처리

명의신탁한 부동산을 실명으로 전환하는 과정에서 누락된 세금이 밝혀지는 경우 원칙적으로 모두 추징한다. 다만, 명의신탁한 부동산이 1건이고 그 가액이 5000만 원 이하인 경우에는 종전에 1세대 1주택 취급을 받아 비과세받은 양도소득세와 조세회피의 목적으로 명의신탁을 하는 경우 증여로 간주되어 부과되는 증여세를 추징하지 않는 특례가 인정된다. 또한 법인의 경우 실명전환한 부동산이 비업무용 부동산이거나 유예기간 내에 업무용으로 사용하는 경우에는 취득세 7.5배 중과 규정의 적용이 배제된다.

# 제3절 소유권 일반 및 상린관계

## Ⅰ. 동산의 인도(引渡)

동산에 관한 물권의 양도는 그 동산을 인도하여야 효력이 생긴다(민법 제188조 1항). 인도란 점유의 이전 즉, 물건에 대한 사실상의 지배를 이전하는 것을 말한다.

인도를 하는 방법에는 원칙적으로 물건을 교부하는 것과 같이 동산을 현실적으로 인도하는 현실의 인도임이 원칙이나 간이인도,[1] 점유개정,[2] 목적물반환청구권의 양도와 같은 의사표시만에 의한 방법도 있다.

「사례」 A는 소유하고 있던 자동차를 갑에게 팔게 되었는데, 대금을 모두 받은 후 명의변경에 필요한 서류 일체를 교부하면서 자동차도 갑에게 넘겨주었다. 그런데 갑은 자동차등록원부의 명의를 자기이름으로 변경하지 않은 채로 운행하다가 전치 10주의 인명사고를 내고 달아나 버렸다. 피해자는 자동차등록원부상으로 아직 A가 소유권자로 되어 있다는 것을 이유로 A에게 손해배상을 요구하고 있다. 이와 같은 경우 A에게 배상책임이 있는가?

「해설」 자동차도 법적으로는 엄연히 동산이다. 하지만 자동차는 다른 동산과 달리 그 소유권을 변동시키고자 할 때에는 반드시 자동차등록원부라는 공적인 장부의 명의를 변경하도록 하고 있다. 즉, 자동차등록원부의 명의를 변경하지 않으면 소유권의 변동이 일어나지 않는다는 뜻이다. 이와 같은 특별한 조치를 보면 자동차를 마치 부동산과 비슷한 것으로 취급하고 있는 것을 알 수 있다. 따라서 법적으로는 A가 아직은 자동차의

---

1) 양수인이 이미 물건을 점유하고 있는 경우에는 당사자의 의사표시만으로 인도한 것이 된다(민법 제188조 제2항).

2) 점유권의 양도를 말한다. 양도한 후에도 양도인이 계속해서 점유하는 경우에는 점유이전의 합의만으로써 점유가 이전되고, 양수인은 양도인을 직접점유자로 해서 스스로는 간접점유를 취득한다.

소유권자이다.

그런데 자동차의 운행으로 말미암아 사고가 났을 때 자동차의 소유권자가 언제나 사고의 책임을 지는 것은 아니다. 원래 소유하는 물건으로부터 다른 사람이 손해를 입었다면 물건의 소유자가 책임을 지는 것이 일반적이지만, 자동차의 경우는 소유권자와 실제로 운행한 자가 다른 경우가 있으므로 이 일반원칙이 그대로 적용되지 않는다. 그래서 "자기를 위하여 자동차를 운행하는 자"(운행자)가 사고에 대하여 책임을 진다는 자동차손해배상보장법의 규정은 바로 이러한 점을 고려하여 있는 것이다. 판례도 "자기를 위하여 자동차를 운행하는 자라 함은 당해 자동차의 운행지배권을 가지고 그 운행으로 인한 이익을 받는 자를 의미하며, 자동차등록원부에 소유자로 등록되어 있다 하더라도 이를 타에 매도하여 그 대금이 모두 결제되고 매수인에게 그 차량을 인도하여 매수인의 책임하에 채용한 다른 운전사나 직접 매수자가 운행하다가 사고를 일으킨 경우에는 아직 등록명의가 매수인명의로 변경되어 있지 아니하고, 그 이유가 무엇이던간에 그 운행지배권은 이미 그 등록명의인으로부터 이탈하고 매수인에게 이전된 것이라고 보아야 할 것이므로 그 등록명의인은 자기를 위하여 자동차를 운행하는 자라고는 볼 수 없다(대판 1985. 4. 23, 84 다카 1484) 라고 하고 있다. 따라서 A는 피해자의 손해배상청구에 따르지 않아도 무방하다.

**참조조문**

**— 자동차손해배상보장법**

제3조(자동차손해배상책임) 자기를 위하여 자동차를 운행하는 자는 그 운행으로 말미암아 다른 사람을 사망하게 하거나 부상하게 한 때에는 그 손해를 배상할 책임을 진다(이하 생략).

**— 자동차관리법**

제5조(등록) 자동차(이륜자동차를 제외한다)는 자동차등록원부에 등록한 후가 아니면 이를 운행하지 못한다. 다만 제27조 제1항의 규정에 의하여 임시운행허가를 받은 경우에는 그러하지 아니하다.

제6조(자동차소유권변동의 효력) 자동차소유권의 득실변경은 등록을 하여야 그 효력이 생긴다.

## II. 유실물의 소유관계

길을 가다가 돈이나 물건을 습득하면 횡재했다고 기뻐하게 된다. 그러나 그 돈이나 물건을 마음대로 써버리거나 팔아치우면 후에 형사상 처벌을 받을 수도 있으므로 유의하여야 한다.

이와 같이 주인이 잃어버린 물건, 법률적으로 정의하면 소유자의 의사에 반하여 그의 점유를 이탈한 물건을 유실물이라고 한다. 이것은 처음부터 주인이 없는 야생동물이나 야생산삼 같은 것과는 구별된다. 즉, 주인 없는 야생동물 등은 처음 발견한 사람이 소유권을 취득하는데 반해, 유실물은 원래 주인이 있는 것이므로 이를 습득한 사람이 바로 소유권을 취득할 수는 없고 일정한 절차나 기간이 경과되어야 한다.

### 1. 거래를 통한 유실물 취득

원칙적으로 다른 사람으로부터 산 물건이 유실물일 때 그 물건의 원래 주인이 나타나서 반환을 요구하면 무조건 이를 돌려 주어야 한다. 다만 그 반환청구는 잃어버린지 2년 내에 하여야 하므로 이미 2년이 경과하였다면 그 물건을 산 사람이 확정적으로 소유권을 취득하게 된다.

한편, 유실물을 경매나 공개시장에서 또는 같은 종류의 물건을 판매하는 상인에게서 잃어버린 물건인 줄 모르고 샀다면 원래 소유자에게 그 물건을 돌려 줄 때 물건구입대금을 반환받을 수 있다. 예컨대, 카메라가게에서 중고카메라를 하나 샀는데 그것이 유실물이어서 원래 주인이 돌려 달라고 한다면, 그 카메라구입대금을 원래 주인으로부터 변상받고 카메라는 돌려 주어야 한다. 그러나 이 경우 카메라 행상으로부터 카메라를 샀다면 대금을 돌려받지 못하고 카메라만 돌려 주어야 하는 것이다.

### 2. 우연한 유실물 습득

#### (1) 경찰에의 신고

길을 가다가 우연히 보석이나 돈, 기타 물건을 주운 경우에는 우선 경찰에 신고하여야 한다. 그러면 경찰에서는 이를 공고한 후 1년 내에 소유자가 나타나지 않을 경우, 이를 습득자에게 돌려주어 습득자가 소유권을 취득하게 된다. 만약 이러한 신고를 하지 않고 습득자가 마음대로 유실물을 처분해버리면 형법상 '유실물횡령죄'(제360조 제1항)에 해당되어 처벌받을 수도 있다.

### (2) 물건주인의 보상

유실물을 경찰에 신고하여 원래의 주인이 유실물을 되찾게 된 경우 그 물건의 주인은 습득자에게 물건 가액의 5~20% 범위 내에서 보상금을 지급할 의무가 있다. 그러므로 유실물 습득자는 물건의 주인과 협의하여 보상금을 받되 협의가 잘 이루어지지 않는 경우에는 소송을 걸어 보상금 지급청구를 할 수 있다.

이 경우 문제가 되는 것은 거액의 어음이나 수표를 습득한 경우이다. 예컨대, 길을 가다가 50억원짜리 수표를 주워 경찰에 신고했을 때의 보상금 문제이다. 보상금이 50억원의 5%라면 2억5천만원이라는 거액을 보상금으로 받을 수 있다.

그렇지만 50억원짜리 수표는 개인적으로 사용할 수도 없고 또 잃어버린 사람은 잃어버린 수표를 무효화시키고 새로 수표를 발급받을 수도 있으므로, 액면 50억원짜리 수표가 꼭 50억원의 가치가 있다고 보기는 어렵다. 따라서 보상금도 액면금액의 5%에 해당하는 거액으로 평가되어서는 안 될 것이다. 실제로 이와 같은 문제가 발생하여 재판까지 가게 되면 법원은 위 수표의 가치를 예를 들어 1,000만원 정도로 정하여 그것의 5~20%에 해당하는 금액을 보상금으로 지급하라는 판결을 내릴 것이다.

그러나 유실물이 현금일 경우에는 아무리 거액이라도 다른 사람이 바로 써버릴 수 있으므로 찾게 된 총금액의 5~20%의 보상금이 지급되어야 할 것이다.

**사례연습**

**〈사 례〉** A는 어젯밤 늦게 지하철을 타고 가던 중 분실한 것으로 보이는 지갑을 발견하였는데, 그 지갑 안에는 현금 100만원과 수표 1,500만원 등 총 1,600만원의 금품과 수첩 등이 들어 있었다. 이와 같은 경우 A는 이를 어떻게 해야 하며, 또한 소유자가 나타날 경우 그 보상을 청구할 수 있는지, 보상을 청구할 수 있다면 어느 정도 청구해야 하는가?(지갑을 습득한 자의 유실물소유자에 대한 보상청구권)

☞ **해 결**

A는 습득한 지갑 속의 내용물을 통하여 그 소유자를 알 수 있으면 그 소유자에게, 알 수 없으면 경찰서에 제출해야 하며, 이렇게 하지 않으면 경우에 따라 점유이탈물횡령죄의 형사문제가 생길 수도 있다. 소유자가 나타나 지갑을 찾아갈 경우 습득자는 보상을 받을 권리를 갖게 되는데, 습득자는 유실물법 제4조에 의하여 유실물가액의 100분의 5 내지 100분의 20의 범위 내에서 보상금을 지급받을 수 있게 된다. 또한 이 보상금은 물건을 반환한 후 1월을 경과하면 청구할 수 없다(동법 제6조).

그리고 유실물이 현금일 때의 유실물가액의 기준은 현금액 그대로 이지만, 수표나 약속어음 등유가증권일 경우에는 액면액이 그대로 유실물가액이 되지 않는다. 왜냐하면 유실물이 유가증권일 때에는 유실자가 그 손해를 방지하기 위한 수단을 강구하는 수가 많기 때문이다. 판례는 횡선수표[3]에 관하여 "수표를 유실한 후 그것이 선의.무과실인 제3자의 수중에 들어가 결국 유실자가 입게 될 위험성의 정도(불이익의 기준)에 따라 보상기준을 결정할 것이다"(대법원 1965. 2. 10. 선고, 64 다 1488 판결)라고 하고 있다.

한편 A가 경찰서에 습득물을 습득일로부터 7일 이내에 제출한 경우(동법 제9조) 법률에 정한 바에 의하여 공고한 후 1년 내에 물건소유자가 나타나지 않으면 A는 그 소유권을 취득할 수 있으며 6개월 이내에 수취하여야 한다(민법 제253조, 유실물법 제14조). 그러나 이러한 유실물 습득의 경우 법의 규정을 떠나 도의적으로 처신함이 상당한 것으로 생각된다.

## Ⅲ. 상린관계(相隣關係) 및 소유권에 기한 방해배제등 청구권

산업화·도시화가 진전되면서 좁은 지역 내에 많은 사람들이 모여 살게 되었고, 이에 따라 날이 갈수록 이웃간에 크고 작은 다툼이 늘어가고 있는 실정이다. 특히 인접하고 있는 토지, 건물 등 부동산소유자 상호간에 그 이용관계에 관한 분쟁도 증대되어 가고 있으므로 이를 적절히 조절할 필요성도 커지고 있다.

이와 같이 인접한 부동산 상호간의 이용관계에 관한 기본원칙이 민법에 규정되어 있는데, 이를 상린관계라고 한다. 따라서 상린관계는 인접하고 있는 부동산 소유자 상호간의 이용을 조절하기 위한 것 즉, 부동산의 각 소유자가 가지는 권리를 어느 정도까지 제한하고, 각 소유자에게 협력의 의무를 부담케 함으로써 인접하는 부동산 상호간의 이용의 조절을 꾀하려는 규정이다.

### 1. 생활방해의 금지

#### (1) 생활방해 금지의무

아파트에서 피아노를 치거나 뛰어다니는 등 그 소리나 진동 때문에 위아래층에 사

3) 횡선수표는 도난·분실 등에 대비하여 수표의 부정소지인이 그 수표에 의하여 지급을 받지 못하도록 하기 위하여 수표상의 표면에 두 줄의 평행선을 그은 수표를 말한다. 그 종류로는 일반횡선수표와 특정횡선수표가 있는데, 지급인은 자기의 거래처 또는 다른 은행을 통해서만 지급할 수 있는 수표이다. 이러한 제도에 의해서 수표의 부정취득자가 지급받는 것을 최소한도로 방지할 수 있고, 만일 부정취득자에게 지급된 경우라도 그 수취인을 쉽게 알 수 있기 때문에 구상권의 행사가 용이하게 된다.

는 사람들이 불편을 겪는 경우가 많다. 또한 주택가 부근의 공장이나 건설공사장에서 발생하는 매연, 가스, 소음, 진동 때문에 이웃주민이 일상생활 속에서 피해를 받는 경우도 많이 있다.

원칙적으로 이러한 생활방해는 민법의 상린관계규정에 의하여 금지되고 있다. 즉, 이웃사람은 매연, 열기체, 액체, 음향, 진동 등이 이웃토지의 이용을 방해하거나, 이웃주거지의 생활에 고통을 주지 않도록 적당한 조치를 취하여야 할 의무가 있는 것이다. 예컨대, 매연을 발생시키는 공장주는 매연으로 이웃주민이 피해를 보지 않도록 매연방지시설을 할 의무가 있고, 대형 에어컨을 설치한 건물주는 그 에어컨이 뿜어내는 뜨거운 공기로 인해 이웃주민이 불편하지 않도록 적절한 배기시설을 하여야 하며, 피아노학원에서는 적절한 방음시설을 설치하여야 하고, 건설공사장에서는 착암기 등 진동이 발생하는 시설을 사용할 때 진동이 가장 적게 발생하는 방법으로 이를 사용하고 야간 등 이웃주민의 생활을 크게 방해하는 시간을 피하여 공사하여야 할 의무가 있는 것이다.

### (2) 생활의무 위반시

만약 이와 같은 생활방해 금지의무를 위반한 경우에는 그로 인하여 피해를 입은 이웃주민 등은 매연, 소음, 악취 등 생활방해를 일으키지 않도록 청구할 수 잇고, 그러한 생활방해로 손해를 입었다면 손해배상청구도 할 수 있다. 그 밖에도 매연, 소음 등 생활방해를 단속하는 환경관계법, 건축관계법 등 행정법규에 위반되면 별도의 처벌을 받을 수도 있다.

### (3) 참을 수 없는 생활 방해의 정도

그러나 사람이 살아가는 데에는 다소간 소음이나 진동과 같은 생활방해가 불가피하게 발생하는데, 이웃집의 피아노소리, 아이들이 뛰어다님으로 인한 진동, 소란, 부부싸움 소리, TV소리 등 생활 속에서 어쩔 수 없이 생기는 생활방해를 모두 법적으로 금지시키는 것은 불가능하고 또 바람직하지도 못하다.

따라서 상린관계 규정은 생활방해의 금지와 함께 생활방해를 참고 지내야 하는 인용의무를 규정하고 있다. 즉, 이웃 거주자는 생활방해의 발생이 이웃토지의 통상 용도에 적당한 것일 때에는 이를 참고 넘어가야 할 의무가 있다는 것이다. 문제는 어느 정도의 생활방해가 참고 넘어가야 하는 것인가인데, 이것은 "이웃토지의 통상 용도에 따라 당연히 발생하는 정도"로 생각할 수 있다. 예컨대, 피아노소리, 라디오소리도 산 속의 휴양지에서는 금지되는 생활방해에 해당될 것이나 주택가에서는 참고 넘어가야 할 정도이고,

기계소리나 상품을 선전하는 확성기소리는 주택가에서는 금지되는 생활방해지만 상업지구, 공단에서는 허용된다고 볼 수 있다.

이처럼 인근지역의 성격에 따라 인용하여야 할 생활방해의 내용이 다르며, 통상적인 생활소음의 정도는 법 이전의 사회적인 관례에 따라 정해지는 것이라고 할 수 있다.

## 2. 토지경계에 관한 문제

### (1) 경계에 관한 분쟁

예로부터 이웃사촌이라는 말이 있다. 이것은 어렵고 힘들 때 이웃간에 서로 돕고 의지하던 따뜻한 정을 표현한 것이라고 생각된다. 그런데 우리의 살림살이가 조금씩 나아지면서 점점 높아지는 담을 보듯이 안타깝게도 이웃 사이도 갈수록 멀어져가고 있는 것이 현실이다. 특히 이웃 사이에 토지경계에 관한 분쟁이 발생하기라도 하면 이웃사촌이 아니라 이웃원수지간이 되어 서로 불편한 생활을 하게 되는 모습을 종종 볼 수 있다.

그러므로 토지경계에 관한 문제에 대해 법률적 기준을 정확히 알아둠으로써 이웃간의 토지경계에 관한 분쟁이 감정적 싸움으로까지 악화되는 것을 막고, 서로 양보하여 원만히 해결하도록 하는 것이 필요하다.

### (2) 담의 설치

인접한 토지의 소유자는 이웃의 공동비용으로 담을 설치할 수 있다. 즉, 이웃사람이 담 설치를 반대하더라도 토지경계에 담을 설치할 수 있고 그 비용을 상대방으로부터 받을 수 있는 것이다. 이 경우 담 설치비용은 절반씩 부담하되 담 설치를 위한 측량비용은 토지의 면적에 비례하여 부담하게 된다. 다만 그 동네에 이와는 다른 관습이 있으면 그 관습에 따라야 한다. 예컨대, 어느 동네에서는 이웃 사이에 보통 담을 설치하지 않으며 굳이 담을 설치하고자 하는 때에는 담을 설치하려고 하는 사람이 전적으로 비용을 들여야 한다는 관습이 있다면, 담을 일방적으로 설치한 사람은 상대방에게 그 비용부담을 요구할 수 없다.

또한 이웃 토지 소유자 사이에 담 설치비용을 공동으로 부담하는 범위는 통상적인 담 설치비용 범위 내에서이다. 예컨대 당장에 대리석을 부착하는 등 특별하게 지출된 비용은 상대방에게 부담시킬 수 없다.

### (3) 경계를 넘어간 나뭇가지와 뿌리

주택가에서는 보통 마당에 나무나 꽃을 심게 되는데, 나무가 무성히 자라 이웃집으로 넘어가는 경우도 있다. 이 때 이웃집에서도 그 나무를 감상하고 즐긴다면 별 문제가 없으나 이를 불편하게 생각할 수도 있다. 이러한 문제를 해결하기 위하여 우리 민법은 가지, 뿌리의 제거권을 규정하고 있다. 즉, 인접한 토지의 나뭇가지가 경계를 넘었을 때에는 먼저 상대방에게 그 가지의 제거를 청구할 수 있고, 상대방이 이에 아무런 반응을 보이지 않으면 그 자신이 직접 그 가지를 제거할 수 있다. 그리고 인접한 토지의 나무뿌리가 경계를 넘었을 때에는 아무런 사전청구를 할 필요없이 바로 그 뿌리를 제거할 수 있다. 다만 위와 같이 제거한 가지와 뿌리는 상대방에게 돌려 주어야 한다.

### (4) 경계선 부근의 건축

토지경계 부근에서 건축을 할 때에 특히 분쟁이 많이 발생한다. 건축에 관하여는 건축법에 상세한 규정이 되어 있으나 이와는 별도로 민법에서도 몇 가지 규정을 두고 있다. 즉, 토지경계선 부근에서 건축을 할 때에는 특별한 관습이 없으면 경계로부터 50㎝ 이상의 거리를 두어야 한다. 여기서 특별한 관습이란 종전부터 토지경계에 사이를 두지 않고 경계에 바짝 붙여서 건물을 지어 왔던 관행을 말하는데, 이 경우에는 경계로부터 50㎝ 이상 떨어져서 건축할 것을 요구할 수 없는 것이다.

이러한 규정에 위반한 건축물에 대하여는 그 변경이나 철거를 청구할 수 있다. 다만 건물을 짓기 시작한 때로부터 1년을 경과하였거나 건물의 완성된 후에는 건물을 철거하는 것이 상당한 경제적 손실을 가져오므로 손해배상만을 청구할 수 있다.

#### 사례연습

**〈사례 1〉** A는 본인소유의 단독주택에서 살고 있는데, '갑'주식회사가 A의 집 부근에서 예방공사를 하지 않은 채 굴착공사를 함으로써 A집의 벽면에 금이 가고 붕괴위험이 있어 수차에 걸쳐 손해배상을 요구하였으나 시정되지 않고, 현재는 굴착공사를 완료한 후 아파트지상 골조공사를 하고 있는데 구제방법이 없겠는가?(토지를 깊게 파내어 인접주택에 붕괴위험이 있는 경우의 구제방법)

☞ **해 결**

"토지소유자는 부근의 지반이 붕괴될 정도로 자기의 토지를 심굴(깊게 파냄)하지 못한다"(민법 제241조)는 규정에도 불구하고 토지의 소유자가 방어공사를 하지 않은 채 아파트건축을 위해 심굴굴착공사를 할 경우, 인접토지소유자는 대지일부가 아래로 내려앉는 것과 건물균열 등의 위험을 입증하여 토지굴착금지청구권과 소유물방해예방 또는 소유물방해제거청구권에 기한 공사중지가처분을 법원에 신청할 수 있다.

그러나 위 사안은 굴착공사가 완료한 후 지상골조공사를 하고 있으므로 이러한 경우에 있어서 공사중지가처분은 통례상 허용되지 않고(대법원 1981. 3. 10. 선고, 80 다 2832 판결), '갑'주식회사를 상대로 손해배상청구만이 가능하다고 생각된다.

**〈사례 2〉** A는 아파트에 거주하는데 위층의 배관일부가 파손되었는지 A의 아파트 천정으로 물이 스며 나오고 있어 위층 거주자에게 보수를 요구하였으나 차일피일 시간만 끌고 있다. 이 경우 대처 방법은 없는가?(아파트 위층에서 물이 새는 경우 구제방법)

☞ **해 결**

위와 같은 경우 먼저 하자부분인 보수와 관련 위층 거주자가 이를 거부하고 있다면 A는 소유권에 기한 방해제거를 청구할 수가 있는데, 민법 제389조의 규정에 의하여 법원에 채무자비용으로 제3자에게 이를 하게 하는 청구를 할 수 있다. 즉, 법원의 대체집행결정에 의하여 그 보수를 제3자로 하여금 강제로 할 수가 있는 것이다.

그리고 그 수리비용은 배관이 「집합건물의 소유 및 관리에 관한 법률」(집합건물법)에 의거 전유부분[4]으로 보느냐 공유부분으로 보느냐에 따라 달라질 수가 있으며, 통상 급수.가스.전기배관 등의 간선부분은 공용부분으로 보게 되지만 지선부분은 전유부분으로 보게 되는데, 위 배관 또한 지선에 해당되는 전유부분으로 봄이 타당하다 할 것이므로 그 비용 또한 위층 소유주가 부담해야 한다고 할 것이다(집합건물의 소유 및 관리에 관한 법률 제3조 참조).

**〈사례 3〉** A는 이웃과 공동으로 쓰는 담이 있는 집에서 살고 있는데, 폭우로 그 담의 일부가 무너졌다. 이러한 경우 무너진 담의 보수비용은 누가 부담하여야 하는가?

☞ **해 결**

민법 제237조는 인접하여 토지를 소유한 자는 공동비용으로 통상의 경계표나 담을 설치할 수 있다고 하고, 그 비용은 쌍방이 절반하여 부담하나 측량비용은 토지면적에 비례하여 부담하도록 규정하고, 다만 다른 관습이 있을 경우에는 그 관습에 의하도록 규정하고 있다.

그리고 판례를 보면, "토지의 경계에 경계표나 담이 설치되어 있지 아니하다면 특별한 사정이 없는 한 어느 한쪽 토지의 소유자는 인접한 토지의 소유자에 대하여 공동비용으로 통상의 경계표나 담을 설치하는 데에 협력할 것을 요구할 수 있고, 인접토지소유자는 그에 협력할 의무가 있다고 보아야 하므로 한쪽 토지소유자의 요구에 대하여 인접토지 소유자가 응하지 아니하는 경우에는 한쪽 토지소유자는 민사소송으로 인접토지소유자에 대하여 그 협력의무의 이행을 구할 수 있으며, 법원은 당해 토지들의 이용 상황, 그 소재지역의 일반적인 관행, 설치비용 등을 고려하여 새로 설치할 경계표나 담장의 위치(특별한 사정이 없는 한 원칙적으로 새로 설치할 경계표나 담장의 중심 또는 중심선이 양 토지의 경계선상에 위치하도록 해야 함), 재질, 모양, 크기 등 필요한 사항을 심리하여 인접토지소유자에 대하여 협력의무의 이행을 명할 수 있다"(대법원 1997. 8. 26. 선고, 97 다 6063 판결)라고 하였다.

> 따라서 위와 같은 경우에 특별한 관습이나 사정이 없다면 무너진 담은 공유로 추정되므로 양쪽 집이 담쌓는 비용을 공동으로 부담하면 되는데, 이웃집에서 차일피일 담의 보수를 미룬다면 상대방에게 담의 공동보수를 청구하거나, 우선 자기비용을 들여 담을 쌓고 나서 그 절반을 청구하면 될 것이다.

#### (3) 경계를 넘어간 나뭇가지와 뿌리

주택가에서는 보통 마당에 나무나 꽃을 심게 되는데, 나무가 무성히 자라 이웃집으로 넘어가는 경우도 있다. 이 때 이웃집에서도 그 나무를 감상하고 즐긴다면 별 문제가 없으나 이를 불편하게 생각할 수도 있다. 이러한 문제를 해결하기 위하여 우리 민법은 가지, 뿌리의 제거권을 규정하고 있다. 즉, 인접한 토지의 나뭇가지가 경계를 넘었을 때에는 먼저 상대방에게 그 가지의 제거를 청구할 수 있고, 상대방이 이에 아무런 반응을 보이지 않으면 그 자신이 직접 그 가지를 제거할 수 있다. 그리고 인접한 토지의 나무뿌리가 경계를 넘었을 때에는 아무런 사전청구를 할 필요없이 바로 그 뿌리를 제거할 수 있다. 다만 위와 같이 제거한 가지와 뿌리는 상대방에게 돌려 주어야 한다.

#### (4) 경계선 부근의 건축

토지경계 부근에서 건축을 할 때에 특히 분쟁이 많이 발생한다. 건축에 관하여는 건축법에 상세한 규정이 되어 있으나 이와는 별도로 민법에서도 몇 가지 규정을 두고 있다. 즉, 토지경계선 부근에서 건축을 할 때에는 특별한 관습이 없으면 경계로부터 50㎝ 이상의 거리를 두어야 한다. 여기서 특별한 관습이란 종전부터 토지경계에 사이를 두지 않고 경계에 바짝 붙여서 건물을 지어 왔던 관행을 말하는데, 이 경우에는 경계로부터 50㎝ 이상 떨어져서 건축할 것을 요구할 수 없는 것이다.

이러한 규정에 위반한 건축물에 대하여는 그 변경이나 철거를 청구할 수 있다. 다만 건물을 짓기 시작한 때로부터 1년을 경과하였거나 건물의 완성된 후에는 건물을 철거하는 것이 상당한 경제적 손실을 가져오므로 손해배상만을 청구할 수 있다.

---

4) 구분소유권(區分所有權)의 목적인 건물부분을 말한다. 구분소유권은 1동의 건물중 구조상 구분된 수 개의 부분이 독립된 건물로서 사용될 수 있는 부분을 목적으로 하는 소유권이다.

해약의 사유/ 해약금/ 최 고
동시이행관계에 있는 의무와 해약
이행불능과 해제/ 해약의 효과

# 제4절 계약의 해제

우리는 일상생활을 통하여 무수히 많은 계약을 체결하고, 또한 그것을 해약하기도 한다. 아침 출근길에 지하철을 타면서 운송계약을 체결하고, 백화점에서 물건을 사면서 매매계약을 체결하고, 아파트에 세를 들 때에는 임대차계약을 체결한다. 이와 같이 체결된 계약이 당초의 예상대로 순조롭게 이행되어, 계약한 대로의 목적을 모두 달성하였을 때 계약은 원만하게 종료된다.

그런데 계약이 체결된 후 문제가 발생할 수 있다. 예컨대, 지하철이 사고로 중도에서 운행이 중단된 경우, 구입한 물건이 불량품인 경우, 또는 세 들어갈 아파트를 집주인이 비워주지 않는 경우 등 계약이 당초 예상한 대로 그 목적을 달성할 수 없게 되는 때가 있다. 이러한 경우에 계약을 해약하는 문제가 발생한다. 계약을 해약하는 것을 법률용어로 계약의 해제라고 한다.

## Ⅰ. 해약의 사유

계약의 해제란 이미 체결하였던 계약을 처음부터 없었던 것으로 하는 것을 의미한다.[1] 이와 같은 계약의 해제는 당사자가 아무 때나 할 수 있는 것이 아니다. 즉, 해약할 만한 사유가 없이 함부로 계약을 해제할 수는 없는 것이다.

1) 반면에 '계약의 해지'란 계속적 채권관계에 있어서 계약의 효력을 장래에 향하여 소멸하도록 하는 일방적 행위를 말한다.

### 1. 합의에 의한 해제

우선 계약은 당사자의 합의로 언제든지 해약할 수 있다. 계약이 당사자 사이의 합의로 성립된 것인 만큼 당사자 사이의 합의만 있으면 자유로이 그러한 계약이 없던 것으로 할 수 있음은 당연하다.

### 2. 계약을 해제할 수 있는 권리

그런데 당사자 사이에 합의가 이루어지지 않는 경우, 예컨대 주택 매매계약에서와 같이 집을 판 사람은 해약하고 싶은데, 집을 산 사람은 계약대로 하고 싶은 경우가 있다. 이러한 경우에는 합의에 의한 해제가 성립될 수 없고, 다만 해약하기를 원하는 사람에게 계약을 해제할 수 있는 권리 즉, 해제권(解除權)이 있어야 한다.

첫째, 계약을 해제할 수 있는 권리는 당초 계약할 때 당사자 사이에 정해둘 수 있다. 예컨대, 계약 후 일주일 이내에는 언제든지 계약을 해제할 수 있다든지, 또는 언제까지 집을 비워주지 않으면 상대방은 계약을 해제할 수 있다든지 등의 방식으로 계약 당시에 이미 해약할 수 있는 경우를 정해놓을 수 있다. 이러한 사유가 발생할 때 해제권이 발생하게 되고, 이를 법률상의 용어로 약정해제권이라 한다.

둘째, 계약 당시에 특별히 정하여 두지 않은 경우라도 당사자 중 어느 한쪽이 계약상 의무를 위반한다면 다른 쪽은 법률상 당연히 그 계약을 해제할 권리를 갖는데, 이를 법률상의 용어로 법정해제권이라 한다. 가령 집을 산 사람이 잔금지급기일까지 잔금을 지급하지 않으면 집을 판 사람은 계약을 해제할 수 있는 권리를 갖게 되는 것이다. 즉, 주택매매계약의 경우 계약 당시에 계약을 임의로 해제할 수 있는 권리를 서로 합의하여 두지 않았는데도 집을 판 사람이 함부로 계약을 해제하고자 하는 것이라면, 계약은 그 사람의 일방적인 의사로서 해제될 수는 없다.

☞ 계약의 해제는 그 권리를 가진 사람, 즉 해제권을 가진 사람이 상대방에 대한 해제의 의사를 표시함으로써 이루어지는 것이다. 그러므로 해제권이 있더라도 해제의 의사표시가 없다면 계약은 유효하게 존속될 수 있다.

## II. 해 약 금

우리는 집을 사거나 전세를 들어가는 계약을 할 때, 대체로 매매대금 전액 또는 보증금 전액의 10%에 해당하는 돈을 계약금 명목으로 준다. 이처럼 계약금은 계약을 맺은 것을 증명하기 위하여 주고받은 돈이다. 앞에서 본 바와 같이 계약 이후 사정이 바뀌어서 계약당사자의 어느 한쪽만이 계약을 해제하고자 하는 경우 그에게 해제권이 없는 한 해제할 수 없다.

그러나 예외적으로 우리 민법은 당사자 사이에 단순히 계약금만 지급된 경우에는 아무런 계약해제 사유가 없더라도 계약금을 준 사람은 계약금을 포기하고 계약을 해제할 수 있고, 계약금을 받은 사람은 받은 금액의 배액을 상환하고 계약을 해제할 수 있다고 규정하고 있다.

첫째, 위와 같이 해약할 수 있는 것은 계약금만 지급된 경우에 한한다. 계약금보다 많은 금액 즉, 중도금의 일부라도 지급되었거나 상대방이 이미 계약의 이행에 착수하였을 때에는 그 계약금의 배액을 상환함으로써 일방적으로 해약할 수 없다. 따라서 계약의 효력을 확정적으로 유지하고자 하면 계약 당시에 계약금과 중도금 일부를 함께 지급하는 것도 한 방법이 될 것이다.

둘째, 위와 같이 해약하기 위해서는 계약금의 배액을 실제로 반환하여야 한다. 말로만 해약하고 위 금액을 반환하지 않는 동안 중도금 지급기일이 되어 중도금을 지급하면 더 이상 계약을 해제할 수 없다.

한편, 위와 같이 계약금을 포기하거나 배액을 상환하여 계약을 해제한 경우 상대방은 별도의 계약해제로 인한 손해배상을 청구할 수 없고, 그 금액에는 손해배상이 모두 포함되어 있는 것으로 보게 된다.

☞ 계약체결 후 계약금만을 교부한 상태라면 계약금을 포기하거나, 계약금의 배액을 반환함으로써 일방적으로 계약을 해제할 수 있다. 항간에는 24시간 내에 해약하면 계약금을 떼이지 않는다는 말도 있으나 이는 근거 없는 말이다.

## Ⅲ. 최 고

### 1. 최고제도의 필요성

앞에서 본 바와 같이 계약당사자 중 어느 한쪽이 계약상의 의무를 이행하지 않는 경우 다른 쪽은 계약을 해약할 권리가 생긴다. 예컨대, 집을 사고 파는 매매계약을 체결하였으나 집을 산 사람이 잔금 지급기일에 잔금을 지급하지 못하면 집을 판 사람은 계약을 해제할 수 있게 된다.

그런데 이런 경우 집을 산 사람에게 며칠만 여유를 준다면 잔금을 준비할 수 있음에도 불구하고 잔금기일을 넘기자마자 바로 계약을 해제할 수 있도록 하는 것은 너무나 가혹하다고 할 것이다. 또한 계약이 일단 체결되었다면 원만히 계약목적을 달성할 수 있도록 하는 것이 경제적으로도 이로운 것이다.

이 때문에 민법은 계약을 맺은 어느 한쪽이 의무를 이행하지 못하더라도 바로 계약을 해제할 수 없고 일정한 해약절차를 거치도록 하였다. 즉, 집을 산 사람이 잔금기일에 잔금을 지급하지 않으면 집을 판 사람은 집을 산 사람에게 며칠 동안의 여유를 주어 잔금을 낼 것을 독촉하고 그래도 잔금을 내지 않는 경우에는 해약할 수 있도록 하고 있다. 이와 같이 계약상 의무를 이행하지 않는 사람에게 의무이행을 독촉하는 것을 최고라고 한다.

### 2. 최고의 방법

원칙적으로 위와 같은 최고를 하지 않으면 계약을 해제할 수 없다. 최고를 할 때에는 상대방에게 지급할 잔금이 얼마이고, 잔금기일이 언제였는데, 잔금을 지급하지 않고 있으니 언제까지 잔금을 지급하라, 그렇지 않으면 계약은 해제된다는 취지의 내용을 담고 있으면 된다.

이러한 적당한 최고기간을 청하여 최고를 한 후, 여유를 준 기간 동안에도 잔금을 내지 않으면 그때 비로소 계약을 해제할 수 있다. 다만 당사자가 계약 당시에 이러한 최고 없이 계약을 해제할 수 있다는 내용의 약정을 미리 해두는 경우라면 위와 같은 최고는 필요치 않다.

☞ 최고를 거치지 않은 해약은 당사자 사이에 최고를 하지 않기로 약정하지 않은 한 무효이고 계약은 여전히 유효하다.

## Ⅳ. 동시이행관계에 있는 의무와 해약

매매계약을 체결하면 매수인은 매매대금을 지급할 의무를 지게 되고, 매도인은 매매 목적물의 점유를 이전하고 소유권 이전등기를 해줄 의무를 지게 된다. 이처럼 양 당사자가 서로 대가관계에 있는 의무를 지는 계약을 쌍무계약이라 한다. 이러한 계약에서 특별한 약정이 없는 한, 양 당사자 사이의 의무는 동시에 이행하여야 하는 관계에 있게 되고, 어느 한쪽이 자기 채무의 이행 또는 이행의 제공을 하지 않는 한 상대방의 채무를 이행하도록 요구할 수는 없는 것이다.

여기서 '이행의 제공'이라 함은 매도인의 경우 소유권 이전등기에 필요한 서류를 준비하여 이를 상대방에게 보여주고, 상대방이 협력하기만 하면 곧 등기할 수 있도록 준비를 갖춘 상태를 의미하며, 매수인의 경우 대금을 준비하여 이를 상대방에게 보여주는 것을 의미한다.

이처럼 서로 의무를 부담하는 쌍무계약에서는 한쪽이 자기채무의 이행의 제공을 하여야만 비로소 다른 쪽의 의무이행을 요구할 수 있다. 예컨대 집을 매매한 경우 매도인이 이전등기 서류를 준비하여 상대방에게 보여주어야 상대방에게 잔금지급을 요구할 수 있으며, 그렇게 하였는데도 상대방이 잔금을 지급하지 않으면 매도인은 일정한 기간을 정하여 의무이행을 최고한 후에 해약할 수 있게 되는 것이다.

☞ 그러므로 쌍무계약이 동시이행관계에 있을 경우 자기의 의무를 이행하지 않으면, 상대방이 의무를 이행하여야 할 시기에 의무를 이행하지 않더라도 계약을 해제할 수는 없는 것이다.

## Ⅴ. 이행불능과 해제

### 1. 이행불능의 의미

집을 팔고 사는 계약을 맺은 경우, 집을 판 사람은 집을 산 사람에게 등기를 넘겨줄 의무가 있다. 그런데 집을 판 사람이 다른 사람에게 등기를 넘겨 버리면 당초의 매매계약은 목적을 달성할 수 없게 된다.

또한 집에 세를 드는 임대차계약을 체결한 경우 집주인은 세입자에게 방을 내줄 의무가 있다. 그런데 집주인이 그 방을 다른 사람에게 내주거나 그 집이 화재로 불타버리면 당초의 세입자는 계약에 따라 그 방에 들어가는 것이 불가능해진다. 이처럼 계약이 체결된 후에 여러 가지 사정으로 계약상의 의무를 이행할 수 없게 된 상태를 이행불능이라고 한다.

### 2. 이행불능상태의 원인

이행불능의 원인은 여러 가지가 있을 수 있다.

첫째, 홍수나 원인을 알 수 없는 화재와 같은 천재지변으로 인하여 매도하기로 한 집이 무너져버리는 것처럼 계약당사자에게 아무런 책임이 없는 경우가 있다.

둘째, 매매계약한 집을 집주인이 다른 제3자에게 이전등기 해버리거나 집을 지어주기로 한 건축업자가 건축 도중에 파산하여 더 이상 집을 지을 수 없게 되는 것처럼 계약상 의무 있는 자에게 책임이 있는 경우도 있다.

아무튼 책임이 누구에게 있든지 일단 이행불능의 상태가 되면 계약상 의무 있는 자에 대하여 당초의 의무를 그대로 이행할 것을 요구할 수는 없게 된다.

### 3. 이행불능시의 처리문제

이와 같이 이행불능이 발생하였을 때 그 뒤처리를 어떻게 할 것인가에 대하여 민법은 몇 가지 규정을 두고 있다.

첫째, 계약당사자의 책임 없는 사유로 인한 이행불능의 경우 계약은 자동적으로 소멸된다. 따라서 계약당사자는 서로 상대방에게 계약상 의무이행을 요구할 수 없고 손해배상을 요구할 수도 없다.

둘째, 계약상 의무 있는 자의 책임 있는 사유로 이행불능이 된 때에는 계약상 권리를 가진 자는 아무런 최고 없이 즉시 계약을 해제할 수 있다. 즉, 계약당사자 중 어느 한쪽의 잘못으로 이행불능이 된 때 그 상대방은 일방적으로 계약을 해제함으로써 자기의 계약상 의무를 면할 수 있는 것이다. 또한 이러한 계약의 해제와 아울러 잘못을 저지른 자에 대하여 손해배상을 청구할 수 있다.

## VI. 해약의 효과

계약은 적법하게 해제될 때까지는 효력을 갖게 되나, 일단 해제되면 계약을 체결할 당시로 소급하여 처음부터 계약을 체결하지 않은 것과 같은 상태로 된다. 따라서 당사자들은 계약에 의하여 지고 있는 의무를 모두 면하게 된다. 가령 계약을 체결한 후 의무의 일부를 이행하였으나, 그 후 계약이 해제된 경우에 나머지 의무를 이행할 필요가 없게 된다.

그런데 이 경우 이미 서로 의무를 이행한 부분이 남는다. 예컨대, 매매계약을 체결한 후 매수인이 중도금까지 지급하였는데 계약이 해제되었을 경우 이 부분을 어떻게 처리할 것인가가 문제이다. 민법은 이러한 경우를 대비하여 서로간의 원상회복의무를 규정하고 있다. 즉, 계약이 해제되면 각 당사자는 서로 상대방으로부터 받은 것들을 모두 돌려 주어야 한다. 받은 물건이 돈일 경우에는 받은 날 이후의 이자까지도 지급하여야 한다.

한편, 위와 같은 원상회복을 한 후에도 손해가 남아 있는 경우 잘못을 저지른 쪽에서 상대방에게 손해를 배상하여야 한다. 예컨대, 소비자가 장롱을 구입하였으나 방에 들어가지 않아 장롱매매계약을 해제하게 될 경우, 각자는 서로가 받은 장롱과 장롱대금을 반환하여야 한다. 만일 장롱을 손상하였다면 그 손해도 배상하여야 한다.

☞ 계약이 해제되면 가능한 한 빨리 원상회복시켜 주는 것이 좋다. 시간이 경과할수록 손해가 더욱 커지거나 서로의 관계가 더욱 복잡해질 수 있기 때문이다.

# 제 6 장

# 임대차 및 주택임대차

임대차의 의의/ 임대인과 임차인의 의무
사정변경의 원칙/ 임차인의 비용상환청구권
전대차와 권리금

# 제1절 임대차

임대차는 대가를 지급하고 타인의 물건을 이용할 수 있는 대표적인 계약으로써 매매계약과 함께 우리의 경제생활에서 대단히 중요한 기능을 하고 있다. 특히 주택을 대상으로 하는 임대차는 서민들의 경제생활에서 많이 볼 수 있고, 그 외의 부동산임대차는 중소기업의 기업활동에 있어서도 자주 이용되는 거래유형이다.

## Ⅰ. 임대차의 의의

임대차는 당사자의 일방(임차인)이 상대방에게 목적물(임대물)을 사용 · 수익하게 하고, 상대방(임차인)은 이에 대하여 차임(借賃)을 지급할 것을 약정하는 계약이다. 임대차는 주로 부동산에 대하여 일어나는 경우가 많지만 동산을 대상으로 할 수도 있다.

## Ⅱ. 임대인과 임차인의 의무

### 1. 임대인의 의무

임대인은 계약이 존속하고 있는 동안에는 임차인이 목적물을 사용하는데 도와주어야 할 의무가 있다. 이 의무의 구체적인 내용으로는 임차인에게 목적물을 인도해야 할 의무, 제3자가 방해를 하여 임대차의 목적을 달성하기 어렵게 할 경우 그 방해를 제거해야 할 의무, 목적물을 수선해야 할 의무, 임차인이 목적물에 비용을 지출한 경우 그 비용을 상환해야 할 의무 등이다.

### 2. 임차인의 의무

임차인은 임차물의 사용·수익의 대가로 임대인에게 차임을 지급할 의무가 있다. 또한 계약의 종료로 목적물을 반환할 때까지 선량한 관리자의 주의로써 임차물을 보존하여야 한다.

## Ⅲ. 사정변경의 원칙

임대차계약과 같이 계속적 채권관계에서는 소위 사정변경의 원칙이 인정된다. 사정변경의 원칙이란 법률행위를 할 당시의 사정이 그 뒤 당사자가 예측할 수 없었던 사정으로 말미암아 변경되어, 원래의 법률행위에 따라 그 효과를 유지하면 대단히 부당한 결과가 될 경우에, 당사자가 그러한 법률행위의 효과를 적당하게 변경할 것을 상대방에게 청구하거나 계약을 해지할 수 있음을 지칭하는 것 이다. 이 원칙은 신의성실의 원칙에서 파생한 것으로써 차임증감청구권이 그 대표적인 경우라고 할 수 있다.

## 부동산임대차계약서

임대인(甲) ○ ○ ○ 주민등록번호
주소 연락처

임차인(乙) ○ ○ ○ 주민등록번호
주소 연락처

위 두 사람은 임대인 ○○○를 甲, 임차인 ○○○를 乙이라 하여 다음과 같은 임대차계약을 체결한다.

목적물(부동산)의 표시
시 구 동 번지
목조기와집 1채 ㎡

1. 보증금은 ○○○ 원정으로 정하고, 乙은 이 계약이 성립됨과 동시에 甲에게 지급한다.
2. 임대료는 매월 ○○○ 원으로 정하고, 乙은 매월 말일까지 甲에게 지급하기로 한다.
3. 이 임대차계약의 존속기간은 이 계약일로부터 2년간(○○○○년 ○○월 ○○일)으로 한다.
4. 乙은 甲의 승낙없이 이 부동산의 전부 또는 일부를 타인에게 양도 또는 전대할 수 없다.
5. 이 부동산에 관련되는 제세공과금 및 유지에 관계되는 수리비 기타 제반비용은 甲이 부담한다.
6. 乙이 제4조를 위반하거나 2개월 이상 임대료의 지급을 연체하였을 때에는 甲은 별도의 최고를 함이 없이 이 계약을 해지할 수 있다.
7. 乙은 甲의 승낙없이 임의로 부동산의 형태를 조작하거나 바꿀 수 없다.
8. 이 계약을 증명하기 위하여 계약서를 2부 작성하여 각자 서명·날인한 후 각각 1부씩 보관한다.

년 월 일

위 임대인(甲) ○ ○ ○ (인)
임차인(乙) ○ ○ ○ (인)
입회인 ○ ○ ○ (인)

## Ⅳ. 임차인의 비용상환청구권

임차인이 목적물에 관하여 비용을 지출한 때에는 임대인에게 비용의 상환을 청구할 수 있다. 그 비용이 임차물의 보존에 필요한 비용[1]이면 임대차기간이 존속 중일 때에도 상환을 청구할 수 있다.

## Ⅴ. 전대차(轉貸借)와 권리금

1) 전대차란 종전의 임차인이 새로운 임대인이 되어 임차물을 타인에게 임대하는 경우를 말한다. 전대차가 있을 경우 종전의 임차인을 전대인(轉貸人), 새로운 임차인을 전차인(轉借人)이라고 한다. 전대차는 전대인이 종전의 임대차관계에 그대로 남아 있다는 점에서 임차권의 양도와 구별된다. 임차권의 양도란 임차인이 가지고 있는 임차권을 그 동일성을 유지하면서 제3자에게 양도하는 계약을 말한다. 임차권의 양도가 있으면 종전의 임차인은 임대차관계에서 제외되고 양수인이 임차인의 법적 지위를 이어 받게 된다.

2) 한편 도시의 점포를 매매하거나 임대차할 때 흔히 권리금이라는 돈이 따라 붙은 경우가 있다. 권리금이란 교통의 편의성, 단골고객의 확보상태, 영업상의 신뢰도 등을 종합적으로 고려하여 금전으로 환산한 금액으로써 점포가 가지고 있는 특수한 영업상의 이익금이라고 할 수 있다. 점포의 임대차에 부수하는 권리금은 법적으로 보아 보증금이 아니기 때문에 임대차계약이 종료하더라도 임대인에게 반환을 청구할 수 없다. 따라서 점포를 매수 내지 임차, 또는 전차하는 경우에 있어서는 이러한 권리금의 성질을 잘 이해해서 신중하게 책정하여야 한다.

---

1) 임대목적물의 원상태를 유지 · 보수하거나 임차 목적물을 관리하기 위하여 지출한 비용을 '필요비'라 하며, 목적물의 객관적 가치를 증가시키는 비용을 '유익비'라 한다.

# 제2절 주택임대차보호제도

## Ⅰ. 일 반 론

### 1. 주택임대차보호법의 제정

무주택자가 집주인으로부터 집을 세얻어 사는 경우 그에 대한 법률관계는 민법상의 전세권이나 임대차 규정에 의하여 규율됨이 원칙이다. 한편 민법상의 전세권이나 임대차에 관한 규정은 개인주의적 법률사항을 기초로 하여 당사자 사이의 자유의사에 의한 계약을 중시하고 당사자 사이의 법률관계를 형식적으로 평등하게 규율하고 있다.

그러나 현실은 경제적 강자인 집주인의 횡포와 자의에 의하여 경제적 약자인 임차인이 부당한 요구를 강제당하고 피해를 입는 경우가 빈번하게 발생하여 심각한 사회적 문제를 야기시키게 되었다. 이에 따라 주택의 이용관계를 규율하는 민사법규를 계약자유의 원칙이 적용되는 시민법의 차원에서 임차인의 주거생활과 경제적 지위를 보장하여야 한다는 사회법적 차원으로 전환할 필요성이 절실하게 되었다. 따라서 주택임대차보호법은 무주택임차인의 권리와 지위를 보호하기 위하여 1981년 3월 5일 제정되었다.

### 2. 주택임대차보호법의 적용범위

#### (1) 주거용 건물 즉, 주택의 임대차에 한하여 적용된다(법 제2조 전단)

1) 주거용 건물 즉 주택은 그것이 사회통념상 건물로 인정하기에 충분한 요건을 구비하고 주거용으로 사용되고 있는 것이면 시청이나 구청 등에 구비되어 있는 가옥대장이나 건물대장의 용도란에 '주거용'으로 기재되어 있지 않더라도 본 법의 적용을 받게 된다. 따라서 공부상 공장용 건물이나 창고용 건물이라도 건물의 내부구조를 주거용으

로 사실상 변경한 경우에는 주택이라고 보아야 할 것이다. 또한 관할관청으로부터 허가를 받지 아니하고 건축한 무허가건물이나 건축허가를 받았으나 준공검사를 필하지 못한 건물[1]도 역시 본 법의 적용을 받는 것이므로 무허가나 준공검사 미비상태의 주택에 관하여 임대차계약을 체결하여도 이 법의 보호를 받게 된다.

2) 주택을 건축한 사람은 공사완공 후 준공검사를 받았으나 소유권보존등기를 하지 않았더라도 그 주택의 소유권을 취득하는 것이므로(민법 제187조) 미등기주택도 이 법의 적용을 받으며, 주택의 신축자는 그 주택을 임대할 수 있는 정당한 권리를 가지고 있으므로 미등기주택이라는 것 때문에 임대차계약 체결을 주저할 필요는 없다.

#### (2) 임차주택의 일부가 주거 외의 목적으로 사용되는 경우에도 적용된다(법 제2조 후단)

임차목적물이 주거용 건물과 함께 사용되는 것인 이상 임차주택의 일부가 비주거용인 경우까지 이 법의 보호대상이 되는바, 주택에 딸린 가게에서 소규모영업 및 공장을 하는 자도 이 법의 보호대상이 된다.

#### (3) 미등기전세에도 적용된다(법 제12조)

미등기전세는 우리 나라에서 상당히 오래 전부터 부동산임대차 특히, 건물임대차의 한 형태로 관습상 발전하여 온 제도로서 예컨대, 건물의 소유자인 甲이 그 건물을 세를 얻어 살고자 하는 乙로부터 '전세금'을 받고 일정한 기간 그 건물을 乙로 하여금 사용·수익하게 한 후 그 기간이 만료된 때에 그 건물을 인도받음과 동시에 전세금을 반환하는 것을 내용으로 하는 甲·乙간의 계약이라고 할 수 있다.

위와 같이 전세계약은 임대차계약의 일종으로서 전세권이라는 용어를 사용하고 있다. 그러나 그 의미는 물권인 전세권을 뜻하는 것이 아니라 임차권의 일종인 소위 채권적 전세를 말한다.

---

1) 예를 들면 옥탑방 등이 있다.

## 전세계약서

가옥 소유자(甲)　　주소
　　　　　　　　　주민번호　　　　　　　　　연락처
　　　　　　　　　성명　ㅇ ㅇ ㅇ
가옥 전세권자(乙)　주소
　　　　　　　　　주민번호　　　　　　　　　연락처
　　　　　　　　　성명　ㅇ ㅇ ㅇ

가옥의 표시　　시　　구　　동　　번지
　　　　　　　철근콘크리트조　　채　　　　㎡

위 甲과 乙 사이에 다음과 같은 조건으로 전세계약을 체결한다.

1. 전세금액은 　　　원정으로 하되, 乙은 이 계약성립과 동시에 계약금 　　　원을 甲에게 지급하고, 잔금은 　　　년 　　월 　　일 완불하기로 한다.
2. 甲은 전세금 잔액을 지급받은 날에 가옥을 乙에게 명도한다.
3. 전세기간은 가옥을 乙에게 명도한 날로부터 2년간으로 한다.
4. 乙은 甲의 승낙을 받아서 가옥을 개축 또는 변조할 수 있으나, 가옥을 반환할 때에는 甲의 요구에 따라 원상태로 복구하여 반환하여야 한다.
5. 乙은 甲의 승낙없이 가옥의 전부 또는 일부를 타인에게 전전세 또는 임대하지 않기로 하며, 甲의 승낙을 받은 때에는 서면으로 따로 약정한다.
6. 전세금은 乙이 위 가옥을 甲에게 완전히 명도한 때에 반환한다.
7. 甲이 계약금을 받은 후 이 계약을 해제할 때에는 계약금의 배액을 변상하고, 乙이 위약하였을 때에는 계약금을 포기하고 계약을 해제할 수 있다.
8. 이 계약을 증거로 하기 위하여 계약서 2부를 작성하여 각자 서명 · 날인한 것을 각각 1부씩 보관한다.

년　　월　　일

가옥소유자　ㅇ　ㅇ　ㅇ (인)

전세권자　ㅇ　ㅇ　ㅇ (인)

## II. 주택임대차보호법의 보호내용

### 1. 주택임차권의 대항력

1) 주택임대차는 그 등기가 없는 경우에도 주택의 인도(입주)와 주민등록(전입신고)을 마친 때에는 그 다음날부터 제3자에 대하여 효력이 생긴다(동법 제3조 제1항). 제3자에 대하여 효력이 생긴다 함은 임대인 이외의 자에 대하여도 세든 사람은 그 주택의 임대차 관계를 주장할 수 있다는 의미이며, 이것은 결국 임대차기간 중 임대주택의 소유자가 변경되는 경우에도 임대인의 지위가 신소유자에게 포괄적으로 승계됨으로써 임차인은 계약기간 동안(보증금을 준 경우에는 그 보증금을 반환 받을 때까지) 그 집에서 쫓겨나지 않고 생활할 수 있다는 것이다.

2) 그러나 주의할 점은 임차인이 입주와 전입신고를 하기 전에 그 집에 이미 저당권 등기나 가압류, 압류등기, 가등기 등이 행하여졌고, 그 결과로 경매나 가등기에 의한 본등기에 의하여 소유권자가 변경된 경우에는 임차권은 소멸되어 임차인은 신소유권자에 대하여 대항할 수 없다. 따라서 타인의 주택을 임대차하고자 할 때에는 최소한 등기사항 전부증명서를 열람하여 저당권설정이나 가등기 여부 등을 확인할 필요가 있다.

### 2. 임차주택양수인의 임대인지위 승계

1) '임차주택의 양수인'이라 함은 매매, 교환 등 법률행위에 의하여 임차주택의 소유권을 취득한 자는 물론 상속, 공용징수, 판결, 경매 등 법률의 규정에 의하여 임차주택의 소유권을 취득한 자를 말한다.

그러나 여기서 주의하여야 할 점은 임차주택의 양수인이라고 하여 모두 임대인의 지위를 계승하는 것은 아니라는 점이다. 즉, 앞에서도 설명한 바와 같이 임차권보다 선순위인 저당권 또는 가등기 등에 기하여(경매 또는 본등기의 이행방법으로) 소유권을 취득한 사람은 그 임차주택의 양수인인 것만은 틀림없으나, 임차인은 그들에 대하여 임차권을 주장할 수 없으므로 이들은 '임차주택의 양수인'에 포함시켜서는 안 된다.

2) 임차주택의 양수인이 임대인의 지위를 승계한다는 것은 종전 임대차 계약서에서 정하여진 권리와 의무를 모두 이어받는 것으로 임차주택의 소유권변동 후에 발생할 차임청구권이 양수인에게 이전하는 것은 당연하지만, 그 전에 이미 발생하였으나 아직 지

급되지 아니한 차임청구권은 종전 임대인에게 이미 구체적으로 발생하였던 채권이므로 양수인에게 당연히 계승되는 것은 아니라고 보아야 할 것이다. 또한 보증금 또는 전세금 반환채무는 임차주택의 반환채무와 동시이행관계에 있으므로 당연히 새로운 양수인이 부담하여야 한다.

### 3. 임차인의 순위에 의한 우선변제권

구 법률에서는 임차인의 입주시보다 후에 설정된 담보물권 등이 임차인보다 우선변제를 받는 일이 있어 임차인의 보호에 미흡하였었는데, 1989년 12월 30일 개정된 주택임대차보호법에서는 임차인에게 대항력을 인정하는 데 그치지 않고 일정한 요건을 갖춘 임차인에게 순위에 의한 우선변제권을 인정하였다. 즉, 주택의 임차인은 주택의 인도(입주)와 주민등록(전입신고)을 마치고 임대차계약증서상의 확정일자를 갖추었을 때, 민사집행법에 의한 경매 또는 국세징수법에 의한 공매시 임차주택의 환가대금에서 후순위권리자 기타 채권자보다 우선하여 보증금을 변제받을 권리가 있다(동법 제3조의2 제2항).

**심화학습**

▶ 후순위권리자 기타 채권자보다 우선하여 보증금을 변제받을 권리가 있을 뿐이므로 임차인이 인도, 주민등록 및 계약서상의 확정일자를 갖추기 전에 설정된 담보물권보다는 우선하지 못한다.

▶ 임대차계약증서상의 확정일자란 공증인 또는 법원서기가 그 날짜 현재에 임대차계약서가 존재하고 있다는 것을 증명하기 위하여 확정일자부의 번호를 써넣거나 일자인을 찍는 것을 말한다. 그리고 확정일자인을 받는 데에는 임대인의 동의가 필요없다.

▶ 임대차계약서의 확정일자는 법원 또는 공증인에게 일정액의 수수료(통상 1,000원)를 납부하면 법원서기 · 공증인으로부터 즉시 받을 수 있다. 또한 주민센터에서는 민원인의 편의를 위하여 임차인이 전입신고시 임대차계약의 확정일자를 요구하는 경우에 확정일자인을 찍어주고 있다. 그러나 주민센터에서 확정일자인을 받는 경우에는 임대차계약서상의 계약기간 내에만 가능하다. 따라서 임대차계약이 묵시적으로 경신된 경우는 새로운 임대차계약서를 작성하지 않기 때문에 이와 같은 경우에 확정일자인을 받기 위해서는 공증인이나 법원을 찾아가야 한다. 더욱이 이 때 다른 권리자와의 우선순위를 결정하는 것은 임대차계약 체결일이 아니라 확정일자를 받는 날이므로 임차인은 임대차계약체결 후 가능한 한 빠른 시일 내에 확정일자를 받는 것이 자신의 권리보호를 위해 필요하다.

▶ 순위에 의한 우선변제권이 인정되는 보증금은 그 금액의 범위에 제한이 없으므로 다액의 보증금의 경우에도 그 적용이 있다.

## 4. 주택임대차계약기간의 2년 보장

1) 주택임대차의 기간은 당사자간에 자유로이 정할 수 있으나 기간의 정함이 없거나 기간을 2년 미만으로 정한 임대차는 그 기간을 2년으로 본다(법 제4조 제1항).

2) 임대인이 임대차기간 만료 전 6월부터 1월까지에 임차인에 대하여 갱신거절의 통지 또는 조건을 변경하지 아니하면 갱신하지 아니한다는 뜻의 통지를 하지 아니한 경우에는 그 기간이 만료된 때에 전 임대차와 동일한 조건으로 다시 임대차한 것으로 본다(법 제6조 제1항). 이 경우 임대차의 존속기간은 2년으로 본다(동조 제2항). 따라서 묵시적 갱신의 경우 임차인은 언제든지 임대인에 대하여 계약해지를 통지할 수 있다(법 제6조의2 제1항). 그리고 이에 따른 해지는 임대인이 통지를 받은 날로부터 3월이 경과하면 그 효력이 발생한다.

3) 다만, 임대차 기간을 2년으로 정하여 임차인을 보호하려는 것은 임차인 자신의 의무를 다하지 않았을 때에도 무조건 보호해 준다는 취지는 아니므로 임차인이 2기의 차임을 연체하거나 기타 의무를 현저히 위반한 때에는 보호받지 못한다(법 제6조 제3항).

## 5. 임대인의 차임증액청구권 제한

민법상 임대차계약의 당사자는 임대물에 대한 공과부담의 증감 기타 경제사정의 변동으로 인하여 약정한 차임이 상당하지 아니할 때에는 증액이나 감액을 상대방에게 청구할 수 있다. 그러나 주택임대차보호법은 위와 같은 차임증감청구권을 인정하되 임대인의 증액청구권만을 일방적으로 제한하여 임차인을 보호하고 있다. 즉, 차임의 증액청구는 임대차계약 또는 약정한 차임의 증액이 있은 후 1년 이내에는 하지 못하도록 하였고, 만약 1년 후에 올리는 경우라 하더라도 기존차임의 5%를 초과할 수 없도록 하고 있다.

## 6. 일정한 범위의 보증금 최우선변제권

1) 일정한 범위의 임차인은 일정한 범위의 보증금(즉, 소액보증금 중 일부)에 대하여는 다른 담보물권자보다도 우선하여 변제받을 수 있다.

2) 그 범위로는 임대보증금이 소액인 경우(현재 서울 9,500만 원, 수도권 중 과밀억제권

역 8,000만 원, 광역시(군지역과 인천광역시 제외) 6,000만 원, 기타 지역은 4,500만 원) 임차주택이 경매되더라도 임차주택(대지 포함) 가액의 1/2범위 안에서 일정 금액(현재 서울 3,200만 원, 수도권정비계획법에 의한 수도권 중 과밀억제구역은 2,700만 원, 광역시(군지역과 인천광역시 제외)는 2,000만 원, 기타 지역은 1,500만 원)까지는 후순위 담보권자 및 일반채권자뿐만 아니라 선순위 담보권자보다도 우선하여 변제받을 수 있다(주택임대차보호법시행령 제3조 제1항, 제4조).

한편, 주택임대차보호법시행령 개정령은 등기사항전부증명서상의 최초 물권설정일을 기준으로 하게 되므로 시행일인 2001년 9월 15일 이후에 설정되는 물권 등에 해당된다. 따라서 시행일 이전에 전입신고 및 확정일자를 받은 임차인에게는 해당되지 않는다.

3) 다른 담보물권자보다 우선변제를 받을 수 있다는 것은 당해 임차주택소유자에 대한 일반 채권자는 물론 그 주택 위에 선순위저당권 등 담보물권을 가지고 있는 자(임차인보다 선순위로 등기되어 있어도 물론이다)보다도 우선하여 당해 주택(대지포함)가액의 2분의 1 범위 내에서 보증금의 반환을 받을 수 있다는 것이다. 다만 이러한 보호를 받기 위해서는 임차주택에 대하여 경매신청기입등기가 경료되기 전에 입주 및 주민등록 전입신고를 마쳐야 한다.

4) 우선변제권이 인정되더라도 보증금 전액에 대한 우선변제권이 인정되는 것이 아니므로(예: 서울의 경우 9,500만 원의 보증금이라면 주택가액의 2분의 1 범위 내에서 3,200만 원만 인정) 보증금전액의 우선변제권을 보장받기 위해서는 3항에서 설명한 바와 같이 임대차계약서에 확정일자인을 받아 두어야 한다. 즉 일정한 범위의 임차인은 일정한 범위의 보증금에 대하여 최우선변제권을 갖게 되지만, 그 전액에 대하여 최우선변제권이 인정되는 것이 아니므로 그 전액에 대한 우선변제권을 인정받기 위해서는 임대차계약서에 확정일자인을 받아 두어야만 한다.

### 7. 주택임차권의 승계

1) 임차인과 사실상의 혼인관계에 있는 자는 민법상 재산상속권이 없으므로 임차인이 상속권자 없이 사망한 경우에는 민법 제1058조의 규정에 따라 당해 주택임차권 및 보증금 등 반환청구권은 국가에 귀속되고 상속권자가 있는 경우에는 그 상속권자가 주택임차권 및 보증금 등 반환청구권을 상속하게 된다. 따라서 사실상의 혼인관계에 있는 자는 임차인의 사망으로 인하여 그 임차주택에서 쫓겨나는 신세가 되고 만다.

2) 이러한 불합리를 제거하고 임차인과 사실상의 혼인관계에 있는 자의 주거생활의 안정을 보장하기 위하여 임차인이 상속권자 없이 사망한 경우에는 임차권은 그 주택에서 임차인과 함께 살고 있던 사실상의 혼인관계에 있는 자에게 승계되도록 하고, 한편으로 상속권자가 있는 경우에도 그 상속권자가 임차인과 함께 살고 있지 않을 때에는 임차권은 사실상의 혼인 관계에 있는 자와 비동거자인 상속권자중 2촌 이내의 친족이 공동으로 승계하도록 하고 있다(법 제9조).

3) '사실상의 혼인관계에 있는 자'라 함은 혼인예식 등 실체상의 혼인절차는 밟았으나 다만 민법 및 호적법에서 정하는 혼인신고 절차만을 밟지 아니한 부부관계에 있는 자를 의미한다.

## 8. 임대차계약의 종료에 따른 보증금의 회수

### (1) 문 제 점

임대차가 종료되었음에도 임차인이 임대인으로부터 임차보증금을 반환받지 못하는 경우가 빈발하고, 근무지 변경 등으로 이사할 필요가 있는 경우에도 임차주택을 비워둘 수 없으며,[2] 더욱이 보증금을 반환받지 못할 것을 우려한 나머지 이사를 하지 못하는 등 기존 주택임대차제도의 문제점이 나타나게 되었다. 따라서 이와 같은 문제를 해결하기 위하여 1999년 본법의 개정(1999. 1. 21. 법률 제5,641호, 시행: 1999. 3. 1)을 통하여 임대차계약 종료시 보증금회수와 관련하여 임차인 구제제도가 신설되었다. 즉, 임차인이 경매를 신청하는 경우에도 임차주택에 계속 주거할 수 있도록 관련 규정을 정비하고, 임차인 단독으로 임차권등기를 할 수 있도록 임차권 등기명령제도를 도입함으로써 임차인의 권익보호에 충실을 기하기 위하여 현행제도의 운영상 나타난 일부 미비점을 개선 · 보완하려는 것이다.

### (2) 신설내용

#### (가) 보증금회수와 경매개시요건의 완화

임대차가 종료된 후 임대인이 보증금을 돌려주지 않을 경우, 임차인은 법원에 보증금반환청구소송을 제기하여야만 한다. 그리고 이에 따라 보증금반환청구소송의 확정판결을 받게 되면 이를 근거로 하여 강제집행절차인 경매를 신청하게 된다. 그런데 보증금

---

2) 왜냐하면 주택의 점유가 대항력의 요건이기 때문이다(주택임대차보호법 제3조 1항).

반환과 임대주택의 반환은 서로 상환적 관계로써 동시이행의 관계에 있다. 이와 같은 경우에 민사집행법은 채권자(임차인)의 "반대의무의 이행 또는 이행의 제공"이 있었음을 증명한 때에 한하여 경매를 개시할 수 있음을 명시하고 있다(민사집행법 제41조). 따라서 임차인은 임차주택을 미리 비워 주어야 하나, 임차주택을 비워 주면 대항력을 잃게 되어 경매배당의 우선순위를 보유할 수 없게 된다.

그러므로 본법에서는 임차인이 임차보증금 반환가채권의 확정판결 기타 이에 준하는 집행권원에 기하여 경매를 신청하는 경우에는 민사집행법 제41조의 규정에 불구하고 반대의무의 이행 또는 이행의 제공을 집행개시의 요건으로 보지 아니함으로써 임차인이 주택을 비우지 않고서도 경매를 신청할 수 있도록 하였다(법 제3조의2 제1항).

(나) 임차권등기명령제도

임차인이 임대차가 종료된 후 보증금을 반환받지 못한 경우, 본법은 임차인에게 임차주택의 소재지를 관할하는 지방법원 · 지방법원지원 또는 시 · 군법원에 임차권등기명령을 신청할 수 있도록 하고 있다(본법 제3조의3 제1항 신설). 따라서 임대차가 종료된 후 보증금을 반환받지 못한 임차인은 법원에 임차권 등기명령을 신청하여 임차권등기가 경료되면 등기와 동시에 대항력 또는 우선변제권을 취득할 수 있다. 이 때 만일 임차인이 이미 대항력과 우선변제권을 취득한 자인 경우에는 종전의 대항력과 우선변제권을 유지하며, 임차권등기 이후에는 주택의 점유와 주민등록의 요건을 갖추지 않더라도 임차인이 종전에 가지고 있던 대항력과 우선변제권이 유지되도록 하였다. 따라서 이로써 임차권등기의 효력을 강화하고 임차인이 자유롭게 주거를 이전할 수 있도록 하였다(법 제3조의3).

(다) 임대차기간 중 보증금 회수

1999년의 개정 전까지는 임차주택의 소유자가 임대차계약기간 중에 바뀌게 되면 대항력이 있는 임차인은 보증금반환청구를 임대차기간의 종료시까지 기다려야만 하였다. 특히 임대차계약기간 중에 경매가 개시되는 경우에는 대항력 있는 임차인은 임대차기간의 만료를 기다려야 하므로 경매에서 보증금의 우선변제를 청구할 수 없었다. 이와 같은 문제를 해결하기 위하여 "임차인이 당해 주택의 양수인에게 대항할 수 있는 경우에는 임대차가 종료된 후가 아니면 보증금의 우선변제를 청구하지 못한다"는 본법 제3조의2 제2항(개정 전의 제3조의2 제1항)의 단서를 삭제하였다. 따라서 대항력 있는 임차인은 임대차관계의 종료 전에도 보증금에 대한 우선변제권을 행사할 수 있게 되었다.

(라) 민법 제621조의 규정에 의한 임대차등기에도 이 법에 규정된 임차권 등기명령에 의한 임차권등기와 동일한 효력을 갖도록 함으로써 우선변제권을 부여하였다(법 제3

조의4 제1항).

(마) 임대차기간을 2년 이하로 약정하는 경우 임대인은 2년 이하의 약정기간을 주장할 수 없으나, 임차인은 이를 주장할 수 있도록 하여 임차인의 주거 안정과 임대차기간에 관한 선택권을 함께 보장하였다(법 제4조 제1항 단서).

(바) 보증금반환청구소송에 관하여 송장송달과 기일지정 등 소액사건심판법의 일부 조항을 준용함으로써 소송절차가 신속히 진행될 수 있도록 하였다(법 제13조).

### 전세권설정등기와 확정일자제도

| 구 분 | 전세권설정등기 | 확정일자제도 |
|---|---|---|
| 근거법률 | 민법의 전세권에 관한 규정에 의하여 그 설정순위에 따라 당연히 물권적 효력인 순위보호가 인정됨. | 주택임대차보호법의 개정규정에 따라 사회적 약자인 세입자를 보호하기 위하여 원칙적으로 채권계약인 주택임대차에 대하여 물권적 효력(순위에 따른 우선변제의 효력)을 인정하는 제도. |
| 순위인정과 보호 | 등기만 설정해두면 그 설정순위에 따라 당연히 순위가 보호됨.<br>전세권설정등기는 등기만 경료해두면 되고 주민등록전입신고나 실제거주는 그 요건이 아니므로 보다 편리하다고 할 수 있음. | 순위가 인정되기 위해서는 각 등기소나 공증사무소 또는 주민센터에서 확정일자인을 받는 이외에 주민등록의 전입신고 및 주택을 인도받아 실제거주(입주)할 것을 그 요건으로 함.<br>따라서 확정일자제도에 따른 보호를 받기 위해서는 주민등록전입신고만 해두고 실제거주는 다른 곳에서 한다거나, 실제거주는 하면서 주민등록전입신고를 해두지 않는 경우에는 보호받지 못한다는 단점이 있음. |
| 비용과 절차 | 임대인의 협력 없이는 등기자체가 불가능, 그 절차가 복잡하여 대부분의 경우 법무사의 협조를 얻음. 그 비용 또한 확정일자인을 받는데 비하여 많이 소요됨. 또한 전세기간 만료시에는 전세권설정등기를 말소해 주어야 한다. | 등기소나 공증인사무실 또는 주민센터에서 저렴한 비용으로, 또한 임대차계약서만 있으면 되므로 임대인의 동의여부와는 관계없이 신속·간편한 절차에 의해 확정일자를 받을 수 있음. |

| | | |
|---|---|---|
| **전세계약 기간 만료 후 보증금반환 문제** | 전세권설정등기를 경료한 전세권자는 민사소송법의 담보권실행 등을 위한 경매(임의경매)규정에 근거하여 판결절차 없이도 직접 경매신청이 가능하다고 할 수 있다. 다만, 건물의 일부에 대하여 전세권설정등기를 한 경우 그 나머지 건물부분에 대하여는 우선변제권은 인정되지만 임차부분에 대한 분할등기 없이 전체에 대한 경매신청을 할 수는 없다(대법원 1992. 3. 10, 91마256, 257 결정). | 임대차가 종료된 후 보증금을 반환받지 못한 임차인은 법원에 임차권 등기명령을 신청하여 임차권등기가 경료되면 등기와 동시에 대항력 또는 우선변제권을 취득할 수 있다. |
| **경매시 배당요구 문제** | 전세권설정등기를 한 경우는 별도의 배당요구 없이도 순위에 의한 배당을 받을 수 있다. | 확정일자만 갖춘 경우는 경매절차에서 별도의 배당요구를 하여야 한다. |

## Ⅲ. 개정 주택임대차보호법(20.7.31.시행)의 주요내용

### 1. 개정이유

주택시장의 불안정 속에 전세에서 월세로의 전환이 빨라지고 주택 임대료가 상승함에 따라 임차가구의 주거 불안과 주거비 부담이 가중되고 있으나, 현행법으로는 안정적인 주거를 보장하기에 충분하지 아니하다는 지적이 있었다. 이에 임차인의 계약갱신요구권을 보장하여 현행 2년에서 4년으로 임대차 보장기간을 연장하고, 이른바 전월세상한제를 연계 도입하여 계약갱신 시 차임이나 보증금을 5% 이상 증액하지 못하도록 제한하려는 것이다.

또한, 주택임대차와 관련된 주요 업무를 부동산 정책 소관부처인 국토교통부와 공동으로 관할하도록 하여 주택 임대차 제도 마련 시 부동산 정책과 연계하여 탄력적으로 대응하려는 것이다.

## 2. 개정 주요 내용

### (1) 계약갱신요구권

계약갱신요구권에 따라 임대인은 임차인이 임대차 기간이 끝나기 6개월 전부터 1개월 전까지 계약갱신을 요구하는 경우 정당한 사유 없이 거절하지 못한다.

임차인은 계약갱신요구권을 1회에 한하여 행사할 수 있으며, 이 경우 갱신되는 임대차의 존속기간은 2년으로 보며, 임대인이 실 거주를 이유로 갱신을 거절했으면서도, 임차인이 요구한 갱신기간 동안 정당한 사유 없이 제3자에게 목적 주택을 임대한 경우 임대인은 갱신거절로 인하여 임차인이 입은 손해를 배상하도록 하였다.

### (2) 전월세 상한제

전월세상한제는 계약 갱신 시 임대료 증액 상한을 5% 범위 내로 제한하여 임차인들의 임대료 급등으로 인한 부담을 줄였다.

### (3) 법률 공동소관

법무부 · 국토교통부가 법률을 공동으로 소관토록 하여 주택임대차제도 마련 시 부동산 정책과 연계하여 탄력적으로 대응하고자 함이다. 주택임대차 표준계약서 서식을 공동 관리하여 수정소요 발생 시 법무부장관이 국토부장관과 협의하여 작성하게 되며, 현재 분쟁조정위원회를 운영하고 있는 대한법률구조공단 외에도 한국토지주택공사(LH) 및 한국감정원에 확대 설치할 예정이다.

# 제 7 장

# 민사소송

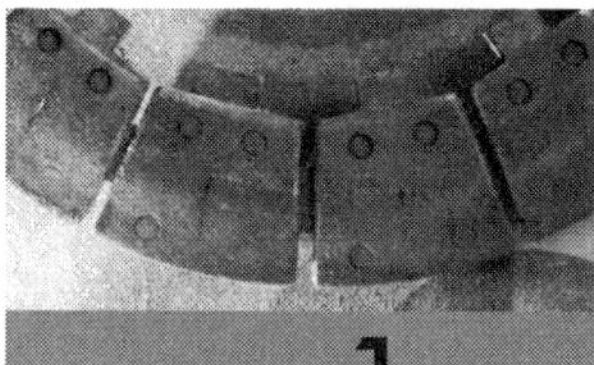

소송 전 준비사항/
본안소송 제기/
재판의 진행

# 제1절 소송 일반론

## Ⅰ. 소송 전 준비사항

법은 당사자간의 분쟁이 원만히 해결되지 못할 때 최후의 보루로서 이용하는 것이다. 따라서 개인간의 분쟁이 발생했을 때에는 상호간 원만히 해결하려 노력하고 그래도 해결이 불가능하다고 여겨질 때 법의 도움을 청하는 것이 건전한 법률 문화의 정착을 위해 시민이 갖추어야할 소양이라 할 수 있다.

또한 민사소송을 제기하기 전 반드시 해야 하는 의무사항은 아니지만 당사자가 소송에 앞서 분쟁해결을 위해 노력했다는 증명이나 또는 권리 · 의무관계의 명확화를 위해서 하는 제도(내용증명)나 채권자가 후에 승소하였을 때 수월한 채권확보를 위한 제도(가압류)를 이용하면 보다 도움이 된다.

### 1. 내용증명[1] 발송

예전 채권자와 채무자 사이에 금전거래가 있었고, 언제까지 갚겠다는 약정을 하였는데 기일이 도래하여도 변제하지 않음에 최후의 보루로써 채권자가 채무자에게 "언제까지 갚아라" 하는 서신을 뜻하는 것이다.

이는 채권자가 채무자에게 의사를 전했다는 사실을 증명하기 위해 기한을 정하여 최고하는 등의 목적으로 발송한다.

---

1) 채권자가 채무자에게 빚을 갚으라는 의사를 전했다는 사실을 증명하기 위해 기한을 정하여 최고하는 등의 목적으로 발송하는 문서를 말한다.

## 2. 가압류 신청

채권자가 채무자의 금전채권이나 금전으로 환산할 수 있는 다른 채권을 확보해 놓음으로서 판결의 최종목적인 강제집행의 실현을 보전하는 절차이다(금전채권을 대상으로 함).[2]

### 부동산 가압류 신청서

신청인(임차인) (성명) 홍 길 동 (주민등록번호 000000-0000000 )
(주소) 서울 서초구 서초동 00아파트 000동 000호
(연락처) 010-000-1234 전자우편 hkd@gmail.com

피신청인(임대인)(성명) 장 길 산 (주민등록번호 000000-0000000)
(주소) 경기도 성남시 00동 00번지
(연락처) 010-000-5678 전자우편 jks@gmail.com

청구채권의 표시

금 20,000,000원(전세금)

임차인과 임대인이 2007년 9월 9일부터 2011년 9월 9일까지 체결한 전세금

가압류할 부동산의 표시

별지 목록기재와 같음

신청취지

임대인은 임차인에 대한 위 전세금 반환을 이행하지 않아 임대인 소유의 부동산별지 목록 기재 부동산을 가압류한다.

---

2) 반면에 '가처분'이란 채권자가 금전채권이 아닌 특정재산에 관하여 권리를 가지고 있을 때 그 계쟁물이 처분되거나 멸실되는 것을 방지하고자 판결받기 전에 그 계쟁물의 현상변경을 금지시키는 제도를 말한다(권리에 대한 것).

라는 결정을 구합니다.

## 신청이유

1. 임차인은 임대인에 2007년 9월 9일부터 2011년 9월 9일까지 전세계약을 체결하고 사원아파트 입주로 인해 2010년 7월 20일 구두로 통하여 계약해지를 통보하고 8월 7일 이사를 했습니다.

2. 이에 대해 임대인은 현재 임차인이 입주(2010 12월 계약, 2011 1월 입주)할 시 전세금 반환을 약속한 바 있습니다.

3. 하지만 3월에 입주했다고 얘기를 들었고 5월부터 계속 전세금 반환을 요구했음에도 불구하고 거짓말로 주겠다고만 하고 전세금반환을 하지 않았습니다.

4. 현재 내용증명을 보낸 상태이나 연락두절로 연락이 되지 않고 임대인의 등기사항증명서 등록 상황으로 봐서는 많은 채무를 부담하고 있는듯하여 지금 가압류신청을 해두지 않으면 후일 소송을 진행하고 승소 판결을 얻더라도 집행을 할 수 없으므로 강제집행보전을 위하여 본 신청을 하게 되었습니다.

5. 그리고 담보제공에 대하여는 보증보험회사와 지급보증위탁계약을 체결한 문서로 제출하고자 하오니 허가하여 주시기 바랍니다.

## 첨부서류

| | | |
|---|---|---|
| 1. | 가압류신청진술서 | 1부 |
| 1. | 전세계약서 | 1부 |
| 1. | 내용증명 | 1부 |
| 1. | 부동산 등기사항전부증명서 | 1부 |
| 1. | 구청 등록세 납부 영수증 | 1부 |
| 1. | 보증 보험 증권 | 1부 |

20○○. ○○. ○○.

위 신청인 홍 길 동 (서명 또는 날인)

○○ 지방법원 귀중

## II. 본안소송 제기

### 1. 소장 작성 - 필수적 기재사항

#### (1) 원고와 피고의 명명(당사자 확정)

민사소송을 먼저 제기하는 사람을 원고(原告), 소송을 당하는 사람을 피고(被告)라 한다.

개인이나 법인은 물론 종중(宗中), 동창회, 학교육성회 같은 사실상의 단체도 민사소송의 원고, 피고가 될 수 있다. 다만 미성년자와 같은 무능력자는 법정대리인이 소송을 대리하여야 한다.

민사소송에 있어서 당사자라 함은 자기의 이름으로 국가에 대하여 권리보호를 요구하는 자와 그 상대방을 말한다. 당사자의 칭호는 각 절차에 따라 다르게 부른다. 자연인인 경우에는 성명과 주소를, 법인 또는 법인이 아닌 사단 · 재단인 경우에는 명칭(회사는 상호)과 주된 사무소(회사는 본점)의 소재지를 기재하는 것이 보통이다. 판결절차 중 제1심 절차에서는 원 · 피고라고 한다. 현실적으로 계속되고 있는 소송사건에 있어서 원고가 누구며 피고가 누구인가를 명확히 하여야 하는바 이를 당사자의 확정이라 한다.

우선, 소장에는 원고 및 피고가 누구인가를 다른 사람과 구별할 수 있을 정도로 표시하여야 한다. 어떤 당사자 사이에 판결절차가 개시되었는가를 명확히 하여 그 소에 의하여 요구된 판결의 기판력(확정된 재판의 판단 내용이 소송 당사자 및 같은 사항을 다루는 다른 법원을 구속하여, 그 판단 내용에 어긋나는 주장이나 판단을 할 수 없게 하는 소송법적인 효력)이 미치는 주관적 범위(민사소송법 제204조)를 명확히 하여야 하기 때문이다.

#### (2) 관　　할

원칙적으로는 피고의 주소지를 관할하는 법원에 소송을 제기하여야 하지만, 특별한 사정이 있는 경우에는 원고의 편의에 따라 선택이 가능하다. 예를 들어 교통사고를 당한 경우에는 사고 장소를 관할하는 법원에 소송 제기가 가능하다.

#### (3) 청구취지

원고의 주장은 원칙적으로 일정한 권리 또는 법률관계의 존부(存否)의 주장이라는 형식을 취한다. 이것이 바로 청구이고 그 내용이 되는 권리관계를 소송물이라 한다. 청구의 특정은 청구취지 및 청구원인의 기재에 의하여 행하여진다. 먼저, 청구의 취지란 원고가 당해 소송에 있어서 소로써 청구하는 판결의 내용을 말하는 것으로서 소의 결론 부분이다.

이는 청구의 원인에 대한 결론으로서 원고가 소로써 달성하려는 목적이 구체적으로 표현되며 이에 의하여 원고가 어떤 주문의 판결을 구하는가가 표시되는 것이므로 그 내용, 범위 등이 간결, 명확하지 않으면 안 된다.

법원은 청구취지를 벗어나는 부분에 대해서는 재판을 할 수 없다(민사소송법 제203조 - 법원은 당사자가 신청하지 아니한 사항에 대해서는 판결하지 못한다).

**Tip — '청구취지' 는 어떻게 기재해야 하는가?**

1. 정확하게 기재하라

청구취지는 청구가 인용되는 경우 이를 판결의 주문으로 바로 쓸 수 있을 만큼 정확하여야 한다. 소송의 유형은 청구취지에 따라 정하여지는 것이므로 청구취지는 청구의 형태와 범위를 분명히 하여 확정할 수 있도록 특정하여야 한다. 청구취지의 특정 여부는 법원의 직권조사 사항이라 할 것이므로 청구취지가 특정되지 않은 경우에는 법원은 피고의 이의 여부에 불구하고 직권으로 그 보정을 명하고, 그 보정명령에 응하지 아니할 때에는 소를 각하한다.

2. 강제집행이 가능하도록 기재하라

청구취지는 강제집행의 단계까지 고려하여 그 집행이 가능하도록 구성하여야 한다. 금액인 경우에는 그 액수를 명시하여야 하고 물건의 경우에는 그 물건이 특정되도록 구체적으로 표시하며 법률관계인 경우에는 그 동일성을 인식할 정도로 특정하여야 한다.

3. 도면이나 그림을 그려라

특히, 소송의 목적물이 부동산인 경우에 청구취지의 특정에 관하여 세심한 주의를 할 필요가 있는바 토지의 일부 또는 건물의 일부 등에 대한 인도 · 철거 등 소송에서는 방위와 거리, 척도 등으로 그 부분을 특정하는 도면을 별지로 첨부하여야 한다.

4. 조건부 · 기한부 표시는 삼가라

청구에 관한 심판은 확정적으로 요구하여야 한다. 조건부 또는 기한부로 판결을 구하는 것은 절차의 안정을 해하므로 허용되지 않는 것이 원칙이다. 다만, 당해 소송절차 내에서 밝혀진 사실을 조건으로 하여 청구취지를 기재하는 예비적 청구나 예비적 반소는 소송절차의 안정을 해할 염려가 없기 때문에 허용된다.

5. 내용이 많고 복잡하면 별지나 별표를 활용하라

내용이 복잡하거나 다수의 목적물을 표시하여야 할 사건에서는 별지 또는 별표를 작성하여 그것을 청구취지에서 인용하는 방법이 활용되고 있다. 이와 같은 별지 또는 별표는 청구취지의 일부가 되므로, 잘못 기재하거나 내용의 일부를 누락시키지 않도록 유의하여야 한다.

6. 소송비용의 부담과 가집행선고를 구하는 기재도 가능하다

보통 소장의 '청구취지'란에는 이와 같이 원고가 구하는 판결의 종류와 내용 이외에 "위 제1항은 가집행할 수 있다.", "소송비용은 피고의 부담으로 한다."라는 소송비용에 관한 재판과 가집행선고의 신청을 기재하는 것이 대부분이다.

그러나 소송비용의 재판은 원칙적으로 직권으로 하여야 하기 때문에(민사소송법 제95조) 이러한 신청은 직권의 발동을 촉구하는데 그치는 것이고 가집행선고도 상당한 이유가 없는 한 당사자의 신청의 유무를 불문하고 직권으로 하여야 하는 것이므로(민사소송법 제199조 제1항) 이를 반드시 기재할 필요는 없다. 따로 가집행선고의 신청을 하더라도 법원의 직권발동을 촉구하는 의미밖에 없기 때문에 인지를 붙일 필요는 없다(민사소송인지법 제10조 단서, 예외 민사소송법 제375조, 제405조).

### (4) 청구원인

청구의 원인이란 소송상의 청구로서 원고가 주장하는 권리 또는 법률관계(소송물)의 성립원인인 사실을 말한다. 원고가 어떤 까닭으로 소송을 하게 되었는가를 육하원칙에 따라 적으면 된다.

청구원인에는 두 가지 뜻이 있는데, 여기서는 좁은 의미의 청구원인으로서 청구취지와 더불어 또는 이를 보충하여 청구를 특정하는데 필요한 사실관계를 뜻한다. 소장에 청구의 원인을 기재하게 하는 것은 청구의 취지와 합쳐서 심판의 대상인 청구(소송물)를 특정시키기 위함이다.

이처럼 청구원인 사실은 청구를 특정, 식별하는 표준으로서 처분권주의(민사소송법 제188조), 청구의 병합 또는 변경의 유무(민사소송법 제230조, 제235조), 중복제소금지(민사소송법 제234조), 기판력의 객관적 범위(민사소송법 제202조), 재소금지(민사소송법 제240조) 등을 판정하는데 중요한다.

**Tip – '청구원인' 은 어떻게 기재하여야 하는가?**

1. 물권(특정한 물건을 직접 지배하여 이익을 얻을 수 있는 배타적 권리. 점유권, 소유권, 지상권, 지역권, 전세권, 유치권, 질권, 저당권 따위를 말한다) 등.

물권 기타의 절대권(특허권, 상표권, 저작권 따위의 지적재산권)을 소송물로 하는 소송에 있어서는 원칙적으로 권리의 종류, 주체 그리고 권리의 대상인 객체를 기재하면 족한다. 물권과 같은 절대권에 있어서는 하나의 물건에 대하여 2개 이상의 권리가 성립될 수 없기 때문이다. 그러나 저당권은 동일한 물건에 대하여 순위를 달리하여 병존할 수 있으므로 등기사항증명서상의 기재에 따라 저당권의 피담보채권과 순위를 기재하여 이를 특정하여야 한다. 다른 제한물권의 경우에도 마찬가지로 그 내용까지 기재해야 한다.

2. 채권(특정인(채권자)이 다른 특정인(채무자)에게 특정한 행위(급부)를 청구할 수 있는 사법상의 권리를 말한다) 등.

채권과 같은 상대적, 비배타적 권리의 경우에 있어서는 같은 내용의 권리가 동일 당사자 사이에 여러 개가 성립할 수 있기 때문에 물권과 같이 권리의 주체와 내용이 될 사실만을 기재하면 소송물이 특정되지 아니하므로 발생원인까지 밝혀야 한다. 따라서 계약상의 청구권이면 계약의 당사자, 종류, 내용(금액), 성립된 일시 또는 장소 등 그 발생원인인 구체적 사실을 청구의 원인사실로 기재하여야 한다. 동일물의 인도청구도 소유권, 점유권 또는 매매 기타의 계약에 의하는가에 따라 각각 별개의 청구로 된다. 또 불법행위에 의한 손해배상청구권의 경우에는 손해를 발생하게 한 가해행위의 일시, 장소, 내용 및 손해의 내용과 금액을 기재하여야 한다.

### (5) 법정대리인

법정대리인의 표시는 당사자의 특정을 위한 것이라고 하기보다는 소송이 소송수행권이 있는 대리인에 의하여 적법하게 이루어짐을 명백하게 나타냄과 아울러 송달을 용이하게 하기 위한 것이다. 법정대리인 혹은 대표자의 표시는 소송계속 후 언제라도 보충 변경할 수 있다.

# 소 장

원 고 (성명) 홍 길 동 (주민등록번호 000000-0000000 )
(주소) 서울 서초구 서초동 00아파트 000동 000호
(연락처) 010-000-1234 전자우편 hkd@gmail.com

피 고 (성명) 장 길 산 (주민등록번호 000000-0000000)
(주소) 경기도 성남시 00동 00번지
(연락처) 010-000-5678 전자우편 jks@gmail.com

사 건 명 대여금청구의 소

## 청구취지

1. 피고는 원고에게 금50,000,000원 및 이에 대하여 20○○. . .부터 이 사건 소장 부본 송달일까지는 연 5%의, 그 다음날부터 다 갚는 날까지 연 20%의 각 비율에 의한 금원을 지급하라.
2. 소송비용은 피고가 부담한다.
3. 제1항은 가집행할 수 있다.

라는 판결을 구합니다.

## 청구원인

1. 원고는 2008. 1. 1. 피고를 대리하여 약속장소에 나온 피고의 부인에게 금 50,000,000원을 대여하였습니다.
2. 그 때 받은 차용증은 피고명의로 작성되었으며, 또한 2008. 12. 31. 에 어떠한 일이 있더라도 변제하겠다는 문구의 내용으로 작성 되었습니다.
3. 그런데 피고는 변제기가 도래된 지금 자신은 모르는 일이며, 피고의 부인이 피고도 모르게 대여하였다고 주장하고 있습니다.
4. 하지만 원고가 피고의 부인에게 대여금을 전달하는 시각에 피고가 직접 원고에게 전화를 걸어 "자신에게 급한 일이 생겨서 그러니 꼭 좀 빌려달라고 하는 내용"의 통화까지 하였기에 모르쇠로 일관하고 있는 피고의 주장은 사실이 아니라 할 것입니다.
5. 따라서 원고는 청구취지와 같은 금원을 지급받기 위하여 이 사건 청구에 이른 것입니다.

## 입증방법

1. 갑 제1호증 통장거래내역서 1부
1. 갑 제2호증 차용증서 1부

첨부서류

1. 위 입증서류 각 1통
1. 소장부본 1부
1. 송달료납부서 1부

20○○. ○○. ○○.

위 원고 홍 길 동 (서명 또는 날인)

○○ 지방법원 귀중

## 2. 소장의 임의적 기재사항

### (1) 임의적 기재사항의 역할

소장에는 준비서면에 관한 규정이 준용되므로(민사소송법 제227조 제2항), 준비서면의 기재사항으로 규정된 사항(민사소송법 제248조)을 기재하는 것이 허용된다. 이는 소장으로 하여금 원고의 최초의 준비서면으로서의 역할을 하게 하려는 취지이다.

### (2) 소송대리인의 성명과 주소(민사소송법 제248조 제2호)

소송대리권이 위임에 의하여 발생하지 아니하고 법령의 규정에 의하여 발생하는 경우 그 자격, 지위 등과 함께 성명을 기재한다. 소송대리인이 법무법인인 경우 당해 사건의 업무를 담당할 것으로 지정된 변호사(변호사법 제40조 제1항)를 표시하여야 한다. 소송대리인이 변호사인 경우 소송수행상 법원으로부터의 연락의 편의를 도모하기 위하여 소속 변호사회와 전화번호도 아울러 기재하는 것이 좋다.

### (3) 사건의 표시(민사소송법 제248조 제3호)

사건은 사건번호와 소송명(訴名)이 표시됨으로써 그 동일성이 명확하게 되는 것이나 소장에는 소송명만으로 사건을 표시한다. 소송명은 청구취지 및 원인과 아울러 청구의 성격을 특정시켜 주는 역할을 하고 또한 법원에서 사건명을 부여하거나 분류하는데 도움을 주는 것이므로 절대적인 것은 아니고 일반적으로 기재하고 있다. 법원에서는 통상

소장에 기재된 소송명에 따라 그대로 사건명을 부여하고 있으므로 소송명은 대여금, 임대차보증금반환, 손해배상 등과 같이 정확하고 간결하여야 한다.

#### (4) 공격방법(민사소송법 제248조 제4호)

소장에 기재하는 임의적 기재사항 중 가장 중요하다고 할 수 있다. 실무에서는 필요적 기재사항인 좁은 의미의 청구원인 이외에도 넓은 의미의 청구원인, 즉 소송물인 권리관계의 발생원인에 해당하는 원고측이 주장 · 입증하여야 할 사실관계 전부를 기재하는 것이 일반적이다. 원고가 주장하고자 하는 사실을 정확하고 간명하게 기재하여 피고가 손쉽게 인정하거나 부인할 수 있도록 하여야 한다.

#### (5) 부속서류의 표시(민사소송법 제248조 제6호)

대체로 소장에 첨부하는 증거서류를 말한다. 서증 가운데 제소 당시 예상되는 상대방의 방어방법과 관련하여 필요한 것이거나 청구원인 사실로 기재한 신분관계 등을 입증함에 필요한 것은 소장에 첨부하여 제출하는 것이 좋다. 입증방법의 표시는 소장의 필요적 기재사항이 아니므로 그것을 누락하여도 소장의 기재요건에 어긋나는 것은 아니나 가능한 한 이를 기재하고 첨부하여야 한다(민사소송규칙 제23조 제2항).

또 모든 서증의 사본을 소장에 반드시 첨부하여야 하는 것은 아니나 그렇게 함으로써 상대방으로부터의 불필요한 항쟁을 피하게 되고 원고측에서는 입증의 수고를 더는 결과가 되어 결국 소송촉진에 이바지할 수 있다.

#### (6) 작성년월일(민사소송법 제248조 제7호)

소장의 말미에 소를 제기하는 년월일을 기재한다. 당사자가 작성하는 소송서류는 법원에 제출하여 접수되지 않는 한 무의미한 것이므로 법원에 접수시키는 날을 작성일로 기재하면 된다.

#### (7) 법원의 표시(민사소송법 제248조 제8호)

소장에 표시하는 법원은 당해 소송의 관할법원이다. 소장을 작성, 제출할 때에는 관할법원에 관하여 검토함으로써 관할위반 때문에 입는 소송법상의 불이익을 방지하여야 한다. 특히 전속관할 사건에서는 합의관할이나 응소관할이 허용되지 않으므로 유의하여야 한다.

#### 8) 작성자의 기명날인(민사소송법 제248조 본문)

소장의 말미에 원고의 성명을 기재하고 그 밑에 날인을 한다. 다만 날인을 누락하더라도 지장이 없다는 판례(대법원 1990.6.8. 선고, 90누851 판결)도 있다. '기명날인하여야 한다'라고 규정된 때에는 대리인이 본인의 이름을 쓰고 날인하거나 본인이나 대리인이 고무인이나 워드프로세서로 이름을 쓰고 날인해도 된다.

## 3. 소송 진행방식

### (1) 소장 접수

작성한 소장(피고의 수에 1부를 추가 복사하여 제출)을 가지고 법원 내에 있는 은행에 들러 송달료를 납부하고 다시 우체국으로 가서 수입인지를 사서 그 소장에 표시되어 있는 인지첨부란에 붙인 다음 법원 종합접수실에 접수하면 된다.

### (2) 소장의 심사 및 송달

소장을 접수받은 법원은 소장의 심사를 거쳐 상대방인 피고에게 소장 부분[3]을 보내는데, 이 때 상대방의 주소가 정확하지 않다든지 하여서 송달이 되지 않을 경우가 있다. 이 경우 재판장은 원고에게 주소보정명령[4]을 하게 된다.

나아가 받을 사람이 없는 등의 이유로 송달이 어려운 경우에는 공시송달[5]의 방법을 사용하기도 한다.

---

3) 소장 원본과 같은 문서로 복수로 만든 것을 말한다. 소장의 내용은 법원이 알아야 하지만 동시에 상대방인 피고도 알아야 하므로 법원은 부본을 피고에게 보내 재판을 준비할 수 있도록 한다.
4) 피고의 주소가 잘못 기재되었으니 정정을 하라는 것이다, 이 때 주소 기입이 잘못 되었으면 주소보정신청서에 올바른 주소를 기입하면 된다.
5) 일반적인 통상의 조치를 다하였으나 당사자의 주소, 거소, 영업소, 사무소 기타 법정의 송달장소 중 어느 한 곳도 알지 못하는 경우에 송달받을 사람의 최후 주소지에 송달 신청을 하는 제도를 말한다.

# 답 변 서

사건 ○○가단 ○○○○호

원 고　　홍 길 동
피 고　　장 길 산

위 당사자간 귀원 ○○가단 ○○○○호 대여금 청구사건에 관하여 피고는 아래와 같이 답변합니다.

## 청구취지에 대한 답변

1. 원고의 청구를 기각한다.
2. 소송비용은 원고가 부담한다.

라는 판결을 구합니다.

## 청구원인에 대한 답변

원고는 피고에게 대여금 50,000,000 원을 청구하고 있으나, 피고는 원고에게 돈을 빌린 사실이 전혀 없으므로 이를 변제할 채무가 없습니다. 원고의 청구금액은 피고의 처가 피고 몰래 원고에게 빌려 사용한 것으로서, 피고가 원고 이외에도 다른 채권자로부터 많은 청구를 받은 바 있습니다. 피고의 처는 가사를 돌보지 않고 가출한 상태로 빌린 돈도 모두 가사와는 관계없는 곳에 사용한 것이며, 피고는 이를 이유로 하여 피고의 처를 상대로 귀원 가사부에 이혼소송을 제기한 상태입니다. 따라서, 원고의 이 사건 청구는 이유 없는 것이므로 마땅히 기각되어야 할 것입니다.

## 입증방법

1. 진술서　　1부
1. 이혼청구소장　　1부
1. 기타 추후 변론시 수시 제출하겠음

20○○. ○○. ○○.
위 피고　장 길 산 (서명 또는 날인)

○○ 지방법원　귀중

### (3) 답변서 제출

소장 부본을 받은 피고는 이의가 있다면 반드시 부본을 받은 날로부터 30일 이내에 답변서를 제출해야만 한다.

만약 위 기간 내에 답변하지 않은 경우나 원고의 청구원인 사실을 전부 인정하는 취지의 답변서 외에 항변의 서류를 제출하지 않은 경우에는 변론없이 원고 승소 판결이 선고될 수 있다.

종래 실무에서는 답변서는 단지 '피고가 처음으로 제출하는 본안에 관한 답변이 포함된 준비서면'을 가리키는 것일 뿐이고, 그 자체가 준비서면과 구별되는 어떤 법률적 의미 내지 소송상 효력이 인정되는 것은 아니었다. 그러나 2002년 개정 민사소송법의 답변서는 변론기일에서의 진술을 준비하는 서면인 동시에 변론기일에서의 진술 이전에도 그 자체만으로 무변론판결을 저지하는 법적 효과를 가진 서류로 그 성격이 강화되었다.

1) 소장을 읽은 다음 응소할 의사가 있으면 되도록 빨리(소액사건의 경우에는 소장부본을 받은 날로부터 10일 안에) 답변서를 제출하여야 한다. 다만, 원고의 청구를 그대로 인정하는 경우에는 답변서를 제출하지 아니하여도 무방하다.

2) 답변서에는 사건번호와 당사자, 원고의 주장에 대한 답변을 기재하여 우편이나 인편으로 제출하되 원고 수 만큼의 부본을 제출하여야 한다.

3) 원고의 주장에 대한 답변은 구체적 · 개별적으로 기재하여야 하고 그에 대한 증거방법과 입증취지도 명시하여야 한다. 답변서를 제출하더라도 구체적인 내용 없이 단순히 부인한다 또는 모른다 라고만 기재한 채 변론기일에 출석하지 아니할 때에는 진정으로 원고의 제소를 방어할 의사가 없다고 인정되어 불이익을 받게 될 수도 있다.

4) 답변서 기타 준비서면을 제출하지 아니하고 변론기일에 출석하지도 아니하면 원고의 주장사실을 그대로 인정하는 것으로 보게 되고(민사소송법 제139조) 답변서의 제출이 시기에 늦으면 실권의 제재(민사소송법 제138조)나 소송비용 부담의 불이익(민사소송법 제91조)을 받게 될 수 있다.

5) 증거로 제출할 서류는 반드시 원본과 함께 미리 사본(상대방 수+1부)을 준비하고 증인의 주소, 성명을 알아두었다가 가능한 가장 빠른 시기에 필요한 증거를 일괄하여 제출 또는 신청하여야 한다. 그 시기가 늦을 경우 법원은 이를 받지 아니할 수 있다.

6) 변론기일에는 본인 또는 소송대리인만이 출석하여 변론할 수 있다. 소송대리인(변호사)을 선임할 뜻이 있다면 가급적 빠른 시일 안에 선임하여 소송절차에 관여하도록

하는 것이 소송수행이나 촉진에 도움이 될 것이다.

7) 합의사건에서는 변호사만이 소송대리인으로 될 수 있고 단독사건에서는 변호사 외에 당사자와 친족, 고용 기타 특별한 관계가 있는 자 중에서 법원의 허가를 받은 자도 소송대리인이 될 수 있다. 그리고 소액사건에서는 당사자의 배우자, 직계혈족, 형제자매 또는 호주는 법원의 허가 없이도 소송대리인으로 될 수 있다.

8) 질병 기타 부득이한 사정으로 변론기일에 출석하지 못할 때에는 그 사유를 기재한 기일변경신청서를 의사의 진단서 기타 소명자료와 함께 미리 제출하여야 한다. 다만, 기일변경의 신청이 이유 있다고 법원이 인정할 경우에만 기일이 변경된다.

## 4. 준비서면

### (1) 준비서면이란?

준비서면은 변론(변론준비기일 또는 변론기일)에서 하고자하는 진술사항(자신의 주장과 제출하는 증거설명, 상대방주장 반박하는 내용 등)을 기일 전에 작성하여 법원에 제출하는 서면이다. 원고는 피고의 답변서를 받은 후에 피고의 주장을 반박하거나 원고의 주장을 다시 정리하여 준비서면으로 제출할 수 있고, 피고도 원고의 소장이나 준비서면에서의 주장을 반박하고 자신의 주장을 정리하는 준비서면을 제출할 수 있다. 준비서면은 일반적으로 서면의 제목을 '준비서면'이라고 기재하고, 그다음에 사건번호, 원고이름, 피고이름을 기재한 후 본격적으로 자신의 주장을 기재하고, 끝부분에 날짜, 제출자 기명날인, 제출할 재판부를 적어 작성한다. 준비서면을 통하여 원 · 피고는 서면공방을 하게 된다. 준비서면에서 인용된 증거는 서증으로 만들어 준비서면에 첨부하여 제출한다.

소송에서 승소를 하기 위해서는 2가지 즉, 주장(예컨대, 원고가 피고에게 돈을 빌려줬다고 주장)과 증거(피고가 빌린 차용증)가 있어야 한다. 주장만 있고 증거가 없을 경우 증거가 없어 승소할 수가 없고, 또한 증거는 있는데 이를 변론에서 주장하지 않으면 재판부에서 알아서 승소판결해 주지 않는다. 원고의 주장은 원고가 소장과 준비서면을 통하여 자신의 주장을 기재하고, 피고의 주장(항변이라고 함)은 피고의 답변서와 준비서면에 기재를 하여 원고의 주장이 이유가 없음을 밝히는 것이다.

준비서면제도는 언뜻 서면심리주의를 취하는 것처럼 보이나, 준비서면에 적은 사항은 변론(준비)기일에서 실제로 진술되거나 진술간주 되어야 비로소 소송자료가 되는 것이 원칙이므로 구술주의에 반하는 것은 아니다.

#### (2) 준비서면의 기재사항

실질적 기재사항이 없는 준비서면은 표제가 준비서면이라고 기재되어 있어도 준비서면으로서의 효력이 없다. 형식적 기재사항은 일부가 빠졌다고 하더라도 준비서면의 효력이 있다.

##### (가) 형식적 기재사항

| a. 당사자의 성명 · 명칭 · 또는 상호와 주소<br>b. 대리인의 성명과 주소<br>c. 사건의 표시<br>d. 덧붙인 서류의 표시<br>e. 작성한 날짜<br>f. 법원의 표시 |
|---|

##### (나) 실질적 기재사항

| a. 공격 또는 방어의 방법<br>b. 상대방의 청구와 공격 또는 방어의 방법에 대한 진술 |
|---|

## Ⅲ. 재판의 진행

### 1. 변　　론

법원에서 변론기일로 정해진 일시에 원고와 피고가 법정에 출석하여 진술하는 절차를 말한다.

본인이 직접 출석할 수 있지만 대리인이 출석할 수도 있는데, 이는 법정대리인[6]과 임의대리인[7]으로 나눌 수 있다.

---

6) 미성년자인 경우에는 친권자(부모)가 대리한다.

7) 소송 대리인을 선임하여 당해 사건과 관련된 일체의 소송 행위를 진행시킬 수 있다. 다만, 소송가액이 1억 원을 상위하는 경우에는 변호사나 상법 상의 지배인 이외에는 소송대리를 할 수 없다.

## 2. 증거조사

소장의 청구취지의 내용대로 원고의 주장이 사실인지의 여부에 대해 증거 등을 통해 진위여부를 확인하는 절차를 말한다.

### (1) 서면증거(서증)

서증은 소장에 첨부하여 제출하기도 하고, 변론준비기일, 변론기일에 별도로 '서증목록'을 작성하여 증거만 제출할 수도 있다. 다만, 의도적으로 너무 늦게 제출하지 않는다면 변론종결 전까지 제출이 가능하다.

먼저 원고는 소장에서 자신의 주장을 일목요연하게 정리하여 기재(청구원인의 요건사실을 기재)하고 그 주장을 입증할 수 있는 증거를 소장에 첨부하여 제출한다. 증거는 원고가 제출할 경우 '갑'호증이고, 피고가 제출할 경우 '을'호증이라고 기재한다. 즉, 증거로 차용증과 지급각서가 있을 경우 차용증에 '갑제1호증'이라고 기재, 지급각서에 '갑제2호증'이라고 기재하여 이후 순번대로 기재하면 되고 중복하여 기재하면 안 된다. 또한 서로 연관되어 있는 증거서면(서증)은 가지번호를 사용하여 '갑제1호증의 1', '갑제1호증의 2'라고 순서로 기재하면 된다. 피고도 답변서에 을호증을 첨부하여 제출하고 그 후 준비서면에 첨부해도 되고 변론기일에 별도로 증거만 제출해도 된다. 증거제출 시 유의할 것은 제출하는 증거가 무엇에 대한 증거인지 제3자가 알기 어려운 경우 증거설명을 해 주는 것이 필요하다. 무엇을 입증하기 위한 증거인지 입증취지를 기재해 주면 좋다.

### (2) 상대방이 제출한 서증에 대한 인부

원고가 증거로 제출한 서류가 피고의 서명 및 날인이 있는 서면인 경우 피고는 그 서면을 인정한다고 진술할 수도 있고, 피고가 서명, 날인한 사실이 없음에도 피고의 서명날인이 기재되어 있는 경우에는 그 서면을 부인하고 위조되었다는 항변을 하게 된다. 피고의 필체가 아닌데, 피고의 도장이 맞는 경우 서명은 부인하고 인영 부분만 인정하고 위조의 항변을 하게 된다. 그런데 인영부분을 인정하면 그 서류가 누군가에 의해 위조된 사실을 입증하지 못하면 위조항변을 해도 패소할 수 있다. 또한 자신의 도장과 인영부분이 다르다면 인영부분에 대하여 감정을 신청하여 위조된 사실을 입증할 수도 있다. 서증의 인부는 매우 중요하므로 전문가와 상의하여 신중하게 할 필요가 있다.

### (3) 그 외의 증거제출

증거제출에는 서증만 있는 것이 아니라 그 외에도 증인신청, 사실조회, 금융정보제출명령(금융기관에 계좌에 입출금 내역확인), 인정등본신청(주로 형사기록이나 민사기록), 감정(측량감정, 시가감정), 검증(현장검증) 등이 있는데, 먼저 변론준비기일이나 변론기일에 재판장이 제출할 증거는 무엇이 있느냐 하고 물어보면 원·피고는 필요한 증거를 신청하여 이를 재판장이 채택할 경우 증거신청서를 작성하여 재판부에 제출해야 한다.

재판에 있어 서증은 매우 중요한 증거이다. 상대방의 서명날인이 있는 서증(각서, 확인서 등)있는 서면이나 객관적으로 공인되는 서면(공증서, 공문서 등)은 추가 입증이 필요 없으나, 상대방이 그 증거를 부인하는 경우 서면에 대한 추가 입증이 필요하다. 이 경우 서면을 작성한 사람을 증인으로 신청하는 경우가 많다.

### (4) 증 인

서증 다음으로 많이 신청하는 것이 증인이다. 당사자 사이에 특별한 증거서류가 없거나, 사실조회, 인정등본 등을 통해 입증하기 어려운 경우, 사건에 대한 목격자나 입증할 사실을 잘 알고 있는 사람을 증인으로 신청하게 된다.

변론기일에서 증인을 신청하고 채택이 되면 증인신청서를 작성해야 하는데 증인신청서는 대법원의 인터넷 홈페이지를 이용하면 손쉽게 작성이 가능하다. 다만, 증인신청서 제출 때에 증인신문사항도 3부 만들어 첨부하여 제출하여야 한다. 재판이 열리는 날 자신이 대동할 수 없는 증인의 경우 증인여비를 법원에 납부하여 법원에서 미리 소환을 할 수 있도록 시간적 여유가 있게 미리 신청서를 제출해야 한다.

| | |
|---|---|
| a. 증인신청서 | 1부 |
| b. 증인신문사항 | 4부(상대방의 수+3) |

## 3. 결 심

재판장이 더 이상 변론을 열지 않고 당해 사건에 대해 다음 기일에 선고를 하겠다는 뜻이다.

판결선고/
판결선고 후의 절차/
개명허가신청

# 제2절 판결선고와 그 외의 절차

## Ⅰ. 판결선고

### 1. 의　　의

법정에서 재판장이 당해 사건에 대해 판결서에 의해서 선고하는 것을 말한다.

일반 민사사건의 경우에는 변론이 종결된 날로부터 2~3주 후에 판결을 선고하는 것이 보통이지만, 소액사건의 경우에는 변론을 종결하면서 즉시 판결을 선고하기도 한다.

### 2. 판결문의 송달

판결이 선고되면 통상적으로 10여 일 정도 지나면 판결문을 받아볼 수 있다.

## Ⅱ. 판결선고 후의 절차

### 1. 항　　소

판결에 불복하는 당사자(원고 · 피고)는 판결문을 송달받은 날로부터 2주일 이내에 원심법원에 항소장을 제출하여야 한다.

## 2. 강제집행절차

재판에서 피고의 신분이었던 채무자에 재산을 찾아내기 위한 절차로는 재산명시제도와 재산조회제도를 이용할 수 있다.

나아가 채무자의 재산을 집행하는 절차로는 동산, 부동산, 금전채권인 경우로 나누어 볼 수 있다.

### (1) 채무자의 재산을 찾아내기 위한 절차

1억 원 대여금 반환청구소송에서 甲이 승소하여 "피고는 원고에게 금 1억 원을 지급하라." 라는 판결이 확정된 경우, 乙의 재산에 강제집행을 하기 위해서는 채권자인 甲이 집행의 대상이 되는 乙의 재산을 지정하여 집행기관에 강제집행을 신청해야 한다.

따라서 승소판결을 얻었더라도 집행을 하기 위해서는 채무자가 어디에 어떤 종류의 재산을 어느 정도 보유하고 있는지를 파악하고 있어야 한다.

이를 위하여 마련된 제도가 재산명시제도이며, 나아가 민사집행법에서는 종전에 거의 유명무실했던 채무불이행자명부 제도를 활용하고 있다. 그리고 이것으로도 부족하면 채무자의 남은 재산이 있는지 여부를 조회해 볼 수 있는 장치도 마련되어 있다.

#### (가) 재산명시제도

채무자가 확정 판결, 화해 · 조정 조서, 확정된 지급 명령 등에 의한 금전 채무를 임의로 이행하지 아니하는 때에는 채권자는 집행력 있는 정본과 강제집행을 개시하는 데에 필요한 서류를 첨부하여 채무자의 재산명시를 요구하는 신청을 할 수 있다.

채무자는 법원의 명령이 있는 경우, 법원이 정한 기일에 현재의 재산과 1년 이내에 이루어진 일정한 거래 행위와 2년 이내에 한 재산상 무상처분을 명시한 재산목록을 제출해야 한다. 동시에 채무자는 그 재산목록이 진실함을 법관 앞에서 선서하여야 한다.

다만, 채무자가 3개월 이내에 채무를 갚을 수 있음을 소명한 때에는 그 제출을 3개월 범위 내에서 연기받을 수 있고, 연기된 기일까지 채무액의 2/3 이상을 갚은 경우에는 다시 1개월 범위 내에서 연기받을 수 있다.

채무자가 정당한 사유 없이 명시기일에 불출석하거나, 재산목록 제출이나, 선서를 거부한 때에는 20일 이내의 감치에 처할 수 있고, 거짓의 재산목록을 낸 때에는 3년 이하의 징역 또는 500만 원 이하의 벌금에 처할 수 있다. 채무자가 회사나 단체인 경우에는 실제 행위자인 대표자나 관리인이 위와 같은 처벌을 받는 이외에 그 회사나 단체도 벌금형을 받게 된다.

(나) 재산조회제도

채무자가 정당한 사유 없이 재산명시기일에 불출석하거나, 재산명시기일에 출석하더라도 재산목록 제출 또는 명시 선서를 거부한 경우, 채무자가 거짓의 재산목록을 낸 경우, 또는 채무자가 제출한 재산목록의 재산만으로는 집행 채권의 만족을 얻기에 부족하면, 재산명시절차를 실시한 법원은 그 재산명시를 신청한 채권자의 신청에 따라 개인의 재산 및 신용에 관한 전산망을 관리하는 공공기관이나 금융기관 등에 채무자명의의 재산에 관하여 조회를 신청할 수 있다.

(다) 채무불이행자명부 제도

채무자가 금전의 지급을 명한 판결 또는 지급명령이 확정되거나, 화해 · 조정 조서 등이 작성된 후 6개월 이내에 채무를 이행하지 아니하거나, 법원의 명령에도 불구하고 재산목록의 제출을 거부 또는 허위의 목록을 제출하는 등의 사유가 있는 때에는 채권자는 채무자를 채무불이행자명단에 등재하도록 법원에 신청할 수 있다.

그 신청에 따라 법원이 채무불이행자명부에 등재하는 결정을 한 때에는 등재 후 그 명부를 법원에 비치함은 물론, 그 부본을 채무자의 주소지(법인인 경우에는 주된 사무소의 소재지)가 속하는 시 · 군 · 읍 · 면의 장에게 보내야 한다.

법원은 채무불이행자명부의 부본을 일정한 금융기관의 장이나 금융기관 관련 단체의 장에게 보내어 채무자에 대한 신용 정보로 활용하게 할 수 있다. 채무불이행자명부는 인쇄물로 공표하지 아니하는 한 누구든지 열람 · 등사가 가능하며, 채무가 모두 소멸된 것이 증명되어 법원의 말소 결정이 있기까지 비치, 공개된다.

### (2) 채무자의 재산을 집행하는 절차

강제집행은 채무자의 재산을 압류하여 현금화하고 채권자에게 배당하는 3단계로 구성되어 있다.

(가) 동산에 대한 집행

채무자가 보유하고 있는 동산의 경우, 즉 TV나 냉장고, 세탁기 등은 보통 재산적 가치가 크기 때문에 다른 재산이 없는 경우에 집행의 대상으로 삼는 것이 일반적이다. 집행권원에 집행문을 부여받아 관할법원 집행관에게 집행을 위임하면, 집행관과 같이 동산이 있는 현장까지 가서 압류를 하게 된다.

(나) 부동산에 대한 집행

이는 채무자의 부동산을 경매를 통해 팔아 그 매각대금으로 채권자에게 빌린 돈을 갚는 절차이다.

채권자의 신청이 있으면 법원은 경매개시결정을 하여 목적 부동산을 압류하고, 관할등기소에 강제경매 신청의 기입등기를 촉탁하여 등기공무원으로 하여금 등기부에 기입등기를 하도록 한다.

다음에 처분할 부동산을 현금화하기 위한 준비절차로서, 집행관에게 부동산의 현황에 대한 조사를 명하고 감정인에게 목적 부동산을 평가하게 하여 그 평가액을 참작하여 최저 매각가격을 정한다.

위 절차가 끝나면 법원은 매각기일 및 매각결정기일(입찰 및 낙찰 기일)을 지정하여 공고한다.

경매가 끝난 후 매수인(낙찰자)이 대금을 지정한 기일까지 완납하지 아니할 때에는 차순위 매수신고인에 대한 매각 허부를 결정하고, 차순위 매수신고인도 없는 때에는 재매각을 실시한다.

(다) 금전 채권에 대한 집행

甲이 乙에게 돈을 빌려 준 경우에 甲은 만약 乙이 丙에게 빌려 준 돈이 있다면 乙을 대신하여 받아 올 수 있다.

위의 경우, 甲이 집행법원에 집행신청(압류명령신청)을 하면 집행법원은 "丙은 乙에게 지급해서는 아니 된다." 라는 지급금지명령을 내리게 되는데, 이를 압류명령이라고 한다. 또 甲은 추심명령을 신청하여 乙 대신 丙으로부터 돈을 받을 수 있고(이 때는 다른 채권자가 배당 요구 가능), 전부명령을 받으면 압류하는 즉시 그 액수만큼 甲이 丙으로부터 돈을 바로 받아 오게 된다. 압류명령과 추심명령, 압류명령과 전부명령은 같이 신청하는 것이 보통이다.

## Ⅲ. 개명허가신청

### 1. 의 의

개명(改名)이라 함은 호적에 등재된 이름을 다른 이름으로 바꾸어 다시 등재하도록 신청하는 것을 말한다. 개명은 법원의 허가에 의해서만 할 수 있고 임의로 바꿀 수 없다(호적법 제113조 제1항).

## 2. 관　　할

개명을 하는 자의 등록기준지 또는 주소지를 관할하는 가정법원이 관할한다.

## 3. 개명을 할 수 있는 사유

1) 동성동명자(同姓同名者)가 동일호적 내 근친자간 또는 사회생활하는 직접적인 범위 내의 지역이라든가, 같은 학교, 학급 등 지에 있어서 생활하는 데 막대한 지장이 있는 경우

2) 남녀 이름이 명백히 구별되는 것은 아니지만 관례상 남자가 여자이름으로 또는 여자가 남자이름임이 명백하여 사회생활에 지장을 받는 경우

3) 항렬자(行列字)가 아닌 이름을 항렬자(行列字)로 개명하려는 경우(이 경우는 상당히 엄격한 제한을 두고 있음)

4) 가정 · 학교 · 직장 기타 사회생활을 하면서 일반적으로 불리우는 이름이 따로 있는데 호적에만 다르게 등재된 경우

5) 일본식으로 창씨개명[1]을 하고도 현재까지 그대로 있는 경우

6) 우리 나라에 귀화한 외국인이 한국식 이름으로 개명하는 경우

## 4. 신청시 필요한 서면 등

① 개명허가신청서　　1부
② 인지
③ 송달료
④ 호적등본이나 초본　　1부
⑤ 주민등록등본이나 초본　　1부
⑥ 소명자료(인우보증서, 족보사본, 재학증명서, 졸업증명서, 생활기록부, 친족증명서, 경력증명서, 병적증명서, 서신, 예금통장 등)

---

1) 일본식 성명 강요(日本式 姓名 强要) 또는 창씨개명(創氏改名, 일본어: 創氏改名 (そうしかいめい))은 일본 제국이 조선인과 타이완인의 이름을 강제로 일본식으로 바꾼 것을 말한다.

## 5. 개명허가의 신고

개명허가를 받은 날부터 1월 이내에 개명허가결정등본을 첨부하여 신고인의 등록기준지 또는 주소지 시(구)·읍·면장에게 신고하여야 한다.

## 개명허가신청서

등록기준지 : 서울특별시 성동구 응봉동 OO
주　　　소 : 서울특별시 성동구 금호동 OO
신청인 겸
사건본인의 성명 : 박호순 (한자 : 朴豪淳)
주민등록번호　880121 - 0000000
전화번호 : (휴대폰) 010-0000-0000　(자택) 02-000-0000
전자우편 : phs@daum.net

### 신청취지

등록기준지　서울특별시 성동구 OO동 신청인 겸 사건본인의 가족관계등록부 중 사건본인의 이름 " 박호순 (한자: 朴豪淳)" 을(를) " 박은경 (한자: 朴銀瓊)" (으)로 개명하는 것을 허가하여 주시기 바랍니다.

### 신청이유

1. 신청인 겸 사건본인 박호순은 1988년 1월 21일 부 박OO와 모 김OO 사이에 장녀로 태어났습니다. 태어날 당시 신청인 겸 사건본인의 조부께서 현재의 이름을 지어주셔서 그대로 출생신고를 하였습니다.

2. 그러나 신청인 겸 사건본인이 초등학교에 입학하면서부터 아이들에게 놀림을 받아왔고 스스로도 이름에 대해 반감이 심하여 남들에게 이름을 말하는 것을 꺼려왔습니다.

3. 박호순이라는 이름은 거꾸로 부르면 순호박이 됩니다. 이것을 짓궂은 사람들은 호박이라는 뜻이라며 사건본인을 놀립니다. 신청인 겸 사건본인은 중 · 고등학교를 거치면서 그 놀림이 심해졌고, 대학생이 된 지금까지 이름에 대하여 노이로제에 걸릴 만큼 정신적인 충격이 너무 큽니다. 앞으로 사회생활을 해야 하는데 이름으로 인하여 생길 스트레스 때문에 세상으로 나가는데 두려움이 있습니다.

4. 존경하신 재판장님, 부디 이러한 신청인 겸 사건본인의 어려움을 참작하시어 개명을 허가하여 주시기 바랍니다.

### 소명자료

1. 사건 본인의 기본증명서와 가족관계증명서 각 1부.
1. 사건 본인의 부와 모의 가족관계증명서 각 1부

1. 사건 본인 자녀의 가족관계증명서 각 1부(성년자녀가 있는 경우)
1. 사건본인의 주민등록등(초)본 1부
1. 기타

20 년 월 일

위 신청인 박 호 순 (인)

○○ 법원 ○○ 지원 귀중

※ 개명허가 신청은 사건본인의 주소지 관할법원에 하여야 한다.

※ 관할법원에서 개명의 필요성을 판단하기 위한 자료로 기타서면의 첨부가 요구될 수 있으므로 반드시 관할법원에 문의바람.

## 인우보증서

사건 본인 : (주민등록번호 - )
주 소 :
등록기준지 :

보증사항(보증내용을 상세히 기재할 것)

위의 사실이 틀림이 없으며 만일 후일에 본 건으로 인하여 문제가 있을 때에는 보증인 등이 법적 책임을 지겠기에 이에 보증함.

20 년 월 일

보증인 : (인) (주민등록번호 - )
주 소 :
등록기준지 :

보증인 : (인) (주민등록번호 - )
주 소 :
등록기준지 :

(위 보증인들의 인감증명서 또는 주민등록등본을 첨부할 것)

# 제 8 장

# 형사사건

범죄의 성립/
형사소송절차 흐름도/
경찰의 계급

# 제1절 일반론

## Ⅰ. 범죄의 성립

범죄가 성립하기 위해서는 범죄자의 행위가 우선 형법 각 본조에 규정되어 있는 구성요건에 해당하여야 한다. 또한 그러한 행위가 위법해야 하며, 책임성이 있어야 한다.

## Ⅱ. 형사소송절차 흐름도

형사소송절차는 검사의 공소제기를 기준으로 기소 전 단계와 기소 후 단계로 나뉜다. 기소 전 단계란 검사의 구속영장 청구부터 공소제기까지의 단계로서 검사의 구속영장 청구, 청구된 구속영장에 대한 실질심사, 체포 또는 구속의 적법 여부에 대한 구속적부심사청구가 있다.

검사의 구속영장 청구 및 구속영장 실질심사에서 구속영장이 발부되거나 구속적부심사청구가 기각되면 피의자의 구속 상태는 유지되지만 구속영장이 발부되지 않거나 구속영장 실질심사에서 구속영장의 기각 및 구속적부심사청구가 인용되면 피의자는 석방된다.

기소 후 단계는 검사의 청구에 따라 구공판과 구약식으로 나뉘어지고, 임의절차로서 공판준비절차(참여재판 필수)가 마련되어 있으며 이상의 절차를 마친 후 변론종결과 판결 선고까지를 포함하고 있다. 또한 변론종결시까지 배상명령청구와 보석청구가 각 가능하다.

검사가 약식명령을 청구하면 판사는 약식명령을 발령하거나 통상의 공판절차에 회부하여 재판할 수도 있다. 약식명령에 불복이 있는 사람은 약식명령의 고지를 받은 날로부터 7일 이내에 약식명령을 한 법원에 서면으로 정식재판청구를 할 수 있으며 이 경우 통상의 공판절차에 의하여 다시 심판하게 된다.

공판준비절차는 공판준비명령, 검사의 공판준비서면 제출, 피고인, 변호인의 반박, 검사의 재반박, 공판준비기일진행(증거조사, 쟁점정리), 공판준비절차 종결의 단계를 거치며 공판준비절차가 종결되면 공판절차가 개시된다.

공판절차는 재판장의 진술거부권 고지 및 인정신문, 모두진술, 쟁점 및 증거관리 등 정리, 피고인이 공소사실을 부인할 경우에는 증거조사 실시, 공소사실을 인정할 경우에는 간이공판절차회부, 피고인신문, 최종변론(검사, 변호인, 피고인), 변론종결, 선고의 단계를 거치게 된다. 기소 전과 기소 후의 절차를 마치고 선고된 판결에 대하여 불복이 있는 사람은 판결의 선고일부터 7일(판결 선고일은 기산하지 아니한다) 이내에 상소를 제기할 수 있다.

주의할 것은 상소제기기간 내에 포함된 공휴일 또는 토요일까지 모두 계산하여 7일 이내에 상소를 제기하여야 한다는 점이다. 다만, 상소제기기간의 마지막날이 공휴일인 경우에는 그 다음날까지, 토요일인 경우에는 그 다음 주 월요일까지 상소하면 된다.

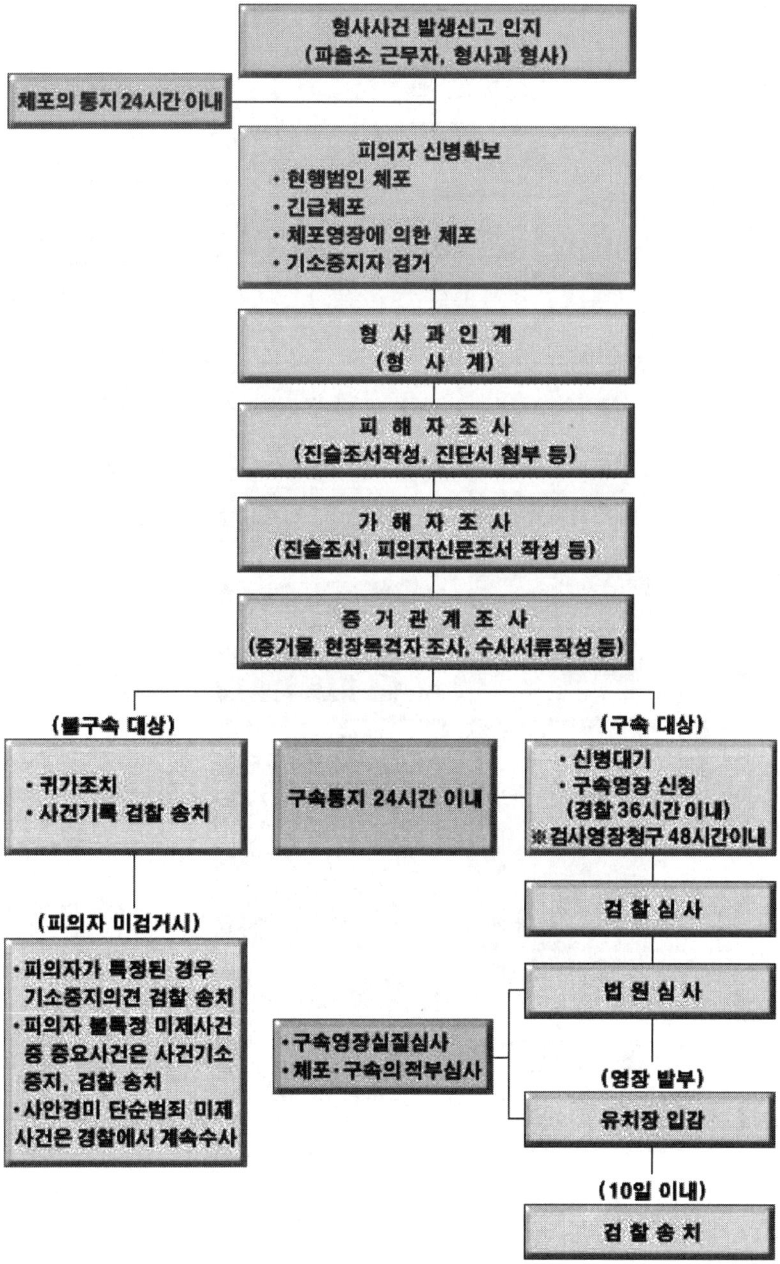
형사사건 발생신고 인지
(파출소 근무자, 형사과 형사)
체포의 통지 24시간 이내
피의자 신병확보
• 현행범인 체포
• 긴급체포
• 체포영장에 의한 체포
• 기소중지자 검거
형 사 과 인 계
(형 사 계)
피 해 자 조 사
(진술조서작성, 진단서 첨부 등)
가 해 자 조 사
(진술조서, 피의자신문조서 작성 등)
증 거 관 계 조 사
(증거물, 현장목격자 조사, 수사서류작성 등)
(불구속 대상)
• 귀가조치
• 사건기록 검찰 송치
(피의자 미검거시)
• 피의자가 특정된 경우 기소중지의견 검찰 송치
• 피의자 불특정 미제사건 중 중요사건은 사건기소중지, 검찰 송치
• 사안경미 단순범죄 미제사건은 경찰에서 계속수사
구속통지 24시간 이내
(구속 대상)
• 신병대기
• 구속영장 신청
(경찰 36시간 이내)
※검사영장청구 48시간이내
검 찰 심 사
법 원 심 사
• 구속영장실질심사
• 체포·구속의 적부심사
(영장 발부)
유치장 입감
(10일 이내)
검 찰 송 치

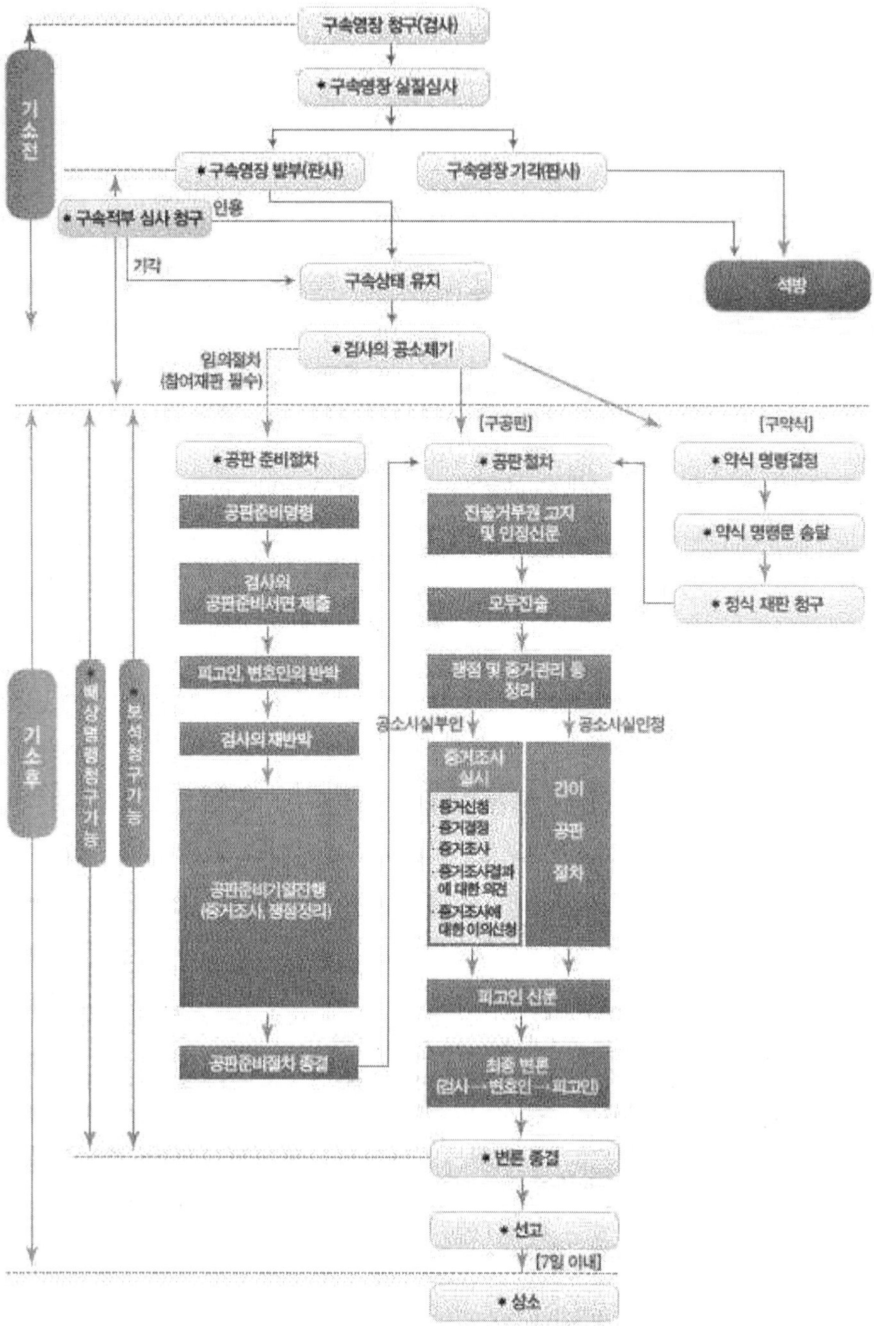


* 표시는 해당자료와 링크된 부분임

## Ⅲ. 경찰의 계급

**〈경찰의 계급 모양과 순서[1]〉**

| 순경 | 경장 | 경사 |
|---|---|---|
|  |  |  |

**순경 ~ 경사**
계급장은 하단부 태극장 위에 2개의 무궁화 잎으로 싸여있는 무궁화 봉오리의 수(2개~4개)로 구분하고 있다.

| 경위 | 경감 | 경정 | 총경 |
|---|---|---|---|
|  |  |  |  |

**경위 ~ 총경**
계급장은 중앙에 태극장을 배치한 무궁화의 수(1개~4개)로 구분하고 있다.

| 경무관 | 치안감 | 치안정감 | 치안총감 |
|---|---|---|---|
| 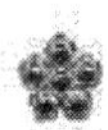 |  | 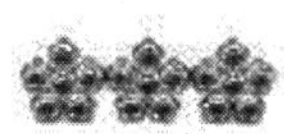 |  |

**경무관 ~ 치안총감**
계급장은 중앙에 태극장을 배치한 무궁화의 둘레에 같은 무궁화 5개를 5각으로 연결한 태극무궁화의 둘레에 같은 무궁화 5개를 5각으로 연결한 태극무궁화의 수(1개~4개)로 구분하고 있다.

1) 경찰청은 2011년 8월부터 현장 경찰관의 어깨에 계급장 대신 경찰장을 다는 제도 개선안을 강원과 대전 등 지역으로 확대 실시하고 있다. 강원청, 대전청, 울산청, 제주청 등 4개 지방경찰청은 소속 순경, 경장, 경사, 경위 등 현장 경찰관의 근무복에 경찰장을 부착하고 있다. 호칭도 '김 순경', '박 경장' 등 기존의 계급명 대신에 '이 경관', '박 수사관' 등 일과 업무를 중심으로 직명을 선정해 부르고 있다. 다만 계장, 순찰팀장, 파출소장 등 직위가 있는 경위 이하 정복 경찰관과 경감 이상 경찰관, 기동대 · 방순대 등 기동복 착용 부서 경찰관, 의경들은 기존 계급장을 그대로 쓰고 있다.

수사단계/ 고소와 고발/ 무고죄
체포 · 구속/ 체포와 구속영장의 집행과정
체포와 구속의 적부심사/ 기 소...

# 제2절 형사법 개별적 요소

## Ⅰ. 수사단계

### 1. 수사절차

수사란 범죄의 혐의가 있는 경우에 공소제기와 그 유지 수행을 위한 준비로서, 범죄사실을 조사하고 범인 및 증거를 발견 수집 확보하는 수사기관(검사 또는 사법경찰관)의 활동을 말하는데(형사소송법 제195조, 제196조) 법적으로 규정한 절차를 수사절차라고 한다. 수사의 방법으로서 임의조사(임의수사)와 강제처분(강제수사)이 있으며(형사소송법 제199조) 현행 형사소송법에서는 임의조사를 원칙으로 하고 강제처분은 특히 형사소송법에서 허용하는 경우에 한하여 할 수 있게 되어 있다.

### 2. 강제처분

법률에 규정된 수사상의 강제처분에는 구속, 압수, 수색, 검증, 감정유치 · 감정에 필요한 처분, 증인신문 등이 있으며 이들 강제처분에 관하여는 법관의 영장이 필요하거나 법관이 직접 관여하여 할 수 있다.

## Ⅱ. 고소와 고발

보통 고소와 고발을 한데 묶어서 말하기도 하지만 이 두 가지가 같은 것은 아니다. 가장 중요한 차이는 고소는 당해 범죄의 피해자가 하는 것이고, 고발은 피해자가 아니라

목격자나 범죄사실을 알게 된 피해자 아닌 다른 제3자가 한다는 것이다. 즉, 범죄의 피해자가 아니라도 범죄사실을 알게 된 사람은 누구든지 수사기관에 고발을 할 수가 있다. 참고로 고발은 고소와 비슷한 점이 많아서 고발장 작성, 고발인 진술과 같은 것은 모두 고소인에 준해서 행하면 된다.

합의를 해서 고소를 취하하였다고 하여도 사건이 그대로 끝나는 것은 아니다. 예외가 있긴 하지만 대부분의 경우에는 합의를 하고 고소를 취하한다고 하여 그 사람을 처벌하지 않는 것은 아니다. 합의 또는 고소취하는 무거운 죄를 가볍게 하는 정상참작 요인 중의 하나일 뿐이다.

물론 합의로 인한 고소취하는 모든 정상참작 요소 중에서도 검사나 판사가 가장 중요시하는 요소이기는 하다. 합의가 되면 구속할 것도 구속하지 않거나 구속된 사람도 풀어 주고, 실형을 선고할 것을 집행유예형을 선고하기도 한다(실형은 교도소에 들어가 사는 것이고 집행유예는 일단 풀려나는 것이다). 벌금도 합의 유무에 따라 액수가 2배 이상 차이가 나기도 한다.

따라서, 피고소인 입장에서는 죄가 인정된다고 생각되면 무리를 해서라도 합의를 시도하는 것이 좋다.[1)]

그런데 어떤 죄의 경우에는 고소가 취하되면 검찰에서 그 사람을 아무리 밉게 본다고 해도 처벌할 수 없는 경우가 있다. 이런 죄는 법에 정해져 있는데 이를 친고죄나 반의사불벌죄라고 한다.

**참 고**

정부는 2012년 12월 11일 제52회 국무회의를 열고 친고죄 폐지, 아동 · 청소년 대상 성범죄처벌 강화 등 성폭력범죄 근절을 위한, 「형법」, 「성폭력방지 및 피해자보호 등에 관한 법률」, 「아동 · 청소년의 성보호에 관한 법률」, 「성폭력범죄의 처벌 등에 관한

1) 참고로 경찰청은 일선 서에 업무 지침 형태로 하달된 '폭력사건 쌍방입건 관행 개선 방안'을 경찰청 훈령이나 내부 범죄수사규칙 등 형태로 예규화하는 안을 지난 2011년 10월 경찰위원회에 상정했다. 전형적인 정당방위의 8가지 요건으로는 ① 침해행위에 대해 방어하기 위한 행위일 것 ② 침해행위를 도발하지 않았을 것 ③ 먼저 폭력행위를 하지 않았을 것 ④ 폭력행위의 정도가 침해행위의 수준보다 중하지 않을 것 ⑤ 흉기나 위험한 물건을 사용하지 않았을 것 ⑥ 침해행위가 저지, 종료된 후에는 폭력행위를 하지 않았을 것 ⑦ 상대방의 피해정도가 본인보다 중하지 않을 것 viii)치료에 3주 이상을 요하는 상해를 입히지 않았을 것 등이다.

* 대법원은 위와 같은 기준을 모두 충족하는 경우에 정당방위로 판단하고, 요건 중 일부를 충족하지 못하더라도 특별한 사정이 있는 경우에는 정당방위를 인정하고 있다.

법률」, 「성폭력범죄자의 성충동 약물치료에 관한 법률」, 「특정 범죄자의 위치추적 전자장치 부착 등에 관한 법률」 등 6개의 개정법률안을 의결하고 12월 18일 이를 대통령이 공포했다.

■ 친고죄 및 반의사불벌죄 전면 폐지

성폭력범죄에 대한 친고죄는 피해자의 고소 없이는 가해자를 처벌할 수 없는 죄로 그동안 성폭력범죄와 같은 중대범죄를 개인의 문제로 치부하고 합의를 위해 피해자를 협박하여 2차 피해가 발생하는 등의 문제가 있었다.

아동 · 청소년 대상 성폭력범죄의 경우 이미 대부분 친고죄가 폐지되었으나 성인 대상 강간이나 강제추행의 죄 등은 여전히 친고죄로 남아있었다. 하지만 이번 개정을 통해 앞으로 피해자와 합의했다는 이유로 법망을 피해 형사처벌을 받지 않는 것이 불가능해지게 됐다.

형법과 더불어 성폭력범죄의 처벌 등에 관한 특례법과 아동 · 청소년의 성보호에 관한 법률에 있는 친고죄와 반의사불벌죄 규정도 전면 폐지되었다.

■ 아동 · 청소년 대상 성범죄 처벌 강화

아동 · 청소년 대상 강간죄의 경우 최고 무기징역까지 선고할 수 있도록 법정형을 강화했고 아동 · 청소년이용음란물의 제작 · 수입 · 수출한 자에게도 강간죄와 동일하게 최고 무기징역까지 선고할 수 있도록 했다.

이와 함께 아동 · 청소년의 성을 사는 행위를 한 자에 대한 처벌을 강화하여 아동 · 청소년 대상 성매매를 방지토록 했다.

■ 강간 객체 확대 및 유사강간죄 도입

성인 대상 강간죄는 그 대상을 '부녀'로만 한정하고 있어서 남성은 강간 피해자가 될 수 없었다. 그러나 강간죄의 보호법익이 여성의 정조가 아닌 성적자기결정권에 있고 남성도 강간 피해를 당할 수 있다는 점에서 문제로 지적되어 왔다.

이에 따라 아동 · 청소년의 성보호에 관한 법률에서는 이미(2012.3.16 시행) 아동 · 청소년 대상 강간죄의 객체에 남자 아동 · 청소년을 포함시켜 왔다.

다만 형법에서는 여전히 '부녀'만으로 규정하였으나 이번 개정안에서 '부녀'를 '사람'으로 변경하여 나이를 불문하고 모든 남성을 강간죄의 대상으로 인정했다.

또한 기존에 아동 · 청소년 대상 성폭력범죄에만 규정되었던 유사강간죄를 형법에 규정토록 해 지금까지 강제추행으로 처벌하던 것보다 더욱 엄한 처벌을 할 수 있도록 했다.

■ 공소시효 배제대상 성폭력범죄 확대

성폭력범죄의 특성상 시일이 지나서 피해가 드러나거나 시간이 지남에 따라 피해가 점점 커지는 경우가 많다. 특히, 아동이나 장애인의 경우 피해자가 피해 당시에는 사실을 인지하지 못하는 경우도 많이 발생하기 때문에 이러한 특성을 고려하여 특별하게 공소시효 배제 대상을 확대했고 강간살인죄의 경우에는 연령과 상관없이 공소시효를 배제하도록 했다.

■ 음주 · 약물 심신장애 감경 배제 확대

2008년 말, 조두순 사건 이후 음주로 인한 성폭력범죄자의 형량 감경 문제가 대두됐고 이에 따라 2010년 특정 성폭력범죄의 경우 형량을 감경하지 않을 수 있도록 규정한 바 있다.

이번 개정에서는 그 범위를 더욱 넓혀서 음화반포 등의 일부죄를 제외한 모든 성폭력범죄로 확대했다.

■ 아동 · 청소년이용음란물 정의 명확화

아동 · 청소년이용음란물에 대한 단속과 처벌 강화 논의가 진행되면서 한편으로는 아동 · 청소년이용음란물에 대한 정의와 단순소지자에 대한 단속과 관련해 불의의 피해자가 발생할 수 있다는 문제 지적도 있었다.

이에, 이번 개정을 통해 아동 · 청소년이용음란물 관련 처벌을 강화하되 아동 · 청소년이용음란물의 범위와 소지의 개념을 좀더 명확히 했다.

또한 아동 · 청소년이용음란물 소지죄로 벌금형을 받은 자에 대해서는 취업제한이나 신상정보 공개제도의 적용대상에서 제외했다.

개정공포 법률 중 「특정 범죄자의 위치추적 전자장치 부착 등에 관한 법률」은 공포일과 동시에, 「성폭력범죄자의 성충동 약물치료에 관한 법률」은 3개월 후인 2013년 3월 19일에, 「형법」, 「아동 · 청소년의 성보호에 관한 법률」, 「성폭력방지 및 피해자보호 등에 관한 법률」, 「성폭력범죄의 처벌 등에 관한 법률」은 6개월 후인 6월 19일에 시행되었다.

친고죄(親告罪)는 피해자의 고소가 있어야 가해자를 처벌할 수 있는 죄라는 뜻으로, 설사 어떤 사람이 범죄를 저지른 사실을 수사기관이 알고 있다고 하더라도 피해자의 고소 없이는 처벌을 할 수가 없다. 가령 모욕죄와 같은 것이 친고죄인 것이다. 친고죄의 경우 고소를 취하하면 수사를 그 시점에서 중단해야 하고 구속된 사람도 풀려나며 재판도 끝나게 된다. 단, 고소의 취하는 1심 판결 선고 전까지만 할 수 있다.

반의사불벌죄(反意思不罰罪)라 함은 피해자가 가해자의 처벌을 원하지 않는다는 의사를 표시하면 가해자를 처벌할 수 없는 죄이다. 부정수표단속법위반죄 중에서 수표를 부도낸 죄의 경우 수표의 소지자가 수표발행인을 처벌하지 말아달라는 의사를 표시하면 그 사람을 처벌할 수가 없다. 반의사불벌죄의 경우 고소를 취하하는 것은 그 사람을 처벌하지 말아달라는 의사를 표시하는 것이므로 이 때에는 가해자를 처벌할 수 없다.

그러나 사기, 횡령, 배임죄나 야간 혹은 집단 폭행죄, 절도죄, 뺑소니나 11대 중과실을 위반한 교통사고로 사람을 다치게 한 죄와 같은 일반적인 범죄는 친고죄나 반의사불벌죄가 아니므로, 설사 고소인이 피고소인과 합의를 하고 고소를 취하한다고 하여도 곧바로 사건이 그대로 끝나는 것은 아니다.

물론 대부분의 경우 위에서 본 바와 같이 합의를 하고 고소를 취하하면 피해자의 뜻을 존중하고 피해가 회복되었다는 차원에서 피고소인에게 관대한 처분을 하고는 있으나, 이는 친고죄나 반의사불벌죄에서 고소가 취하되면 처벌하고 싶어도 처벌하지 못하는 것과는 하늘과 땅 차이인 것이다.

## Ⅲ. 무 고 죄

### 1. 의　　의

억울하게 고소를 당한 사람들이 가장 궁금한 것이 '도대체 내가 잘못한 것도 없는데도 나를 고소한 저 나쁜 사람을 어떻게 하나'라는 질문이다. 법에 대하여 좀 알고 있는 사람들은 아예 상대방을 무고죄로 고소할 수는 없냐고 물어본다.

무고죄란 것은 다른 사람으로 하여금 형사처분 등을 받게 할 목적으로 허위의 사실을 신고할 때 성립하는 죄를 말한다. 즉 허위의 내용을 담아서 고소하는 것을 지칭한다.

만일 고소사건을 수사하는 경찰이나 검찰에서 수사하다가 이러한 사정을 알게 되었다면, 비록 피고소인이 고소인을 무고죄로 고소하지 않아도 수사기관 자신이 무고죄로 입건해서 처벌하고 있다.

하지만 무고죄로 고소하지 않는 경우 수사기관에서 상대방의 무고사실을 스스로 밝혀내서 무고죄를 인지하는 것은 그리 쉽지가 않다. 그러므로, 상대방의 고소가 허위 고소이고 이를 입증할 수 있는 증거가 나에게 있으면, 거꾸로 상대방을 무고죄로 고소하는 것도 적극적인 방어의 한 방법이다.

### 2. 무고죄가 인정되려면

#### (1) 무고죄가 인정되기 위한 요건

무고죄가 인정되려면,

첫째, 고소하는 사람이 허위의 사실을 가지고 고소를 하여야 하고(객관적 요건),

둘째, 허위의 사실을 가지고 고소한다는 것을 고소인도 알고 있어야(주관적 요건) 한다.

따라서 허위의 사실이 포함되어 있다고 항상 무고죄가 되는 것은 아니다. 비록 허위의 사실을 가지고 고소하였다고 하더라도 고소인 스스로는 그것이 사실이라고 생각하고 고소한 것이라면, 이는 착오에 의한 고소에 불과한 것이고 무고라고는 할 수 없는 것이다. 이래서 무고죄가 인정되기가 어려운 것이다. 사실이 아님이 밝혀지면 고소한 사람은 자기는 그것이 진실인줄 알고 고소하였다고 변명을 하기 때문이다.

#### (2) 적당한 과장이나 사실과 관계없는 표현의 경우

허위의 사실이 내용에 포함되어 있고 그 사실을 고소인이 알고 있다고 하여도 곧바로 무고죄로 처벌할 수 있는 것도 아니다. 사람들은 고소를 하면서 피해를 적당히 과장하거나 피고소인에 대하여 사실과는 동떨어진 나쁜 표현을 쓰는 경우가 많다.

판례에 의하면 얼굴을 얻어맞아서 고소를 하면서 상해진단서를 첨부해서 냈는데, 이 진단서에 수년 전에 코가 부러진 것이 포함되어 있어 2주 진단이 나올 것이 4주 진단이 나온 경우에도 이를 무고라고는 할 수 없고 사건의 정황을 과장한 것에 불과하다고 한 예도 있다(대법원 1984. 1. 24. 선고, 83도3023 판결).

마찬가지로 강간은 당하였으나 상처는 입지 않았는데도 강간치상이라고 고소한 것에 대하여 이를 무고라고는 볼 수 없다고 판시한 바 있다.

경우에 따라 피고소인이 '항상 거짓말을 하고 다니는 사람이다'라든가 '해외 도피를 준비중에 있다'라는 표현을 고소장에 사용하는 경우가 있는데, 그것이 사실이 아니라고 하더라도 이를 가지고 무고로 처벌하는 것은 아니다.

#### (3) 무고죄의 인정 기준

결국 무고로 성립하는지 여부는 "사실의 핵심 또는 중요부분이 진실과 부합하는가에 따라" 판단하는 것이다. 즉 거짓말이 있는 부분이 피고소인에게 있어 범죄를 구성하는 요건에 관계되는 것으로, 그로 인하여 피고소인이 형사처분 또는 징계처분을 받을 위험이 있는 것이어야 한다.

가령 폭행죄로 고소하였다면 폭행 부분과 관련하여 거짓말을 하면서 고소를 하였어야 무고가 되는 것이지 폭행과 관련이 없는 부분 등에 대하여 거짓말이 있었다고 하더라도 이를 무고죄라고 할 수는 없다. 예를 들어 폭행을 한 사람이 화가 난 이유가 사실은 고소인이 피고소인의 여자친구를 희롱하여 피고소인이 고소인을 때린 것인데, 고소인은 피고소인이 아무 이유 없이 화를 내면서 자기를 때렸다고 말하였다고 하더라도 이를 무고죄라고는 할 수 없다는 것이다.

판례는 비록 신고내용에 일부 객관적 진실에 반하는 내용이 포함되어 있다고 하더라도 그것이 형사처벌이나 징계의 대상이 되지 않는 것으로서, 단지 신고사실의 정황을 과장하는데 불과한 것이거나 적어도 허위인 일부사실의 존부가 전체적으로 보아 범죄사실 또는 징계사유의 존부에 직접 영향을 줄 정도에 이르지 아니하는 내용에 관계되는 것이라면 무고죄는 성립되지 아니한다(대법원 1986. 9. 23. 선고, 86도556 판결)고 판시하고 있다.

## Ⅳ. 체포 · 구속

### 1. 체포의 의의

피의자가 죄를 범하였다고 의심할 만한 상당한 이유가 있고, 정당한 이유없이 피의자 출석요구에 응하지 아니하거나 응하지 아니할 우려가 있는 때에는 검사는 관할 지방법원판사에게 청구하여 체포영장을 발부 받아 피의자를 체포할 수 있고, 사법경찰관은 검사에게 신청하여 검사의 청구로 관할 지방법원 판사의 체포영장을 발부받아 피의자를 체포할 수 있다(형사소송법 제200조의2).[2]

### 2. 구속의 의의

형사소송법상 구속이란 구인과 구금을 포함한다(형사소송법 제69조).

#### (1) 구　　인

특정인(피의자, 피고인, 증인 등)을 강제력에 의하여 특정 장소로 데려가는 것을 말하고 구인한 경우에 구금할 필요가 없다고 인정한 때에는 구인한 때로부터 24시간내에 석방하여야 한다(형사소송법 제71조).

---

2) 경찰이 범죄 용의자를 체포를 할 때에는 미란다 원칙(당신은 묵비권을 행사할 수 있고, 변호사를 선임할 수 있으며, 지금부터 말하는 모든 발언은 법정에서 불리하게 적용될 수 있습니다)을 고지하여야만 한다.

#### (2) 구 금

특정인(피의자, 피고인 등)을 강제력에 의하여 특정장소(교도소, 구치소 등)에 가두어 두는 것을 말한다. 이른바 미결구금을 말하고 형의 일종인 구류와는 그 성질을 달리한다 할 것이다.

#### (3) 사전영장제도

구속은 수사기관이나 법관이 할 수 있는데, 수사기관이 구속함에는 반드시 법관의 사전영장이 필요함을 지칭한다. 그러나 긴급구속의 경우 또는 현행범체포의 경우에는 사전영장 없이도 구속이 가능하다.

## V. 체포와 구속영장의 집행과정

### 1. 구인영장과 체포 및 구속영장

실무상으로는 구인영장의 청구가 거의 없는 실정이나, 형소법은 그 근거규정을 두고 있다(형사소송법 제73조). 체포영장은 피의자가 죄를 범하였다고 의심할 만한 상당한 이유가 있고, 정당한 이유 없이 출석요구에 응하지 않거나, 응하지 아니할 우려가 있는 때에 검사가 관할 지방법원판사에게 청구하여 발부되는 영장이다. 검사의 청구에 의하여 발부하는 모든 영장(구속영장, 체포영장, 압수수색영장, 검증영장, 감정유치장, 감정에 필요한 처분허가장 등)에는 그 영장을 청구한 검사의 관직, 성명과 그 검사의 청구에 의하여 발부한다는 취지를 기재하여야 한다.

### 2. 통상의 체포 · 구속영장과 사후의 구속영장

통상의 구속영장은 피의자의 구속집행 전에 발부되는 체포영장과 구속영장이고, 사후의 구속영장은 긴급체포 또는 현행범체포 후에 발부되는 구속영장을 말한다.

## 3. 영장의 청구

### (1) 청구권자

수사기관 중 검사만이 청구할 수 있고, 사법경찰관이 검사에게 신청하면 검사가 법원에 청구하여 법원으로부터 영장을 발부받게 된다(형사소송법 제201조).

### (2) 청구방식

영장청구는 반드시 서면으로 피의 사실의 요지를 기재한 영장을 1통을 첨부하여야 하고(형사소송규칙 제93조). 관할지방 검찰청의 검사는 일정한 사항을 기재하고 서명날인한 후 관할지방법원판사에게 청구하며 구속의 필요를 인정할 수 있는 자료를 함께 제출하여야 한다(형사소송법 제201조2항).

## 4. 체포와 구속영장의 발부[3] 또는 기각

### (1) 담당법관

지방법원판사의 관할에 속하며 내부적으로는 당직법관 및 영장전담법관이 담당하여 처리한다.

### (2) 발부 또는 기각

영장을 발부한 때에는 판사가 영장청구서의 판사란에 구속영장 유효기간을 기재하고 서명날인 및 간인한 후 수사기록과 함께 접수담당자에게 반환한다. 영장을 기각하는 경우에는 판사가 영장청구서와 영장 용지의 여백에 기각의 취지와 이유를 기재하고 서명날인 후 반환한다.

## 5. 구속기간

피의자의 구속기간은 다음과 같다.

---

3) 법관이 구속영장을 발부하기 위해서는 첫째, 피의자가 일정한 주거가 없는 경우 둘째, 피의자가 증거를 인멸할 우려가 있는 경우 셋째, 피의자가 도주하거나 도주할 우려가 있는 경우 중 어느 하나에 해당하여야 한다.

### (1) 사법경찰의 구속기간

피의자를 구속한 때로부터 10일(형사소송법 제202조)

### (2) 검사의 구속기간과 연장

피의자를 구속한 때나 사법경찰관으로부터 피의자를 인치한 인치일(송치일)로부터 10일(형사소송법 제203조)이며, 단 법원의 허가를 받았을 때에 한하여 10일의 범위 내에서 구속기간을 1차 연기할 수 있다(형사소송법 제205조).

### (3) 국가보안법위반 피의사건에 대한 특례

검사의 청구에 의하여 사법경찰관의 구속기간을 1차, 검사의 구속기간을 2차에 한하여 그 연장을 법원이 허가할 수 있으며 구속기간의 연장은 각각 10일을 초과할 수 없다(국가보안법 제19조).

## VI. 체포와 구속의 적부심사

### 1. 체포와 구속의 적부심사의 의의

체포와 구속의 적부심사란 수사기관에 의한 피의자 체포와 구속의 경우에 법원이 그 체포와 구속의 적법여부를 심사하여 부적법하거나 부당한 경우에는 체포 및 구속된 피의자를 석방하는 제도를 말한다. 수사단계에 있는 체포 및 구속된 '피의자'의 석방여부를 심사하는 제도라는 점에서 수소법원이 체포 및 구속된 '피고인'의 석방여부를 결정하는 보석 등과는 구별되고 법원의 결정에 의하여 석방되므로 검사가 구속을 취소하여 피의자를 석방하는 경우와도 구별되는 제도이다.

### 2. 체포와 구속의 적부심사 청구

#### (1) 체포와 구속의 적부심사 청구권자 및 청구대상

체포영장 또는 구속영장에 의하여 체포 또는 구속된 피의자 또는 그 변호인, 법정대리인, 배우자, 직계친족, 형제자매나 동거인 또는 고용주는 관할법원에 체포 또는 구속의 적부심사를 청구할 수 있다(형사소송법 제214조의2 제1항).

### (2) 체포와 구속의 적부심사청구의 방식

서면 또는 구술로 청구할 수 있다고(형사소송규칙 제176조) 규정하고 있으나 실무에서는 서면청구로 하고 있다. 구속적부심사청구서에는 일정한 사항(형사소송규칙 제102조)을 기재하여야 하고 위 기재사항의 소명자료로서 청구이유에 관한 소명자료(합의서 등), 변호인선임신고서, 주민등록등본, 호적등·초본 또는 재직증명서 등을 첨부하여 제출하여야 한다.

## 3. 체포 및 구속피의자에 대한 적부 결정

적부심사의 청구가 있으면 일정한 심사절차를 거쳐 법원에 의하여 그 적부의 결정이 내려진다. 법원의 결정은 심문절차가 종료된 때로부터 지체 없이 하여야 한다.

# Ⅶ. 기 소

## 1. 기소의 의미

기소는 검찰에서 피고소인 또는 피의자에게 죄를 저지른 사실이 있다고 판단하여 법원에 피고소인에 대한 재판을 청구하는 것이 기소이다.

기소가 되면 피고소인은 검찰의 손을 떠나 법원의 영역에 들어가게 된다. 사건기록도 검찰에서 법원으로 가게 되고, 사건번호도 법원 번호가 매겨지게 된다. 따라서 기소가 되면 진정서나 탄원서와 같은 소송관련 서류를 제출하는 곳도 검찰이 아니라 법원이 되는 것이다.

또 기소가 되면 피고소인이나 피의자가 아니라 피고인이라고 부른다. 통상 피고와 피고인의 차이를 혼동하는데, 피고는 민사재판에서 원고에 반대되는 뜻으로 사용되는 용어이고, 피고인은 죄를 지어 법원에서 재판 받는 사람을 말하는 것이다.

기소는 검사 마음대로 결정할 수가 있는데 이를 기소편의주의(起訴便宜主義)라고 한다. 심지어 죄가 있고 혐의가 인정되어도 검사는 자기 맘대로 기소를 하지 않을 수 있다. 또한 검사 외에는 기소할 수 있는 권한을 가진 국가기관이 없다. 이를 기소독점주의

(起訴獨占主義)라고 한다.

결국 검사가 마음먹기에 따라서 피고소인을 기소할 수도 기소하지 않을 수도 있는 것이다. 기소의 종류도 검사가 자유롭게 결정할 수 있다.

## 2. 기소의 종류

<table>
<tr><th>구 공 판</th><th>구 약 식</th></tr>
<tr><td>구속 구공판</td><td rowspan="2">벌 금</td></tr>
<tr><td>불구속 구공판</td></tr>
</table>

기소 중에서 가장 무거운 것은 구속한 상태에서 기소를 하는 구속기소이다. 이보다 가벼운 것이 불구속한 상태에서 기소를 하는 불구속 기소이다. 불구속기소는 불구속 상태에서 기소를 하는 것이지만 검사가 법원에 청구하는 형벌은 징역이나 금고와 같이 신체의 자유를 제한하는 형벌이다.

구속기소나 불구속기소는 당 정식재판을 법정에서 받는 것이므로 이를 합쳐서 구공판(求公判)이라고 한다.

이에 대하여 가장 가벼운 것으로 피고소인에게 벌금을 부과할 것을 청구하는 약식기소가 있다(구약식(求略式)이라고도 한다).

보통 범죄의 경우 해당 법조항에 징역형과 벌금형을 선택할 수 있도록 되어 있어 검사 맘대로 징역형과 벌금형 중 적정한 것을 선택할 수 있다. 그러나, 벌금형만 있는 죄에 대하여는 징역형을 청구하거나 징역형만 있는 죄(강도죄)에 대하여 벌금형을 청구할 수 없다.

예를 들어, 사기죄의 경우 법정형이 징역 10년 이하 또는 벌금 2,000만 원 이하로서 검사의 판단에 따라 구공판을 할 수도 있고 약식기소를 해서 벌금을 청구할 수도 있다. 사기금액이 5억 원 이상인 경우에는 특정경제범죄가중처벌 등에 관한 법률(실무에서는 '특경가법'이라고도 한다)을 적용한다. 이 경우 법정형은 무기징역 또는 3년 이상의 유기징역으로 높아지며 벌금형이 없다. 따라서, 특경가법에 걸리면 약식기소는 안 되고 공판을 청구하게 된다.

## Ⅷ. 구속된 피고인이 석방되는 방법

구속된 피고인이 석방되는 방법으로는 보석, 구속의 집행정지, 구속취소, 판결 선고에 의한 석방이 있다. 구속된 피고인이 석방되려면 어떠한 경우에도 판사의 결정이 있어야 한다. 위 네 가지 모두 판사가 결정하여야 이루어지는 방법이다.

### 1. 보　　석(保釋)

#### (1) 보석이란

보석은 쉽게 말해서 보증금을 내고 석방되는 것이라고 생각하면 된다. 그러면, 보증금만 내면 다 석방될 수 있을까? 그렇지는 않다. 보석청구를 해서 피고인이 석방되는 것은 그리 쉽지 않은 일이다. 아무나 다 보증금을 낸다고 석방되는 것은 아니라는 뜻이다.

원칙적으로는 보석을 청구하면 형사소송법 제95조에 정한 예외사유가 아닌 이상 반드시 보석을 허가하도록 되어 있다. 이를 필요적 보석(必要的 保釋)이라고 한다.

결국 보석은 피고인이 재판에서 실형을 선고받기 전까지는 돈을 내면 석방되어 자유롭게 다닐 수 있는 피고인의 권리인 것이다.

그런데, 사실 실무에서 그와 같이 보석을 다 해주면 좋겠지만 실상은 그렇지 않은 것이 문제이다. 보석은 여전히 피고인의 권리가 아니라 법원이 피고인에게 베풀어주는 은혜처럼 운영되는데, 법률이 제정된 취지를 존중하여 보석요건에 해당하면 반드시 피의자를 석방하는 방향으로 보석제도가 운영되어야 할 것이다.

#### (2) 보석이 되지 않는 예외적인 사유(형사소송법 제95조)

##### (가) 피고인이 사형, 무기 또는 장기 10년이 넘는 징역이나 금고에 해당하는 죄를 범한 때

이러한 경우 보석을 허가해 주지 않는 것은 중대한 죄를 범한 때에는 실형을 받게 될 가능성이 많아서, 피고인이 보증금을 내고서도 그 몰수를 감수하고 도망칠 수 있다는 이유에서이다. 원래 보석이란 것이 피고인에게 보증금을 몰수당할 수도 있다는 심리적 압박감을 주어 재판정에 나오게 하는 제도인데, 중대한 범죄의 경우에는 보증금 몰수라는 제재가 별 소용이 없기 때문에 예외사유로 규정한 것이다.

(나) 피고인이 누범에 해당하거나 상습적인 죄를 범한 때

역시 마찬가지로 이러한 경우에도 실형을 받게 될 가능성이 많아서, 보증금으로는 피고인이 출석하리라고 장담하지 못하기 때문에 보석을 허가해 주지 않는 것이다.

(다) 피고인이 죄증을 인멸하거나 인멸할 염려가 있다고 믿을 만한 충분한 이유가 있는 때

이는 피고인에게 보석을 허가해주면 증거를 훼손, 변경, 위조하거나, 공범자나 증인 등으로 하여금 거짓으로 진술하게 할 우려가 충분히 있다고 판단되는 경우를 말한다.

(라) 피고인이 도망하거나 도망할 염려가 있다고 믿을 만한 충분한 이유가 있는 때

피고인이 보증금을 몰수당하는 위험을 감수하고서라도 재판에 출석하지 않을 가능성이 많은 때를 말한다.

(마) 피고인의 주거가 분명하지 아니한 때

법원이 피고인의 주거를 알 수 없는 경우를 말한다.

(바) 피고인이 피해자, 당해 사건의 재판에 필요한 사실을 알고 있다고 인정되는 자 또는 그 친족의 생명, 신체나 재산에 해를 가하거나 가할 염려가 있다고 믿을만한 충분한 이유가 있는 때

이는 조직범죄, 특히 폭력범죄의 피고인이 보석으로 나와서 피해자나 증인에게 보복을 가하거나, 증인을 해쳐서 증언을 할 수 없게 만드는 것을 방지하기 위한 것이다.

### (3) 보석청구는 어떻게 하는가?

보석을 청구할 수 있는 사람이 보석허가청구서를 작성해서 이 사건을 재판하는 법원에 제출하면 된다. 청구서는 3부를 만들어서 법원에 2부를 제출하고 1부는 보관하는 것이 좋다.

보석을 청구할 수 있는 사람은 피고인 본인과 변호사, 그리고 피고인의 가족(법정대리인, 배우자, 직계친족, 형제자매와 호주)이다.

보석허가청구서에는 피고인과 청구하는 사람이 어떤 관계에 있는지를 증명하는 서류(호적등본이나 호적초본, 주민등록등본이나 초본 등)와 피고인의 재산관계진술서를 함께 제출하여야 한다. 재산관계진술서는 반드시 첨부하여야 하는 서류이므로 설령 재산이 별로 없다고 하더라도 작성하여야 한다.

### (4) 보석 청구에 대한 재판은 어떻게 진행되는가?

보석청구에 대하여 피고인이 법정에 참석하여 별도의 재판을 받는 일은 거의 없다.

형사소송규칙 제54조의2에 의하면 법원은 보석의 청구를 받으면 지체없이 심문기일을 정하여 피고인을 심문하도록 되어 있으나, 심문하지 않아도 되는 예외 조항을 적용하여 보통 별도의 심문을 하지 않고 보석에 대한 결정을 하고 있다. 즉, 판사들은 보석허가청구서와 거기에 첨부된 자료들, 그리고 수사기록만을 보고 보석 여부에 대한 판단을 하는 것이 보통이다. 법정에 나가서 따로 보석과 관련된 재판을 하는 것은 아니다.

보석에 대한 결정은 피의자에 대한 형사재판을 담당한 재판부가 한다. 따라서, 피의자의 가족들은 서류를 제출하고 기다리고 있으면 된다. 보석에 대한 결정을 하기 전에 재판부에서는 검사의 의견을 물어야 하고, 검사는 의견요청을 받은 날로부터 3일 내에 의견서를 제출하여야 하는데, 의견서를 제출하지 않으면 검사도 보석에 동의한 것으로 간주된다. 보통 검사들은 '귀견대로 처리하시기 바람'이나 '청구를 기각하시는 것이 상당하다고 사료됨'이라는 형식적인 의견을 써서 보내는 것이 관행이다.

법원은 검사가 의견을 제출한 날로부터 7일 이내에 보석의 허가 여부를 결정하도록 되어 있다(형사소송규칙 제55조). 이렇게 날짜가 정해져 있는 것을 보면 보석 청구를 하면 한 열흘 내에는 결정이 내려질 것 같지만 항상 그렇지는 않다. 어떨 때는 보석 청구한 다음 보름이 넘게도 아무런 결정도 없는 경우도 있다. 보통 이런 경우는 판사가 보석을 허가하는 데 대하여 고민하고 있는 중일 가능성이 많다.

### (5) 보석이 허가된 경우는 어떻게 되는가?

판사는 보석청구가 이유 있다고 생각하면 당연히 보석허가결정을 한다. 보석허가결정의 내용에는, 보석 보증금을 정하고 주거를 제한하는 등의 조건이 붙어 있는 경우가 대부분이다.

### (6) 보석이 기각된 경우는 어떻게 되는가?

보석이 기각되면 보석기각결정에 대하여 항고를 하는 방법이 있고, 다시 보석을 신청하는 방법이 있다. 보석기각결정에 대하여 항고를 하는 것은 법원의 심경을 자극하는 방법이므로 다시 보석을 신청하는 방법이 있는 이상 굳이 이 방법을 택할 아무런 이유가 없다. 그러므로, 다시 보석을 신청하는 방법을 선택하는 것이 좋다. 다만 보석이 한번 기각되었는데 다시 보석을 신청할 때는 무언가 그 사이에 사정이 변경된 것이 있어야 한다.

바꿔 말하면 사정이 변경되어야 다시 보석을 신청할 수 있다. 사정변경의 대표적인 것으로는 아래의 세 가지 사유가 있다.

(가) 사정 변경 중에서 가장 좋은 것은, 먼저 보석을 신청할 때는 합의가 안 되었다가 보석이 기각된 이후 합의가 된 경우이다. 이 경우는 보석이 허가가 될 가능성이 다른 어떤 경우보다 높다고 할 것이다.

(나) 그 다음으로는 구속기간이 길어지면서 보석의 필요성이 새로 생긴 경우이다. 죄질이 그리 나쁘지 않아서 범행을 인정하면 벌써 집행유예로 석방되었을 사안에서, 피고인이 한사코 무죄를 주장하기 때문에 재판이 길어져서 구속기간도 길어지는 경우,

① 어떠한 이유가 있어 무죄의 가능성이 높다는 점,

② 무죄주장 때문에 재판이 길어져서 구속기간이 길어진다는 점

을 보석허가청구서에 잘 기재를 하여 다시 보석허가청구를 하면 보석이 허가될 가능성이 있다.

(다) 다음으로, 보석이 기각된 이후 건강이 나빠져서 교도소에서 수형생활을 하기가 어려운 경우이다. 이럴 때는 의사의 진단서를 첨부하여 소위 병보석을 신청할 수 있다. 병보석을 신청하기 위해서 교도소 외부 의사의 진단을 받을 수 있다(행형법 제29조; 동 시행령 제105조).

### (7) 보석으로 석방 중인데 해외여행을 할 수 있는가?

구속되었다가 보석 신청이 허가되어 현재 자유의 몸인데 사업상 해외출장을 가야만 하는 경우 또는 친구들과 계를 들어 해외여행을 가기로 한 경우와 같이 해외여행을 가야 되는 경우가 있다. 그런데, 보석을 허가받으면서 보석의 조건으로 "피고인은 어디어디에 거주하여야 한다"라는 주거제한조치를 받은 상태이다. 이럴 때 국내 여행이나 출장은 사는 곳을 옮기는 것이 아니므로 얼마든지 갈 수는 있으나 해외여행이나 해외출장은 문제가 있다.

기소되어 재판을 받고 있는 피고인이 이미 여권을 가지고 있는 경우에는 검사가 특별히 출국금지조치를 하지 않은 이상 자유롭게 출국할 수 있으므로 큰 문제가 없다. 보통의 경우는 보석이 허가되었다고 하여도 출국금지조치를 취하지 않는 경우가 대부분이기 때문이다. 다만, 공항에서 출국금지자이기 때문에 출국할 수 없다는 망신을 당하지 않기 위해서는 법무부 출입국관리사무소에 미리 전화를 걸어서 확인하는 것이 좋다.

## 2. 구속의 집행정지와 실효

### (1) 구속의 집행정지

구속의 집행정지란 법원이 상당한 이유가 있는 때에는 결정으로 구속된 피고인을 친족 · 보호단체 기타 적당한 자에게 부탁하거나 피고인의 주거를 제한하여 구속의 집행을 정지하는 것을 말한다(형사소송법 제101조 제1항).

### (2) 구속집행정지의 절차

법원이 피고인에 대하여 구속집행정지를 결정할 때에는 급속을 요할 때를 제외하고는 검사의 의견을 물어야 한다.

### (3) 구속의 실효

구속의 실효에는 법원이 내리는 구속의 취소와 일정한 조건하에 이루어지는 당연실효가 있다.

#### (가) 구속의 취소

구속의 취소란 구속의 사유가 없거나 소멸된 때에 법원은 직권 또는 검사, 피고인, 변호인과 변호인 선임권자의 청구에 의하여 결정으로 구속을 취소하는 것을 말한다(형사소송법 제93조).

#### (나) 구속의 당연실효

구속이 당연실효가 되는 경우는 무죄, 면소, 형의 면제, 형의 선고유예, 형의 집행유예, 공소기각 또는 벌금이나 과료를 과하는 판결이 선고된 때에는 구속영장은 효력을 잃게 되는데 이러한 효력이 없는 구속영장에 의한 구속은 당연히 실효가 된다(형사소송법 제331조).

# IX. 형벌의 종류

형벌의 종류에는 생명형으로서 사형, 신체의 자유를 제한하는 형벌(자유형)로서 징역 · 금고 · 구류, 재산에 대한 제재(재산형)로서 벌금 · 과료 · 몰수, 명예에 대한 제한(자격형)으로서 자격상실 · 자격정지를 규정하고 있다.

### 1. 생 명 형

국가가 생명을 박탈하는 사형제도에 대한 찬반 논의는 아직도 계속되고 있다. 대부분의 유럽 국가는 사형제도를 폐지하고 있지만 미국의 많은 주에서는 아직도 사형제도를 채택하고 있다. 우리 나라는 형법에서 살인죄나 내란죄 등에서 사형을 규정하고 있을 뿐만 아니라 많은 특별법에서 사형을 과할 수 있도록 규정하고 있다. 그러나 우리 나라는 1997년 12월 30일 마지막으로 사형이 집행된 후 지금까지 20여년 가까이 넘게 사형을 집행하지 않고 있어서 실질적으로 사형 폐지 국가로 분류되고 있다. 사형의 경우 군형법은 총살형으로 집행하지만 일반인은 교수하여 집행된다. 또한 범죄행위시 18세 미만인 소년에 대해서는 사형을 인정하지 않고 있다.

### 2. 자 유 형

자유형이란, 수형자의 신체적 자유를 박탈하는 것을 내용으로 하는 형벌이다. 징역이나 금고는 모두 교도소에서 구치하여 집행되는데, 징역과 달리 금고는 노역에 복무하지 않는다는 차이가 있다. 징역은 유기징역과 무기징역으로 구별된다. 유기징역은 1월 이상 30년 이하의 기간이며, 가중하는 경우에 50년까지 가능하다.

무기징역은 종신형이지만 20년이 경과하면 가석방이 가능하다. 이외에도 구류는 1일 이상 30일 미만의 기간 동안 수형자를 교도소에 구치하는 것을 말한다. 또한 벌금을 미납한 경우에는 1년 이상 3년 이하, 과료의 미납시 1일 이상 30일 미만의 기간 동안 노역장 유치를 하기도 한다.

### 3. 재 산 형

벌금과 같이 범인으로부터 일정한 재산을 강제로 빼앗는 것을 내용으로 하는 형벌을 재산형이라고 한다. 벌금은 5만 원 이상의 액수가 부과되는데, 이를 30일 이내에 납입하지 않으면 1일 이상 3년 이하의 기간 동안 노역장에 유치하여 작업에 복무하게 한다. 과료는 그 금액이 2천 원 이상 5만 원 미만이라는 차이만 있을 뿐 벌금과 동일하다.

이와는 달리 범죄 행위와 관계된 물건의 소유권을 범인으로부터 강제로 빼앗아서 국가의 소유로 옮기는 몰수가 있다. 몰수는 다른 형벌과는 달리 몰수만 할 수 없고 다른

형에 부가하여 선고된다. 그러나 물건을 소비하였거나 분실한 경우 같이 몰수가 불가능한 경우에는 그 가액을 추징할 수도 있다.

### 4. 자 격 형

범인의 자격을 박탈 또는 제한하는 형벌로 명예형이라고도 한다. 이에는 일정한 기간 동안 일정한 자격의 전부 또는 일부를 정지시키는 자격정지와 일정한 자격 자체를 상실하게 하는 자격상실이 있다.

## X. 전과제도

### 1. 전과와 전과기록

어느 사람에 대해 확정판결로써 '유죄의 선고'가 내려졌다는 사실을 가리켜서 전과라고 한다. 따라서, 전과는 어느 사람이 가지고 있는 범죄의 경력을 의미하는 것이다. 이러한 전과를 확인하기 위하여 작성된 기록을 전과기록이라고 하고, 「형의 실효 등에 관한 법률」을 통하여 관리되고 있다.

### 2. 전과기록

「형의 실효 등에 관한 법률」에서는 전과기록을 수형인명부, 수형인명표, 범죄경력자료로 구별하고 있다.

#### (1) 수형인명부

수형인명부는 자격정지 이상의 형을 받은 수형인을 기재한 명부로 검찰청 및 군검찰부에서 관리하고 있다.

#### (2) 수형인명표

수형인명표는 자격정지 이상의 형을 받은 수형인을 기재한 명표로서 수형인의 등록기준지 시 · 군 · 읍 · 면사무소에서 관리하고 있다.

#### (3) 수사자료표

수사자료표는 경찰청이 관리하는 서류 중에서 수사기관이 피의자의 지문을 채취하고 피의자의 인적사항과 죄명 등을 기재한 표를 말한다. 이러한 수사자료표에는 법원의 판단을 받은 사건뿐 아니라, 수사절차에서 종결된 사건도 기록되어 있다.

#### (4) 범죄경력자료

'범죄경력자료'란 수사자료표 중 벌금이상의 형의 선고 · 면제 및 선고유예, 보호감호 · 치료감호 · 보호관찰, 선고유예의 실효, 집행유예의 취소, 벌금이상의 형과 함께 부과된 몰수 · 추징 · 사회봉사명령 · 수강명령 등의 선고 또는 처분에 관한 자료를 말한다.

벌금 · 구류 · 과료 · 몰수의 형을 선고받은 경우에는 '수형인명부'나 '수형인명표'에는 기재되지 않으므로 신원조회시나 신원증명시에 그런 형을 받은 사실이 나타나지 않게 된다. 비록 '수사자료표'에는 이런 형을 받은 사실도 기재되어 있지만 수사나 재판과 같이 제한된 경우에만 허용되기 때문에 사회생활을 하는데 별다른 불이익을 받지 않게 된다. 그러나 자격정지 이상의 전과는 '수형인명부'와 '수형인명표'에 기록되기 때문에 사회생활에 지장을 초래하게 된다.

### 3. 전과의 효과

전과는 법적 생활에서 여러 가지 불이익을 발생시킨다. 공무원의 임용자격이 제한되고 선거권 · 피선거권이 제한되기도 한다. 또, 선고유예나 집행유예가 제한되고 경우에 따라서는 범죄를 반복적으로 저지르는 경우(누범)에는 정한 형의 장기를 2배 가중하게 된다. 그러나 이러한 법적인 효과 이외에도 일반인들이 가지는 편견으로 사회생활이 용이하지 못하다는 점이 가장 크다고 할 것이다.

경범죄/
경찰관의 불심검문/
교통사고

# 제3절 일상범죄

## Ⅰ. 경 범 죄

### 1. 범칙금을 부과할 수 있는 경우

경찰서장은 경범죄처벌법상의 범칙행위나 도로교통법상의 교통법규 위반과 같은 경미한 사건에 있어 위반자에게 범칙금을 납부할 것을 통고(통고처분)할 수 있다.

납부해야 할 범칙금의 액수는 사안별로 법령에 정해져 있으며, 경찰서장이 마음대로 정할 수는 없다.

### 2. 범칙금 납부절차

범칙금을 납부할 것을 통고받은 사람은 10일 이내에 경찰청장이 지정하는 장소에 납부해야 한다. 납부 기간 내에 납부하지 않은 사람은 범칙금 납부 기간이 끝나는 날의 다음 날부터 20일 이내에 통고받은 범칙금의 120%에 해당하는 금액을 납부해야 한다.

### 3. 범칙금을 내지 않으면

범칙금을 납부하지 않는 경우에는 관할 경찰서장이 즉결심판에 회부하고, 법원은 도로교통법상의 벌금, 구류, 과료에 처하게 된다.

다만, 즉결심판이 청구되기 전까지 통고받은 범칙금의 150%에 해당하는 금액을 납부한 사람에 대해서는 즉결심판청구를 하지 않고, 즉결심판이 청구된 피고인이 즉결심판의 선고 전까지 통고받은 범칙금액의 150%에 해당하는 금액을 납부하고 증빙서류를 제출한 때에는 경찰서장은 그 피고인에 대한 즉결심판청구를 취소하게 된다.

### 4. 즉결심판절차

#### (1) 경찰서장의 사전조치

즉결심판은 경찰서장이 법원에 청구하는데, 이를 위한 사전조치로는 다음과 같은 것이 있다.

(가) 보호처리

정신 착란 또는 술에 취한 상태로 인해 자신 또는 타인의 생명·신체와 재산에 위험이 된다고 판단되는 경우에는 즉결심판회부시까지 경찰서에서 보호한다.

(나) 비보호처리

보호처리의 필요가 없는 경우에는 출석지시서를 발부하여 바로 석방하고 본인이 나중에 법정에 가서 재판을 받도록 한다. 참고로, 즉결심판에는 불출석 재판도 있다.

(다) 통고처분

경범죄처벌법이나 도로교통법을 위반한 사항 중 일정한 범칙행위에 대해서는 먼저 범칙금을 납부하도록 알리고, 위반자가 그 범칙금을 기일 내에 납부하지 않으면 그 때 즉결심판을 청구하게 된다.

(라) 훈계방면(훈방)

범죄사실이 가볍고 피해자가 없으며 본인이 잘못을 뉘우치는 경우에는 지구대장, 파출소장 또는 경찰서장이 훈계를 한 뒤 방면할 수 있다.

#### (2) 즉결심판의 진행절차

즉결심판은 판사의 주재하에 경찰서가 아닌 공개된 법정에서 열리는데, 피고인이 출석하는 것이 원칙이지만 불출석하는 경우도 있다. 판사는 피고인에게 사건내용을 알려 주고 변명의 기회를 주어야 하며, 변호인을 선임할 수 있는 기회도 주어야 하나, 신속하고 간편한 심리를 위하여 경찰 조서만을 증거로 해서 유죄를 선고할 수도 있다. 즉결심판에서는 통상 구류, 벌금 또는 과료형이 선고된다.

판사는 즉결심판을 할 수 없거나 즉결심판으로 하는 것이 타당하지 않은 경우에는 청구를 기각하며, 이 경우 경찰서장은 기각한 사건을 검찰에 송치하여야 한다.

#### (3) 즉결심판의 확정

즉결심판이 확정되면 확정 판결과 같은 효력이 생긴다. 형의 집행은 경찰서장이 하고 추후에 검사에게 보고한다. 벌금과 과료는 경찰서장에게 납입하도록 하고, 구류는 1일 이상 30일 미만으로 보통 경찰서 유치장에서 집행하지만 검사의 지휘로 교도소에서 집행할 수도 있다.

## II. 경찰관의 불심검문

### 1. 불심검문의 정당한 사유

경찰관은 거동이 수상하거나 주변 사정으로 미루어 판단할 때에 범죄행위자로 의심되는 상당한 이유가 있거나, 일정한 범죄행위에 대해 알고 있다고 생각되는 자를 정지시켜 행선지나 용건, 성명, 주소, 연령 등을 물어 볼 수 있다.

간혹 경찰관이 불심검문을 하면서 소지품을 검사하는 경우도 있는데, 경찰관은 불심검문이나 소지품 검사를 할 때에는 상대방에게 자신의 소속과 성명을 밝히는 동시에 그 증표를 제시하여야 하고, 불심검문이나 소지품 검사의 목적과 이유를 설명해야 한다. 불심검문은 상대방이 거부할 때는 강제로 할 수 없다.

### 2. 임의동행이 필요한 경우

경찰관은 불심검문이 이루어진 장소에서 질문하는 것이 상대방에게 불리하거나 교통을 방해한다고 인정될 때에는 경찰관서에 동행할 것을 요구할 수 있다.

동행을 요구할 때에는 동행 장소를 밝혀야 하고, 동행한 경우에는 가족이나 친지 등에게 동행한 경찰관의 신분과 동행 장소 및 동행 이유 등을 알리고 본인이 즉시 연락할 수 있는 기회를 주어야 한다. 이 경우, 경찰관서에 6시간을 초과하여 머무르게 할 수 없다.

### 3. 임의동행을 거부했을 때

임의동행은 상대방의 동의 또는 승낙을 요건으로 하기 때문에, 경찰관으로부터 임의동행 요구를 받았다고 하더라도 이를 거절할 수 있고, 임의동행을 한 경우에도 언제든지 마음대로 경찰관서에서 나올 수 있다.

대법원은 "경찰관이 임의동행을 요구하며 무력을 사용하는 것은 적법하지 않고, 이를 막기 위해 몸싸움을 하는 과정에서 경찰관에게 경미한 상처를 입힌 경우에는 공무집행방해죄가 성립하지 않는다"고 판결을 한 바 있다.

## Ⅲ. 교통사고

### 1. 교통사고 발생시 기본적 대처 사항

일반적으로 자동차를 운전하는 사람들은 대부분 사고에 대한 경험이 없고 사고 발생시 어떠한 조치를 취해야 하는지 몰라 당황하는 경우가 많다. 사고가 발생하면 법률적 의무 사항인 신고 의무와 부상자에 대한 응급구호조치를 우선 하여야 하고, 사고현장에 대한 증거자료 확보도 필수적으로 해야 한다. 사고 당사자인 자신도 사고에 대한 자료를 확보해야 억울하다고 생각되었을 때에 그 자료를 토대로 전문기관에 맡겨 사고원인을 분석함으로써 잘못된 결론을 바로잡을 수 있다.

현장에서의 기본적 대처사항으로는 다음을 들 수 있다.

1) 사고발생시 운전자(동승자)는 상대방의 차와 자신의 차의 최종 정지위치를 분사용 페인트 등을 사용하여 정확하게 표시하고 사진촬영을 해 둔다.

2) 상대방의 차와 자신의 차의 손상(파손) 부분을 파악하고 사진촬영을 해 둔다.

3) 충돌로 인해 파손 잔존물이 도로에 떨어져 있을 경우 낙하 위치를 정확하게 파악한 뒤 사진촬영을 해 둔다.

4) 도로가 파인 자국 등 도로에 생긴 흔적들을 정확히 파악하고 사진촬영을 해둔다.

5) 주변에 있던 다른 차량의 사람들이나 목격자를 찾아 인적 사항을 기록해 두고, 현장 정리가 끝난 후 빠른 시간 내에 확인을 받아 둔다.

## 2. 교통사고 발생시 유의사항

### (1) 구호의무

도로상에서 자동차 사고가 발생한 경우 사고 차량의 운전자나 동승자는 자기 또는 상대방에게 과실이 있든 없든 즉시 차를 세우고 사상자를 구호하는 등 필요한 조치를 취해야 한다. 만일 이러한 구호조치를 취하지 아니하면 수사 결과 교통사고 자체에는 아무런 잘못이 없다고 판단되더라도 처벌을 받을 수 있다. 또한 교통사고현장에서 도망해 버리면 잘못이 많은 것으로 판단되어 수사상 불리한 취급을 받을 수 있다.

### (2) 신고의무

교통사고의 내용이 인적 피해이든 물적 피해이든 간에 사상자 구호조치가 끝난 다음 즉시 가까운 경찰관서 또는 112에 신고를 하여야 한다. 이러한 신고 의무를 위반하면 처벌받게 된다. 다만, 자동차만 부서진 것이 명백하고, 사고 후 또다른 사고가 나지 않게 함은 물론, 교통 소통에도 장애가 없도록 하는 등의 조치를 한 때에는 신고 의무가 면제된다.

### (3) 구조의무불이행(뺑소니)

자동차를 운전하다가 사람을 사상하거나 물건을 망가뜨리는 교통사고를 낸 경우 운전자는 즉시 정차하여 필요한 조치를 취할 의무가 있는데, 이러한 조치를 취하지 않고 도주한 자에게는 일반적으로 뺑소니 또는 도주 차량이라고 이야기하는 구조 의무 불이행죄가 성립된다. 일단 뺑소니 혐의가 인정되면 비록 자동차 종합 보험에 가입되어 있거나 피해자와 합의가 되었더라도 '특정범죄가중처벌 등에 관한 법률'에 의하여 엄하게 처벌을 받게 된다.

뺑소니에 해당되지 않으려면 꼭 다음과 같은 조치를 취해야만 한다.

① 교통사고 발생시 사고 장소에 즉시 정차, 사건 피해자의 상처 여부 확인
② 운전자의 운전 면허증 또는 명함 등을 교부하여 신분, 전화번호 등을 확인
③ 본인도 다친 경우에는 일행이나 주변인의 도움을 받아 후송 조치
④ 경찰서에 신고하고 보험 회사에 연락하여 사고 접수
⑤ 피해자가 괜찮다고 대답할 경우에도 연락처, 신분 확인은 반드시 필요

### 3. 교통사고를 내면 어떤 처벌을 받게 될까

#### (1) 사망사고

피해자가 사망한 경우에는 자동차종합보험이나 합의와 관계없이 교통사고처리특례법에 의거 형사 입건되어 처벌을 받게 된다. 다만, 피해자 유족측과 합의한 경우에는 구속 · 불구속의 결정, 선고 형량 등에 정상으로 참작될 수 있다.

#### (2) 부상 · 대물 사고

사고 운전자가 종합보험(택시 · 버스 · 화물트럭 공제조합 포함)에 가입되어 있거나 피해자와 합의하였다면 형사처벌은 받지 않고, 사고 발생의 원인행위에 따라 도로교통법에 의거하여 벌점 및 범칙금을 부과 받게 된다. 그러나 부상 사고의 경우 교통사고처리특례법에 규정된 12대 중요 위반 사고의 경우에는 자동차종합보험 가입이나 합의와 관계없이 형사처벌을 받게 된다.

**법 규**

1. 신호기가 표시하는 신호 또는 교통정리를 하는 경찰공무원등의 신호를 위반하거나 통행금지 또는 일시정지를 내용으로 하는 안전표지가 표시하는 지시를 위반하여 운전한 경우
2. 중앙선을 침범하거나 횡단, 유턴 또는 후진한 경우
3. 제한속도를 시속 20킬로미터 초과하여 운전한 경우
4. 앞지르기의 방법 · 금지시기 · 금지장소 또는 끼어들기의 금지를 위반하거나 고속도로에서의 앞지르기 방법을 위반하여 운전한 경우
5. 철길건널목 통과방법을 위반하여 운전한 경우
6. 횡단보도에서의 보행자 보호의무를 위반하여 운전한 경우
7. 운전면허 또는 건설기계조종사면허를 받지 아니하거나 국제운전면허증을 소지하지 아니하고 운전한 경우. 이 경우 운전면허 또는 건설기계조종사면허의 효력이 정지 중이거나 운전의 금지 중인 때에는 운전면허 또는 건설기계조종사면허를 받지 아니하거나 국제운전면허증을 소지하지 아니한 것으로 본다.
8. 술에 취한 상태에서 운전을 하거나 약물의 영향으로 정상적으로 운전하지 못할 우려가 있는 상태에서 운전한 경우
9. 보도(步道)가 설치된 도로의 보도를 침범하거나 보도 횡단방법을 위반하여 운전한 경우
10. 승객의 추락 방지의무를 위반하여 운전한 경우

11. 어린이 보호구역에서 어린이의 안전에 유의하면서 운전하여야 할 의무를 위반하여 어린이의 신체를 상해(傷害)에 이르게 한 경우
12. 자동차의 화물이 떨어지지 아니하도록 필요한 조치를 하지 아니하고 운전한 경우

### (3) 뺑소니(구호조치를 하지 않고 도주한 경우) 사고

인명 피해를 입힌 경우에는 특정범죄가중처벌 등에 관한 법률, 도주차량 물적 피해만 입힌 경우에는 도로교통법의 적용을 받아 종합보험 가입이나 합의에 관계없이 형사 입건되어 처벌을 받게 된다.

## 4. 음주운전

일반적으로 음주운전을 하면 처벌을 받게 되는데, 혈중 알코올 농도에 따라 형사입건과 행정처벌로 나눌 수 있다. 음주운전을 하고 교통사고까지 냈다면 가중 처벌을 받게 된다.

### (1) 형사입건

혈중 알코올 농도 0.05% 이상인 자

### (2) 행정처벌(운전면허 처분)

① 혈중 알코올 농도 0.03~0.08%미만은 운전면허 100일간 정지

② 혈중 알코올 농도 0.08~0.20%미만은 운전면허 취소[1] 및 1년 이하 징역 및 1천만원 이하 벌금, 1년간 운전면허 시험 응시 자격 제한

③ 혈중 알코올 농도 0.20% 이상인 자는 운전면허 취소 및 2년 이하 징역 및 2천만

1) 만약 면허취소 시 만약 행정심판이나 행정소송을 제기하는 경우에 구제받을 수 있는 기준은 생계형(특히, 이의신청은 생계를 가장 중요시한다), 부당성과 가혹성, 정상참작성 등을 감안하여 심리하고 있으며, 그 요소는 1. 음주수치 2. 생계성(운전을 하지 못하면 생계에 지장이 있는지) 3. 음주운전의 동기 및 당시 정황(피치 못할 사정이 있는지) 4. 음주운전의 거리 5. 음주운전적발전력, 사고, 교통법규위반으로 받은 벌점 등 6. 운전경력 7. 가정경제(재산의 유무, 부양의 의무, 부채의 정도, 생계비 등) 8. 사회공헌도(표창, 상장, 사회봉사 등) 9. 가족 중 병원에 입원하거나 통원진료하는 사람이나 병석에 있는 사람 유무 10. 경찰의 행정처분의 하자(행정절차상 하자나 결격 사유) 11. 기타 정상참작의 여지 등을 중점적으로 판단한다.

원 이하 벌금

나아가 음주운전 재범자의 경우 면허 재취득 기간이 최소 2년 이상으로 늘어났으며, 음주측정 거부 시에는 운전면허 취소 및 2년 이상 징역 또는 5천만 원 이하의 벌금, 음주운전 사고 발생 시 가중처벌되어 최대 무기징역까지 처벌이 가능해졌다. 그리고 과거 1종 7년, 2종 9년으로 정해져있던 운전면허 갱신주기가 현재는 10년으로 통일, 갱신기간도 6개월에서 1년으로 상향 조정되었다.

## 5. 기타 관련 법률

### (1) 자동차 명의이전

자동차는 타인에게 매매 하였으나, 매수인이 아직 명의이전을 하지 않은 경우, 만약 사고가 발생하였다면 그에 따른 손해배상책임이 현 명의자인 매도인에게도 있는가?

이러한 경우에는 두 가지로 나누어 생각해 볼 수 있다.

첫 번째, 매도인과 매수인이 계약금만 수수한 상태에서 매수인이 자동차를 인수해 운행을 하다 사고가 발생한 경우에는 매도인도 배상책임을 진다.

두 번째, 매도인이 매수인으로부터 잔금까지 모두 수령한 후에 명의이전에 필요한 서류와 함께 자동차를 건네 주었음에도 매수인이 자신 앞으로 이전등록을 하지 않은 채 운행한 경우에는 매도인에게 배상책임은 없다 할 것이다.

### (2) 차주의 책임

차주는 자신의 차량을 다른 사람이 운행하다가 교통사고를 유발시켜 제3자에게 손해를 입힌 경우에 이에 대한 배상책임을 지게 된다. 그러나 차주 등이 운전자의 과실이나 자기의 과실 없이 발생한 사고이며, 운전자 외의 제3자에게 고의나 과실이 있고 자동차의 구조상 결함이나 기능의 장해가 없었다는 것을 증명하면 손해배상책임을 면하게 된다.

### (3) 육교 밑의 사고

고속도로와 마찬가지로 육교가 있는 곳에서 운전자로서는 사람이 무단횡단을 하리라는 것을 예측할 수가 없기에 만약 사고가 발생한다면 운전자에게 책임을 묻기는 어려울 것이다.

### (4) 과실상계

교통사고가 발생시 피해자에게도 일정부분 잘못이 인정되는 경우에 그 비율만큼 배상액을 감경하는 것을 말한다. 만약 가해자의 과실이 60%, 피해자의 과실이 40% 인 경우라면 보통 6:4 라는 표현을 쓰며, 이 때 보상금으로 100만 원이 책정되어 있다면 피해자로서는 자신의 과실분(40만 원)을 뺀 나머지 금액(60만 원)만 수령 받게 된다.

### (5) 배상금 합의

가벼운 교통사고의 경우에는 보험에 가입되어 있다면 별도의 합의 없이 보험으로 처리하면 배상관계는 종결된다. 그러나 사망사고나 11대 중요위반사고로 중한 피해를 입은 경우에는 가해자와 피해자 사이에 분쟁이 일어나 합의가 필요한 경우가 많이 발생한다. 이런 경우, 피해자가 소송을 하기 전에 원만한 합의를 하는 것이 서로에게 유리하다. 즉, 피해자는 소송비용이 들지 않고 신속한 배상을 받을 수 있고, 가해자도 형사상 처벌을 감경받을 수 있고 소송에 의한 고액의 배상금을 물게 될 위험도 적어진다.

당사자는 다음과 같은 점에 유의하여 합의를 하는 것이 좋다.

첫째, 가해자는 피해자에게 사과를 분명히 하는 등의 성의를 보여야 하고 이성적으로 대화하여 감정 대립을 피해야 한다. 보통 피해자의 경우에는 흥분하기 쉬우므로 가해자는 이점을 유의해야 한다.

둘째, 피해자에게 발생한 손해의 정도, 범위, 과실 정도 등에 대해 변호사 또는 법률 전문가와 상의하여 정확한 자료를 준비해야 합리적인 선에서 합의가 이루어질 수 있을 것이다.

셋째, 가해자와 피해자가 서로 합의를 하는 경우에는 반드시 '합의서'를 작성해야 하는데, 이 서면의 내용에는 합의의 대상이 되는 사고유형과 당사자 및 합의조건을 명확히 표시해야만 한다. 특히 "향후 이 사건으로 말미암아 일체의 민 · 형사상 이의를 제기하지 않겠다"라는 문구 삽입시에는 신중해야 하며, "만일 이 사고와 관련하여 후유증이 발생하면 가해자가 책임지고 모든 손해를 배상하겠다"라는 단서를 넣어 두면 보다 안전하다.

### (6) 자동차보험

#### (가) 책임보험

자동차 소유자라면 모든 사람이 의무적으로 가입하도록 법률적으로 강제되고 있는 보험이므로 이를 의무보험이라고도 한다. 책임보험의 보상한도는 대인1의 경우 사망후유장애 1억원, 부상 1천만 원까지, 대물의 경우는 1천만 원까지이다.

(나) 종합보험

책임보험으로는 보상되지 않는 나머지를 담보하기 위해 가입하는 보험으로 임의보험이라고도 한다. 즉 책임보험은 인적 피해의 경우에는 일정한 금액의 범위를 한도로 하고 있으며, 물적피해에 대해서도 그 액수가 상당히 소액이기 때문에 별도로 종합보험에 가입해야만 사고발생시 혜택을 받을 수 있다. 그러나 무면허운전과 음주운전의 경우에는 보험회사가 보험금의 지급을 거절한다는 조항이 있으므로 이 규정에 유념해야만 한다. 종류로는 대인 1, 2는 상대방의 신체상해보상, 대물은 상대방의 차량이나 재물 피해보상, 자손은 본인(피보험자)의 신체상해보상, 자차는 자신의 실수로 자기차량이 파손된 경우 혜택을 받을 수가 있다.

# 제4절 위 법 성

Ⅰ. 위법성의 이론

## 1. 위 법 성

### (1) 위법과 불법의 구별

- 위법 : 법질서 전체와 모순된 것 → 일도양단, 양적질적 차이가 없음
- 불법 : 구성요건 해당성 + 위법한 행위

※ 위법한 행위는 모두 불법한 행위다(×)

※ 불법한 행위는 모두 위법한 행위다(○)

### (2) 위법성과 책임의 구별 → 구별의 실익이 없다(×)

- 위법성 : 행위에 대한 객관적 판단
- 책임 : 행위자에 대한 주관적 판단

- 공범성립 : 위법한 행위는 공범(교사범, 종범)에게도 위법, 위법하지 않은 행위는 공범 성립여지가 없고, 책임의 유무또한 공범관계 성립에 영향이 없다.

- 정당방위 : 위법하지 않은 행위는 정당방위 불가능, 책임유무는 정당방위 성립에 영향 없다.

## 2. 위법성의 본질

### (1) 형식적 위법성론

### (2) 실질적 위법성론

## 3. 위법성의 평가방법

### (1) 객관적 위법성론 : "행위 그 자체로 평가"

- 평가규범에 위반하는 것이 위법이라고 하는 견해(통설)
- 책임무능력자의 행위도 법규범에 의하여 위법이라고 평가되는 한 위법성 인정 → 이에 대한 정당방위 가능

### (2) 주관적 위법성론 : 의사결정 유무로 평가

- 의사결정규범에 대한 위반을 의미(의사결정능력을 가진자에 대한 행위만 위법)
- 책임무능력자는 규범의 수명자가 될 수 없고, 따라서 위법하게 행위할 수 없다 → 이에 대하여 정당방위 불가, 긴급피난 가능

## 4. 위법성의 조각사유

### (1) 형법상의 위법성의 조각사유

- 총칙 : 정당방위, 긴급피난, 자구행위, 피해자의 승낙, 정당행위
- 각칙 : 명예훼손죄에 있어서 사실의 증명

### (2) 기타 : 모자보건법상의 인공임신중절수술 허용규정

※ 참고

① 긴급피난의 경우 학설대립이 있다 : 위법성조각설(통설)

정당행위의 경우 학설대립이 있다 : 위법성조각사유설(통설)

② 강요된 행위는 위법성조각사유가 아니라 책임성이 조각된다.

③ 과잉방위와 오상방위는 위법성 조각사유가 아니다(책임성도 조각되지 않음)

### 5. 주관적 정당화요소

방위의사, 피난의사, 자구의사가 필요함.

- 주관적 정당화 요소를 결한 경우의 효과 → 불능미수가 된다.

## II. 정당방위

**법 규**

**제21조** ② 자기 또는 타인의 법익에 대한 현재의 부당한 침해를 방위하기 위한 행위는 상당한 이유가 있는 때에는 벌하지 아니한다.

### 1. 구별개념

#### (1) 긴급피난과의 구별

- 같은점 : 현재의 위난에 대한 긴급행위
- 다른점 : 정당방위는 부정대정 / 긴급피난은 정대정

#### (2) 자구행위와의 구별

- 같은점 : 부정대정의 관계
- 다른점 : 정당방위는 사전적 긴급행위

  자구행위는 사후적 긴급행위

## 2. 성립요건

### (1) 현재의 부당한 침해가 있을 것

- 침해

·사람의 침해 : 동물, 물건에 의한 침해제외(단, 동물을 이용한 사람의 침해에 대해서는 가능)

· 침해의 방법 : 작위, 부작위(퇴거불응자의 강제퇴거행위) 모두가능

- 침해의 현재성

· 과거의 침해 또는 장래의 침해 : 정당방위 불가

· 판단기준 : 객관적 상황에 따라 결정

· 판단시기 : 방위행위시가 아니라 침해시(장래의 침해가능성 예견하고 방어조치를 취할때에도 상당성이 인정되는 범위에서는 정당방위 가능)

- 침해의 부당성

· 적법한 침해 : 정당방위 불가

· 싸움의 경우 : 원칙 - 정당방위불가(부정대부정이므로)
예외 - 예상되는 정도를 초과한 과격한 침해행위에 대해서는 정당방위 가능(판례)

### (2) 자기 또는 타인의 법익을 방위하기 위한 행위일 것

- 자기 또는 타인의 법익

· 개인적 법익으로 제한

· 국가적, 사회적 법익 : 원칙 - 부정

- 예외 - 국가가 보호조치를 취할 여유가 없는 급박한 경우에는 인정

- 방위하기 위한 행위

· 방위의사(주관적 정당화요소)

· 타인의 법익을 위한 정당방위에 있어서는 그 타인의 의사는 문제되지 않음

- 방위행위

· 방위행위의 상대방 : 침해자의 법익에 대한 반격에 제한(제3자를 반격할 수 없음)

#### (3) 상당한 이유가 있을 것

- 보충성의 원칙, 균형성의 원칙 → 부적용

### 3. 정당방위의 제한(제한적 허용)

#### (1) 책임 없는 자의 침해에 대한 방위

- 어린아이, 정신병자 술에 만취한 자와 같이 책임능력이 결여된 자로부터 공격을 받을 경우, 즉 더 이상 피할 수 없는 막다른 지경에서만 정당방위가 허용된다. 그것도 공격방위가 아닌 보호방위일 것이 요청된다.

#### (2) 보증관계에 있는 자의 침해에 대한 방위

- 부부나 부자관계와 같은 긴밀한 인적관계에 있는사람 사이에는 보다 경미하고 안전한 방법이 사용되어야 한다. 다만 침해행위로 인하여 생명의 위협을 느낄 경우에는 최후 수단으로서 공격자의 생명을 향한 방어행위가 가능하다.

#### (3) 극히 경미한 침해에 대한 방위(침해법익과 보호법익간의 현저한 불균형) - 과잉방위

- 법익 사이에 현저한 불균형이 있는 경우, 즉 불균형이 심하고 참을 수 없고 특별하고 극단적인 경우에는 정당방위가 제한된다.

#### (4) 도발된 침해에 대한 방위

- 목적에 의한 도발 : 정당방위상황을 이용하여 공격자를 침해할 목적으로 공격을 유발한 경우에는 정당방위가 성립할 수 없다.

- 책임있는 도발 : 침해에 대하여 방위자에게 책임이 있는 경우에는 공격을 회피할

수 없거나 다른 방법에 의하여는 방어할 수 없는 경우에 한하여 정당방위가 가능하다.

### 4. 과잉방위

방위행위가 상당성의 정도를 넘은 경우

- 책임감소, 소멸설 : 긴급상황으로 인하여 적법행위의 기대가능성이 감소, 소멸되거나 일시적으로 책임능력이 결여되기 때문에 책임이 감소, 소멸된다는 견해(통설)

- 제21조 2항 : 임의적 감면

- 제21조 3항 : 불가벌(야간, 불안, 흥분, 당황, 경악한 상태에서 과잉방위)-기대가능성이 없기 때문

### 5. 오상방위

객관적으로 정당방위의 요건이 구비되지 않았음에도 불구, 있는 것으로 오 신한 경우

예) 야간에 침입하는 강도로 오인하고 몽둥이로 쳐서 상해를 입혔으나 귀가하는 사람이 사랑하는 남편이었던 경우

- 엄격책임설 : 금지착오로 봄

## III. 긴급피난

**법 규**

**제22조** ① 지기 또는 타인의 법익에 대한 현재의 위난을 피하기 위한 행위는 상당한 이유가 있는 때에는 벌하지 아니한다.

② 위난을 피하지 못할 책임이 있는 자에 대하여는 전항의 규정을 적용하지 아니한다.

③ 전조 제2항과 제3항의 규정은 본조에 준용한다.

### 1. 본 질

위법성조각설(다수설)-이익교량설에 입각하여 긴급피난행위는 이로 인하여 보호받는 이익이 침해받는 이익보다 우월성이 인정될 때 정당화 된다는 견해

### 2. 성립요건

#### (1) 자기 또는 타인의 법익에 대한 현재의 위난이 있을 것

- 자기 또는 타인의 법익 : 정당방위와는 달리 개인적 법익은 물론 국가적, 사회적 법익도 포함

- 현재의 위난 : 현재성

- 위난 - 사람의 행위이건, 자연현상이건, 동물에 의한 침해이건 불문, 위법성도 물문

※ 자초위난 : 과실에 의한 긴급피난은 가능하나, 목적 또는 고의에 의한 자초위난에 대해서는 긴급피난을 인정할 수 없다는 견해(통설)

#### (2) 위난을 피하기 위한 행위일 것

- 피난행위

방어적 긴급피난 : 위난의 원인에 대한 직접반격

공격적 긴급피난 : 위난과 관계 없는 제 3자의 법익을 희생시키고 위난을 모면

- 피난의사 : 주관적 정당화요소로서 피난의사가 있어야 한다.

#### (3) 상당한 이유가 있을 것(보충성, 균형성의 원칙 엄격히 요구)

- 보충성의 원칙 : 법익을 보호하기 위한 유일한 방법

- 균형성의 원칙 : 보호법익 〉 침해법익

- 적합성의 원칙 : 사회윤리나 법정신에 비추어 적합한 수단이어야 한다.

## 3. 효 과

[벌하지 아니한다] - 위법성의 조각

## 4. 특 칙

### (1) 원 칙

위난을 피하지 못한 책임이 있는자(군인, 경찰관, 소방관, 의사)에게는 긴급피난 불허

### (2) 예 외

타인을 위한 긴급피난, 감수해야 할 범위를 넘는 자기의 위난에 대한 긴급피난은 가능

## 5. 과잉피난

- 제21조 2항 : 임의적 감면
- 제21조 3항 : 필요적 면제

## 6. 오상피난

위법성조각사유의 전제사실에 대한 착오

## 7. 의무의 충돌

### (1) 성립범위

- 부작위의무와 부작위의무의 충돌 : 의무충돌 아님
- 작위의무와 부작위의무의 충돌 : 의무의 충돌
- 작위의무와 작위의무의 충돌 : 의무의 충돌

#### (2) 법적성질 : 긴급피난의 특수한 경우라는 견해

#### (3) 책임조각의 요건

- 서열에 착오를 일으킨 경우 : 금지착오
- 행위자가 부득이 낮은 가치의 의무를 이행한 경우 : 기대불가능한 경우 책임조각
- 행위자가 도덕적 종교적 신념에 따라 저가치의 의무를 이행한 경우 : 확신범

## Ⅳ. 자구행위

> **법 규**
>
> **제23조** ① 법정절차에 의하여 청구권을 보전하기 불능한 경우에 그 청구권의 실행불능 또는 현저한 실행곤란을 피하기 위한 행위는 상당한 이유가 있는 때에는 벌하지 아니한다.
>
> ② 전항의 행위가 그 정도를 초과한 때에는 그 정황에 의하여 형을 감경 또는 면제할 수 있다.

### 1. 성립요건

#### (1) 법정절차에 의하여 청구권을 보전하기 불가능한 경우일 것

- 청구권

범위 - 재산적 청구권 : 물권, 채권 불문

비재산적 청구권 : 친족권, 상속권 등에 기한 청구권도 포함

원상회복가능성 필요 : 생명, 신체, 자유, 정조, 명예 제외

귀속주체 - 원칙 : 자기의 청구권이어야 한다. 타인의 청구권을 위한 자구행위는 불가

예외 : 청구권자로부터 자구행위의 실행을 위임받은 경우에는 가능

- 청구권에 대한 침해

불법한 침해

정당방위와의 한계 : 절도피해자의 재물탈환행위 : 절도범 현장추격(정당방위)

상당시일경과후(자구행위)

퇴거불응자에 대한 강제퇴거행위(정당방위)

- 법정절차에 의한 청구권 보전의 불가능

**(2) 청구권의 실행불능 또는 현저한 실행곤란을 피하기 위한 행위일 것**

- 청구권의 실행불능 또는 현저한 실행곤란

이중의 긴급성

충분한 인적, 물적 담보가 있는 경우 : 자구행위 인정안됨

- 피하기 위한 행위

**(3) 상당한 이유가 있을 것**

- 보충성과 균형성의 원칙이 요구되나, 긴급피난 만큼 엄격히 요구되지 않는다.

## 2. 자구행위에 대한 정당방위 : 불가

## 3. 과잉자구행위 : 임의적 감면(제21조 3항 불적용)

## V. 피해자의 승낙

**예 규**

**제24조** 처분할 수 있는 자의 승낙에 의하여 그 법익을 훼손한 행위는 법률에 특별한 규정이 없는 한 벌하지 아니한다.

### 1. 피해자 동의의 형법적 의의

#### (1) 피해자의 동의가 형의 감경사유로 되어 다른 구성요건에 해당하는 경우

- 보통살인죄에 대한 촉탁승낙살인죄
- 일반건조물방화죄에 대한 자기소유 일반 건조물 방화죄
- 일반물건방화죄에 대한 자기물건방화죄
- 부동의낙태죄에 대한 동의낙태죄

#### (2) 피해자의 동의유무를 묻지 않고 범죄가 성립하는 경우

- 13세 미만의 부녀에 대한 간음·추행죄
- 피구금부녀에 대한 간음죄

#### (3) 피해자의 동의가 있으면 구성요건해당성이 부정되는 경우 → 양해

- 각칙상의 개인의 자유·재산·사생활의 평온을 보호하기 위한 죄의 대부분

예) 강간죄, 강제추행죄, 체포감금죄, 절도죄, 횡-령죄, 손괴죄, 비밀침해죄, 주거침입죄

#### (4) 피해자의 동의가 있으면 구성요건에는 해당하나 위법성이 조각되는 경우 → 피해자의 승낙

### 2. 양 해

구성요건이 피해자의 의사에 반하는 때에만 실현될 수 있도록 규정되어 있기 때문에 피해자의 동의가 있으면 구성요건 해당성 자체를 조각하는 경우

* 양해의 능력과 양해의 표시여부

(1) 자연적 의사능력으로 충분한 경우 : 강간죄, 절도죄, 감금죄 등

(2) 판단능력, 행위능력이 필요한 경우 : 모욕죄, 주거침입죄 등

### 3. 피해자의 승낙의 성립요건

(1) 당해법익을 처분할 수 있는 자의 유효한 승낙이 있어야 한다.

- 승낙능력 : 피해자가 법익의 의미와 그 침해의 결과를 인식하고 이성적으로 판단할 수 있는 자연적 통찰능력과 판단능력이 있으면 족하다.

간음추행 : 13세

아동혹사죄 : 16세

- 승낙의 유효성 : 승낙은 자유의사에 의한 진지한 것이어야 한다.

의사의 흠결, 하자가 있는 경우 단순한 방임은 유효한 승낙이 될 수 없다.

- 승낙의 표시여부 : 절충설(어떤 방법으로든 외부에서 인식할 수 있도록 표시)

- 승낙의 시기 : 법익침해 이전(사후승낙 인정 안됨)

- 승낙의 대상이 될 수 있는 법익 : 개인적 법익중 자유처분권이 인정될 수 있는 것에 국한

생명 : 승낙의 대상안됨(감경조건)

신체 : 사회상규적, 윤리적 한계에 의해 제한

(2) 승낙에 의한 법익침해행위가 있어야 한다.

(3) 법률에 특별한 규정이 없어야 한다.

### 4. 추정적 승낙

#### (1) 피해자의 이익으로 추정되는 경우

예) 비어있는 이웃집의 수도고장을 고치기 위해 침입

처가 중대사를 처리하기 위해 부재중인 남편의 편지를 개봉

#### (2) 피해자의 이익 포기로 추정되는 경우

예) 가정부가 주인의 헌옷을 걸인에게 주는 경우

손님이 거실에서 탁자위의 주인의 담배를 피운 경우

## VI. 정당행위

**법 규**

**제20조** 법령에 의한 행위 또는 업무로 인한 행위 기타 사회상규에 위배되지 아니하는 행위는 벌하지 아니한다.

### 1. 법령에 의한 행위

#### (1) 공무원의 직무집행행위

- 법령에 의한 직무집행행위
- 상관의 명령에 의한 행위

구속력 있는 위법한 명령 : 위법성 불조각, 책임이 조각

구속력 없는 위법한 명령 : 위법성, 책임성 모두 불조각

### (2) 징계행위

- 친권자의 체벌 : 허용
- 교사의 체벌 : 허용
- 남편의 부인에 대한 징계행위 : 불가
- 위법성 조각되지 않는 경우

·그 방법이 지나치게 가혹한 경우

·상해를 입힌 경우

·징계권자의 성욕을 만족하기 위ㄹ한 경우

·징계사유가 없음에도 징계한 경우

### (3) 업무로 인한 행위

- 의사의 치료행위
- 안락사 : 판례는 불가, 학설은 인정

·위법성조각의 요건

(가) 사기가 절박하고 현대의학상 치료가 불가능한 경우라야 한다.

(나) 격렬한 육체적(정신적×) 고통으로 신음하여 누구도 이를 볼 수 없을 정도라야 한다.

(다) 본인의 사망에 대한 진지한 부탁·애원이 있어야 한다.

(라) 원칙적으로 의사에 의해 시행되고, 그 수단·방법이 사회상규에 위배되지 않아야 한다.

### (4) 사회상규에 위배되지 않는 행위

- 상대방의 도발·폭행·강제연행을 피하기 위한 소극적 저항
- 법령상의 징계권이 없는 자의 징계행위 → 타인의 자에 대한 징계
- 자기 또는 타인의 권리를 실행하기 위한 행위

- 피해자에게 치료비를 이행하지 않으면 고소 또는 구속하겠다고 하는 행위

- 부랑인 수용소의 책임자가 야간도주를 방지하기 위하여 취침시간 이후에 출입문을 잠그는 행위

## 2. 정당방위, 긴급피난, 자구행위의 비교

| | 정 당 방 위 | 긴 급 피 난 | 자 구 행 위 |
|---|---|---|---|
| 관 계 | 부정대정 | 정 대 정 | 부정대정 |
| 현재성 인정여부 | 인 정 | 인 정 | 사후적 긴급행위 |
| 보 호 법 익 | 개인적 법익으로 제한 | 모든 법익 가능 | 자신의 청구권으로 제한 |
| 행위성 여부 | 행위성을 요함 | 행위성 요하지 않음 | |
| 제3자의 법익보호 | 정당방위 가능 | 긴급피난 가능 | |
| 제3자의 법익침해 | 불 가 능 | 가 능 | |
| 보충성과 균형성 | 적용 안됨 | 엄격히 요구 | 요구(엄격×) |
| 과 잉 행 위 | 임의적 감면 | 임의적 감면 | 임의적 감면 |
| 제21조 3항 적용여부 | 적 용 | 적 용 | 부 적 용 |

동 거/ 사실혼/ 혼인의 실질적 요건
혼인의 형식적 요건(혼인신고)
혼인의 무효와 취소...

# 제5절 개별 범죄

## Ⅰ. 성범죄자 신상공개제도

### 1. 개 설

일반적으로 身上이라함은 일신상에 관한 일이고, 公開라 함은 여러 사람에게 개방하거나 방청이나 관람을 허락하는 것을 말한다.[1] 따라서 身上公開라 함은 개인에게 관련된 사진이나 직업 주소 생년월일 등으로 일신상에 관한 제반 사항들을 여러 사람에게 개방하는 것을 말한다.[2] 즉 일신전속권인 개인의 프라이버시와 관련한 내용을 본인 이외의 자에게 공개하는 것이다. 본 연구에서 사용되는 용어인 '성범죄자 신상공개'라 함은 성범죄로 인하여 확정판결을 받은 범죄자의 신상과 관련된 것을 일반인에게 공개하는 것을 말한다.

범죄자의 신상을 공개할 수 있도록 제정된 '청소년성보호법'에서 신상공개의 목적을 '청소년 대상 성범죄는 아직 성숙하지 않은 청소년에 대해 일생을 통해 돌이킬 수 없는 신체적 · 정신적 상처를 주는 범죄로서 예방이 무엇보다도 중요하므로 사회적 경각심을 높여 성범죄를 방지하기 위함'[3]이라고 명시하고 있다. 이러한 목적하에서 '청소년성보호

---

1) '공공기관의정보공개에관한법률' 제2조에서는 '공개'라 함은 공공기관이 이 법의 규정에 의하여 정보를 열람하게 하거나 그 사본 또는 복제물을 교부하는 것 등이라고 정의하고 있다.

2) 현행법에서 신상공개를 규정한것으로 '공직자 윤리법' 제8조의2, '공직자등의병역사항신고및공개에관한법률', '공공기관의 정보공개에관한법률"과 형법 제58조(판결의 공시)·형사소송법 제440조(무죄판결의 공시) '독점규제및공정거래에관한법률'의 제24조의 '시정조치'제27조, 제31조, '하도급거래공정화에관한법률' 제25조의 '시정조치', '국세징수사무처리규정' 제140조, '남녀고용평등법' 제20조의2, '남녀차별금지및규제에관한법률' 제33조 '공표'에 관한 규정 등이 있다.

3) 청소년의성보호에관한법률 해설, 청소년보호위원회, 2000.12, 25면.

법'에서의 신상공개는 성범죄자의 신상을 이름 · 나이 · 생년월일 · 직업 · 주소 · 범죄사실로 규정하고 그 내용을 공개하는 것으로 정의하고 있다.

반면에 범죄와 관련하여 신상공개를 제한하는 규정으로, 첫째는 범죄자의 신상공개를 제한하는 것으로 '소년법' 제68조 제1항에서는 '소년법에 의하여 조사 또는 심리 중에 있는 보호사건 또는 형사사건에 대하여서는 사진, 신문지 기타 출판물에 게재 또는 방송할 수 없도록 규정하고 있다.[4] 또한 사법경찰관리집무규칙 제45조와 제46조에서도 신상공개에 대한 보도를 제한하고 있고, '남녀차별금지및규제에관한법률' 제33조에서도 제한하는 규정을 두고 있다. '청소년성보호법' 제20조 제2항 단서에서는 '죄를 범한 자가 청소년인 경우에는 그러하지 아니한다'라고 규정하여 신상공개 대상 범죄행위를 한 자가 청소년인 경우에는 공개대상에서 제외시키는 예외 규정이 있다. 둘째로 피해자의 신상공개를 제한하는 규정들이 있다.

최근 범죄자나 범죄와 관련되는 신상공개는 아니지만, 특정한 신분이 있는 자에 대한 신상공개를 규정한 판결이 있다. 이 판결은 판공비 수령공무원의신상공개를 하도록 명시한 것이고, 따라서 우리나라에서 자치단체장인 도지사의 판공비 공개를 의무화한 것으로 상징적 의미가 있다고 본다.

### 2. 외국의 성범죄자 신상공개제도

외국에서도 신상공개에 관한 입법례는 많이 있지 않다. 특히 범죄자의 신상공개제도는 성범죄와 관련하여 미국에서 대표적인 입법례가 있고, 그 외 국가에서는 최근에 도입을 추진하고 있거나[5] 제도가 시행된지 얼마 되지 않아 비교 검토 대상이 많지 않다. 따라서 성범죄자의 신상공개에 관한 외국의 제도에 대하여는 미국의 '성범죄자 등록법

---

4) 소년법 제68조 제2항은 '제1항의 규정에 위반한 때의 제재를 규정하고 있는데, 이것은 소년의 명예와 프라이버시를 보호함으로써 사회생활에 영향이 미치지 않도록 하는 배려 때문에 규정된 것이지만, 모방에 의한 非行의 전파를 방지하는 의미도 가지고 있다. 그러나 소년이 어떤 방법으로 흉악한 범죄를 저질러도 실명보도가 금지되느냐 하는 문제는 있다. 소년법의 취지로 보아 공공의 법리를 적용할 수 있는 지극히 예외적인 경우가 있다.

5) 캐나다의 경우는 국가가 공개하는 입법이나 규정은 없으나, 약 반수의 주에서, 성범죄자 정보의 공개가, 여러 형태로 시행되고 있다, 예를 들면, 브리티시 콜롬비아(British Columbia)주 시민자유협회에서의 범죄자 신상공개와 관련하여 논의되고 있는데(British Columbia Civil Liberties Association NEWSFLASH, "Community notification regarding released sex offenders" 참고) 주에서는 '정보의자유와사생활보호법(Freedom of Information and Protection of Privacy Act)'에 따라, 성범죄자의 프라이버시와 지역주민의 성범죄자의 주소를 알 권리와의 균형을 유지면서 지역의 안전을 보장하기 위해 일정의 요건 · 절차에 따라 성범죄자의 정보를 특정개인 · 그룹과 일반지역사회 전반에 대해서, 제시하고 있다(高木勇人, "犯罪對策と情報", 警察學論集, 1999.9, 175면).

과 지역사회 공개법(Megan's Law)'을 중심으로 하고, 영국과 대만 등을 간단히 살펴보고자 한다.

### (1) 미 국

미국의 여러 주는 미성년자 대상 성범죄자가 출소하게 되면, 성범죄자 개인신상에 관한 정보 등록의무와 사진과 주소 등과 같은 범죄자에 대한 정보를 일반인에게 널리 유포토록 장려하는 '메간법(Megan's Law· Megan's Act 또는 Sex Offender Registration Act)'을 채택하고 있다. 메간법 이전 1990년에 워싱턴 주의회는 지역사회 보호법(Community Protection Act)을 제정하였다. 이 법은 일부 성범죄자들을 성적으로 폭력적인 범법자(sexually violent predators)로 구분하여 출소 후에도 민간 치료 시설에 수용될 수 있는 사람을 별도로 관리하였다. 워싱턴 주가 등록과 통지를 결합한 법률을 제정한 최초의 주이지만, 최초의 성범죄자 등록제는 1947년 캘리포니아 주에서 제정되었고, 1950년대와 1960년대에는 애리조나, 플로리다, 네바다, 오하이오, 앨라배마 주에서도 이러한 제도가 소개되었다.[6] 단일화된 연방 등록제가 도입되기 전부터 21개 주가 이미 성범죄자 등록 프로그램을 실행하고 있었다.

1994년 미국연방의회는 제이콥 웨터링 성폭력 가해자 등록법(제이콥 웨터링법)(Jacob Wetterling Sexually Violent Offender Registration Act (Jacob Wetterling Act))을 통과시켰으며, 이것은 연방 폭력범죄 단속 및 처벌법(Federal Violent Crime Control and Law Enforcement Act)에 포함되었다.[7] 이 법은 주들이 미성년자에 대해서 성범죄행위 또는 모든 성폭력범죄를 저지른 범죄자는 반드시 구금에서 석방되거나 보호관리가 종료하는 날로부터 10년간 등록을 해야 한다.

웨터링 법은 50개의 모든 주에서 조금의 차이는 있지만 개정을 반복한 뒤 지금의 성범죄자등록법을 가지고 있다.[8] 제이콥 웨터링 법은 일반에게 등록된 성범죄자에 관한 정보 공개에 대한 결정권에 대한 재량권을 주었지만 그것을 강제하고 있지는 않다. 이어서 의회가 주들이 치안을 목적으로 등록된 성 범죄자에 관한 정보를 공개하는 것을 명하도록 그 법령을 개정하였다. 이 법률은 메간 칸카를 기념하여 메간법으로 알려지기 시작

6) Laura A. Ahearn, Megan's Law Nationwide, Prevention Press USE New York, 2001, p. 16

7) Laura A. Ahearn, Megan's Law Nationwide, p. 18.

8) 그러나 매사추세츠(Massachusetts)주는 John M. Xifaras Suffolk 최고법원 판사가 성범죄자 등록법이 약 16,000명의 치한범들과 강간범의 프라이버시권을 침해한다며 메간법을 위헌이라 하여 성 범죄자 등록을 가지지 않는 유일한 주가 되었다. John M. Xifaras 판사는 연방 보조금을 감소한다는 위협아래 서둘러 통과시킨 법이 비입법적이라고 판결하였다.

하였다. 미국법무부지침[9]은 지역사회에 살고 있는 성 범죄자들에 관하여 일반에게 주의를 줄 때, 공개의 범위와 방법을 결정하는 데에 있어서 주에게 중요한 결정권을 주도록 허용하였다. 그리고 뉴저지 주에서 통과된 메간법은 1996년 5월 클린턴 대통령에 의해서 같은 이름으로 통용되고 있는 연방 메간법이 제정되었다.[10]

(가) 성범죄자 등록

메간법에서는 성범죄자들에 대한 제재의 방법으로 범죄자의 신상에 관하여 등록의무를 부과하고 있다. 기존의 경찰 등에서 관리되는 범죄수법기록이나 전과기록의 보관 등의 관리와 동일하다. 다만 범죄자 자신에게 등록의 의무를 부여한 것이 메간법의 특색이다. 성범죄자들에게는 자신의 정보가 수사기관 등에 등록되어 있다는 것은 일종의 범죄 억제력으로 작용할 수 있고, 유사한 범죄의 발생시 수사기관에서는 효율적인 수사를 행할 수 있는 자료가 될 것이다.[11] 메간법은 등록대상 범죄를 규정하고 등록대상범죄자는 연방법의 등록대상 범죄자와 각주의 등록 대상범죄자로 구분된다. 또한 등록의무기간이 있고 그 의무위반에 대한 처벌 규정을 하고 있다. 그러나 범죄자의 신상에 관련한 정보등록의무를 규정한 것에 대하여 위헌성의 문제가 제기되고 있다. 각 주 법원에 따라 위헌성 판단 여부에 차이가 있지만, 아직까지는 위헌성이 없다[12]는 주가 많으나, 일부 주에서 위헌성의 판결이 나고 있다.[13]

(나) 성범죄자 신상공개

**(a) 성범죄자 신상공개의 절차** 성범죄자를 분류하는 기준은 각 주마다 상이하기 때문에 단일한 기준을 제시할 수는 없으나, 미네소타, 뉴욕, 애리조나주 등의 대부분 주에서는 가석방 및 보호관찰을 집행하는 관련자나 검찰, 혹은 경찰이 성범죄자들을 위험단

9) Violence Against Women Office Billing Code : 4410-41; 최종지침 네 번째는, 성폭력범죄자등록법은 공공안전의 필요를 최상으로 충족할 프로그램을 고안하는 데에 있어서 주에게 폭넓은 범위를 제공한다. 예를 들면, 성폭력범죄자등록법은 정보가 지역사회공개프로그램을 통해 공개되는 것을 포함하여, 일반을 보호하기 위해 필요한 관련정보를 주가 공개하는 것을 허용한다.

10) California's Megan's Law, California Department of Justice, July 2000, p.1

11) 2001년 5월 16일 현재, 미국 각주에 등록된 성범죄자 수는 약 378,319명에 이른다. 뉴욕(11,500명), 미네소타(14,000명), 미시건(26,715명), 애리조나(11,000명), 워싱턴(15,385명), 인디아나(11,800명), 일리노이(12,212명), 캘리포니아(87,000명), 텍사스(28,728명), 폴로리다(20,728명)와 같이 1만명 이상이 등록된 주도 10개 주가 된다.

12) Violence Against Women Office Billing Code : 4410-41 법무부 법무장관실 [AG ORDER NO.] RIN 1105-AA36.

13) 매사추세츠 주에서 위헌의 판결이 있었다. 그리고 하와이 주 대법원에서는 '성범죄자가 사회에 위험하지 않다는 이의를 제기하는 기회를 갖지 못한 경우에도 당국이 부당하게 성범죄자의 소재를 공개토록 규정하고 있다고' 심리절차를 마련할 때까지 공개를 못하게 하였다 (http: //dailnews. yahoo. com/h/kitv/20011121/1o/982491-1.html) ; '하와이대법원 성범죄자 신상공개 위헌 판결', 한겨레신문, 2001.11.23).

계에 따라 분류하고,[14] 각 위험단계에 알맞은 공개계획을 세워 실행한다. 예컨대 애리조나주 법은 1단계의 범죄자에 대해서는, 지역 법 집행기관이 범죄자 정보를 반드시 보존하고, 그 정보를 다른 법 집행기관들에게 공개할 수 있다.[15] 보통 일반에게 공개되는 정보는 3등급 범위 내에서 범죄자의 이름, 신상 및 사진, 주소, 직장 혹은 학교, 범죄자의 차량 및 차량번호, 그리고 범죄에 관한 짧은 개요 등이다.[16]

**(b) 성범죄자 신상공개의 방법** 대부분의 주에서는 성범죄자의 재범 위험성을 기준으로 등급을 정하고 그 등급에 따라 공개여부가 결정된다. 공개방법은 각주에 따라 다양한 형태로 운영되고 있다. 주 정부의 결정에 따른 공개방법이 있고, 루지애나주에서는 범죄자 자신이 직접 공개하는 방법으로 유죄 판결을 받은 범죄와 이름을 본인의 거주지 1마일 반경내의 지역주민에게 공고를 하고, 범죄자가 살게 될 군의 신문에 2회에 걸쳐 신상을 공고하도록 하고 있다.[17] 그리고 신청에 따른 공개방법에 대한 특징의 예로써 캘리포니아에서는 州법무부 내에 '900번 전화 서비스'를 설립하여 캘리포니아의 47,000명의 어린이 치한범들의 신원에 대한 일반인의 문의에 답을 해왔다. 그리고 위험성이 높은 892명의 어린이 치한들의 이름과 사진을 첨부하여 경찰국과 군 보안국에서 일반인이 이용할 수 있게 하였다. 또한 캘리포니아 메간법은 CDROM 이용을 인구 200,000명 이상의 도시모든 군 보안국이나 경찰국에서 일반인이 이용 가능토록 하였다. 작은 관할구역을 가진 여러 경찰국에서는 자발적으로 일반이 이용 가능한 CDROM의 제작 여부를 결정한다.[18]

미국 메간법의 50개 주 가운데, 인터넷으로 성범죄자의 신상을 접속할 수 있는 주는, 인터넷 접속 가능한 28개주,[19] 부분적으로 접속할 수 있는 5개주, 인터넷 접속이 없는 13개주, 지역사회에 공개가 인정되지 않는 4개주가 있다.

---

14) 범죄자들의 위험성의 수준에 따라 일반적으로 보통 3단계로 분류를 하는데, 제1단계는 가장 낮은 위험성을 갖는 경우로 신상정보의 등록만 강제되고 경찰 등 형사사법기관 내부에만 한정한 정보활용이 이루어지게 된다. 2단계는 지역사회에 대한 공개에서도 제한적으로 학교, 사회단체, 청소년단체 등에 대한 공개가 이루어진다. 위험수준이 가장 높은 3단계의 범죄자는 앞의 기관과 지역사회 거주자에게도 통지되고 지역사회에 공개된다.

15) Sandra Norman-Eady, "Comparison of Megan's Law in Arizona and Connecticut", Olr Research Report, 2000.8.18(http://www.cga.state.ct.us/2000/rpt/olr/htm/2000-r-0806.htm).

16) http://www.sexoffender.com

17) Megan's Law in All 50 States, Sex Offender Registration & Community Notification Internet Access List.

18) California's Megan's Law, California Department of Justice, pp. 1~2.

19) 인터넷 웹사이트로 정보공개가 가능한 주는, 미시건, 버지니아, 알래스카, 웨스트버지니아, 유타, 아이오와, 인디아나, 캔자스, 켄터키, 코네티컷, 플로리다 등이 있다

### (2) 영 국

영국에서 범죄자의 신상공개와 관련한 입법례는 1997년에 성범죄자법(sex offenders Act 1997 c. 51)의 제정으로, 일정한 성범죄자는 그 주소 등을 경찰에 신고하도록 하고,[20] 1998년 '범죄 · 질서 위반법(Crime and Disorder Act 1998 c.37)'에서 그 내용을 확충하여 여러 가지 범죄 대책 절차가 도입되었다.[21]

영국에서는 경찰에 자신의 거주지를 신고해야 하고 또 경찰은 성범죄자에 대한 정보를 학교 등 아동 · 청소년 보호 관련기관에 제공하지만, 일정한 개인에게 제공되어지는 경우는 한정적이고 오히려 경찰 · 지방공공단체 그 외 관계기관 상호간에 있어서 정보교환을 핵심으로 연대하여 사회의 안전을 확보하는 것을 목적으로 한다. 따라서 정보를 일반적으로 공개하고 국민이 범죄자에 대해서 스스로 안전 대책을 강구하도록 하는 미국 입법과는 그 성격이 다르다.

영국 내무부는 2001년 7월 30일 '성범죄자 기록부에 관한 녹서(Green Paper on the sex offender's register)'를 통해 성범죄자에 대한 통제를 강화하고 성범죄자 기록부에 기재대상자의 범위를 확대하는 방안을 추진 중에 있다.[22]

### (3) 대 만

대만의 '兒童福利法'에서는 아동에 대한 특정행위 금지에 대한 내용으로서 '음란행위나 성교를 위해 아동을 강요, 유혹, 수용, 혹은 중매'를 금하고 있다.[23] '兒童 및 少年性交易防制條例'에서는 범죄자에 대한 처벌 규정으로 동법 '제23조에서 제29조의 죄를 범하여 판결 확정된 자는 주관기관이 범죄자의 사진 및 판결요지를 공고한다'.[24] 그러나 위의 행위자가 만18세 이하일 경우 전 항의 규정을 적용하지 않는다고 명시하고 있다. '兒童 및 少年性交易防制條例'의 처벌 규정 제22조에서 '만16세 미만에 대한 성교역자는 3년 이하의 유기징역에 처하고 신 대만화폐 10만원 이하의 벌금을 병과한다'. '16세 이

---

20) 영국은 2001년 3월 현재 15,000명의 성범죄자가 등록되어 있다(이경재, "성범죄자 신상공개의 법적 문제점 고찰", 성범죄자 신상공개와 인권, 심포지엄 주제논문, 2001. 12, 8면).

21) 高木勇人, "犯罪對策と情報", 警察學論集 第52卷 第9號, 1999, 174面 이하 참고.

22) 성범죄자는 우편으로 14일 내에 주거변경사항을 경찰에 통보하던 것을 직접 경찰관서에 8일 이내에 신고하고, 최소한 1년에 1회 이상 변동사항을 신고하여야 하며, 성범죄자 기록부에는 섹스관광자, 외국에서의 범죄로 유죄판결을 받은 아동 성범죄자, 성적인 동기를 가지고 있는 범죄의 유죄판결을 받은 범죄자가 기록된다(Nigel Morris, Louise Jury, "Brass Eye : Ministers threaten new curbs on TV", The Independent, 30 July 2001).

23) 兒童福利法 第26條 第10號 (중화민국 1999년 6월 14일 공포).

24) 兒童及少年性交易防制條例 제34조.

상 만 18세 이하에 대한 성교역자는 신 대만화폐 10만원 이하의 벌금을 과한다'.

### (4) 일 본

일본은 형법에서 일반적인 성범죄를 규정하면서 필요에 따라 연령에 따른 처우를 하고 있다. 미성년자의 건전한 인격적 출발을 보호하기 위해 범죄유형을 독자적으로 두지 않고, 13세 미만자에 대하여 성교, 성교유사행위, 성행위를 하는 경우에도 성인과 동일하게 강제추행, 강간죄로 처벌하도록 하고 있다.[25]

13세 이상의 남녀에 대해 폭행 또는 협박을 이용하여 음란한 행위를 한 자는 6개월 이상 7년 이하 징역에 처하고 13세 미만 남녀에게 음란한 행위를 한 자도 동일하게 처벌하도록 하고 있다(제176조). 폭행 또는 협박을 사용하여 13세 이상 여성을 간음한 자는 강간죄로 2년 이상 유기징역에 처하고, 13세 미만 여성을 간음한 경우에도 동일하게 처벌한다(제177조). 이들 범죄는 친고죄이나 2인 이상이 현장에서 공모해서 한 경우에는 비친고죄로 처벌된다(제180조). 또한 영리 목적으로 음행의 상습이 없는 여성을 권유하여 음행시킨 자는 3년 이하 징역 또는 3만엔 이하 벌금에 처한다(제182조).

그 밖에도 아동. 청소년 대상 성범죄를 규제하는 법률로는 아동매춘금지법, 풍속영업 등 규제 및 업무의 적정화 등에 관한 법률, 아동복지법 등이 있고, 지방차지단체의 청소년보호육성조례 등을 통해서도 청소년의 성보호에 관한 규정을 두고 있다.[26]

### (5) 독 일

독일형법은 1997년 개정을 통해 성범죄 관련규정이 대폭 수정되었고, 이어 1998년에는 제6차 형법개정에 의해 추가적인 개정이 있었다. 미성년자의 성행위에 대하여 독립된 구성요건을 두고 있고, 14세 미만 유년자, 14세 이상 16세 미만 소년, 16세 이상 18세 미만 청년으로 구분하여 각각 그 취급을 달리하고 있다.[27]

14세 미만의 자에 대한 성행위는 전면적으로 금지되어 있다. 14세 미만자에 대하여 성적 행동을 하거나 14세 미만 아동으로 하여금 자기에 대하여 성적 행동을 하게 한 자는 6월 이상 10년 이하 자유형에 처하고(제176조 제1항), 특히 중한 경우에는 1년 이상 유기징역에 처한다(제176조 제3항). 아동을 교사하여 제3자에 대해 성적 행동을 하게 하

25) 内海明子, "日本における性犯罪處罰規定の問題點", Asia University Law Review 38巻 2号, 2004, 62頁 이하.

26) 이에 대한 자세한 내용은 청소년보호위원회, 청소년 성보호 인프라 구축연구, 2002.12, 65면 이하 참조.

27) 법무부, 독일형법, 2008, 142면 이하.

거나 그에 대한 제3자의 성적행동을 용인.유발하도록 한 자도 동일하게 처벌된다(제176조 제2항). ① 아동에 대여 성적 행동을 한 자, ② 아동으로 하여금 자기에 대하여 성적 행동을 하게 한 자, ③ 행위자 또는 제3자에 대하여나 그들 앞에서 성적 행동을 하게 하거나, 행위자 또는 재3자로 하여금 아동에 대하여 성적 행동을 하게 하기 위하여 문서를 통해 아동에게 영향을 미친 자, ④ 음란도화나 음란표현물 게시, 음란테이프의 상영 또는 그에 준하는 대화를 통해 아동에게 영향을 미친 자는 3월 이상 5년 이하 자유형에 처한다. 아동에게 성적 행동을 제안하거나 또는 알선을 약속하거나, 다른 사람과 함께 행동을 약속한 자는 3년 이상 5년 이하의 자유형에 처하도록 하고 있다(제176조 제5항).[28]

16세 미만자에 대하여는 교육, 직업훈련, 생활상 지도감독을 하는 일정한 보호관계에 있는 자가 성행위를 한 경우에만 처벌하고(제174조 제1항 제1호), 18세 미만자에 대하여는 교육, 직업훈련, 생활상 지도감독, 공무 또는 고용관계에 있는 지위를 남용하여 성행위를 한 경우 처벌하고 있다(제174조 제1항 제2호). 18세 미만자에 대하여 성행위를 한 경우에도 동일하게 3월 이상 5년 이하의 자유형으로 처벌된다(제174조 제1항 제3호).

14세 미만 아동에 대하여 18세 이상자가 성교 또는 신체침입과 관련된 유사성행위를 하거나 또는 아동으로 하여금 자기에게 유사성행위를 하게 하는 경우, 다수에 의해 범죄를 공동으로 저지른 경우, 행위자가 아동에게 범죄를 통하여 중대한 건강상의 훼손 위험 또는 신체적. 정신적 성장에 현저한 훼손을 가져온 경우에는 2년 이상 자유형에 처한다(제176조a).

또한 제3자에 대하여 또는 제3자 앞에서 16세 미만자의 성적 행위 또는 제3자로 하여금 16세 미만자에게 성적 행위를 중개 또는 보증의 기회를 통해 조장한 때에는 3년 이하 자유형 또는 벌금형에 처한다(제180조 제1항). 18세미만자가 대가를 받고 제3자 앞에서 성적 행위를 하거나, 제3자로 하여금 자신에게 성적 행위를 하도록 하거나, 중개를 통해 그 행위를 조장한 경우 5년 이하 자유형 또는 벌금형에 처한다(제2항). 18세 미만자에게 매춘의 실행을 위해 주거, 영업소 등 장소를 제공한 자는 3년 이하 자유형 또는 벌금형에 처한다(제180조a 제2항).

### (6) 성범죄자 신상공개의 각국입법 비교

범죄자 신상공개에 대하여 각국의 입법을 비교하면 다음과 같다. 성범죄자 등록과 관련하여 성범죄자에 대한 정보를 활용하는 점에서는 미국의 메간법(Megan law)과 영

28) Wolfgang Joecks, StGB, 5.Auflage, Verlang C. H. Beck, 2004, S.315ff.

국의 성범죄자법(Sex Offenders Act)이 동일하다. 그리고 영국의 성범죄자법도 메간법과 같이 성범죄자로부터 지역사회를 보호하는데 있으며, 신상공개가 성범죄자에 대한 부수적인 처벌이 되어서는 안 된다는 것이다.

성범죄자법과 메간법의 차이점으로는, 메간법은 대체로 미성년자를 대상으로 하는 성범죄자에 대한 규정이지만, 성범죄자법은 미성년자뿐만 아니라 성인을 대상으로 하는 성범죄까지 확대되어 있다.

또한 법의 활용 방법에 있어서도 차이가 있다. 미국의 메간법은 지역주민을 성범죄로부터 보호하기 위해서 대부분의 주들이 일정한 범죄를 등록의 대상으로 하고 지역사회에 가장 중대한 범죄라고 할 수 있는 3단계에 속하는 범죄자를 지역사회에 공개하고 있다. 반면에 영국의 성범죄자법은 경찰이 성범죄자의 주소를 장악할 수 있는 기구를 만든 후에 경찰과 관계기관과의 정보교환을 중심으로 긴밀한 연대를 유지하고 범죄방지에 효율적인 방법의 검토를 한 후 구체적인 대책을 채택한다. 예외적으로 개인정보를 공개 할 수 있는 것은 유보하면서 사회의 안전확보를 위해서 필요 최소한도에서 범죄자의 인권을 제한하고 공적기관은 책임을 가지고 범죄방지대책 방법 등을 운용하고 있다.

미국의 메간법은 등록과 공개가 판결이 확정된 후 형 집행을 종료하거나 집행유예기간 중에 등록과 공개의 대상이 되는 반면에 우리나라의 청소년성보호법은 판결확정 후 형 집행중이라도 범죄자의 신상이 공개된다는 점에서 차이가 있다. 그리고 메간법은 범죄자에게 등록의 의무를 부과하고 있는 반면에 우리 나라는 매년 반기별로 법무부에 범죄자에 대한 관련자료를 제출하도록 요청하도록 규정하고 있다.

우리나라의 '청소년성보호법'과 대만의 '아동및소년성교역방제조례'을 비교하면, 대만은 판결확정된 범죄자를 대상으로 하고 또한 판결요지를 공고한다는 점에서 동일하고, 사진까지 공고하는 점에서 우리와 다르다.

또한 메간법은 많은 주에서 범죄자의 사진이 공개되는 점에서도 우리나라의 청소년성보호법과 차이가 있으며, 반면에 '메간법'과 대만의 '아동및소년성교역방제조례'는 사진이 공개된다는 점에서 동일하다.

### 3. '청소년성보호법'에서의 신상공개의 법률적 문제점

현행법상의 청소년 상대 성범죄자의 신상공개에 대하여 법률적 측면에서 제기되고 있는 문제점은 다음과 같으나,[29] 이하에서는 형사법적인 문제만 검토하고자 한다.

29) 비판적 견해가 있는 반면에 긍정적인 견해도 있다. 그리고 청소년성보호법 제20조 제3항은 공개대상자

첫째, 신상공개는 행정기관에 의한 행정행위이지만, 실질적으로는 형사제재의 성격이 짙다는 견해가 있고, 신상공개절차의 대부분을 대통령령으로 규정한 것은 기본권 제한에 대한 법률주의에 위배된다고 보는 견해가 있다.

둘째, 현행 신상공개제도가 전국민을 대상으로 하는 공개에 대한 문제이다. 이러한 신상공개는 범죄자의 프라이버시의 침해가 문제된다. 즉 신상이 공개되면 전과자라는 낙인 이외에도 사회적인 제재에 의해 인격권을 극도로 침해당할 수 있다.

셋째, 청소년보호위원회의 홈페이지 공개에 대한 문제이다. 공개 후에 사이버공간에서 신상공개 명단을 불법으로 복사하여 급속도로 유포되고 있는 현실에서 이것에 대한 방지대책을 마련하지 않은 것을 문제시하는 경우도 있다.[30]

넷째, 우리나라와 외국의 신상공개에서 공개주체가 다르다는 문제이다. 우리 나라에서는 청소년보호위원회가 청소년성보호법이 정한 범죄행위를 범하고 형이 확정된 자에 대하여 신상을 공개하는 행정행위이다. 미국 메간법에서는 각주별로 차이는 있지만 보통 주 경찰이 등록과 공개를 담당하고 있다.

다섯째, 우리나라에서는 청소년 대상 성매매, 강간, 강제추행, 성매매 알선 등을 처벌과 신상공개 대상자로 규정한 반면에 청소년 대상 성폭력으로 인한 살인이나 치사에 대한 처벌 규정의 불비와 청소년 대상 성매매자의 신상공개에 대하여 다른 범죄자와의 형평성의 문제가 제기된다.

### 4. 성범죄자 신상공개의 위헌성 문제

위헌성 문제로 대표적인 것이 이중처벌의 금지 문제로 우리 헌법 제13조 제1항 후단에서 '동일한 범죄에 대하여 거듭 처벌받지 아니한다'고 규정하여 인신의 보호를 위한 중요한 헌법상의 기속원리이다.

청소년성보호법에서도 신상공개제도의 형벌성을 부정한다면, 신상공개가 이중처벌

---

및 그 가족 등에 대한 부당한 인권침해가 없도록 하여야 한다고 규정하고 있다. 이처럼 청소년성보호법에 규정하면서도, 신상공개가 되는 부모를 둔 청소년의 인권보장 문제와 범죄자 및 그 가족들에게 가해질 정신적. 신체적 피해 문제에 대한 대책이 전혀 없는 것도 문제로 제기되고 있다. 또 청소년 성매매자 신상공개로 인하여 제3자의 피해를 배제할 수 없다는 점이다. 현행 신상공개는 대상자들의 사진이나 직장 등을 밝히지 않기 때문에 최소한의 인권이 고려되었다고 하지만, 공개 대상자의 주소가 시, 군, 구까지만 공개되므로 같은 지역에 사는 동명이인이 피해를 볼 수 있다는 우려도 제기되었다.

30) 청소년보호위원회 공고 제2001-10호 '청소년대상 성범죄 방지를 위한 계도문'에서 '본 계도문을 다른 사이트에 복사.전파하는 행위는 형법상의 명예훼손죄로 고소될 수 있고, 신상공개대상명단 내용의 일부 또는 전부를 사용하여 특정인의 명예를 훼손할 경우에는 형사상 명예훼손죄에 의한 처분이나 손해배상 책임을 질수 있다'라는 것을 명시하고 있다.

금지에 해당하지 않는다고 볼 수 있다.[31] 같은 견해로서 청소년 대상 성범죄자 신상공개는 형이 확정된 자에 대하여 행정기관인 청소년보호위원회가 자체 심사하여 행하는 행정행위이기 때문에 실체 판결이 확정된 사안에 대해 사법기관이 다시 심리 · 판단하는 것을 금지하는 일사부재리의 원칙과는 무관하다고 한다.[32] 결국 신상공개제도의 형벌성을 부정하면, 이중처벌에 해당하지 않는다.

따라서 범죄자의 신상공개가 형벌적인 속성만으로 이중처벌금지에 위반된다고 볼 수 있는 가이다. 여기서의 이중처벌은 정식형벌로의 제재를 말하지만 신상공개는 형벌적인 속성이 있을 뿐이지, 형벌과는 다른 제재에 해당한다고 볼 수 있다.

또한 우리나라 헌법재판소는 "이중처벌금지원칙에서의 '처벌'은 원칙적으로 범죄에 대한 국가의 형벌권 실행으로서의 과벌을 의미하는 것으로 국가가 행하는 일체의 제재나 불이익처분을 모두 그 '처벌'에 포함할 수 없다"[33]고 판시하고 있다. 또한 헌법재판소는 형벌의 집행을 마친 사람에게 별도로 보안관찰처분을 하는 것이나,[34] 형벌과 보호감호를 병과하여 선고하는 것은[35] 이중처벌이 아니라고 한다. 또한 청소년성보호법상의 신상공개제도는 그 법적 성격을 청소년의 성보호를 달성하기 위해 입법정책적으로 채택된 것으로서, 처벌·보안처분 등 전형적인 형사제재 이외의 새로운 형태의 범죄예방수단으로 파악하는 한 그 본질, 목적, 기능에 있어서 형벌과는 다른 의의를 지니므로 형벌부과와 별도로 신상을 공개한다고 하더라도 이중처벌금지의 원칙을 위반하는 것이 아니라는 견해도 있다.[36]

생각건대 현행 범죄자 신상공개제도는 형벌적 속성은 있지만, 정식형벌 이외의 제재에 해당하고, 최광의의 보안처분적인 성격에 따른 행정처분에 해당하기 때문에 이중처벌이라고 볼 수는 없다.

청소년성보호법과 관련하여 청소년을 상대로 성범죄를 저질러 벌금형을 선고받은 범죄자가 '청소년 성매매 신상공개는 부당하다'며 행정심판을 청구한 것에 대하여 행정

31) 이경재, "청소년 성매매의 현실과대책 ; 청소년성보호법의 문제점과 개선방안 -청소년 성매매를 중심으로-", 「형사정책」 제13권 제2집, 한국형사정책학회, 2001, 19면 각주 77 참고.

32) 심희기, "신상공개의 정당화근거와 적절한 공개대상과 공개기준의 탐색", 「저스티스」, 제65집, 한국법학원, 2002, 30면.

33) 헌법재판소 1994.6.30. 선고 92헌바38 결정.

34) 헌법재판소 1997.11.27. 선고 92헌바27 결정.

35) 헌법재판소 1991.4.1. 선고 89헌마17 결정.

36) 황성기, "청소년의성보호에관한법률상의 신상공개제도에 관한 헌법적 고찰", 청소년 성범죄자의 신상공개제도에 대한 학제적 조명, 2001년 학제간 심포지엄 자료집, 한국법심리학회외 6개 학회 주최, 2001.12.6, 55면 참고.

심판위원회는 '청소년성보호법'에 명시된 청소년 성매매 범죄자에 대한 신상공개 평가기준인 형량과 범죄유형, 범행동기 등을 고려할 때 벌금형을 선고받더라도 신상공개 대상에 해당하는 것으로 봐야 한다고 기각하였다.[37]

반면에 전직 공무원이 청소년 성매매로 형사처벌을 받았는데도 개인신상까지 공개하도록 하는 처분은 부당하다며 청소년보호위원회를 상대로 신상공개처분 취소 청구소송에서 서울행정법원은 신상공개처분취소사건에 대해서 판결선고시까지 신상공개를 유보한다는 결정을 하였다.[38] 그리고 아직까지 본 사건에 대하여 판결선고는 되지 않고 있다. 생각건대 본 사안의 판결이 미칠 사회적 영향이 지대하므로 재판부에서도 신중을 기하고 있는 듯하다.

### 5. 소 결

범죄자에 관한 신상공개에 관한 법적 성격에 관한 학설이나 판례도 전무한 상태이지만, 외국의 학설이나 판례도 찾기가 쉽지 않다. 따라서 현행의 관련법과 사례를 참고로 하여 현재 시행되고 있는 청소년성보호법상 신상공개에 대한 법적 성격은 형벌과 보안처분을 중심으로 하여 검토하였다.

신상공개의 형벌적인 성격에 대하여, 최근에 신상공개는 입법의도나 효과의 측면에서 형벌로 볼 수 없다는 견해,[39] 형벌의 속성을 가지고 있다고 보는 경우,[40] 단순한 행정처분이나 보안처분의 성격을 갖지 못하고 오히려 형벌의 성격이 보다 강화된 보안처분과의 혼합적 성격을 갖는 범죄행위에 대한 직접적인 법적 제재라는 견해,[41] 형식적으로는 공표의 성격을 가지고 있으면서 실질적으로는 형사제재의 성격을 가진 것이라는 견해[42]가 있다. 현행 신상공개는 입법과 제도의 혼용과 미비에서 오는 변형된 사회의 방위를 위한 제재 수단으로써 운용되고 있으며, 형식적으로 행정상의 공표라고는 할 수 없고, 형사제재의 실질적인 효과를 가져오면서 행정처분에 의한 보안처분 성격의 형사정책적인 제도로 운용되고 있다.

---

37) '청소년성매매 신상공개 정당', 연합뉴스, 2001.7.9.

38) 서울행정법원 2001.7.20, 2001아1324 집행정지.

39) 심희기, 신상공개의 정당화근거와 적절한 공개대상과 공개기준의 탐색, 33면.

40) 한상훈, "청소년의성보호에관한법률의 주요내용과 몇가지 쟁점", 「형사정책연구소식」 통권 제57호, 28-29면에서 신상공개가 형벌적 속성을 가지고 있다고 보는 듯하다.

41) 권창국, "청소년 성매매 행위 등에 대한 규제방법으로서 신상공개제도에 관한 검토", 「형사정책연구」, 한국형사정책연구원, 2001, 219면.

42) 이경재, 앞의 논문, 18면.

따라서 현행 신상공개가 특정인을 정확히 주소나 사진까지 명시하지 않았다고 하더라도 그 당사자인 범죄자 개인의 명예에 대한 훼손이 크다는 점에서 명예형에 가까운 형벌적인 속성이 있음은 부정할 수가 없다. 또한 신상공개도 위험한 행위자로부터 사회를 방위하기 위한 합목적적 강제조치로서 행정행위 측면에서의 보안처분적인 성격이 있다고 할 수 있다. 그러나 이점은 현행제도의 방법과 절차 등에 따른 운영과정상의 불합리적인 문제를 검토하여 최대한 명예형적인 속성을 축소하면서 현행 신상공개제도를 최광의의 보안처분적인 측면에서 행정처분의 성격으로 제도를 운용할 수 있다고 본다.

**신상공개제도의 변천과정**

| 법률명칭 | 제·개정일자 | 신상공개방식 | 주요내용 |
|---|---|---|---|
| 청소년의 성보호에 관한 법률 | 2000.2.3.<br>제정 | 일반신상정보 공개 | *청소년보호위원회가 신상정보를 인터넷을 통하여 공개 |
| 청소년의 성보호에 관한 법률 | 2005.12.29.<br>일부개정 | 세부정보등록 · 열람 | *국가청소년위원회에 의한 신상정보의 등록 및 열람제도 도입 |
| 청소년의 성보호에 관한 법률 | 2007.8.3.<br>전부개정 | 행정기관에 의한 공개 | *일반신상공개제도를 사실상 폐지하고 정보등록 및 열람제도를 확대·강화 |
| 청소년의 성보호에 관한 법률 | 2008.2.29.<br>일부개정 |  | *주무관청을 보건복지가족부로 변경 |
| 아동 · 청소년의 성보호에 관한 법률 | 2009.6.9.<br>전부개정 | 법원에 의한 공개 | *법원의 공개명령제도를 도입하여 기존의 열람방식 개선<br>*공개명령은 보건복지가족부장관이 정보통신망을 이용하여 집행 |
| 아동 · 청소년의 성보호에 관한 법률 | 2010.4.15.<br>일부개정 |  | *주무관청을 여성가족부로 변경<br>*등록정보 고지제도 신설 |

## II. 양심적 병역거부

### 1. 양심의 자유 정의

양심이란 사물의 가치를 변별하고 자기의 행위에 대하여 옳고 그름과 선과 악의 판단을 내리는 도덕적 의식을 말한다.

### (1) 객 관 설

객관적으로 옳은 것, 두루 인정된 지식, 또는 바로 그것을 실현하려는 마음가짐을 의미하는 것. 객관설에서는 객관적으로 옳은 '내용'에 이르지 않는 경우에는 양심을 자의로 판단한다.

### (2) 주 관 설

"실제적인 양심상의 결정에 대한 판정기준은 양심적 결정의 진리, 즉 일반적인 법원칙, 도덕법칙, 일반적인 윤리적 의식, 추정된 가치질서 등과의 일치 속에서 발견될 수 없다. 만약 그렇게 된다면 양심의 개별성, 양심의 자유와 자기법칙성은 부인될 것이다." 당연히 양심은 주관적인 의미로 이해되어야 한다. 양심은 곧 '자기양심'이다. 선악에 대한 판단은 결국 각자의 결정에 맡겨진다는 것.

기본적으로 출발점은 양심의 '내용적 진리'가 아니라 '개인'의 양심이어야 한다. 자유국가의 근본전제에 합당한 것은 주관설에서 말하는 양심뿐이다. 헌법재판소도 이러한 주관설에 따라 양심을 "어떤 일의 옳고 그름을 판단함에 있어서 그렇게 행동하지 아니하고는 자신의 인격적 존재가치가 허물어지고 말 것이라는 강력하고 진지한 마음의 소리"로 정의하고, "세계관, 인생관, 주의, 신조 등은 물론 이에 이르지 아니하여도 보다 널리 개인의 인격형성에 관계되는 내심에 있어서의 가치적, 윤리적 판단도 포함"하는 것으로 보고 있다.

표면적으로 우리 법원이나 헌법재판소는 양심개념을 주관설에 입각하여 정의하고 있으나 양심상의 의무와 법적인 의무가 충돌하는 경우마다 법적인 의무에 우선권을 부여함으로써 실제로는 국가표준설에 따르고 있다고 판단된다.

## 2. 헌법상의 양심의 개념

양심가운데서도 특히 헌법이 보호하려는 양심은 '어떤 일의 옳고 그름을 판단하고 그에 따라 행동하지 않고서는 자신의 인격적 존재 가치가 파멸하고 말 것이라는 강력하고 진지한 마음의 소리'[43]라 할 수 있다.

---

43) 헌재 1997. 3. 27.96헌가11

### 3. 양심의 자유의 제한

헌법 제37조 제2항 헌법 제37조 제2항은 “국가 안전보장, 질서유지 또는 공공복리를 위하여 필요한 경우에 한하여 법률로써 제한할 수 있으며, 제한하는 경우에도 자유와 권리의 본질적인 내용을 침해할 수 없다”고 규정하고 있다.

### 4. 양심적 병역거부

병역과 관련한 것으로 자기의 신앙, 도덕률, 철학적, 정치적 이유 등에 따른 양심상의 결정으로 무기를 휴대한 병역을 거부하거나 전쟁에 직접적 혹은 간접적으로 참가를 거부하는 행동을 말한다.

### 5. 헌법 아래의 양심적 자유 · 종교적 자유

기본권의 유형 ⊃ 자유권적 기본권 ⊃ 정신적 자유권 내에 양심의 자유와, 종교의 자유가 포함된다. 양심의 자유는 도덕적·윤리적 내심영역에 속하는 양심을 자유롭게 결정할 자유와 결정된 양심을 외부에 표명하도록 강요당하지 아니할 수 있는 자유(침묵의 자유)를 그 내용으로 한다. 단, 양심상의 결정을 실현 하는데에는 일정한 제한이 따를 수 있다.

종교의 자유는 기본권의 역사에서 가장 오래된 정신적 자유권의 하나이다. 종교의 자유에는 신앙의 자유, 종교적 행사나 집회 및 결사의 자유, 선교(宣教)의 자유뿐만 아니라 무신앙의 자유도 포함된다. 한편, 우리 헌법은 ‘국교(國教)는 인정되지 아니하며, 종교와 정치는 분리된다.’(제20조 제2항)라고 하여 국교부인과 정교분리의 원칙을 규정하고 있다.

# 제6절 미 수

## Ⅰ. 개 념

형법의 미수범은 기수에 이르지 못한 원인을 기준으로 인과과정상의 장애나 이상에 그 원인이 있는 경우를 장애미수(제25조 제1항), 범죄의 기수에 이르지 못한 원인이 행위자의 의사에 의한 경우를 중지미수(제26조), 행위의 성질상 결과발생이 애당초 불가능해서 기수에 이를 수 없지만 위험성이 있는 경우를 불능미수(제27조)로 구분된다.

## Ⅱ. 분 류

### 1. 장애미수

형법 제25조 제1항은 구형법 제43조 본문을 구체화시켜 "완수하지 못한 경우"를 "행위를 종료하지 못하였거나 결과가 발생하지 아니한 때"로 표현을 바꾸어 **실행미종료미수**와 **실행종료미수**를 모두 인정하고 있으며, "미수범으로 처벌한다"라고 규정하여 처벌하는 명목과 근거를 밝히고 있다. 또한 구형법에서는 사용하지 아니하던 '미수범'이라는 용어를 실정법상 인정하고 있다. 제25조 제2항은 단순히 "완수하지 못한 자는 형을 감경할 수 있다"라고 규정하던 구형법 제43조 후단을 구체적으로 "미수범의 형은 기수범보다 감경할 수 있다."라고 서술하여 미수를 기수에 비하여 임의적으로 감경할 것을 요구하고 있다.

|사 례|

* 유흥주점 운영자가 업소에 들어온 미성년자의 신분을 의심하여 주문받은 술을 들고 룸에 들어가 신분증의 제시를 요구하고 밖으로 데리고 나온 경우.

* 피고인이 낫을 들고 피해자에게 접근함으로써 살인의 실행행위에 착수하였다고 할 것이어서, 피해자에게 다가서려고 하였으나 제3자가 이를 제지하여 그 틈을 타서 피해자가 도망한 경우

* 주거침입의 범의로써 주거로 들어가는 문의 시정장치를 부수거나 문을 여는 등 침입을 위한 구체적 행위를 시작한 경우

* 피고인이 히로뽕 제조원료 구입비로 금 삼백만원을 공범에게 제공하였는데 공범이 그로써 구입할 원료를 물색 중 적발된 경우

## 2. 중지미수

형법 제26조는 자기의 의사에 의하여 범죄의 실행을 정지한 때에는 형을 감경 또는 면제하도록 한 구형법 제43조 단서의 내용을 [중지범]이라는 표제 아래 "범인이 자의로 실행에 착수한 행위를 중지하거나 그 행위로 인한 결과의 발생을 방지한 때에는 형을 감경 또는 면제한다"로 상세하게 기술하여 '정지'의 의미를 **'실행행위의 중지'**와 **'결과발생의 방지'**의 뜻으로 분류하고 있다. 이와 같이 제26조의 규정은 범죄의 자의적 정지를 장애미수에 있어서 장애의 일종으로 생각하여 장애미수의 예외적 사례로 취급하였던 구형법의 체계를 벗어나 독자적으로 중지미수를 인정할 수 있는 계기를 마련한 것이다.

따라서 범인의 범행중지에 대한 보상적 성격 유무와 형벌목적 부합성 여부를 기준으로 판단하여야 한다.

|사 례|

*갑은 을녀를 강간하려고 넘어뜨렸는데, 옆에서 을의 어린 아기 병이 평화롭게 자는 것을 보고 갑자기 불쌍한 생각이 들어서 강간을 단념하였다.

*도난 벨이 울리자 그래도 금품을 훔칠 자신이 있었지만 경찰과 마주치는 것이 싫어서 장소를 떠났다.

*갑은 을로부터 금품을 강탈하려는 의도로 을에게 권총을 들이대고 협박하는 순간 평소의 지병인 심장발작을 일으켰기 때문에 단념하였다.(X)

*피고인들이 강도행위를 하던 중 피고인 중 일부가 피해자를 강간하려고 작은 방으로 끌고가 팬티를 강제로 벗기고 음부를 만지던 중 피해자가 수술한 지 얼마 안 되어 배가 아프다면서 애원하는 바람에 그 뜻을 이루지 못하였다.(X)

*피고인이 청산가리를 탄 술을 피해자 2명에게 나누어주어 마시게 하였다가 먼저 마신 피해자 1명이 술을 토하자 즉시 다른 피해자의 술을 거두어 가지고 밖으로 나가서 쏟아버림으로써 그 술을 마시지 못하게 하였다.

### 3. 불능미수

형법 제27조는 [불능범]이라는 표제하에 "실행의 수단 또는 대상의 착오로 인하여 결과의 발생이 불가능하더라도 위험성이 있는 때에는 처벌한다. 단, 형을 감경 또는 면제할 수 있다."고 규정하고 있다. 그런데 구형법에서는 불능미수에 관한 규정이 없었으며, 다만 이론과 실무에서는 불능범의 개념을 인정하여 논의되어 왔는데, 이 논의에서 다수 학자들의 공통된 견해는 위험성이 없는 불능범은 범죄가 아니라는 것이었다. 이러한 상황에서 현행 형법이 소위 불능범에 관한 규정을 신설한 것은 다른 나라의 입법례와는 달리 이례적인 것이다. 독일의 경우 1871년의 독일제국 형법은 불능미수를 규정하지 아니하였으나, 1세기가 지난 후인 1975년에 발효된 현행 독일형법 제23조 제3항에 불능미수를 규정하게 되었다. 일본에서는 1931년, 1961년, 1972년 그리고 1974년 형법초안·가안 등에서 불능미수에 관한 규정을 포함시켰으나, 현재 시행되고 형법전은 불능미수를 규정하고 있지 않고 있다.

|사 례|

* 피고인이 피해자를 독살하려 하였으나 동인이 토함으로써 그 목적을 이루지 못한 경우에는 피고인이 사용한 독의 양이 치사량 미달이어서 결과 발생이 불가능한 경우도 있을 것이고, 형법은 장애미수와 불능미수를 구별하여 처벌하고 있으므로 원심으로서는 이 사건 독약의 치사량을 좀더 심리하여 피고인의 소위가 위 미수 중 어느 경우에 해당하는지 가렸어야 할 것이다. 치사량에 현저히 미달한 경우에는 불능미수의 성립도 가능하다고 할 것이다.
* 히로뽕 제조를 위해 그 원료인 염산에페트린 및 수종의 약품을 교반하여 히로뽕 제조를 시도하였으나 그 약품배합미숙으로 그 완전품을 제조하지 못한 경우
* 피고인이 원심 상피고인에게 피해자를 살해하라고 하면서 준 원비-디 병에 성인 남자를 죽게하기에 족한 용량의 농약이 들어 있었고, 피고인이 피해자 소유의 승용차의 브레이크호스를 잘라 브레이크액을 유출시켜 주된 제동기능을 완전히 상실시킴으로써 그 때문에 피해자가 그 자동차를 몰고 가다가 반대차선의 자동차와 충돌을 피하기 위하여 브레이크 페달을 밟았으나 전혀 제동이 되지 아니하여 사이드브레이크를 잡아당김과 동시에 인도에 부딪치게 함으로써 겨우 위기를 모면한 경우

# 제7절 형법 개정

## Ⅰ. 제1차 개정 형법

### 1. 개정이유 [시행 2013.6.19.] [법률 제11731호, 2013.4.5., 일부개정]

변화된 시대 상황을 반영하여 다양화된 성범죄에 효과적으로 대처하기 위하여 유사강간죄를 신설하고, 성범죄의 객체를 "부녀"에서 "사람"으로 확대하며, 친고죄 및 혼인빙자간음죄를 폐지하려는 것임.

### 2. 주요내용

1) 성폭력 범죄의 객체를 "부녀"에서 "사람"으로 변경함(안 제242조, 제288조제2항, 제297조, 제303조제1항 · 제2항, 제305조, 제339조 및 제340조제3항).

2) 추행 · 간음 목적의 약취 · 유인 · 수수 · 은닉죄 및 강간죄 등 성범죄에 관하여 고소가 있어야 공소를 제기할 수 있도록 한 규정을 삭제함(현행 제296조 및 제306조 삭제).

3) 폭행 또는 협박으로 사람에 대하여 구강, 항문 등 신체의 내부에 성기를 넣거나 성기, 항문에 신체의 일부 또는 도구를 넣는 유사강간행위를 한 자는 2년 이상의 유기징역에 처하도록 하고, 관련 조문을 정비함(안 제297조의2 신설, 제299조부터 제301조까지, 제301조의2, 제305조 및 제305조의2).

4) 실효성이 미약하고, 여성의 성적 주체성을 훼손하는 혼인빙자간음죄를 폐지함(현행 제304조 삭제).

## II. 제2차 개정 형법

### 1. 개정이유 [시행 2013.6.19.] [법률 제11574호, 2012.12.18., 일부개정]

2000년 12월 13일 우리나라가 서명한 「국제연합국제조직범죄방지협약」(United Nations Convention against Transnational Organized Crime) 및 「인신매매방지의정서」의 국내적 이행을 위한 입법으로서, 협약 및 의정서상의 입법의무 사항을 반영하여 범죄단체 및 범죄집단의 존속과 유지를 위한 행위의 처벌규정을 마련하는 한편, 범죄단체나 집단의 수입원으로 흔히 사용되는 도박장소의 개설이나 복표발매에 대한 처벌규정의 법정형을 상향하고, 각종 착취 목적의 인신매매죄를 신설하여 인신매매의 처벌범위를 확대함으로써 국제조직범죄를 효율적으로 방지 · 척결하는 동시에 국제협력을 강화하려는 것임.

### 2. 주요내용

#### (1) 범죄단체조직죄의 개선(안 제114조)

1) 현행 범죄단체조직죄는 법정형의 제한 없이 범죄를 목적으로 단체를 조직하기만 하면 구성요건에 해당하게 되어 그 처벌범위가 너무 넓다는 비판이 제기되어 왔으며, 「국제연합국제조직범죄방지협약」도 법정형이 장기 4년 이상인 범죄를 목적으로 하는 단체를 조직하는 행위 등을 범죄화하도록 규정하여 범위를 제한하고 있음. 한편, 현재는 범죄단체에는 이르지 못하였으나 그 위험성이 큰 범죄집단을 조직한 경우에 관한 처벌이 미비한 실정임.

2) "사형, 무기 또는 장기 4년 이상의 징역"에 해당하는 범죄를 목적으로 하는 단체의 조직 행위를 처벌하도록 하여 그 범위를 제한함으로써 「국제연합국제조직범죄방지협약」의 내용과 조화를 이루게 하는 한편, 범죄단체뿐만 아니라 이에 이르지 못한 범죄집단을 조직한 경우에도 처벌하도록 함.

**(2) 도박과 복표에 관한 죄의 개선**(안 제246조부터 제249조까지)

1) 도박죄는 그 객체에 "재산상 이익"도 포함되는 것으로 해석상 인정되고 있으나 현재는 그 객체를 "재물"로 한정하여 규정하고 있음. 한편, 인터넷 상에 도박사이트를 개설하여 전자화폐나 온라인으로 결제하도록 하는 경우 판례상 도박개장죄로 처벌하고 있으나 현재는 "도박을 개장"한 경우를 처벌하도록 규정되어 있어 도박할 수 있는 사이버 공간을 제공한 경우 처벌되지 않는 것으로 비추어 질 수 있음. 또한, 최근 도박장소 등의 개설이나 복표발매로 인한 수입이 범죄단체의 운영자금 등으로 사용되는 등 도박장소 등의 개설이나 복표발매로 인하여 각종 사회문제가 발생하고 있음.

2) 도박죄의 객체에 "재물"뿐만 아니라 "재산상 이익"도 포함됨을 명확하게 하기 위하여 도박죄의 구성요건 중 "재물로써" 부분을 삭제하고, 도박하는 장소뿐만 아니라 도박하는 공간을 개설한 경우도 처벌할 수 있도록 규정을 명확화하는 한편, 도박장소의 개설과 복표발매죄가 「국제연합국제조직범죄방지협약」의 대상범죄가 될 수 있도록 법정형을 "3년 이하의 징역 또는 2천만원 이하의 벌금"에서 "5년 이하의 징역 또는 3천만원 이하의 벌금"으로 상향하고, 그 밖에 복표발매중개 및 복표취득죄도 물가 인상률 등을 고려하여 법정형을 현실화 함.

**(3) 약취와 유인의 죄의 개선**(안 제287조부터 제292조까지, 제294조, 제295조, 제295조의2 및 제296조; 현행 제293조 삭제; 안 제296조의2 신설)

「인신매매방지의정서」의 이행입법으로 장(章)명을 "약취와 유인의 죄"에서 "약취, 유인 및 인신매매의 죄"로 변경하고 인신매매 관련 처벌조항을 신설하는 한편, 목적범 형태의 약취, 유인 등의 죄에 "추행, 간음, 결혼, 영리, 국외이송 목적" 외에도 "노동력 착취, 성매매와 성적 착취, 장기적출" 등 신종범죄를 목적으로 하는 경우를 추가함. 또한 결과적가중범을 신설하되 상해와 치상, 살인과 치사 등의 법정형을 구분하여 책임주의에 부합하도록 하고, 종래 방조범 형태로 인정되던 약취, 유인, 인신매매 등을 위하여 사람을 모집, 운송, 전달하는 행위를 독자적인 구성요건으로 처벌하도록 하며, 인류에 대한 공통적인 범죄인 약취, 유인과 인신매매죄의 규정이 대한민국 영역 밖에서 죄를 범한 외국인에게도 적용될 수 있도록 세계주의 규정을 도입함.

# 제 9 장

# 가정생활

동　　거/ 사실혼/ 혼인의 실질적 요건
혼인의 형식적 요건(혼인신고)
혼인의 무효와 취소...

# 제1절 혼　　인

## Ⅰ. 동　　거

우리 나라는 남녀가 진정으로 혼인할 마음으로 혼인 신고를 마쳐야 혼인한 것으로 인정한다. 그렇기 때문에 설사 혼인식을 올리고 부부가 함께 생활하더라도 혼인 신고를 하지 않았으면 법률상 부부로 인정되지 않는다.

## Ⅱ. 사 실 혼

### 1. 의　　의

사실혼이란 혼인신고 없이 남녀가 부부로 함께 사는 것을 말한다. 사실혼이 되기 위해서는 사실상의 혼인관계를 영위하려는 의사가 있어야 하고, 상식적으로 부부생활이라고 인정할 만한 사실이 존재하여야 하며, 미풍양속에 반하지 않아야 한다. 따라서 첩을 두는 것은 일부일처제 및 미풍양속에 반하는 것으로서 아무리 부부로서 동거하고 있더라도 사실혼으로 인정받지 못한다.

### 2. 사실혼의 보호범위

사실혼은 혼인신고가 없다는 점에서 법률혼과 차이가 있을 뿐 실체는 동일하다. 그래서 우리 법률에서는 일정한 범위 내에서는 사실혼을 법률혼과 마찬가지로 보호해 주고 있다. 따라서 사실혼관계의 부부도 법률상의 부부와 마찬가지로 동거하여 협조하고 부양해야 할 의무가 있다. 뿐만 아니라, 보험이나 연금 관계 법령에서는 사실혼관계에 있는 배우자를 법률상의 배우자와 동등하게 취급하고 있다.[1] 만일 사실혼관계에 있는 한쪽 배우자가 이를 부당히 파기한 때에는 다른 배우자에 대하여 손해 배상의 책임을 진다.

그러나 사실혼은 혼인신고를 전제로 하는 법률적 효과는 받지 못한다. 따라서 사실혼관계에 있는 자가 다른 사람과 혼인하더라도 중혼이 되지 않는다. 또 가족 관계의 등록 등에 관한 법률에 따라 가족관계등록부에 기록되지 않기 때문에 친족 관계가 발생하지 않으므로 사실혼의 배우자가 사망하더라도 다른 배우자는 사망한 배우자의 재산을 상속받지 못한다. 그리고 다른 배우자의 부정행위에 대하여 간통죄로 형사 고소를 할 수 없다. 단, 부정행위를 이유로 한 위자료 청구는 가능하다.

### 3. 사실혼의 확인방법

혼인식을 올리고 동거까지 하고 있는 경우라면 사실혼 상태라고 볼 수 있으므로 먼저 가정법원에 '사실혼관계 존재 확인의 소'를 제기하면, 조정을 거친 후 그곳에서 원만한 합의가 이루어지지 않으면 소가 제기된다. 그 후 판결이 확정되면 그로부터 1개월 이내에 재판서의 등본과 확정 증명서를 첨부하여 혼인신고를 할 수 있다.

## Ⅲ. 혼인의 실질적 요건

### 1. 당사자간의 혼인의사의 합치

당사자들이 혼인할 의사를 가져야 하는 것은 당연하다. 뿐만 아니라, 당사자 간에 혼인하겠다는 합의가 있어야 한다. 따라서 당사자 사이에 혼인할 의사가 전혀 없는 가장 혼인이나 혼인 시부터 1년 동안만 부부로서 함께 지내자고 기간을 정한 계약 혼인 등은 무효가 된다. 상대방을 속이거나(사기 결혼) 협박으로 이루어진 경우 그 타방은 혼인을 취소 할 수 있다. 다만, 그 사기를 안 날 또는 강박을 면한 날로부터 3개월 이내에 혼인을 취소해야 한다.

---

1) 특히 공무원연금법에서 연금수령권, 근로기준법에서의 유족보상금수령권을 사실상의 부부에 대하여도 인정하고 있다.

## 2. 당사자의 혼인적령

남녀 모두 만 18세가 되어야 혼인할 수 있다(민법 제807조). 혼인할 수 있는 나이가 안 된 당사자의 혼인은 당사자 또는 그 부모가 취소할 수 있다. 미성년자(만 19세 미만)가 혼인하는 경우에는 부모의 동의를 얻어야 한다. 다만, 혼인 당사자인 미성년자가 성년이 되었거나 혼인 후 임신이 된 경우에는 혼인을 취소할 수 없다.

## 3. 근친혼 등의 금지

민법은 8촌 이내 혈족, 6촌 이내 혈족의 배우자, 배우자의 6촌 이내 혈족, 배우자의 4촌 이내 혈족의 배우자인 인척이거나 이러한 인척이었던 자, 6촌 이내 양부모계의 혈족이었던 자와 4촌 이내 양부모계의 인척이었던 자 사이에서는 혼인하지 못한다고 규정하고 있다(민법 제809조). 예를 들면(형수 제수 백모 숙모 시동생 시숙 시삼촌 형부 제부 고숙 처제 처형 처남댁 시누이의 남편)등과는 혼인하지 못한다.

## 4. 중혼의 금지

중혼이란 법률상의 혼인이 이중으로 되어 있는 경우로서 뒤에 한 혼인은 취소할 수 있다.

중혼의 예로는 전쟁터에 나간 남편의 전사 통보를 받고 재혼을 하였는데 나중에 남편이 살아 돌아온 경우, 실종 선고 후 재혼하였는데, 그 실종선고가 취소된 경우, 국내에서 혼인한 사람이 외국에서 그 외국 방식으로 또 혼인한 경우 등을 들 수 있다.

**(직계)친족계보도**

-숫자는 나와의 촌수-

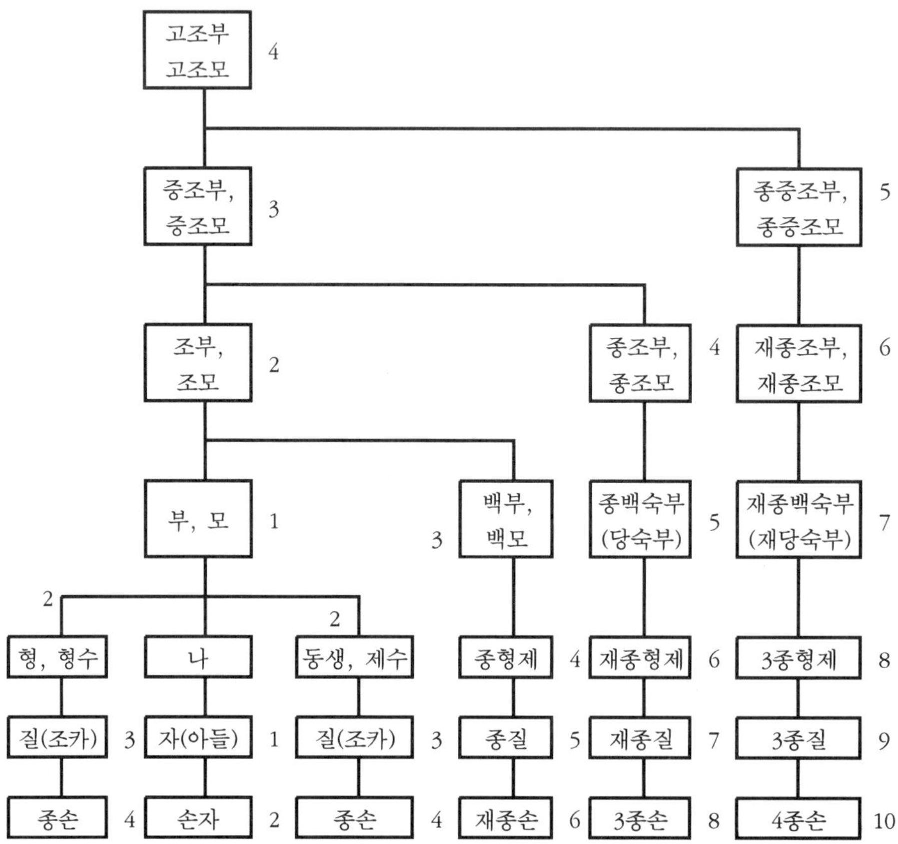


## Ⅳ. 혼인의 형식적 요건(혼인신고)

혼인을 했다고 하더라도 그 효력은 가족관계의 등록 등에 관한 법률에 따라 혼인신고를 해야만 생긴다. 혼인신고는 대리 또는 우편접수도 가능하다. 그러나 한쪽 혼인당사자가 혼인신고를 하는 경우, 불출석한 혼인 당사자의 의사를 확인하기 위한 방법으로 그 신분증을 제시하거나 인감증명서를 첨부하여야 한다.

| 혼 인 신 고 서<br>( 년 월 일) | ※ 뒷면의 작성방법을 읽고 기재하시되, 선택항목은 해당번호에 "○"으로 표시하여 주시기 바랍니다. |
|---|---|

| 구 분 | | | 남 편(부) | | | | 아 내(처) | | | |
|---|---|---|---|---|---|---|---|---|---|---|
| ① 혼인당사자(신고인) | 성명 | 한글 | | | ㉐ 또는 서명 | | | | ㉐ 또는 서명 | |
| | | 한자 | | | | | | | | |
| | 본(한자) | | | 전화 | | | 본(한자) | | 전화 | |
| | 출생년월일 | | | | | | | | | |
| | 주민등록번호 | | - | | | | - | | | |
| | 등록기준지 | | | | | | | | | |
| | 주소 | | | | | | | | | |
| ② 부모(양부모) | 부 성명 | | | | | | | | | |
| | 주민등록번호 | | - | | | | - | | | |
| | 등록기준지 | | | | | | | | | |
| | 모 성명 | | | | | | | | | |
| | 주민등록번호 | | - | | | | - | | | |
| | 등록기준지 | | | | | | | | | |
| ③ 직전혼인해소일자 | | | 년 월 일 | | | | 년 월 일 | | | |
| ④ 외국방식에 의한 혼인성립일자 | | | | | | | 년 월 일 | | | |
| ⑤성 · 본의 협의 | | | 자녀의 성 · 본을 모의 성 · 본으로 하는 협의를 하였습니까?<br>예□ 아니오□ | | | | | | | |
| ⑥근친혼 여부 | | | 혼인당사자들이 8촌이내의 혈족사이에 해당됩니까?<br>예□ 아니오□ | | | | | | | |
| ⑦기타사항 | | | | | | | | | | |
| ⑧ 증인 | 성 명 | | ㉐ 또는 서명 | | | | 주민등록번호 | - | | |
| | 주 소 | | | | | | | | | |
| | 성 명 | | ㉐ 또는 서명 | | | | 주민등록번호 | - | | |
| | 주 소 | | | | | | | | | |
| ⑨ 동의자 | 남편 | 부 | 성명 | ㉐ 또는 서명 | 후견인 | | 성명 | ㉐ 또는 서명 | | |
| | | 모 | 성명 | ㉐ 또는 서명 | | | 주민등록번호 | | | |
| | 아내 | 부 | 성명 | ㉐ 또는 서명 | | | 성명 | ㉐ 또는 서명 | | |
| | | 모 | 성명 | ㉐ 또는 서명 | | | 주민등록번호 | | | |

<table>
<tr><td colspan="2">⑩제출인</td><td>성 명</td><td colspan="2"></td><td colspan="2">주민등록번호</td></tr>
<tr><td colspan="2">⑪실제결혼<br>생활시작일</td><td colspan="5">년 월 일부터 동거</td></tr>
<tr><td>⑫<br>국적</td><td>남편</td><td colspan="2">1대한민국(출생 시 국적취득)<br>2대한민국[귀화(수반포함) · 인지 국적취득, 이전국적<br>3외국( )</td><td>처</td><td colspan="2">1대한민국(출생 시 국적취득)<br>2대한민국[귀화(수반포함) · 인지 국적취득, 이전국적 :<br>3외국( )</td></tr>
<tr><td>⑬<br>혼인<br>종류</td><td>남편</td><td colspan="2">1초혼 2사별 후 재혼<br>3이혼 후 재혼</td><td>처</td><td colspan="2">1초혼 2사별 후 재혼<br>3이혼 후 재혼</td></tr>
<tr><td>⑭<br>최종<br>졸업<br>학교</td><td>남편</td><td colspan="2">1무학 2초등학교 3중학교<br>4고등학교5대학(교)<br>6대학원 이상</td><td>처</td><td colspan="2">1무학 2초등학교 3중학교<br>4고등학교5대학(교)<br>6대학원 이상</td></tr>
<tr><td>⑮<br>직업</td><td>남편</td><td colspan="2">1 관리자<br>2 전문가 및 관련종사자<br>3 사무종사자 4 서비스종사자<br>5 판매종사자<br>6 농림어업 숙련 종사자<br>7 기능원 및 관련 기능 종사자<br>8 장치 · 기계 조작 및 조립 종사자<br>9 단순노무 종사자 10 학생<br>11 가사 12 군인 13 무직</td><td>처</td><td colspan="2">1 관리자<br>2 전문가 및 관련종사자<br>3 사무종사자 4 서비스종사자<br>5 판매종사자 6 농림어업 숙련 종사자<br>7 기능원 및 관련 기능 종사자<br>8 장치 · 기계 조작 및 조립 종사자<br>9 단순노무 종사자 10 학생<br>11 가사 12 군인 13 무직</td></tr>
</table>

## V. 혼인의 무효와 취소

### 1. 혼인의 무효

#### (1) 의 의

혼인을 하였으나 일정한 요건을 갖추지 못한 경우에는 이를 무효로 하거나 취소할 수 있다. 혼인이 무효가 되면 당사자는 처음부터 부부가 아니었던 것이 된다. 자녀는 혼인하지 않은 상태에서 태어난 아이(혼인외의 자)가 된다. 또한 당사자는 재산분할청구를 할 수는 없으나, 잘못이 없는 당사자는 잘못한 당사자에 대하여 손해배상청구를 할 수 있다.

### (2) 무효의 원인

① 당사자 사이에 혼인의 합의가 없을 때
② 당사자 사이에 근친관계가 있거나 있었던 때

## 2. 혼인의 취소

### (1) 의 의

혼인이 취소되면 당사자는 그 혼인이 취소된 때부터 부부가 아닌 것으로 된다. 그렇기에 부부간의 혼인생활 중에 태어난 자녀는 그 신분(혼인중의 출생자)을 잃지 않는다는 것이 혼인 무효와 다르다.

또한 혼인이 취소 된 경우에 자녀를 누가 맡을 것인가(양육권)에 관해서는 원칙적으로 부모가 협의하여 정하여야 한다. 그러나 협의가 이루어지지 않거나 협의할 수 없는 경우에는 가정법원이 직권 또는 당사자의 청구에 따라 이에 관해 결정한다(민법 제837조). 그리고 양육권을 가지지 못한 부모와 자녀는 면접교섭권을 가지게 된다(민법 제824조의2).

### (2) 취소의 사유

① 혼인적령에 달하지 않은 혼인
② 동의권자의 동의를 얻지 않은 혼인
③ 당사자 간에 직계인척관계가 있었던 자를 제외한 인척간의 혼인(무효혼 아닌 근친혼)
④ 중혼
⑤ 악질(惡疾) 등 중대 사유
⑥ 사기 · 강박으로 인하여 혼인을 한 때

# VI. 혼인하게 되면 발생하는 권리와 의무

## 1. 친족관계의 발생

부부는 혼인하면 배우자로서 친족(법률상 가족 관계)이 된다. 친족의 범위는 8촌 이내의 혈족, 4촌 이내의 인척, 배우자이다. 혈족이란 자신의 친척(부모, 삼촌과 조카 등)을 뜻하고, 인척이란 혼인으로 친척이 되는 사람(시부모와 며느리, 장인 · 장모와 사위, 형부와 처제 등)을 뜻한다.

### 2. 부부 동거의 의무

부부는 기본적으로 같은 집에 살아야 한다. 일시적으로 따로 살 수밖에 없는 정당한 이유가 있는 경우에는 서로 이를 인정해야 한다.

주거장소는 부부가 서로 협의하여 정해야 하나 만일 시부모를 모시는 문제 등으로 남편과 협의가 되지 않는다면 가정법원에 동거 장소 지정 청구를 할 수 있다.

### 3. 부부는 서로 부양하고 협조해야 한다

부부는 정신적, 육체적, 경제적 각 방면에서 협조하여 함께 생활해야 할 의무를 진다. 부부의 공동생활 비용은 사전에 정하지 않은 경우에는 부부가 함께 부담하는 것이 원칙이다. 보통의 전업 주부는 생활비를 벌지는 않지만 가사노동이나 육아, 가정관리 등을 담당하므로 결국 생활비를 공동으로 부담하는 것으로 인정된다. 이혼시 재산분할청구에도 이러한 전업 주부의 기여를 인정하고 있다.

### 4. 미성년자의 성년의제제도

미성년자도 혼인을 하면 성년이 된 것으로 본다. 따라서 미성년자라도 자기 자식에 대한 친권 행사가 가능하고, 금전적인 거래를 할 때에도 부모(법정대리인)의 동의 없이 혼자서 할 수 있다.

그러나 민법 이외의 법률(즉 공직선거법, 청소년보호법, 근로기준법, 국세기본법 등)에서는 여전히 미성년자로 취급된다. 다시 말하면, 혼인을 했다고 해서 미성년자가 선거권을 가질 수는 없다는 것이다.

## Ⅶ. 부부별산제

### 1. 재산 산정방식으로서 부부별산제

민법 제830조에서는 부부의 일방이 혼인 전부터 가진 고유재산과 혼인중 자기의 명의로 취득한 재산을 그 사람의 특유재산으로 하여 각자가 관리 · 사용 · 수익하게 하는 부부별산제를 규정하여 부부 각자의 재산을 인정하고 이에 따라 부부재산을 산정하도록 하고 있다.

### 2. 부부별산제에서 소유자의 이름

별산제에서는 재산 소유자의 이름을 누구로 했느냐고 중요하지만, 단순히 그 명의자를 소유자로 보아서는 안 되는 경우도 있다. 왜냐 하면 부부가 혼인 중 취득한 재산 중에는 부부 어느 한쪽의 명의로 되어 있지만 사실상 쌍방의 협력에 의하여 취득한 것이 상당히 많이 때문이다.

### 3. 부부별산제에서 특유 재산을 공유재산으로 인정한 사례

1) 부부 중 누구에게 속한 것인지 분명하지 아니한 재산은 부부의 공유재산으로 추정된다.

2) 혼인 중에 부부가 공동으로 협력하여 취득한 재산은 비록 그 명의가 부부 한 사람(특히 남편)의 이름으로 되어 있어도 실질적으로 부부의 공유에 속하는 재산으로 보아 이혼시 재산분할의 대상이 된다.

예를 들어, 부동산이 남편명의로 되어 있다고 하더라도 부인이 가사노동을 분담하는 등으로 내조를 함으로써 남편의 재산 유지 또는 증가에 기여하였다면 그와 같이 쌍방의 협력으로 이루어진 재산은 재산분할의 대상이 된다.

3) 부부가 생활필수품 구입 등 일상생활에 필요한 지출을 하여 은행이나 다른 사람에게 빚을 지게 된 경우는 공동책임으로 보아야 하나, 사치품 등을 구매하여 빚을 지게 된 것은 각자의 책임으로서 부부 각자가 갚아야 한다. 따라서, 남편의 노름으로 생긴 빚을 갚지 않는다고 부인명의의 부동산을 압류할 수는 없는 것이다.

## Ⅷ. 일상가사대리

일상가사란 부부와 그 자녀의 공동생활을 위하여 가정에서 필요로 하는 통상의 거래행위(예를 들면, 식료품이나 생활용품의 구입, 가옥의 월세 지급, 자녀의 양육비) 등을 말한다. 일상가사에 관하여 부부 중 어느 한쪽이 지는 채무에 대해 부부는 연대책임을 진다. 그러나 일상가사에 관한 채무라도 이미 제3자에 대하여 다른 한쪽이 책임지지 않겠다는 점을 명확히 한 경우에는 연대책임이 없다. 이러한 일상가사대리는 법률혼의 부부 외에 사실혼부부 사이에도 인정된다.

## Ⅸ. 혼인외의 자

### 1. 혼인외의 출생자

혼인하지 않은 남녀 사이에서 임신되거나 태어난 아이의 경우, 아버지와의 관계는 아버지가 자신의 자식임을 인정(인지)할 때에 발생하고, 어머니와의 관계는 출산하면 당연히 생긴다.

### 2. 자녀로 인정받을 수 있는 방법

아이는 아버지 또는 어머니가 가족관계의 등록 등에 관한 법률에 따라 자신의 자녀로 신고하면 그들의 자녀가 된다. 법에서는 이를 '임의 인지'라고 한다. 그러나 아버지 또는 어머니가 임의로 인지하지 않을 때에는 자신을 자녀로 인정해 줄 것을 요구하는 소송을 제기할 수 있는데, 이를 '인지 청구의 소'라고 한다. 이 소송을 제기할 당시에 아버지 또는 어머니가 사망한 경우에는 사망을 안 날로부터 2년 이내에 검사를 상대로 소송을 제기할 수 있다.

### 3. 자녀로 인정받게 되면

혼인외의 관계에서 태어난 아이라도 아버지 또는 어머니로부터 자신의 자녀임을 인정받은 아이는 태어났을 때부터 그들의 자녀였던 것으로 취급된다. 즉, 그 아이는 친권 · 부양 · 상속 등에서 혼인중에 태어난 아이와 똑같은 대우를 받게 된다.

혼인중에 태어난 아이라도 자신의 아이가 아니라고 생각되는 경우에는(친생부인의 소)를 제기할 수 있다. 과거에는 남편만이 친생부인의 소를 제기할 수 있었으나, 새로 개정된 민법은 부부 모두 친생 부인의 소를 제기할 수 있도록 하고 있다.

예를 들어 혼인중에 아내가 낳은 자식이 자신의 자식인 줄 알았지만 자라면서 용모나 성격 등을 근거로 자신의 아이가 아니라고 확신하게 되었다면 남편은 친생 부인의 소를 제기할 수 있다.

남편이 소송을 제기하는 경우에는 아내 또는 아이를 상대로, 아내의 경우에는 남편 또는 아이를 상대로 자신의 아이가 아니라는 것을 안 날로부터 2년 내에 제기해야 한다. 배우자와 아이가 모두 사망한 경우에는 그들의 사망을 안 날로부터 2년 이내에 검사를 상대로 소송을 제기할 수 있다.

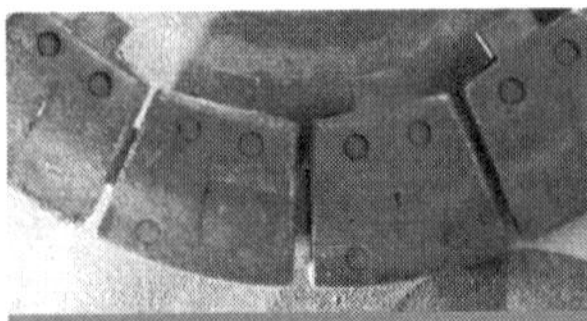

협의이혼/ 재판상 이혼
이혼하면 달라지는 것들/ 면접교섭권

# 제2절 이　　혼

## Ⅰ. 협의이혼

### 1. 의　　의

혼인한 남녀가 서로 합의하여 부부 관계를 끝내는 것을 협의이혼이라고 한다. 사소한 이유로 이혼 합의에 이르렀다고 하더라도 이러한 합의는 개인의 자유 영역에 해당하기 때문에 유효하다.

이혼 의사는 부부로서의 정신적 · 육체적 결합을 영구적으로 해소할 의사를 말한다. 따라서 실제로는 이혼 의사가 없으면서 어떤 필요에 의해 부부가 형식적으로만 협의이혼을 하는 것(예를 들면, 사업이 잘 되지 않아 늘어난 남편의 빚 때문에 하는 이혼)은 무효이다.

### 2. 협의이혼의 절차

1) 협의이혼을 하고자 하는 부부는 도장과 주민 등록증을 지참하고 등록기준지 또는 주소지를 관할하는 지방법원 또는 지원 등에 함께 가서 협의이혼 의사확인신청서를 제출한다. 이 때, 협의이혼 하고자 하는 부부는 자녀의 양육자의 결정, 양육비용의 부담, 면접교섭권의 행사 여부 및 그 방법 등이 기재된 양육 사항과 친권자 결정에 관한 협의서 또는 가정법원의 심판 정본을 이혼 확인 시 의무적으로 제출하여야 한다. 또 협의이혼 당사자는 미성년인 자녀(임신 중인 자 포함)가 있는 경우는 3개월, 미성년인 자녀가 없는 경우는 1개월이 경과한 후에 법원에 의해 지정된 날짜에 함께 판사 앞에 출석하여 본인 여부 및 이혼 의사의 진정 여부를 확인받는다. 마지막으로, 법원에서 발급한 확인서 등본을 각각 1부씩 교부받아 3개월 이내에 등록기준지 또는 주소지에 신고하면 된다.

## 협의이혼의사확인신청서

당사자　부　　　　(주민등록번호:　　　　　　　)
　　등록기준지:
　　주　　소:
　　　전화번호(핸드폰):
　　처　　　　(주민등록번호:　　　　　　　)
　　등록기준지:
　　주　　소:
　　　전화번호(핸드폰):

신청의 취지

위 당사자 사이에는 진의에 따라 서로 이혼하기로 합의하였다.
위와 같이 이혼의사가 확인되었다.
라는 확인을 구함.

첨부서류

1. 남편의 혼인관계증명서와 가족관계증명서 각 1통.
   처의 혼인관계증명서와 가족관계증명서 각 1통.
2. 미성년자가 있는 경우 양육 및 친권자결정에 관한 협의서 1통과 사본 2통 또는 가정법원의 심판정본 및 확정증명서 각 3통
3. 주민등록표등본(주소지 관할법원에 신청하는 경우) 1통.
4. 진술요지서(재외공관에 접수한 경우) 1통.　끝.

20　년　　월　　일

신청인　부　　　　㉤
　　　　처　　　　㉤

가 정 법 원　　귀 중

# 자의 양육과 친권자결정에 관한 협의서

사 건 호 협의이혼의사확인신청

당사자 부 성 명
주민등록번호

모 성 명
주민등록번호

## 협의내용

1. 친권자 및 양육자의 결정 (□에 ✔표시를 하거나 해당 사항을 기재하십시오).

| 자녀 이름 | 성별 | 생년월일(주민등록번호) | 친권자 | 양육자 |
|---|---|---|---|---|
| | □ 남<br>□ 여 | 년 월 일<br>( - ) | □ 부 □ 모<br>□ 부모공동 | □ 부 □ 모<br>□ 부모공동 |
| | □ 남<br>□ 여 | 년 월 일<br>( - ) | □ 부 □ 모<br>□ 부모공동 | □ 부 □ 모<br>□ 부모공동 |
| | □ 남<br>□ 여 | 년 월 일<br>( - ) | □ 부 □ 모<br>□ 부모공동 | □ 부 □ 모<br>□ 부모공동 |
| | □ 남<br>□ 여 | 년 월 일<br>( - ) | □ 부 □ 모<br>□ 부모공동 | □ 부 □ 모<br>□ 부모공동 |

2. 양육비용의 부담 ( □에 ✔표시를 하거나 해당 사항을 기재하십시오.)

<table>
<tr><td>지급인</td><td>□ 부 □ 모</td><td>지급 받는 사람</td><td>□ 부 □ 모</td></tr>
<tr><td>지급방식</td><td colspan="2">□ 정기금</td><td>□ 일시금</td></tr>
<tr><td>지급액</td><td colspan="2">이혼신고 다음날부터 자녀들이 각 성년에 이르기 전날까지<br>미성년자 1인당 매월 금₩ 원<br>(한글병기: )</td><td>이혼신고 다음날부터 자녀들이 각 성년에 이르기 전날까지의 양육비에 관하여 금₩ 원<br>(한글병기: 원)</td></tr>
<tr><td>지급일</td><td colspan="2">매월 말일</td><td>년 월 일</td></tr>
<tr><td>기타</td><td colspan="3"></td></tr>
<tr><td>지급 받는 계좌</td><td colspan="3">( ) 은행 예금주 : 계좌번호 :</td></tr>
</table>

3. 면접교섭권의 행사 여부 및 그 방법 ( □에 ✔표시를 하거나 해당 사항을 기재하십시오.)

| 일 자 | 시 간 | 인도 장소 | 면접 장소 | 기타(면접교섭시 주의사항) |
|---|---|---|---|---|
| □ 매월<br>____째 주<br>____요일 | 시 분부터<br>시 분까지 | | | |
| □ 매주<br>____요일 | 시 분부터<br>시 분까지 | | | |
| □ 기타 | | | | |

**첨부서류**

1. 근로소득세 원천징수영수증, 사업자등록증 및 사업자소득금액 증명원 등 소득금액을 증명하기 위한 자료 - 부, 모별로 각 1통
2. 위 1항의 소명자료를 첨부할 수 없는 경우에는 부 · 모 소유 부동산등기부등본 또는 부 · 모 명의의 임대차계약서, 재산세 납세영수증(증명)
3. 위자료나 재산분할에 관한 합의서가 있는 경우 그 합의서 사본 1통
4. 자의 양육과 친권자결정에 관한 협의서 사본 2통

협의일자 : 20 년 월 일

부 : (인/서명) 모 : (인/서명)

| 가정(지방)법원 | | 판사 확인인 |
|---|---|---|
| 확인일자 | . . . | |

2) 당사자 간에 이혼합의가 되고 법원에 가서 협의이혼 의사확인을 받아 확인서 등본까지 교부받았다고 해도 그로부터 3개월 이내에 이혼신고를 하지 않으면 협의이혼은 무효가 된다(이혼신고는 부부 중 1인이 하면 된다).

3) 이혼의사의 확인을 받은 후라도 당사자가 이혼의사를 철회하고자 하는 경우에는 이혼신고가 가족관계등록 공무원에게 접수되기 전에 등록기준지 또는 주소지에 가서 이혼의사철회서를 제출하면 이혼신고가 수리되지 않는다.

## II. 재판상 이혼

### 1. 의　　의

부부의 합의에 의한 이혼이 불가능할 때, 이혼하고자 하는 사람이 다른 일방을 상대로 법원에 이혼소송을 제기하여 법원의 판결에 따라 이혼을 하는 제도를 말한다. 이는 일방의 제소에 의해 상대방의 의사와 무관하게 법원의 판결로써 이혼하는 것이므로 상대방은 이혼을 당하는 결과를 얻게 된다. 따라서 재판상 이혼은 강제이혼을 의미한다.

### 2. 재판상 이혼이 가능한 경우

재판상 이혼을 하기 위해서는 다음과 같은 정당한 이유가 있어야 한다.

#### (1) 배우자가 부정한 행위를 했을 때

여기서 ‘부정한 행위’란 부부의 정조 의무에 위배되는 일체의 탈선행위를 의미한다. 따라서 배우자 이외의 다른 이성과 성관계를 가지는 행위뿐만 아니라, 다른 이성과 껴안거나 한 방에서 함께 밤을 지내거나 성적인 접촉을 통해 성병에 감염된 경우 등도 모두 부정행위에 해당된다.

재판상 이혼의 원인이 되는 부정행위는 혼인 후에 일어난 행위를 말하는 것으로, 혼인하기 전 다른 이성과의 관계는 혼인 후까지 계속되지 않는 한 부정행위에 포함되지 않는다. 약혼 단계에서의 부정행위도 이혼 사유가 되지는 못한다.

### (2) 배우자를 고의로 유기한 때

정당한 이유 없이 부부로서의 동거 · 부양협조의무를 이행하지 않는 행위를 말하며, 여기에서의 '유기'란 배우자 일방이 상대방 배우자의 동의는 물론 납득할만한 이유가 없는 상황에서 상대방 배우자를 고의로 내쫓거나 두고 나가버리는 것을 의미한다.

### (3) 배우자(또는 그 직계 존속)로부터 심히 부당한 대우를 받을 때

여기에서의 '심히 부당한 대우'란 사회통념과 당사자의 사회적 지위를 참작하여 구체적으로 판단하여야 할 것이지만 통상 부부로서 함께 사는 것이 고통스러울 정도로 학대(신체적, 정신적인 것을 포함)를 받는 것을 말한다. 예를 들자면, 남편이 아내를 폭행하는 경우, 시부모의 정신적인 학대 등이 이에 해당한다.

### (4) 배우자가 자신의 직계 존속을 심히 부당하게 대우했을 때

이는 자신의 부모 또는 조부모(즉, 직계 존속)가 자신의 배우자로부터 신체적, 정신적으로 학대, 폭행을 당하거나 모욕을 당해 부부로서의 공동생활을 계속하는 것이 고통스러울 정도가 된 경우를 의미한다. 예를 들자면 아내가 시부모를 학대하거나 반대로 남편이 장인 장모를 학대했을 경우 등이다.

### (5) 배우자의 생사가 3년 이상 분명하지 않은 때

집을 나간 배우자가 살았는지 죽었는지 알 수 없게 된 지 3년 이상 된 경우를 말하며, 그 생사불명이 현재에도 계속되어야만 한다.

### (6) 기타 혼인을 계속하기 어려운 중대한 사유가 있을 때

혼인관계가 심각하게 파탄되어 다시 회복할 수 없을 정도에 이르고, 혼인생활을 강요하는 것이 일방의 배우자에게 참을 수 없는 고통이 되는 경우를 말한다. 배우자의 범죄로 인한 구속, 이유 없는 성교 거부, 성기능 불능(예: 성기능 이상을 숨기고 혼인한 후 6개월 간 성생활을 하지 못한 경우), 불치의 정신병(예: 처에게 발생한 조울증이 장기간 지속되어 회복이 불가능한 정신 질환으로 옮아간 경우), 사실상의 별거, 상습 도박, 알코올 중독, 마약 중독, 배우자의 극심한 낭비벽, 과도한 종교 생활 등을 들 수 있다. 그러나 혼인생활중의 우울증이 그 동안 병원의 치료를 받아 현재 일상생활을 하는 데 별다른 지장이 없는 경우는 이혼사유가 되지 않는다.

## 3. 재판상 이혼의 절차

### (1) 조　　정

1) 재판상 이혼을 하려는 사람은 이혼소송을 하기 전에 먼저 가정법원에 이혼 조정 신청을 할 수 있다. 조정을 먼저 신청하지 않고 곧바로 이혼소송을 할 수도 있는데, 이 경우에는 법원이 조정에 회부하기도 한다(단, 공시송달에 의하여 당사자를 소환하여야 하거나 조정에 의하여 해결될 수 없다고 인정되는 사건은 조정에 회부하지 않고 곧바로 이혼소송을 진행시킬 수 있다).

2) 가사조정 이전에 가사 조사관으로부터 사건에 관한 사실 조사를 받고 나서, 정해진 조정 날짜에 당사자들이 직접 법원에 출석하여야 한다. 조정은 비공개로 진행한다.

3) 조정이 이루어지면 이는 확정판결과 동일한 효력을 가진다. 조정이 이루어지지 않은 경우에도 조정담당판사와 조정위원회는 강제조정결정을 하기도 하며(이 결정에 따를 수 없는 당사자가 2주일 이내에 이의 신청을 하면 강제조정결정은 효력을 상실한다), 사건을 종결시키거나 소송을 다른 곳으로 보내기도 한다.

4) 조정이 성립되거나 강제조정이 확정되면, 당사자는 조정조서 성립일로부터 1개월 이내에 조정조서등본과 송달증명원(강제조정시에는 확정증명원)을 첨부하여 등록기준지 또는 주소지에서 이혼신고를 해야 한다.

### (2) 소송에 의한 이혼절차

이혼조정이 성립되지 아니하거나 직접 이혼소송을 제기하여 법원에서 소송하기로 결정하면 정식 이혼소송을 하면 된다. 재판상 이혼판결이 확정되면 확정일로부터 1개월 이내에 판결등본과 확정증명서를 첨부하여 등록기준지 또는 주소지에 이혼신고를 해야 한다.

배우자와 이혼에 관한 협의가 되지 않아 재판상 이혼 또는 이혼조정신청을 할 경우에는, 상대방 배우자의 재산(동산, 부동산 등)이 소실되지 않도록 재산을 임시로 보호하는 법원의 조치(가압류 또는 가처분)를 하여 조정 성립 또는 판결 확정 이후의 집행을 할 수 있도록 대비해야 한다.

## Ⅲ. 이혼하면 달라지는 것들

### 1. 재산상의 변화

#### (1) 이혼과 위자료

이혼의 방법을 불문하고 이혼에 관한 책임이 있는 배우자는 상대방에게 위자료를 지급할 책임이 있다.

위자료의 액수는 혼인 파탄의 원인, 잘못의 정도, 재산 상태, 생활 정도, 혼인 기간, 혼인생활 내력, 학력, 경력, 직업, 자녀 부양 관계 등의 여러 사정을 고려하여 산정한다. 위자료에 관하여는 부부가 협의하면 그에 따르고, 협의가 되지 않으면 법원에 위자료 청구 소송을 제기하면 된다.

#### (2) 이혼과 재산분할청구권

(가) 재산분할청구권

혼인생활 중 취득한 재산에 대해 이혼할 때에 분할을 청구할 수 있는 권리가 재산분할청구권이다.

부부가 재산분할에 관해 협의가 되지 않거나 협의를 할 수 없을 때에는 부부 중 일방이 다른 일방을 상대로 가정법원에 재산분할을 청구할 수 있다.

(나) 재산분할의 방법

재산분할의 방법은 금전 지급, 현물 분할 등의 형태로 할 수 있는데, 당사자의 청구와 재산의 형태 등을 고려하여 판단한다.

대부분 금전 지급으로 재산 분할을 명하는 경우가 많지만, 부동산의 지분을 이전하도록 명하는 경우도 있다.

(다) 재산분할의 대상

재산분할의 대상은 원칙적으로 부부가 혼인중에 함께 노력하여 형성한 재산에 한정된다. 이 경우에는 부동산, 예금, 증권, 대여금 등도 모두 포함되고, 금전 채무가 있을 경우 그 재산에서 공제하게 된다.

그 외에 변호사, 의사 등 전문직의 자격증을 취득한 경우도 배우자의 도움에 의하여 취득하였다면 재산분할의 고려대상이 된다. 이 외에 퇴직금, 연금 등도 분할의 대상이 된다.

혼인 전부터 부부 일방이 보유하고 있던 특유 재산(예컨대, 상속 재산 등)은 재산분할의 대상이 되지 않는 것이 원칙이지만, 혼인생활 기간 동안 배우자 일방이 그 재산의 유지에 적극 기여한 경우에는 재산분할의 대상이 된다.

## 2. 재산 이외의 변화

부모가 이혼해도 부모와 자녀 사이의 관계는 변하지 않는다. 따라서 미성년인 자녀의 친권[1]을 누가 가질 것인가는 협의이혼인 경우에는 협의이혼신고서에 미리 정하여야 하고, 재판상 이혼인 경우에는 당사자가 협의로 정하여야 한다. 그러나 당사자간에 협의할 수 없거나 협의가 이루어지지 않은 경우에는 가정법원이 직권으로 정한다.

### (1) 양육에 관한 사항

#### (가) 양육 사항에 대한 결정자

이혼 시, 부모는 미성년인 자녀의 양육에 관한 사항(양육자의 지정, 양육비의 지급 문제, 면접교섭권의 행사 여부 및 그 방법 등)을 협의한다. 양육자는 부모만이 아니라 시부모, 친정 부모, 일정기관 등 제3자가 될 수도 있다.

만일 협의를 할 수 없거나 협의가 이루어지지 않는 경우에는 당사자의 청구나 법원의 직권에 의하여 가정법원이 결정하게 된다. 이 때, 법원은 자녀의 나이, 부모의 재산상황, 기타 여러 사정을 참작하여 양육에 필요한 사항을 정하며, 언제든지 그 사항을 변경하거나 다른 적당한 처분을 할 수 있다.

#### (나) 양육의 내용

자녀를 실제로 곁에 두고 보호하는 일과 분리될 수 없는 성질의 일은 모두 양육권의 범위에 속한다고 보아야 할 것이다. 뿐만 아니라 자녀를 보호, 교양하는 내용과 신앙, 교육 등의 문제에 대해서도 양육자가 결정할 수 있다. 따라서 자녀의 거소 지정이나 징계 등의 권한은 친권자보다는 양육자에게 주어져야 하며, 자녀가 갑자기 위독한 상태에 빠져 생명에 위협을 받을 수술을 하게 되었을 때의 수술 동의, 자녀가 제3자로부터 부당한 억류를 받게 되었을 때의 인도청구 등은 양육자의 권한에 속한다고 보아야 한다.

그렇지만 자녀의 재산에 관한 법률행위에 대하여 그 자녀를 대리하는 권리나 재산

---

1) 부모가 미성년인 자녀에 대하여 가지는 신분 · 재산상의 권리와 의무를 말한다. 2013년 7월 1일부터 시행된 법률에서는 이혼한 부모 중 친권자인 부 또는 모가 사망시 생존부모는 법원의 심사를 통과해야 친권행사가 가능하도록 규정하였다.

상의 행위에 대한 동의권 등 대외적인 법률행위에 관한 권한은 법이 명문으로 친권자에게 속함을 밝히고 있기 때문에 이는 양육자에게 속하지 않는다.

(다) 양육비의 청구

이혼한 뒤 자녀를 맡아서 양육하고 있는 쪽이 그렇지 않은 쪽에게 자녀의 양육비를 사전 또는 사후에 지급하라고 청구할 수 있는가? 또 미성년자인 자녀 자신이 자기의 양육비를 지급하라고 청구할 수 있는가?

**(a) 자녀가 부모에 대하여 하는 부양료 청구**

(aa) 장래의 부양료 청구　　부양의무자인 친권자가 미성년 자녀를 부양하고 있지 않은 경우 그 미성년자는 자기가 직접 또는 자기의 법정대리인을 통하여 장차 자기가 성년이 될 때까지의 부양료(즉, 양육비)를 청구할 수 있다.

(bb) 과거의 부양료 청구　　지나간 과거의 부양료에 관하여 대법원은 상대방이 분담함이 상당하다고 인정되는 경우에는 그 비용의 상환을 청구할 수 있다고 하고 있다.

**(b) 모(母)가 부(父)에 대하여 하는 부양료 청구**　　대법원은, 어떤 사정으로 인하여 부모 중 어느 한쪽만이 자녀를 양육하게 된 경우에, 그와 같은 일방에 의한 양육이 그 양육자의 일방적이고 이기적인 목적이나 동기에서 비롯한 것이라거나, 자녀의 이익을 위하여 도움이 되지 아니하거나, 그 양육비를 상대방에게 부담시키는 것이 오히려 형평에 어긋나게 되는 등 특별한 사정이 있는 경우를 제외하고는, 양육하는 일방은 상대방에 대하여 현재 및 장래에 있어서의 양육비 중 적정 금액의 분담을 청구할 수 있다고 한다.

## IV. 면접교섭권

### 1. 면접교섭권의 의의

미성년의 자녀를 양육하고 있지 않은 부나 모가 자신의 자녀를 직접 만나거나 편지나 전화 등으로 연락할 수 있는 권리를 말한다.

### 2. 면접교섭권의 행사와 방법

면접교섭권의 행사 방법과 범위에 관해서는 부 또는 모가 자녀와 협의하여 정하고, 만일 협의가 되지 아니하거나 협의할 수 없을 때에는 가정법원에 청구하거나 가정법원이 직권으로 결정한다.

### 3. 면접교섭권의 제한

면접교섭권이 보장된다고 하더라도 자녀를 만나는 것은 양육자의 양육권을 침해하지 않는 범위 내에서 허용된다. 따라서 일주일에 한 번 등 주기적으로 만날 수 있도록 당사자가 정하는 것은 허용된다.

알코올 중독과 같은 방탕한 생활로 인해 자녀의 안전이나 건강을 해칠 우려가 있을 때, 다른 이유로 자녀에게 이롭지 않을 경우 등에는 가정법원은 아이의 복리를 위해 당사자의 청구 또는 직권으로 면접교섭권을 제한하거나 배제할 수 있다.

유언의 방식/
유언의 우선순위/
상 속

# 제3절 유언과 상속

## Ⅰ. 유언의 방식

유언을 한 사람이 죽고 나서 다른 사람이 유언장을 거짓으로 만들거나 유언장의 내용을 변경하는 등의 경우를 방지하기 위해 우리 민법에서는 다음과 같은 유언 방식을 갖춘 것만을 적법한 유언으로 인정한다(민법 제1065조).

### 1. 자필증서에 의한 유언

자신이 유언의 내용과 이름, 년월일 등을 직접 적은 후 날인을 하는 것.

### 2. 녹음에 의한 유언

유언하는 사람이 유언의 내용과 성명, 연월일 등을 말하고, 이에 참여한 증인이 유언의 정확함과 이름을 말하여 녹음한 경우.

### 3. 공정증서에 의한 유언

유언하는 사람이 증인 2명이 참여한 상태에서 공증인의 면전에서 말하고, 공증인이 이를 필기·낭독하여 유언하는 사람과 증인이 그 정확함을 인정한 후 각자 서명을 하거나 기명날인하는 경우

### 4. 비밀증서에 의한 유언

유언하는 사람이 유언의 내용을 기입한 증서를 봉투에 넣어 2명 이상의 증인에게 제출하여 유언과 자신의 유언서임을 표시한 후 그 봉투 표면에 제출 년월일을 기재하고, 유언하는 사람과 증인이 각자 서명하거나 기명날인을 한 다음 법원이나 공증인에게 확정일자를 받은 경우.

### 5. 구수증서에 의한 유언

유언하는 사람이 질병 또는 급박한 사유로 위의 4가지 방식에 의할 수 없는 경우에, 2명 이상의 증인을 참여시키고, 그 중 1명에게 유언을 받아 적게 한 후 각자 서명하거나 기명날인한 다음 법원에 검인을 신청한 경우.

## II. 유언의 우선순위

유언을 한 사람은 유언을 한 후라도 살아 있는 동안에는 언제든지 특별한 이유가 없어도 자유롭게 유언 내용의 전부 또는 일부를 아예 없었던 것으로 하거나 변경할 수 있다. 여러 개의 유언이 내용상 서로 맞지 않는 경우에는 보다 최근에 한 유언의 내용에 따른다.

유언으로 누가 얼마를 증여받을 것인가를 정한 경우에는 그 유언이 민법이 정한 방식대로 행해진 것이라면 유족들은 이를 따라야 한다. 그러나 상속재산에 관해 유언이 없을 경우에는 법률에 규정된 비율대로 상속이 이루어진다(법정상속).

## III. 상　　속

### 1. 상속순위

가족 중 한 사람이 재산을 남기고 사망했을 경우 상속순위는 다음과 같다.

① 제1순위: 망자(사망한 사람)의 직계비속(자녀, 손자녀, 증손 자녀 등)
② 제2순위: 망자의 직계존속(부모, 조부모, 증조부모 등)
③ 제3순위: 망자의 형제자매
④ 제4순위: 망자의 4촌 이내의 방계혈족(삼촌, 고모 등)

**Tip**

• 태 아

상속순위에 있어 이미 출생한 것으로 본다. 그러나 태아인 동안에는 상속받을 수 없고, 살아서 태어난다면 그 때 상속인이 될 수 있다.

• 배우자

직계비속이나 직계존속이 있는 경우에는 동순위로 공동상속인이 되고, 직계비속이나 직계존속이 없는 경우에는 단독상속인이 된다.

순위가 같은 상속인이 여럿인 경우에는 가장 가까운 촌수에 있는 자를 우선 순위로 하고, 촌수가 같은 상속인이 여럿인 경우에는 공동으로 상속한다. 예를 들어, 사망한 자의 가족이 그의 삼촌과 사촌동생뿐이라면, 삼촌과 사촌동생은 제4순위로 공동순위이지만 촌수가 가까운 삼촌이 사촌동생보다 우선적으로 상속받는다. 사망한 자가 부모도 없고 미혼인 자로서 그에게 동생이 둘 있다면, 제3순위 상속인인 형제들이 공동으로 상속받게 된다.

상속인이 아무도 없다면 특별연고자가 상속을 요구할 수 있고, 특별연고자에게 상속되지 않는 재산은 국가의 소유로 된다.

## 2. 상 속 분

누구에게 얼마나 상속을 할 것인가에 대하여 사망한 사람이 살았을 때 유언으로 정해 둔 경우에는, 유언이 법률이 정한 방식에 따른 것이라면 그 유언에 따라 상속받게 된다. 그러나 유언이 없을 경우에는 다음과 같이 법에서 정한 비율(법정 상속분)대로 상속된다.

1) 같은 상속순위를 가진 사람들은 똑같이 재산을 상속받는다.

2) 배우자가 직계비속과 공동으로 상속받는 경우에 직계 비속의 1.5배를 상속받고, 직계존속과 공동으로 상속받는 경우에도 직계존속의 1.5배를 상속받는다.

3) 혼인관계에서 태어난 자녀와 그 외의 관계에서 태어난 자녀, 장남과 차남, 아들과 딸, 기혼자와 미혼자 등에서 상속액의 차이는 없다.

### 3. 기 여 분

1) 상속인 중 사망한 자를 특별히 보살폈거나 그 재산을 유지하거나 증가시키는데 특별한 기여를 한 자가 있다면, 다른 상속인들과 합의로 그 기여에 대해 일정 보상액을 정할 수 있다. 이 경우 상속의 비율을 정할 때에 기준이 되는 상속재산을 계산할 때에는 그 사람에 대한 보상액을 뺀 재산이 기준이 된다.

2) 다른 상속인들이 기여자의 노력을 인정하지 않거나 얼마를 보상할지 합의되지 않을 때에는, 기여자가 가정법원에 청구하여 이를 인정받을 수 있다.

### 4. 상속을 받을 것인지의 판단여부

상속을 받았다고 하면 일반적으로 부동산이나 예금 등의 가치 있는 재산(적극 재산)만을 받았다고 생각하기 쉽다. 하지만 빚(소극재산)도 상속된다는 사실에 유의해야 할 것이다. 이처럼 사망자가 생전에 저질러 놓은 결과를 상속인에게 부담시키는 것은 가혹하기 때문에 민법은 상속인이 사망한 자(피상속인)의 빚과 상속받을 재산을 조사한 후 상속여부를 선택할 수 있는 한정승인과 상속포기를 규정하고 있다.

#### (1) 단순승인

상속인이 사망한 자의 빚을 조사한 후 상속재산이 상속받을 빚보다 많을 경우에는 별다른 조치 없이 가만히 있으면 상속하겠다고 한 것이 된다. 이 경우에는 빚을 갚고 나머지 재산을 상속하면 된다.

#### (2) 한정승인

상속받을 재산과 빚의 액수가 비슷하거나 또는 빚이 적다고 판단되는 경우 상속받을 재산의 범위 내에서만 빚을 갚겠다는 의사표시를 하면 된다. 이는 사망을 안 날로부터 3개월 내에 가정법원에 상속재산의 목록을 첨부하여 신고하면 된다.

### (3) 상속포기

상속받을 재산보다 빚이 많은 것이 확실하다면 재산을 상속받는 것을 포기함과 동시에 빚도 갚지 않겠다는 형식의 의사표시를 하면 된다. 이는 사망을 안 날로부터 3개월 내에 가정법원에 상속포기신고를 하면 된다. 우선순위에 있던 상속권자가 상속포기를 한 경우, 공동상속권자가 있으면 공동 상속권자들의 상속 비율대로 상속포기자의 상속분이 배분된다. 공동상속권자가 없을 경우에는 다음 순위 상속권자에게 상속된다.

# 제 10 장

# 직장생활

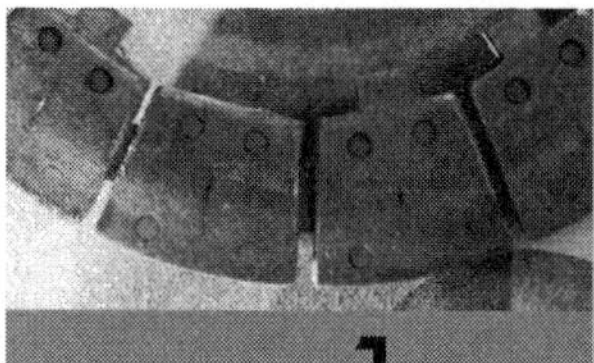



# 제1절 국민연금제도

## Ⅰ. 의　　의

국민연금제도는 국민의 노령, 질병, 폐질 또는 사망에 대하여 연금급여를 실시함으로써 국민의 생활안정과 복지증진에 기여하는 것을 목적으로 하는 제도이다(법 제1조).

## Ⅱ. 국민연금제도의 전국민화 과정

1960년대와 1970년대의 급속한 경제성장과 함께 근로자들에 대한 노후생활을 보장할 수 있는 연금제도의 필요성이 제기되면서 1973년 12월 「국민복지연금법」이 제정되었으나, 석유파동과 경제불황으로 그 시행이 계속 연기되었다. 그러나 1980년대 중반에 접어들면서 평균수명의 연장에 따른 인구의 노령화 속도가 급속하게 증가되고, 또한 젊은층의 노인부양의식도 점차로 약화됨에 따라 국민연금제도의 시행여건이 조성되어 1986년 12월 법의 전문개정을 통해 「국민연금법」으로 새롭게 탄생되었으며 마침내 1988년 1월 1일부터 그 시행을 보게 되었다.

그 후 국민연금제도는 지난 10년간 괄목할 만한 양적 성장을 이루어왔다. 먼저 적용대상의 측면에서 1988년에는 10인 이상 사업장종사자를 대상으로 하였으나 1991년 8월 10일부터 5-9인 사업장 종사자에게로 확대·적용되었고, 1995년 7월 1일부터 농어촌지역자영자에게로 적용대상을 확대하였다. 전 국민 연금화 및 장기적 재정안정화를 목적으로 1998년 12월 국민연금법이 개정되어 전 국민 연금시대를 열었다. 개정된 국민연금법의 주요 내용은 국민연금 당연 적용대상의 도시지역자영자에까지 확대, 국민연금 급여수준의 인하 및 산정방법의 개선, 정기적인 연금재계산제도의 도입, 연금수급연령의 단계적 상향조정, 여성수급권 확대를 위한 이혼 시 분할연금, 국민연금기금운영위원회의 가입자 참여 확대 등이다. 이에 따라 국민연금제도는 도입 10년 만에 커다란 변화를 갖게 되었다.

## Ⅲ. 가 입 자

### 1. 가입대상 및 제외자(법 제6조, 시행령 제18조의2 근거)

국내에 거주하는 18세 이상 60세 미만의 국민을 국민연금의 가입대상으로 한다. 다만, 공무원연금법 · 군인연금법 및 사립학교교원연금법의 적용을 받는 공무원 · 군인 및 사립학교교직원과 기타 대통령이 정하는 자는 제외한다.

### 2. 가입자의 종류(법 제7조)

국민연금가입자는 사업장가입자 · 지역가입자 · 임의가입자 및 임의계속가입자로 구분한다.

#### (1) 사업장가입자(법 제8조, 시행령 제2조 근거)

① 사업의 종류, 근로자의 수 등을 고려하여 대통령령으로 정하는 사업장(이하 '당연적용사업장'이라 한다)의 18세 이상 60세 미만인 근로자와 사용자는 당연히 사업장가입자가 된다. 다만, 다음 각 호의 어느 하나에 해당하는 자는 제외한다.

1. 「공무원연금법」, 「사립학교교직원 연금법」 또는 「별정우체국법」에 따른 퇴직연금, 장해연금 또는 퇴직연금일시금이나 「군인연금법」에 따른 퇴역연금, 상이연금, 퇴역연금일시금을 받을 권리를 얻은 자(이하 "퇴직연금 등 수급권자"라 한다). 다만, 퇴직연금 등 수급권자가 「국민연금과 직역연금의 연계에 관한 법률」 제8조에 따라 연계 신청을 한 경우에는 그러하지 아니하다.
2. 삭제 〈2011.6.7〉

② 제1항 및 제6조에도 불구하고 국민연금에 가입된 사업장에 종사하는 18세 미만 근로자는 자기가 원하면 사용자의 동의를 받아 사업장가입자가 될 수 있다.

③ 제1항에도 불구하고 「국민기초생활 보장법」에 따른 수급자는 본인의 희망에 따

라 사업장가입자가 되지 아니할 수 있다. 〈신설 2011.6.7〉

근로자에서 제외되는 사람은 다음과 같다. 〈개정 2010.8.17〉

1. 일용근로자나 1개월 미만의 기한을 정하여 사용되는 근로자. 다만, 1개월 이상 계속 사용되는 경우는 그러하지 아니하다.
2. 소재지가 일정하지 아니한 사업장에 종사하는 근로자
3. 법인의 이사 중 제3조 제1항 제2호에 따른 소득이 없는 사람
4. 1개월 동안의 소정근로시간이 60시간 미만인 단시간근로자. 다만, 해당 단시간근로자 중 생업을 목적으로 3개월 이상 계속하여 근로를 제공하는 사람으로서, 다음 각 목의 어느 하나에 해당하는 사람은 제외한다.
   가. 「고등교육법 시행령」 제7조 제3호에 따른 시간강사
   나. 사용자의 동의를 받아 근로자로 적용되기를 희망하는 사람

### (2) 지역가입자(법 제9조)

제8조에 따른 사업장가입자가 아닌 자로서 18세 이상 60세 미만인 자는 당연히 지역가입자가 된다. 다만, 다음 각 호의 어느 하나에 해당하는 자는 제외한다. 〈개정 2009.2.6〉

1. 다음 각 목의 어느 하나에 해당하는 자의 배우자로서 별도의 소득이 없는 자
   가. 제6조 단서에 따라 국민연금 가입 대상에서 제외되는 자
   나. 사업장가입자, 지역가입자 및 임의계속가입자
   다. 별정우체국 직원
   라. 노령연금 수급권자 및 퇴직연금 등 수급권자
2. 퇴직연금 등 수급권자. 다만, 퇴직연금 등 수급권자가 「국민연금과 직역 연금의 연계에 관한 법률」 제8조에 따라 연계 신청을 한 경우에는 그러하지 아니하다.
3. 18세 이상 27세 미만인 자로서 학생이거나 군 복무 등의 이유로 소득이 없는 자 (연금보험료를 납부한 사실이 있는 자는 제외한다)
4. 「국민기초생활 보장법」에 따른 수급자
5. 1년 이상 행방불명된 자. 이 경우 행방불명된 자에 대한 인정 기준 및 방법은 대통령령으로 정한다.

### (3) 임의가입자(법 제10조)

국민연금가입기간이 20년 미만인 가입자가 60세에 달한 때에는 나이의 제한규정(60

세 미만)에도 불구하고 국민연금관리공단에 신청을 하면 65세에 달할 때까지 임의계속가입자가 될 수 있다.

## Ⅳ. 급여의 산정방법

국민연금의 급여는 기본연금액과 가급연금액을 산정 · 합산하여 지급된다. 기본연금액은 균등부분과 소득비례부분, 가입기간의 비례분으로 구성된다. 특히 가급연금은 가족수당의 성격을 지닌 정액급여로서 기본연금에 더하여 지급받는다.

기본연금액의 산출방식(법 제47조)은 다음과 같다.

기본연금액 = 1.8(A+B)×(1+0.05n)
1.8: 급여수준을 결정하는 기준치
A: 연금수급전년도 전가입자의 평균소득월액
B: 가입자 개인의 전 가입기간 평균소득월액
0.05: 가입기간이 20년을 초과했을 때 매년 5%씩 가산
n: 20년 초과 가입 년 수

## Ⅴ. 연금의 종류와 급여수준

### 1. 연금의 종류

국민연금의 종류로는 ① 노령연금 ② 장애연금 ③ 유족연금 ④ 반환일시금이 있고, 노령연금은 다시 ① 완전노령연금 ② 감액노령연금 ③ 재직자노령연금 ④ 조기노령연금 ⑤ 특례노령연금으로 세분된다.

### 2. 급여수준

국민연금의 급여수준은 가입자의 평균소득월액의 60% 수준이며, 1988년에 시행이 되었기 때문에 완전노령연금의 수급권자는 2008년도에 처음 발생되었다. 수급자격에 있

어서는 완전노령의 경우에만 가입기간 20년 이상이고, 그 외의 노령연금들은 최소 10년 이상으로 정하고 있다. 또한 수급연령이 2007년 까지는 60세 이상으로 되어 있었으나, 2008년부터 1세씩 5년마다 늘림으로써 2013년 에는 61세 이상으로 되었으며[1], 2033년부터는 65세 이상으로 상향 조정된다.

## VI. 재　　원

1) 국민연금의 재원은 사용자의 부담금과 근로자의 기여금 등에 해당하는 갹출금, 정부의 행정관리비의 부담금, 그리고 국민연금기금에서 발생되는 이익금으로 조달된다. 구체적으로 보면 갹출금, 기관운용 수익금, 적립금, 결산한 잉여금 등이다.

2) 사업장 가입자는 노사균등부담(사용자:4.5%, 근로자:4.5%)을 원칙으로 하고, 지역가입자와 임의 계속가입자는 전액을 가입자 본인이 부담하도록 되어 있다. 이를 구체적으로 구분하면 다음과 같다.

* 지역가입자는 2000년 7월 1일부터 2005년 6월 30일까지 매년 1%씩 보험요율을 높혀 2005년 7월 1일부터는 9%로 상향 조정함으로써 사업장 가입자와 일치시켰다.

3) 재원의 조달방식은 수정적립방식이다. 평균갹출금에 의한 적립방식이 아닌 제도 시행의 초기에 부담능력 등을 감안하여 갹출요율을 상향조정하고, 일부의 퇴직준비금에서 전환하여 연금재정을 설계한 점과 현 노령세대에게는 노령연금을 지급치 않는 점에서 절충한 수정적립방식을 채택하고 있다.

---

1) 수급권자가 처음 발생한 년도(2008년)부터 5년이 지났기 때문에 1세가 상향 조정된 것이다.

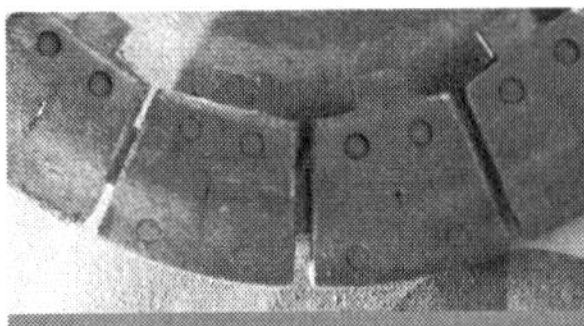

의　의/
적용대상과 가입자/
보험료와 보험급여

# 제2절 국민건강보험

## Ⅰ. 의　　의

일상생활에서 발생하는 우연한 질병이나 부상으로 인하여 일시에 고액의 진료비가 소요되어 가계가 파탄되는 것을 방지하기 위하여, 보험원리에 의거 국민들이 평소에 보험료를 낸 것을 보험자인 국민건강보험공단이 관리·운영하다가 국민들이 의료를 이용할 경우 보험급여를 제공함으로써 국민 상호간에 위험을 분담하고 의료서비스를 제공하는 사회보장제도로서 2000년 7월부터 시행되었다.

## Ⅱ. 적용대상과 가입자

### 1. 국민건강보험제도의 적용대상(법 제5조 관련)

국내에 거주하는 국민으로서 다음에 해당하는 자 외의 자는 이 법에 의한 건강보험의 가입자 또는 피부양자가 된다.

1) 의료급여법에 의하여 의료보호를 받는 자

2) 독립유공자예우에 관한 법률 및 국가유공자 등 예우 및 지원에 관한 법률에 의하여 의료보호를 받는 자

단, 위의 내용에 해당한다 해도 보험자(국민건강보험공단)에게 건강보험의 적용을 신청한 경우에는 건강보험의 가입자 또는 피부양자가 될 수 있다.

### 2. 가입자의 종류(법 제6조)

1) 가입자는 직장가입자 및 지역가입자로 구분한다.

2) 모든 사업장의 근로자 및 사용자와 공무원 및 교직원은 직장가입자가 된다. 다만, 다음에 해당하는 자를 제외한다.

① 1월 미만의 기간동안 고용되는 일용근로자

② 「병역법」의 규정에 의한 현역병(지원에 의하지 아니하고 임용된 하사를 포함한다), 전환복무된 사람 및 무관후보생

③ 선거에 의하여 취임하는 공무원으로서 매월 보수 또는 이에 준하는 급료를 받지 아니하는 자

④ 기타 사업장의 특성, 고용형태 및 사업의 종류 등을 고려하여 대통령령으로 정하는 사업장의 근로자 및 사용자와 공무원 및 교직원

3) 지역가입자는 가입자중 직장가입자와 그 피부양자를 제외한 자를 말한다.

4) 제2항 제4호의 규정에 의한 근로자 및 사용자는 대통령령이 정하는 절차에 따라 직장가입자가 되거나 탈퇴할 수 있다.

## Ⅲ. 보험료와 보험급여

**1.** 가입자의 보험료율은 직장가입자의 경우에는 표준보수월액, 지역가입자의 경우에는 표준소득월액의 8%의 범위 안에서 재정운영위원회(국민건강보험공단에 둠)의 의결내용을 참작하여 대통령령으로 정한다(2015년 직장가입자의 경우 표준보수월액의 6.07% 징수, 사용자와 근로자 각 3.035%).

### 2. 보험급여의 종류

#### (1) 요양급여(법 제39조 제1항)

가입자 및 피부양자의 질병 · 부상 · 출산 등에 대하여 다음의 요양급여를 실시한다.

① 진찰 · 검사 ② 약제 · 치료재료의 지급

③ 처치 · 수술 기타의 치료 ④ 예방 · 재활

⑤ 입원 ⑥ 간호
⑦ 이송

#### (2) 요 양 비(법 제44조)

국민건강보험공단은 가입자 또는 피부양자가 보건복지부령이 정하는 긴급 또는 기타 부득이한 사유로 인하여 요양기관과 유사한 기능을 수행하는 기관으로서 보건복지부령이 정하는 기관(업무정지처분기간중인 요양기관을 포함한다)에서 질병·부상·출산 등에 대하여 요양을 받거나 요양기관 외의 장소에서 출산을 한 때에는 그 요양급여에 상당하는 금액을 보건복지부령이 정하는 바에 의하여 그 가입자 또는 피부양자에게 요양비로 지급한다.

#### (3) 부가급여(법 제45조)

국민건강보험공단은 요양급여 외에 대통령령이 정하는 바에 의하여 장제비·상병수당 및 기타의 급여를 실시할 수 있다.

#### (4) 건강검진(법 제47조)

국민건강보험공단은 가입자 및 피부양자에 대하여 질병의 조기발견과 그에 따른 요양급여를 하기 위하여 건강검진을 실시한다.

의 의/ 고용보험제도의 주요 변화내용
가입자/ 고용보험사업/ 운영 및 재원

# 제3절 고용보험

## Ⅰ. 의 의

고용보험의 목적은 실업의 예방, 고용의 촉진 및 근로자의 직업능력의 개발·향상을 도모하고 국가의 직업지도·직업소개기능을 강화하며, 근로자가 실업한 경우에 생활에 필요한 급여를 실시함으로써 근로자의 생활의 안정과 구직활동을 촉진하여 경제·사회발전에 이바지하는 데 있다.

## Ⅱ. 고용보험제도의 주요 변화내용

1995년 7월 1일 고용보험제도(1993년 제정)가 시행된 이래 노동시장 상황변화에 따라 고용보험법, 고용보험법시행령, 고용보험법시행규칙이 여러 차례에 걸쳐 개정되었다.

## Ⅲ. 가 입 자

### 1. 보험가입자

고용보험법상의 '피보험자'(보험가입자)라 함은 실업 등의 일정한 보험사고가 발생한 경우에 정부로부터 고용보험법상의 제급여를 받을 권리를 가지는 자를 말한다. 여기서는 사업주와 근로자를 일컫는다.

### 2. 가입제외자

고용보험법에서도 지속적인 보험능력이 없다고 판단되는 근로자는 적용범위에서 제외된다(법 제10조).

## Ⅳ. 고용보험사업

고용보험사업의 종류는 크게 세 가지로 나누어진다. 고용안정사업과 직업능력개발사업, 그리고 실업급여가 그것이다.

### 1. 고용안정사업

중소기업이 우선적 지원의 대상이 된다(법 제19조 제2항). 고용안정사업은 개별적인 보호와 시설지원의 형태로 이루어진다. 개별적인 보호로는 고용조정지원과 지역고용의 촉진, 고령자고용촉진, 건설업고용촉진 등이 있으며, 시설지원은 고용촉진시설에 대한 지원의 형태로 이루어진다. 이 밖에 일반적인 고용증진사업으로 고용정보의 제공 및 직업지도가 이루어진다.

### 2. 직업능력개발사업

#### (1) 직업능력개발훈련지원

피보험자 등에 대한 직업능력개발이 지원에는 수강장려금의 지원과 실업자 재취직 훈련이 있다.

#### (2) 건설근로자에 대한 직업능력 개발지원

### 3. 실업급여

#### (1) 구직급여

기본적인 생활보장을 위한 급여이다. 지급액은 90~240일 동안 실직 전 평균임금의 50%를 지급하는데, 최고는 1일 4만 원, 최저는 최저임금액의 90%이다.

#### (2) 취업촉진수당

조기재취직수당, 직업능력개발수당, 광역구직활동비, 이주비 등이 있으며, 재취업을 위해서 필요한 실제 비용에 대한 지원금으로서의 성격을 갖고 있다.

## Ⅴ. 운영 및 재원

고용보험은 노동부장관이 직접 관장한다. 따라서 사회보험이 아니라 국가의 사업으로서의 성격을 갖는다. 고용보험법의 가장 중요한 재원은 근로자와 사업주가 부담하는 보험료이다. 다만 근로자는 실업급여에 대한 보험료만을 부담한다. 실업급여의 보험료는 근로자와 사업주가 각각 급여 대비 0.65%, 0.9%(근로자 수 150인 미만 사업장)씩 부담하며, 고용안정사업과 직업능력개발사업에 대한 보험료는 사만 사업장)씩 부담하며, 고용안정사업과 직업능력개발사업에 대한 보험료는 사업주가 전액 부담한다.

1997년 말 외환위기 이후 고용보험사업이 활성화되기 시작하였고, 1998년 상반기부터 고용보험사업의 지원금액과 지원대상이 크게 증가하였다.

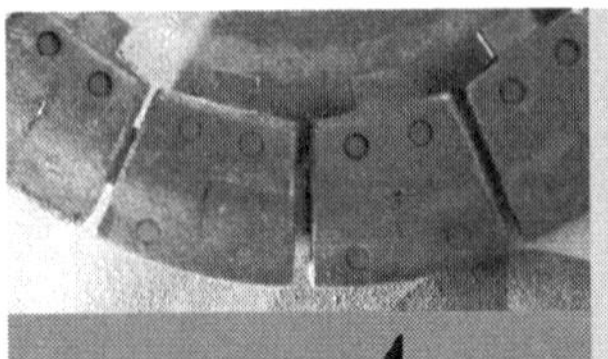



# 제4절 산업재해보상보험

## Ⅰ. 의 의

산재보험은 산업재해보상보험의 줄인 말로서 사업장에서 일하는 근로자들이 업무수행 중 또는 업무수행과 관련하여 부상 · 질병 또는 사망한 경우에 근로자 본인의 치료나 본인 부양가족의 생계를 보장하기 위한 사회보험 제도를 말한다. 일반적으로 산업재해란 공장사업장에 있어 건조물 · 기계 · 장치나 원료 · 재료 · 가스증기 · 분진 등에 의하여 또는 근로자의 작업행동에 의하여 근로자가 부상당하거나 질병에 걸리거나 사망하는 것을 말한다. 초기의 산업재해는 건설현장과 위험한 기계 · 기구를 설치 사용하는 작업장에서 주로 발생하였으나 산업사회의 현대화 · 고도화 · 정보화 등으로 인해 재해 발생원인도 신종 직업병과 과로, 스트레스 등에 기인한 재해가 증가하는 추세이다.

## Ⅱ. 특 징

1) 근로자의 업무상 재해에 대하여 사용자에게 고의 과실의 유무를 묻지 않는 무과실책임주의이다.

2) 보험사업에 소요되는 재원인 보험료는 원칙적으로 사업주가 전액 부담한다(보험요율은 사업종류에 따라 다름).

3) 산업재해발생시 손해전체를 보상하는 것이 아니라 평균임금을 기초로 보상한다.

## Ⅲ. 업무상 재해의 요건

당해 업무가 업무수행 중에 발생한 것이어야 함은 물론이고, 나아가 업무에 기인하여 발생한 것으로서 업무와 그 재해 사이에 상당인과관계가 있어야 한다.

업무수행성이라 함은 사용자의 지배 또는 관리하에 이루어지는 당해 근로자의 업무수행 및 그에 수반되는 통상적인 활동과정에서 재해의 원인이 발생한 것을 의미한다.

## Ⅳ. 급여의 종류

### 1. 요양급여

업무상 재해로 요양기간이 4일 이상인 경우 국민건강보험 진료수가 범위 내에서 요양비 전액.

### 2. 휴업급여

요양을 취업하지 못한 기간 1일에 대하여 평균임금의 70% 상당액.

### 3. 장해급여

업무상 재해의 치유 후 당해 재해와 상당인과관계가 있는 장해가 남게 되는 경우 그 장해정도에 따라 지급.

### 4. 간병급여

요양급여를 받은 자가 치유 후 의학적으로 상시 또는 수시로 간병이 필요하여 실제로 간병을 받는 자에게 지급.

### 5. 상병보상연금

당해 부상 또는 질병이 2년이 경과되어도 치유되지 않고 폐질등급 1~3급에 해당하는 장기 환자에 대하여 휴업급여 대신에 보다 높은 수준의 보험급여 지급.

### 6. 유족급여

업무상 재해로 사망하거나 사망의 추정 시 그 유족의 생활보장을 위하여 지급.

### 7. 장 의 비

장제 실행에 소요된 비용지급.

### 8. 직업재활급여

산재근로자의 재취업 촉진을 이한 직업훈련비용 및 직업훈련수당, 원직장 복귀촉진을 위한 직장복귀지원금, 직장적응훈련비, 재활운동비 등 지급.

# 제5절 최저임금제도

## Ⅰ. 의 의

근로자의 최소한의 생계 보호를 위하여 노동부에서는 매년 일정 수준의 최저 임금을 정하여 고시하고, 사업주로 하여금 최저임금액 이상의 임금을 지급하도록 법으로 강제하는 제도를 시행하고 있다.

따라서 노동부 장관은 다음 년도 최저임금을 매년 8월 5일까지 결정하여 고시해야 하며, 고시된 최저 임금은 사업의 종류별 구별 없이 근로자를 사용하는 모든 사업 또는 사업장에 동일하게 적용된다. 2025. 1. 1 ~ 12. 31. 최저임금액은 1시간에 10,030원, 1일 80,240원(8시간 기준)이다. 다만, 인턴사원과 같이 수습 사용 중에 있는 자로서 근무기간이 3개월 이내인 자에 대해서는 시간급 최저임금액의 10% 감액이 가능하다(최저임금법 시행령 제3조).

사용자(사업주)는 근로자에게 최저임금액 이상의 임금을 지급해야 하며, 최저임금액에 미달하는 임금을 정한 근로계약은 그 부분에 한해 무효가 되고 최저임금액과 동일한 임금을 지급하기로 한 것으로 간주된다. 또한 이를 위반한 사용자에 대하여는 3년 이하의 징역 또는 2천만 원 이하의 벌금이 부과될 수 있다.

## II. 밀린 임금

### 1. 의　　의

임금이란 근로자가 근로의 대가로 받는 일체의 금품을 말하는 것으로, 근로의 대가 외에 일시적으로 또는 복지후생 차원에서 지급하는 금품은 임금이 아니다.

사업주는 임금으로 지급하기로 약속한 금액 전액을 매월 1회 이상 날짜를 정해 근로자에게 직접 지급해야 하는데, 임금 지급이 정해진 날짜에서 하루라도 늦어서는 안 되고, 이 때 근로자는 사업주에 대해 임금을 달라고 할 수 있는 권리(임금 채권)를 가지게 된다. 또한 사업주는 근로자가 사망하거나 퇴직한 경우에는 그 날로부터 14일 이내에 임금, 보상금 등을 지급해야 한다(근로기준법 제36조).

### 2. 근로자의 임금 보호하기

사업주가 도산 등으로 인해 임금을 지급할 능력이 없을 경우, 다른 빚보다 임금채권 등 근로관계로 인한 돈이 먼저 변제 되어야 한다(임금 채권의 우선 변제). 그 중에서도 특히 최종 3개월의 임금과 최종 3년분의 퇴직금, 다쳤을 때에 주는 재해 보상금이 가장 먼저 변제 되어야 한다(임금 채권의 최우선 변제).

### 3. 임금채권은 3년 안에 받아내야 한다

근로자가 사업주에게 밀린 임금을 3년 동안 한 번이라도 지급해 줄 것을 요청하지 않으면, 그 이후로는 임금 지급을 요구할 수가 없다(소멸시효). 임금 채권은 가장 우선적으로 보호되는 대신에 그 보호 기간이 짧다는 데에 유의해야 한다.

### 4. 밀린 임금 청구하기

#### (1) 사업주에게 내용증명 보내기

사업주가 밀린 임금을 지급할 생각이 없는 것처럼 보일 경우에는 우선 사업주에게 내용증명을 보내 법적 조치를 취하겠다는 의지를 보이는 것이 좋다.

#### (2) 노동부에 진정서 제출하기

사업주가 내용증명을 받은 뒤에도 밀린 임금을 지급하지 않는다면 노동부에 알린다 (진정).

(가) 진정서 접수

회사의 주소지를 관할하는 지방 노동관서나 노동부 홈페이지를 통해 진정서를 제출한다.

(나) 출석 요구 및 조사

근로감독관이 근로자와 사업주를 대상으로 사실 조사를 하는데, 자신의 주장을 입증할 수 있는 각종 자료를 미리 준비해 두는 것이 좋다.

(다) 지급 지시

사건을 조사한 근로감독관은 사업주에게 밀린 임금을 지급하라는 명령을 내린다.

(라) 종결 또는 입건 송치

임금이 지급되면 사건이 마무리되나, 그렇지 않으면 근로감독관은 해당 사건을 검찰로 송치한다. 임금을 체불한 사업주는 3년 이하의 징역이나 2천만 원 이하의 벌금형에 처해진다. 다만, 해당 근로자가 사업주의 처벌을 원치 않는 경우에는 공소를 제기할 수 없다.

| 민 원 서 류 |
| --- |
| 처리기한 : |

## 진 정 서

**① 진정인(근로자) 인적사항**

| 성 명 | | 주민등록번호 | - |
| --- | --- | --- | --- |
| 주 소 | (우편번호 : - ) | | |
| 전 화 번 호 | 자택 : | 휴대폰 : - - | |

**② 피진정인 인적사항**

| 사 업 체 명 | | (근로자수 : ) | 전화번호 | ) - |
| --- | --- | --- | --- | --- |
| 소 재 지 | (우편번호 : - ) | | 건설현장해당여부 | 해당( ) |
| 대 표 자 | 성명 | | | 비해당( ) |
| ◉ 사업장이 폐업하였을 시 기재 | ① 폐업신고 ② 1개월 이상 가동중단<br>③ 기타( )<br>대표자집주소 :<br>전 화 번 호 :<br>(핸드폰번호 : ) | | | |

**③ 진정내용**

본인은 ______________을 지급받지 못하여 진정하니 지급 받을 수 있도록 조치하여 주시기 바랍니다.

(근무기간: . . . ~ . . )

20 년 월 일

진 정 인 : (인)

# 제 11 장

# 소비생활

계약의 취소/ 계약의 철회/
계약의 취소나 철회방법

# 제1절 계약의 취소와 철회(충동구매)

**|사 례|**

체중감량문제로 고민하고 있던 홍익인은 다이어트 식품회사 영업사원의 홍보전화를 받고 충동적으로 계약을 하였고, 영업사원은 정가 50만 원의 제품을 40만 원에 할인하여 주었다. 그러나 홍익인은 해당식품을 복용하였지만 전혀 효과가 없었다는 주위 사람들의 의견을 듣고 충동구매를 한 것이 후회되어 계약을 취소하기로 하였다. 하지만 영업사원은 취소를 하지 않을 것을 전제로 제품을 할인해 준 것이라며 계약의 취소를 거절하였다. 홍익인은 계약을 취소할 수 있을 것인가?

## Ⅰ. 계약의 취소

일단 체결한 계약이라도 일정한 사유가 있을 경우에는 시간이 지난 후에도 처음부터 효력이 없던 것으로 만들 수 있는데, 이를 계약의 취소라고 한다. 계약을 취소할 수 있는 사람은 계약한 당사자와 그 대리인이다. 계약취소권은 다음과 같은 사유가 있을 경우에 행사할 수 있다.

1) 미성년자가 법정대리인의 동의 없이 계약을 체결한 경우에는 취소할 수 있다. 그러나 법정대리인이 동의했다면 취소할 수 없다(민법 제5조).[1)]

2) 한정후견인의 동의가 필요한 법률행위를 피한정후견인이 한정후견인의 동의 없이 하였을 때에는 그 법률행위를 취소할 수 있다(민법 제13조).

1) ① 미성년자가 성년이 된 날로부터 3년, ② 법정대리인이 미성년자가 법률행위를 한 것을 안 날로부터 3년, ③ 계약을 체결한 날로부터 3년, 이 세 가지 중 한 가지라도 먼저 경과하면 취소권은 소멸한다. 또한 미성년자가 사술을 써서 상대방으로 하여금 성년으로 믿게 한 경우에도 취소는 불가능하다.

3) 계약내용의 중요부분에 커다란 착오가 있는 경우 소비자는 계약을 취소할 수 있다(민법 제109조 제1항 본문). 예컨대, 계약서 작성 시에 '10만 원'을 '100만 원'으로 잘못 쓰는 경우, 또는 '한 장'이 100만 원 이라고 생각하고 '한 장'이라고 썼는데 상대방은 1000만 원이라고 생각한 경우처럼 중대한 착오가 있을 경우이다.

* 내용의 착오: 표의자가 표시행위의 의의를 잘못 이해하는 것.
* 동기의 착오: 동기(법률행위로 도모하려는 사회적 목적)가 잘못된 인식에 기초해 이루어진 것.

다만, 표의자에게 중대한 과실(중과실)이 있을 경우에는 취소하지 못한다(민법 제109조 제1항 단서).

④ 소비자가 상대방의 사기나 속임수에 의해 계약을 체결하였거나, 강압적이고 위협적인 태도로 인해 공포심을 가진 상황에서 계약을 체결했다면 계약을 취소할 수 있다(민법 제110조).

## II. 계약의 철회

청약의사가 상대방에게 전달된 이후에는 이를 철회할 수 없는 것이 민법상의 원칙이지만(민법 제527조), 소비자 보호를 위한 관련 법률은 충동구매로부터 소비자들을 보호하기 위해 계약을 체결한 후에도 일정기간 재고해 본 후 계약체결 의사를 철회할 수 있도록 청약 철회권을 인정하고 있다.

철회권은 청약뿐만 아니라 이미 합의된 계약에서도 행사할 수 있다. 예컨대, 노상에서 휴대전화를 12개월 할부로 구입한 경우에 「할부거래에 관한 법률」 또는 「방문판매 등에 관한 법률」 상의 철회권을 행사하여 계약을 철회할 수 있다. 소비자가 계약 취소권을 행사하려면 계약자나 계약과정에 일정한 사유가 있어야 하지만, 철회권은 충동구매를 하였다는 이유를 포함해서 조건 없이 자유롭게 행사할 수 있다.

### 1. 방문판매

1) 소비자는 계약 후 14일 이내에 언제든지 철회할 수 있고, 철회사유에도 아무런 제한이 없다.

2) 계약을 체결한 뒤 물품을 공급받았다면 물품공급일로부터 14일 이내에 철회할 수 있다.

3) 계약서를 받지 않았거나 판매자의 주소지를 파악할 수 없어 철회권을 행사할 수 없는 경우에는 주소지를 알게 된 날로부터 14일 이내에 철회할 수 있다.

* 방문판매법의 적용범위: 방문판매란 상품판매업자 또는 용역제공업자가 영업소 이외의 장소에서 소비자에게 권유하여 계약의 청약을 받거나 계약을 체결하는 것을 말한다.

4) 단, 물품의 내용이 광고 혹은 계약의 내용과 다른 경우에는 공급일로부터 3개월 이내에, 그리고 그 사실을 알게 된 날로부터 30일 이내에 철회할 수 있다.

5) 단, 다음과 같은 경우에는 철회권을 행사할 수 없다. 즉, 소비자에게 책임이 있어 재화 등이 없어지거나 훼손된 경우(다만, 재화 등의 내용을 확인하기 위하여 포장 등을 훼손한 경우를 제외), 소비자의 재화 등의 사용 또는 일부 소비에 의하여 그 가치가 현저히 떨어진 경우, 시간의 경과에 의하여 다시 판매하기가 곤란할 정도로 재화 등이 가치가 현저히 떨어진 경우, 복제가 가능한 재화 등의 포장을 훼손한 경우, 그 밖에 거래의 안전을 위하여 대통령령이 정하는 경우 등.

## 청약해지(청약철회) 통보서

▶ **수신자 인적사항**
- 성명: 회사 대표 귀하
- 주소:
- 전화:

▶ **발신자 인적사항**
- 성명:
- 주소:
- 전화:

1. 본인은 귀사로부터 다음과 같이 물품을 구입한 바 있습니다.
- 구입일자:
- 구입품목:
- 구입금액:
- 기지불액:

2. 본인은(방문판매법, 전자상거래 등에서의 소비자보호에 관한 법률, 할부거래법) 법에 의거하여 년 월 일자로 계약을 철회하고자 하오니 조치하여 주시기 바랍니다.

년 월 일

○ ○ ○ (인)

**참고—소비자에게 불리한 계약서 내용은 무효**

일반적으로 계약의 효력은 당사자 간에 합의한 계약서의 내용에 따라 이행되는 것이 원칙이다. 그러나 계약서 내용으로 소비자의 철회권을 행사하지 못하게 하거나 소비자에게 손해배상 등의 책임을 지도록 하는 것은 소비자보호 관련 법에 위반되는 일이다. 소비자 보호 관련 법률은 상대적으로 약자인 소비자를 보호하기 위해 마련된 법률이므로, 계약서에 기재되어 있더라도 법 규정에 반하거나 소비자에게 불리한 계약은 법적으로 효력이 없다(방문판매법 제45조).

### 2. 할부거래

1) 계약서를 받은 날로부터 7일 이내에 철회할 수 있다.

2) 계약서를 받지 않은 상태에서 물품을 먼저 공급받은 경우에는 계약서를 받는 날로부터 7일 이내에 철회할 수 있다.

3) 신용카드로 할부거래를 한 경우에는 7일 이내에 신용카드사에도 철회사실을 알려야 한다.

4) 철회하겠다는 의사표시는 서면(통상, 내용증명우편을 이용하는 것이 좋음)으로 발송하여야 하고, 철회의 효력은 서면을 발송한 날에 발생하는 것으로 본다.

### 3. 전자상거래, 통신판매

1) 계약서 또는 계약서로 볼 수 있는 전자문서를 받은 날로부터 7일 이내에 철회할 수 있다.

2) 계약서를 받지 않았거나, 쇼핑몰의 주소지를 파악할 수 없어 철회권을 행사할 수 없는 경우에는 주소를 알게 된 날로부터 7일 이내에 철회할 수 있다.

3) 단, 물품의 내용이 광고 혹은 계약내용과 다른 경우에는 공급일로부터 3개월 이내에, 그리고 그 사실을 알게 된 날로부터 30일 이내에 철회할 수 있다.

## Ⅲ. 계약의 취소나 철회방법

취소나 철회를 하고자 한다면 업체에 계약위반에 따른 취소를 요청하고, 신용카드로 할부결제를 한 경우에는 카드사에도 이 사실을 알리고, 취소나 철회를 요구(단, 금액이 20만 원 이상일 경우에만 해당)하여야 한다.

계약을 철회하는 방법은 판매업체와 카드사에 내용증명우편으로 하는 것이 좋다. 위의 방법대로 조치했는데도 문제가 해결되지 않을 경우에는 자세한 사건경위서, 소비자와 사업자의 연락처와 내용증명우편사본 등을 첨부하여 한국소비자보호원으로 접수하면 도움을 받을 수 있다.

**| 사례의 해설 |** 홍익인은 전화권유에 의해 물품을 구입했으므로 방문판매법의 적용을 받을 수 있다. 방문판매법상 소비자는 어떤 사유로든 계약일로부터 14일 이내에 청약을 철회할 수 있다. 계약을 철회하지 않겠다는 조건으로 할인가에 구입했다 할지라도 이는 법에 위반되는 내용이므로 효력이 없다. 만약 영업사원이 계속해서 이에 응하지 않는다면 내용증명우편으로 철회의사를 전달하면 된다.

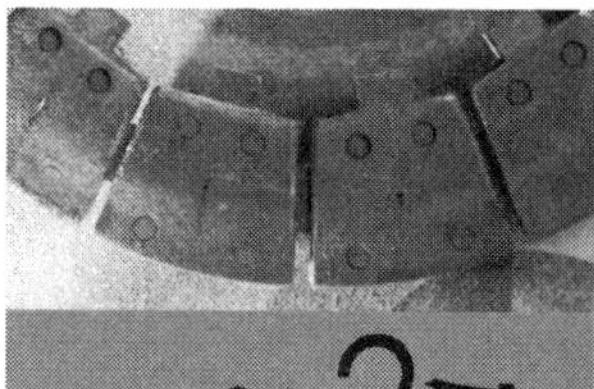

제조물책임법의 의의
제조물책임법의 적용대상
책임의 주체/ 제조물책임법상의 결함...

# 제2절 제조물책임법 (상품의 결함으로 피해가 발생한 경우)

**|사 례|**

홍익인은 할인마트에서 온도조절장치가 달린 전기장판을 구입하였다. 그런데 일주일정도 사용한 후 온도조절장치가 고장이 났고, 저온으로 맞추었는데도 다리에 화상을 입었다. 며칠 뒤에는 코드를 꽂아 놓고 자리를 비운 사이 전기장판이 고온으로 가열되어 카펫과 이불이 타 버렸다. 하지만 전기장판의 사용설명서에는 화상이나 화재에 대한 주의문구는 없고, 다만 "가열되면 뜨거우니 어린 아이들을 주의해 주십시오" 라고만 기재되어 있었다. 홍익인의 경우에는 이 손해를 누구에게 어떻게 배상받아야 할 것인가?

## Ⅰ. 제조물책임법의 의의

산업혁명으로 인하여 기술이 발전되기 시작한 이후, 현재의 우리 사회는 급속히 과학기술이 발달하고 있으며 이로 인한 고도의 산업사회 속에서 대량소비시대를 살아가고 있다. 더욱이 그로 인하여 소비자나 이용자가 결함제조물 혹은 결함생산물(defective products)로부터 받는 피해도 막심해지고 있어서 어느 나라이고 이것이 사회문제화 되어 왔다. 이와 같은 상황하에서 발생한 것으로서 제조물책임이라 함은 제조물(product) 자체가 지닌 물적 결함(defect)이나, 사용법에 대한 불충분한 지시 · 경고 등으로 인하여 제3자에게 인적 · 물적 손해가 발생한 경우, 제조자[1]가 자신의 과실 유무에 관계없이 손해배상책임을 부담하도록 하는 제도를 말한다.

예컨대, 전기밥솥이나 텔레비전이 폭발하여 부상을 입거나 화장품을 사용했는데 피부에 염증이 생겼다면 물건에 결함이 있는 것이다. 이 경우에는 제조물책임법(product

1) 사실상의 제조자, 準제조자, 유통업자, 수입업자, 공급자 등을 포함하는 개념이다.

liability법)에 의해 피해를 구제받을 수 있다. 즉, 제조물책임법이란 제조업자가 제조물의 결함으로 인해 생명 · 신체 · 재산상의 손해를 입은 사람에 대하여 제조업자에게 고의나 과실이 없더라도 손해배상책임을 지도록 제정된 법이다(1999년 제정, 2000년 1월 12일 법률 제6109호로 공포되어 2002년 7월 1일부터 시행).

**참 고**

* 제조물: 다른 동산이나 부동산의 일부를 구성하는 경우를 포함하여 제조되거나 가공된 동산(부동산이 아닌 물건)이다. 부동산은 제조물책임법의 적용을 받지 않지만 부동산에 부속된 동산과 완성품에 포함된 원재료 부품은 제조물에 포함된다.

* 하자담보책임이란: 물건을 판 사람은 제대로 된 물건을 팔아야 할 의무가 있다. 따라서 하자(흠)가 있는 물건(동산 및 부동산을 포함한 모든 물건)을 팔았다면 이에 대해 책임을 져야 하는데, 이를 하자담보책임이라고 한다. 단, 소비자가 물건을 살 때 이미 물건에 하자가 있다는 사실을 알고 있었다면 하자담보책임을 판매자에게 주장할 수 없다. 판매자의 하자담보책임이 인정되는 경우라면 소비자는 판매자에게 경우에 따라 물건 값을 깎아 달라고 하거나, 손해를 배상하라고 하거나, 계약을 해제하여 달라고 청구할 수 있다.

## II. 제조물책임법의 적용대상

제조물책임법이 적용되는 범위는 공산품, 가공식품 등의 제조물(제조[2] 또는 가공[3]된 동산)을 대상으로 한다(법 제2조). 따라서 미가공 농산물 · 수산물 · 수렵물 등은 동산이기는 하지만 원칙적으로 제조물의 범위에서 제외된다. 이와 같이 제조물의 범위에 제한을 두는 이유는 농 · 축 · 임 · 수산물 등 일차 농산품에까지 확대할 경우 농업인 등에게 너무 높은 주의의무를 부과하게 되어 쉽게 소송의 대상이 될 뿐만 아니라 연대책임조항에 의하여 농업인 등이 유통업자(무역업자 또는 소매업자)와 가공업자의 과실에 대해서도 불공정하게 책임을 질 우려가 있기 때문이다. 또한 제조물책임제도를 도입한 외국의 경우

---

2) '제조'라 함은 제조물의 설계 · 가공 · 검사 · 표시를 포함하는 일련의 행위로서 일반적으로 원재료에 손을 가하여 새로운 물품을 만드는 것을 의미하여 생산보다는 좁은 개념이다. 즉, 제2차 산업에 관계있는 생산행위를 가리키며, 1차 산업이나 제3차 산업에서 사용되는 생산행위는 포함하지 않는다. 따라서 서비스의 제공으로 인하여 발생한 피해에 대하여는 본 법이 적용되지 않는다.

3) '가공'이라 함은 재료에 공작을 가하여 새로운 속성을 부가하거나 가치를 더하는 것을 말한다. 예컨대, 식품의 조미 · 냉동 · 건조 등이 가공에 해당된다.

에도 대다수 입법례에서 일차 농산품은 제조물의 범위에 포함시키지 않고 있는 것이 공통된 현상이므로 우리의 경우에도 실시 초기에는 당면한 공산품 등의 제조물에 한하여 실시한 후 그 범위를 확대하는 것이 타당하다고 생각한다.

그런데 여기에서 문제되는 점은 민법 제98조에서 규정하고 있는 '물건'의 정의와 관련하여 본 법의 적용대상에 어떠한 제품이 포함되느냐 하는 것인데, 이러한 문제는 구체적인 경우에 법의 목적인 피해자구제를 고려하여 개별적으로 확정해야 한다.

### 1. 전기 등의 에너지

일반적으로 전기 등 에너지의 결함은 에너지 발생장치의 결함으로부터 기인하므로 피해자는 에너지 발생장치의 결함에 대하여 그 제조자에게 손해배상을 청구할 수 있다.

외국의 경우를 보면, 미국의 제조물책임법 Restatement에서는 "전기 기타 유형동산이 아닌 물건이라도 그 공급과 사용이 유형동산의 경우와 유사"한 경우에는 제조물로 보고 있으며, EC지침의 경우에는 제2조에서 전기를 제조물의 범위에 포함시키고 있다. 그리고 일본은 민법에서 물건을 유체물에 한정하고 있고(민법 제85조), 제조물책임법에서도 전기를 제조물에 포함한다는 규정을 두고 있지 않다.

### 2. 소프트웨어 등의 지적 산물

최근 과학화 · 정보화 사회가 전개되면서 지적활동의 산물인 소프트웨어가 우리의 생활에 직 · 간접적으로 미치는 영향은 크다고 할 수 있는데, 이 소프트웨어에 대한 제조물책임법의 적용 여부가 문제된다. 그러나 현재 전기도 동산에 포함시키고 있는 우리 제조물책임법상 소프트웨어를 동산으로 해석하는 데는 별 문제가 없을 것이므로, 상업용 소프트웨어는 제조물에 포함될 것이다.[4)]

한편, 여기에서는 타인이 제작한 소프트웨어를 배포하는 ISP[5)]를 공급업자로 보아 제조물책임법상의 책임을 물을 수 있을 것인가 하는 문제가 있다. 공급업자의 책임은 ISP가 정보나 소프트웨어의 제조자를 알 수 없는 경우에 한하여 인정된다(제조물책임법

4) 한편, 쉐어웨어 소프트웨어 등은 일종의 시험제품의 성격을 갖는 것으로서 상업성이 약하며, 자유로운 정보유통과 과학기술의 발전 등을 고려해야 하기 때문에 지시 · 경고의 표시가 제대로 갖추어진 이상 제조물책임법의 대상에서 제외시키는 것이 좋을 것이다.

5) 인터넷 서비스 제공자(Internet service provider; ISP)는 각 개인이나 단체가 인터넷에 접속할 수 있는 서비스(회선 등)를 제공해 주는 회사나 단체를 뜻한다. 인터넷 서비스 제공업체라고도 부른다.

제3조 제2항). 예컨대, ISP의 FTP[6]서버에 저장된 공개도메인소프트웨어(Public Domain Software)와 같이 익명으로 제공된 정보 또는 익명으로 제작된 소프트웨어가 바이러스감염과 같은 손해를 야기한 경우에도 제조물책임법에 의한 ISP의 공급업자로서의 제조물책임이 생길 수 있다.

### 3. 혈액과 혈액제제

혈액 등(특히, 수혈된 혈액)이 각종 바이러스에 오염되어 있는 경우에는 이로 인하여 환자는 전혀 예기치 못한 질병에 감염되어 커다란 피해를 입을 수 있기 때문에 제조물책임과 관련하여 논의될 수 있다. 그러나 혈액의 제공자는 채혈의 대상일 뿐 제조자라고 할 수 없으므로 혈액은 제조물책임의 대상에서 제외되어야 할 것이다.

한편, 혈액의 일부성분을 추출 · 가공한 혈액제제는 수혈용이라고 하더라도 혈액에 보존액이나 항응고제가 첨가되는 등 인공적인 가공처리를 거친다는 점에서 제조물이라고 볼 수 있고, 그 제조공정에서 검사가 가능하여 위험을 예견할 수 있으므로 제조물책임의 적용대상이 된다고 해야 할 것이다.

## Ⅲ. 책임의 주체(법 제2조)

① 부품 또는 완성품의 제조자가 중심이 되겠으나, ② 자신을 제조자로 표시하거나 오인시킬 수 있는 표시를 한 자, ③ 제조물을 수입한 자, ④ 제조자를 알 수 없는 경우에는 제조물의 공급자(유통업자)도 포함된다.

## Ⅳ. 제조물책임법상의 결함

제조물책임법은 제조물의 제조 · 설계 또는 표시상의 결함과 보통 사람들이 기대할 수 있는 정도의 제품 안전성의 부족을 통틀어 결함이라고 규정하고 있다.

---

6) FTP(file transfer protocol)는 컴퓨터 간 파일을 전송하는 데 사용되는 프로토콜로 대용량의 서버에 각종 공개용 소프트웨어 및 문서를 저장하여 사용자가 필요한 자료를 자신의 컴퓨터로 다운로드하여 쓸 수 있게 하는 것을 말한다.

### 1. 제조상의 결함

제조물이 원래 의도한 설계와 다르게 제조·가공됨으로써 안전하지 못하게 된 경우를 말한다. 예컨대, 식품의 제조과정에서 이물질이 들어가는 경우, 전자제품의 제조과정에서 부적합한 재료가 사용되거나 조립이 부정확해서 안전성이 떨어진 경우 등이 있다.

### 2. 설계상의 결함

제조업자가 소비자를 고려하여 합리적으로 설계했다면 피해를 줄이거나 피할 수 있었음에도 그렇게 하지 않아 제조물이 안전하지 못하게 된 경우를 말한다. 예컨대, 녹즙기 제조업자에게는 녹즙기에 이용자의 손가락이 잘려 나가지 않도록 녹즙기를 설계할 책임이 있다.

### 3. 표시상의 결함

제조업자가 제조물의 올바른 사용법에 대한 설명이나 지시, 제조물의 위험성에 대한 경고 등의 표시를 했더라면 제조물에 의해 생길 수 있는 피해를 줄이거나 피할 수 있었음에도 그렇게 하지 않은 경우를 말한다. 이를 지시·광고상의 결함이라고도 한다. 예컨대, 다림질할 때에 유지해야 할 적정온도를 다리미에 표시하지 않아 의류가 손상된 경우가 표시상의 결함에 해당한다.

### 4. 기타 일반적으로 기대할 수 있는 제품 안전성의 부족

제조물의 특성, 유용성과 위험성, 소비자가 입은 피해의 정도, 가격 대 효과, 일반적인 사용시간 등 제조물에 관한 여러 사정 등을 고려하여 판단하게 된다.

## V. 면책사유(제조업자가 책임지지 않는 경우)

피해자는 원칙적으로 제조물의 결함 사실과 손해발생의 사실, 그리고 제조물의 결함과 손해발생의 인과관계를 입증할 책임이 있다. 이 때 피해자가 자신의 피해 사실을 입증하지 못하면 제조업자 등은 책임을 피할 수 있게 된다. 그리고 제조업자 등이 제조물에 결함이 없다거나 소비자가 입은 손해의 원인이 제조물의 결함이 아닌 다른 데 있다는 것을 입증하는 경우에도 책임을 면할 수 있다(법 제4조 제1항).

그러나 면책사유에 해당하더라도 제조업자나 공급업자가 제조물의 결함을 알면서도 적절한 피해예방조치를 하지 않은 경우, 또는 주의를 기울였다면 충분히 알 수 있었을 결함을 발견하지 못한 경우에는 책임을 피할 수 없다.

**참 고—제조업자가 책임을 면할 수 있는 경우**

가. 제조업자가 물건을 유통시킬 생각이 없었는데도 도난 등의 사고로 유통된 경우

나. 제조업자가 물건을 공급한 당시의 과학적 · 기술적 수준으로는 결함의 존재를 발견할 수 없었을 경우

본 면책사유는 이른바 '개발위험의 항변'을 규정한 것이다. 개발위험이라 함은 제조물을 유통시킨 시점에 있어서 과학 · 기술수준으로는 그 제조물에 내재하는 결함을 발견하는 것이 불가능한 위험을 말하는데, 이는 신약품 개발의 경우에 나타나는 위험이다.[7]

다. 제조업자가 물건을 공급하기 위해 법령에 의한 기준을 준수한 것이 결과적으로 소비자에게 손해를 불러일으킨 경우

라. 원재료 또는 부품을 사용하여 만들어진 물건이 제조업자의 설계나 제작 지시로 인해 결함이 생긴 경우 원재료나 부품을 제조한 자.

## VI. 제조물책임법의 적용범위

제조물책임법은 제조물의 결함으로 생긴 손해는 제조업자 등의 고의나 과실이 없는

7) 제조자에게 개발위험에 대해서까지 책임을 부담시키는 경우에는 연구개발이나 기술개발이 저해되고 나아가서는 소비자에게도 손해가 될 수 있음을 고려한 것이다.

경우에도 손해배상을 하도록 하고 있다(무과실책임). 다만, 제조업자의 배상의무는 피해자의 '생명 · 신체 또는 재산에 대한 손해'에 대한 것으로 제한되고, 결함이 있는 제조물 자체는 계약당사자인 유통업자나 판매자에게 구제받아야 한다. 예컨대, 결함이 있는 녹즙기로 인하여 손을 다쳤을 경우, 치료비는 제조업자에게 배상받고 불량품인 녹즙기는 판매업자에게 환불받을 수 있다.

## Ⅶ. 손해배상청구기간

제조물책임법에 의해 손해를 배상받기 위해서는 피해자가 피해사실이나 손해배상 책임자를 알게 된 때로부터 3년 이내에 청구하거나, 제조업자가 그 제조물을 공급한 날로부터 10년 이내에 청구하여야 한다. 신체에 누적되어 사람의 건강을 해치는 물질에 의한 손해나 일정한 잠복기간이 지난 뒤에 증상이 나타나는 손해를 손해가 발생한 날로부터 10년 이내에 배상을 청구하면 된다.

**| 사례의 해설 |** 홍익인은 결함이 있는 전기장판을 판매한 할인마트에 대하여 하자담보책임을 청구할 수 있고, 몸에 입은 화상과 이불, 카펫에 대한 손해배상은 제조물책임법에 따라 전기장판제조사에 청구할 수 있다. 만약 제조사가 불분명한 경우라면 할인마트에 2차적으로 손해배상책임을 물을 수 있다

# 제3절 통신판매로 산 물건이 광고와 다른 경우

**설 문**

홍익인은 TV 홈쇼핑에서 "물에 섞어서 분무기로 뿌리기만 하면 과즙, 기름때, 찌든 때 등 의류의 얼룩을 말끔히 제거하는 국내 최고의 가루 세제" 라는 광고를 보고 세제를 구입하였다. 며칠 후 세제가 배송되었고 곧바로 사용하여 보았다. 그런데 세제를 사용방법에 따라 옷의 오염된 부분에 뿌렸더니 때는 빠지지 않고 주위의 색상이 누렇게 변색되어 버렸다. 홍익인은 세제를 반품하고 의류에 대하여 손해배상을 받을 수 있을 것인가?

## Ⅰ. 부당표시 · 광고행위

사업자는 소비자를 속이거나 소비자로 하여금 잘못 알게 할 우려가 있는 표시 · 광고행위로 거래질서를 해치거나 다른 사업자 등으로 하여금 이를 행사하게 해서는 안 된다(표시 · 광고의 공정화에 관한 법률 제3조 제1항).

### 1. 부당표시 · 광고의 유형

#### (1) 허위 · 과장의 내용

사실과 다른 표현을 쓰거나 사실을 지나치게 부풀려 표시 · 광고하는 것을 말한다. 예컨대, '세계최초', '국내최고' 등의 과장된 표현을 사용하는 경우이다.

### (2) 기만적인 내용

사실을 숨기거나 축소하는 방법으로 표시 · 광고하는 것을 말한다. 예컨대, 상품이 실제로는 습기에 매우 약한데도 그 사실을 숨기고 "내구성이 매우 좋다"라는 표현을 사용하는 경우이다.

### (3) 부당하게 비교하는 내용

비교대상 및 기준을 명시하지 않거나 객관적인 근거 없이 사업자 자신 또는 상품을 다른 사업자 또는 상품과 비교하여 우월하다고 표시 · 광고하는 것을 말한다. 예컨대, 타회사 제품의 국내 판매량과 자사제품의 국내외 판매량을 비교하는 경우이다.

### (4) 비방하는 내용

다른 사업자나 다른 사업자 등의 상품 등에 관하여 객관적인 근거가 없는 내용으로 표시 · 광고하여 비방하거나 불리한 사실만을 표시 · 광고하면서 비방하는 것을 말한다. 예컨대, "ㅇㅇ회사 제품에는 방부제가 함유되어 인체에 해롭지만, 우리 제품에는 방부제가 없다"라는 식의 표현이다.

## 2. 손해배상책임

사업자는 부당한 표시 · 광고행위로 인하여 피해를 입은 소비자에 대하여 손해배상의 책임을 진다(표시 · 광고의 공정화에 관한 법률 제10조 제1항). 이 때 사업자는 무과실책임 즉, 고의나 과실이 없어도 책임을 부담한다. 그러나 이 손해배상은 공정거래위원회에 의한 시정조치를 받은 후가 아니면 재판을 통하여 청구할 수 없다.

# II. 통신판매로 산 물건의 반품

## 1. 통신판매란?

우편 · 전기통신, 그 밖의 통신판매에 관한 정보의 제공방법에 따라 물품정보를 제공하고 소비자의 청약에 의해 판매하는 것을 통신판매라고 한다(전자상거래 등에서의 소비자보호에 관한 법률 제2조 제2호). 여기서 '그 밖의 통신판매에 관한 정보의 제공방법'이란 광고물, 전단지, 샘플, 방송, 신문 및 잡지 등을 이용하는 방법과 판매자와 구입자가 서로 대면하지 않고 우편대체, 지로 및 계좌이제 등을 이용하는 것이다.

**참 고-인터넷 쇼핑몰을 이용할 때 주의할 점**

① 구매선택은 신중하게 할 것
② 거래를 할 때는 공정거래위원회의 전자거래표준약관을 참조하여 약관의 내용을 숙지한 후 동의한다. 또 구입할 제품의 사양·광고 등 상품정보는 출력하거나 저장하여 두는 것이 좋다.
③ 공인기관의 인증마크를 획득한 업체를 선택한다. eTrust, i-Safe, 공정거래위원회의 표준약관을 사용하는지를 확인하고, 개인정보보호정책을 공시하고 보안시스템을 갖추었는지 살펴본다.
④ 홈페이지 하단에 사업자의 상호명, 대표자명, 사업자등록번호, 주소, 연락처 등을 제대로 기입하였는지 확인한다.
⑤ 가격이 20만 원 이상인 경우에는 신용카드할부로 구입한다. 홈쇼핑 업체가 계약을 이행하지 않을 경우나 제품에 하자가 있는 경우에 항변권을 이용하여 소비자가 신용카드사에 할부금 지불을 거절할 수 있기 때문이다.
⑥ 환급·반품조건을 알아 두고 이에 대비하여 각종 영수증 등을 보관한다.
⑦ 상품이 배달되면 곧바로 확인한 후, 주문한 상품과 다르거나 제품에 하자가 있으면 조치를 취하여야 한다.
⑧ 상품이 마음에 들지 않을 경우 7일 이내에 취소·반품이 가능하다. 반품할 때에는 배달되어 온 포장 그대로 넣어 반품하면 된다. 이 때 반품비용은 소비자가 부담한다.
⑨ 소비자가 사업자에게 해약을 요청하거나 자신의 요구사항을 전달할 경우에는 만약의 분쟁에 대비하여 증거로 활용할 수 있도록 반드시 내용증명 등 서면으로 한다.
⑩ 게시판에 올리는 소비자 의견은 해당 쇼핑몰의 장점과 단점을 파악하는 데 유용할 뿐만 아니라 구매하는 데에도 도움이 되므로 게시판을 잘 살펴본다.

### 2. **청약철회기간**(전자상거래 등에서의 소비자보호에 관한 법률 제17조)

통신판매로 물건을 구입한 소비자는 7일 이내에 청약을 철회할 수 있다. 이 때 거래당사자가 철회기간을 7일보다 긴 기간으로 약정한 경우에는 그 기준에 따른다. 단, 물건의 내용이 표시·광고내용과 다르거나 계약내용과 다르게 이행된 경우에는 공급받은 날부터 3개월 이내, 그 사실을 안 날 또는 알 수 있었던 날부터 30일 이내에 청약을 철회할 수 있다.

### 3. 청약철회의 효과

1) 청약을 철회한 소비자는 이미 공급받은 물품 등을 반환하여야 한다. 이미 그 일부를 사용한 경우에 대하여는 사업자가 그로 인해 소비자가 얻은 이익에 대하여 청구할 수 있다(동법 제18조 제1항).

2) 통신판매업자는 물품 등을 반환받은 날부터 3일 이내에 이미 받은 대금을 돌려주어야 한다(동법 제18조 제2항).

3) 통신판매업자는 소비자에게 청약철회 등을 이유로 위약금 또는 손해배상을 청구할 수 없다(동법 제19조 제9항).

4) 소비자의 일방적인 청약철회의 경우에 공급받은 물품의 반환에 필요한 비용은 소비자가 부담하는 것이 원칙이나, 사업자의 잘못으로 인한 청약철회의 경우에는 통신판매업자가 이를 부담한다(동법 제18조 제10항).

5) 통신판매업자는 휴업기간이나 영업정지기간 중에도 청약철회 등의 업무와 그에 따른 대금환급과 관련된 업무를 계속하여야 한다.

**| 설문의 해설 |** 홍익인은 홈쇼핑 회사의 허위 · 과장광고로 인하여 의류가 변색되는 손해를 입었기 때문에 사업자에게 손해배상책임을 물을 수 있다. 이 때 소송을 청구하기 위해서는 먼저 공정거래위원회의 시정조치가 확정되어야 한다. 또한 세제의 성능이 광고 내용과 다르기 때문에 배송된 날부터 3개월 이내, 또는 광고와 다르다는 사실을 안 날부터 30일 이내에 청약을 철회할 수 있고, 그 반품비용도 사업자가 부담한다.

**이봉림**

- 성균관대학교 법과대학 대학원 졸업(법학박사)
- 전) 고려대학교 법과대학 법학연구원 연구교수
- 전) 이화여자대학교 법과대학 연구교수
- 전) 광운대, 단국대, 홍익대 등 외래교수
- 현) 법무부 법교육위원회 전문위원
- 현) 영동대학교 경찰소방행정학과 교수

**••• 저서 및 논문**

- 법과생활(한림대출판부, 2011)
- 법학개론(한림대출판부, 2014)
- 소방관계법규(재웅플러스, 2019)
- 형사소송법(메티스, 2020)
- 임(林)과 함께하는 귀농귀산촌(부민문화사)

**김명수**

- 성균관대학교 법과대학 대학원 졸업 (헌법, 사회법 전공/ 법학박사)
- 현))홍익대학교 교양학부 초빙교수
- 경찰청 인권강사
- 한국공공사회학회 인권이사
- 홍익대, 경희대, 국민대, 서울과학기술대 등 강사

**••• 저서 및 논문**

"장애판정제도에 따른 복지서비스에 관한 법적 고찰"
"성적 소수자의 법적 차별에 관한 고찰"
"장애인 고용정책의 개선방향에 관한 연구"
"헌법재판의 기능과 권력분립"
"적극적 평등회조치와 시각장애인의 기본권 보장"
"장애인차별금지법의 제정배경과 개선방안"
"기본권 충돌의 관점에서 본 낙태죄"
『현대생활과 법』, 『장애와 사회복지』외 논문 및 저서 다수


## 법과 사회생활


초판 인쇄 2025년 3월 09일
초판 발행 2025년 3월 14일

저 자 이봉림 · 김명수
발행인 하인웅
발행처 삼조사
인 쇄 천광인쇄

등록일자 1994년 12월 13일
등록번호 제11-410호(倫)

주 소 경기도 고양시 덕양구 무원로 6 4층 401호(행신동, 무원빌딩)
전 화 733-4388(代)
팩 스 733-4389
이메일 samjosa@hanmail.net

정 가 25,000원
ISBN 979-11-5595-163-7 93360